叢書・ウニベルシタス　1057

美学講義

G. W. F. ヘーゲル
寄川条路 監訳
石川伊織・小川真人・瀧本有香 訳

法政大学出版局

Georg Wilhelm Friedrich Hegel
Vorlesung über Ästhetik, Berlin 1820/21. Eine Nachschrift,
hrsg. von Helmut Schneider, Frankfurt: Lang, 1995.

訳者まえがき

ヘーゲルの『美学講義』には、これまで、ホトーが編集した第一版（一八三五～一八三八年）と第二版（一八四二～一八四五年）、ラッソンが編集した版（一九三一年）があった。これらはすべて、ヘーゲルがベルリン大学で行った複数の学期の『美学講義』の筆記録を、複数の学生から編者が寄せ集めて作り上げたものである。竹内敏雄訳のヘーゲル『美学』（岩波書店）も、長谷川宏訳のヘーゲル『美学講義』（作品社）もそれらの版をもとにしている。しかし今日では、ヘーゲル『美学講義』あるいは『芸術哲学講義』は、学生の筆記録が各学期ごとに編集され、新しい『ヘーゲル全集』に収められることになっている。確認されているテキストはつぎのとおりである。

1　一八一八年夏学期のヘーゲル『美学講義』（ヘーゲル自身の講義草稿）
2　一八二〇／二一年冬学期のヘーゲル『美学講義』（アッシェベルクとテルボルクの筆記録）
3a　一八二三年夏学期のヘーゲル『芸術哲学講義』（ホトーの筆記録）
3b　一八二三年夏学期と一八二六年夏学期のヘーゲル『美学あるいは芸術哲学講義』（クロマイヤー

の筆記録）

4a　一八二六年夏学期のヘーゲル『芸術哲学講義』（筆記者不明の筆記録）

4b　一八二六年夏学期のヘーゲル『芸術哲学あるいは美学講義』（ケーラーの筆記録）

4c　一八二六年夏学期のヘーゲル『美学講義』（筆記者不明の筆記録）

4d　一八二六年夏学期のヘーゲル『芸術哲学あるいは美学講義』（ガルチンスキーの筆記録）

4e　一八二六年夏学期のヘーゲル『芸術哲学講義』（グリースハイムの筆記録）

4f　一八二六年夏学期のヘーゲル『美学講義』（レーヴェの筆記録）

5a　一八二八／二九年冬学期のヘーゲル『美学講義』（ハイネマンの筆記録）

5b　一八二八／二九年冬学期のヘーゲル『美学講義』（リベルトの筆記録）

5c　一八二八／二九年冬学期のヘーゲル『美学講義』（ロランの筆記録）

本書は、これまで日本では知られることのなかった「2」のテキスト、一八二〇／二一年冬学期のヘーゲル『美学講義』（アッシェベルクとテルボルクの筆記録）の全訳である。翻訳にあたっては、シュナイダー編集のヘーゲル『美学講義――ベルリン、一八二〇／二一年の筆記録』（ランク社、一九九五年）を底本として、ヘービング編集の『ヘーゲル全集』第二十八巻第一分冊『芸術哲学講義――一八二〇／二一年、一八二三年の筆記録』（マイナー社、二〇一五年）を参照した。

G. W. F. Hegel, *Vorlesung über Ästhetik, Berlin 1820/21. Eine Nachschrift*, hrsg. von Helmut

Schneider, Frankfurt: Lang, 1995.

G. W. F. Hegel, *Gesammelte Werke*, Bd. 28/1, *Vorlesungen über die Philosophie der Kunst I. Nachschriften zu den Kollegien der Jahre 1820/21 und 1823*, hrsg. von Niklas Hebing, Hamburg: Meiner, 2015.

G. W. F. Hegel, *Gesammelte Werke*, Bd. 28/2, *Vorlesungen über die Philosophie der Kunst II. Nachschriften zum Kolleg des Jahres 1826*, hrsg. von Niklas Hebing und Walter Jaeschke, Hamburg: Meiner, 2018.

G. W. F. Hegel, *Gesammelte Werke*, Bd. 28/3, *Vorlesungen über die Philosophie der Kunst III. Nachschriften zum Kolleg des Wintersemesters 1828/29*, hrsg. von Walter Jaeschke und Niklas Hebing, Hamburg: Meiner, 2020.

G. W. F. Hegel, *Gesammelte Werke*, Bd. 28/4, *Vorlesungen über die Philosophie der Kunst IV. Anhang. Editorischer Bericht und Anmerkungen*, hrsg. von Bernadette Collenberg-Plotnikov, Hamburg: Meiner, 2023.

本書のもつ意義は、ヘーゲルのベルリン大学での最初の『美学講義』の翻訳であるということにとどまらず、この筆記録によってのちのヘーゲル美学の展開が完全に概観しうるということである。これまで、ベルリン大学での最初の数年間にどのようにヘーゲルが『美学講義』を展開していたのかは、まったく不明であった。ところが、この筆記録が一九九五年に出版されてはじめて、ホトー版がどのように作り上げられていったのかもまた明らかになった。一八二〇／二一年のヘーゲルの『美学講義』の筆記録は、ベルリン時代の講義ノートの基本構成を再現するものであり、本書こそ、ホトーやラッソンによって歪曲されたのではない、ヘーゲルのその後の『美学講義』のすべての土台をなしたものである。日本の読者に、専門の筆記者によって忠実に伝えられたヘーゲル『美学講義』をお届けしたい。

ヘーゲル　美学講義／目　次

目次

訳者まえがき　iii

序論　1

芸術の概念　7

芸術の区分　19

一　象徴的な芸術　20

二　古典的な（完全な）芸術　21

三　ロマン的な（近代的な）芸術　22

第一部　一般部門　27

第一編　芸術の一般部門……27

第一章　美の概念　27

第二章　美と精神の関係について　32
第三章　自然美と芸術美の区別　45

第二編　芸術の特殊部門……92

第一章　芸術の象徴形式　92
第一節　自然の象徴、あるいは物理的なものの象徴　94
第二節　真に象徴的なもの　97
第三節　意味と表現が並置される段階、あるいは特殊における象徴　104
イソップ物語　107
メルヘン　109
たとえ話と教訓話　109
謎かけ　111
風諭　111
隠喩　113
直喩　115
第二章　芸術の古典形式　120
第一節　概念、思考それ自体、もっとも優れたもの　121

古典的な崇高　121
第三章　ロマン的芸術　144
第一節　宗教の素材　148
第二節　素材によってこの原理が世界と人間へ歩み入ること　150
栄　誉　151
愛　153
忠　誠　155
第三節　素材によってこの原理がまったく形式的になること　156
第二部　特殊部門　165
第一編　造形芸術……174
第一章　建　築　174
第一節　象徴的建築　175
第二節　古典的建築　183
第三節　ゴシック建築　188

付録　造園術　190
第二章　彫刻　191
第一節　エジプトの彫刻　199
第二節　古典的彫刻　202
第三章　絵画　227
第一節　絵画の題材と実物について　240
第二節　特性一般　253
第三節　情景一般、特定の情感の表現　257
第四節　色彩と色調について　263
第二編　音楽……270
第三編　語りの芸術……284
韻律化の二つのシステム　296
詩の三大形式　299
第一章　叙事詩　300

叙事詩の主要契機　302
第二章　叙情詩　311
第三章　劇　詩　315
第一節　悲劇と喜劇　319
第二節　喜　劇　326
訳　注　333
訳者あとがき　381
訳者紹介　387
作品名索引　(6)
人名索引　(1)

序論

この講義は美学のためのものである。その分野は美であり、主として芸術である。この名称は感覚の学を表す。つまり、以前はこの学で感覚の印象が考察されていた。しかしこの言い方は適切でない。この講義ではもっぱら芸術の美が論じられ、自然が原因となる感覚は論じられないからである。

私はこの序論で、これから述べる学説の基礎となる観点をいくつか論究しなければならない。したがってはじめは、以前のこの学問の論法についてである。たしかに、これらの暫定的な観点は外面的な反省のたぐいだが、だからといって、美学を気晴らしとみなす必要はない。美学で私たちは、芸術を最高の理念において、まさしく哲学や宗教と結びつけて考察する。芸術のなかには、国民が持っている表象がもっともよく現れている。芸術は純粋に精神的なものと感性的なものとの、いわば結合剤である。まず芸術が（すべての民族に見いだされるように）あり、そのあとに宗教が加わる。このようにそもそも芸術は、国家が国家の理念よりまえからあったのと同じように、宗教が芸術をしのぐまえからあった。反省は自然の産物にかかわるのと同じような仕方で、芸術作品にかかわる。反省は芸術作品に向かって、直接見たり抽象化したりして、個別的な論評から一般的な論評を作り出す。それらの論評をまとめれば芸術理論となる。この名称で美学が語られることもあった。これらの論評で支配的なのは二種類の関心である。つまり、主観的関心と客観的関心である。主観的関心はさらに二つに分けられる。第一の主観的関心は以前から述べられている。すなわち、芸術作品を仕上げるときの規則や、芸術作品の善し悪しを判定するときの規則である。その種の古来の著作が、アリストテレスの『詩学』[1]であり、ホラティウスの『詩論』[2]である。ここでいう規則や定めは、ちょうど美徳の感情が人間にもとから備わっており、さらにこれを私たちは義務のかたちで言い表すように、人間のなかにとっくに存在しているはずのものであって、それゆえどうでもよいことと見なされるかもしれない。さらに規則は、芸術では生硬さともなる。規則は人間の自由と対立するからである。自由な精神としての自我は全体をなしているが、規則は抽象的なものであり、一面的なものであって、それゆえ規則は自我の自由で生き生きとした精神を制約する。したがって、規則は一面的なもの、外面的なものにのみ該当することができ、そのときにのみありうる。芸術作品の構想は精神的なものだから、これは規則とはまったく別のもの、生き生きとしたものであって、規則の対象となりうるものではない。芸術作品の真の本性は規則を無視したものである。

第二の主観的関心は趣味の形成に及んでいく。趣味の形成はかつて話題になったものだが、いまでもなお話題になっている。芸術の判定の仕方を学ぶこと、これが趣味の形成であると理解されなければならない。通常、趣味の形成を求めると、趣味と対をなすものとして天才が注目を集める。天才は何かを作り出すことができるが、趣味では通常、何かを作り出すことはできないと理解された。趣味とは、芸術作品を外的に相応に判定することであり、芸術作品を論じることであると理解されている。趣味を形成するのに、規則を適用するだけでなく、傾向や激情に関する心理学の所見を利用することもあった。しかしこれらの所見は、芸術作品の真の本性に到達することはできない。

そのほかに客観的関心も、すなわち、芸術そのものについての芸術への関心もこれに続く。

芸術の本質は自然の模倣である。また、激情の惹起と激情の浄化である。この後者の点で私たちは芸術の真の概念に導かれる。芸術の本質は自然の模倣である。これではたんに形式的な関心が表されているにすぎず、高慢と見なされるかもしれない。この意味で、芸術は人間の技巧の勝利であるといっても、人間が勝ったと思い込んでいるにすぎず、どう見ても自然に劣らざるをえない。したがってそう考えれば、生命の結合が、つまり自然における実際の生命感が欠けているのだから、私たちが目の当たりにしているのは芸術作品ではなく、芸当でしかない。こうした芸術上の不十分さゆえに、トルコ人には芸術作品というものが耐えがたいのである。そういうことであれば、この点で芸術における最高の勝利とは、ゼウクシスのブドウやパラシオスのカーテン(3)などである。したがって、芸術が漠然としたものや想念をあまりにもあてどなくさまようなら、自然を目安に却下されなければならない。自然は芸術にとって欠くことのできない根本的な規定である。芸術はそれ自身だけであってはならない。

芸術は人間との関係においてあるとき、人間の内面そのものとさらにかかわっている。これにより第二の観点、すなわち芸術が心情に与える印象が登場する。それと同時に、これは芸術の目的として考察される。胸のうちであらゆる感情を生じさせたり消したりして、自らの胸の奥深くで心情を意識させるといった目的があるにちがいない。これを芸術は欺瞞によって、自然の模倣によってもたらす。ここでの欺瞞とは、芸術がその所産を直接的な現実の代わりにすることである。このとき出てくる問いが、現実そのものが表象というやり方（形象）を選び取りつつ印象を作り出すのか、それとも、表象それ自体がこれを行っているのかという問いである。しかしこれは私たちの心情にとっては同じことかもしれない。そもそも心情に印象を刻み込むことが芸術の力だからである。このような力が芸術にあること、そしてこの力があらゆる感覚を私たちにかきたてること、私たちに善や美、またはぞっとするようなことや私たちには抵抗をおぼえることにも関心をもたせること、このことをよく考えてみれば、こうした芸術の力、この側面がたんに形式的なものでしかなく、したがって芸術の目的というにはまだふさわしいものでないということがわかる。また、それらの芸術の効果が互いに交錯して食い違っていることも、理性が理性自らと一致するというより高次の究極目的にまで迫らなければならないことも、あきらかである。そして、これらの効果すべてに共通の目的があるのかと問うこともあるだろうし、感覚教育をそういうものだと述べることもあるだろう。だが、私たちはすぐさまこの目的が、こうした効果の内容を捨象して、より高次の芸術の究極目的から外れてたんに形式的なものでしかないと感じるのである。

より高次の芸術の究極目的とは何か。この問いから第三の観点が出てくる。かつてこの観点から、芸術によって激情が浄化されるのだと言われていた。[4] 私たちはこのように不明瞭な言い方にとどまらずに、明確な言い方へ移っていこう。すなわち、芸術は感情や傾向を倫理的な目標のために留保し、教導する。この人倫的な目標が道徳であり、反省の見いだす最終的な立場である。（詩人は役立つことと楽しませることを欲する。ホラティウス）。この古代詩人による、核心をついたことばは、たとえこの詩人が、今日私たちがそこに込めるような思想では述べていないとしても、反省による箴言である。――反省の経過でもっとも本質的なことが究極目的の問いであり、反省の立場が哲学すべてにとって最高の目的にして最高の立場である。この芸術観は哲学における見解と一致するものであり、ここから新しい真の芸術観が生じた。この立場への移行およびいくつかの要点を歴史的説明とあわせて簡単に述べたいと思う。

第一の問いとは、この最終的な立場とは何か、ということである。つまり、いかにして神や永遠なものは把握されるのか、ということである。カント哲学によれば、その最終的な究極目的とは自らを自己自身と関係づける理性であり、自らを知る自己意識であって、これはそれ自らのうちにあって自由であり、絶対的に理性的なのだという。これが哲学における近年の転換点をなしたものである。このような理性の自己知をカントは人間との関係において、とりわけ意志との関係で把握したが、このようなカントにおける理性の自己知の把握の仕方が道徳の立場である。こうした究極目的を、つまり自己自身を知る意識を考えていくと、そこから出てくるのが義務に対する義務、たんなる義務のための義務でしかないことは明らかである。このことから、この意識が自由であって、自然の持つ必然性と対立することがわかる。つまり、このようなたんなる義務に対する義務を命じる知性は、この内面的にして抽象的な法則に感覚的な人間本性を、つまり心や心情その他の高貴な感情または高貴ならざる感情といったものを対立させる。この対立は、たんなるこしらえものの対立、哲学的な見解というだけでなく、人間の内面に実際に出てくるものである。人間は、精神世界と感性的世界という二つの世界に属する、両生類のようなものである。人間は一面で自由な存在であるが、他面では自然に隷属する。人間はこの二つの世界のあいだを行き来している。しかし、理性も思考もこのような対立にとどまることはできず、思考は統一を求めなければならない。思考は一面では、この対立の真理を信じなければならないが、他面では、この対立をなす双方がそれ自身で自立的に存在することができないこともわかっている。それゆえ思考は双方の合一を求めるのであり、これこそが哲学の目標であって、いまの哲学の転換点である。
さてここで、この転換点について歴史的な注解を簡単に与えよう。つまりカント哲学は周知のごとく一面的に、理性に主観的な姿をさせ、この理性に対して自然に客観的な姿を取らせた。ところがこれと同時に、カント哲学はこの対立の真理を要請の形式で示した。つまり、その真理を何かあるべきものとして、しかし、あたかもこの理念がそれ自体として現実ではないかのように示した。カントの哲学によれば、この理念は反省的な知性にとっては主観的な規準でしかないし、真理そのものでなくて、そうあるべきものでしかない。そのため私たちは、この理念にいかなる実体も帰属させることはできない。カントは、普遍すなわち理念に対する特殊すなわち自然の関係が美の規則だと述べた。しかし、それが美そのものだといったのではない。したがってカントは芸術美を、特殊が普遍的規則に対応するべきだという規範に則って作られたものだと考える。カントによれば、美の求める規準とは、特殊が内からそれ自身で好まれることである。このようにしてカントは抽象的な概念を想定したが、その抽象的な概念が実際に存在すると想定したわけではない。
カント哲学が定めた芸術観に対抗するものとして、とりわけより深遠な哲学精神であるシラーの芸術感覚がこの制限を突破していった。シラーは哲学を気にすることなく哲学の仕事を進めただけではない。シラーは芸術美の関心を哲学的な原則とつき合わせることで美の本性の奥深くに踏み込んだのである。シラーの一連の芸術作品から、そこには哲学的な概念に関心を持つ意図が支配的であるのが見てとれる。[6]
シラーはその点で非難され、哲学を気にすることのないゲーテの純粋な芸術と対比された。しかしゲーテもまた、とらわれのない芸術に立ち止まらず、科学にも心を奪われた。シラーが芸術哲学にさらに深[7]

く踏み込んだのと同様に、ゲーテも哲学や自然の外面の観察をいっそう尊重した。シラーは理念や意志の悟性的な考察を論難して全体に専念した。その数多くの形跡を、私たちはシラーの初期の著作のなかに見る。たとえば、シラーは女性にたくさんの詩を書いたが、それはたいてい女性のなかに自然的なものと精神的なものとの美しい合一があったためである。シラーが現れるずっとまえに、ヴィンケルマン(8)が古代の芸術作品の直観に感激し、その直観から一般的な目的の観点（教訓や趣味の涵養など）をまるごと引きだして、いわば新しい芸術感覚を呼び覚ました。それに加えて、フリードリヒ・シュレーゲルとアウグスト・ヴィルヘルム・シュレーゲル(9)の業績がある。彼らはシェリング(10)と同調しつつ芸術考察の再覚醒に貢献し、革新に踏み出す大胆さを持ちつつも、かつては知られていなかった尺度に則りながら、新しい判定を実際に行ったのである。しかし彼らは、判定するさいつねに正しい道を取ったわけではなかった。

上述のようなこれらの端緒は、最近の芸術観すべての由来するところだが、そこからときには不合理極まるものが出てくることもあった。さてここで、さらに詳しいこと、つまり芸術そのものの概念に移行しよう。

芸術の概念

芸術の概念を述べるために、私たちは反省が芸術作品に見いだしたさまざまな観点をすでに見てきたところである。いまから私たちはそれらの観点を、基本理念を構成する契機として取り戻す。以下でそれらの観点を簡単にもう一度述べる。さて第一に、芸術作品は人間が作り出したものだが、形態は自然から取り出されたものだといわれる。そのうえで私たちは、形態がたんなる自然の模造であってはならず、模造が唯一の目的でないこと、そうした形態を自然がとることじたい偶然であることを見た。それどころか、とくに神のような存在を表現しようとするときには、自然を超えることが想像力には要求される。したがって、形態が思考にとってのみならず、外的な直観にとっても自然な形態であることが要求される。第二に求められるのは、そのように表象されることにも、私たちの内面に訴えかけるという目的が存在することである。しかし芸術作品は、移ろいゆく印象を与えるだけでなく、私たちの心情への問いかけであり、呼びかけであり、反響である。第三の契機とは、理念が私たちに解明される方式である。

芸術の真の究極目的とは何か、そして芸術はこの究極目的とどのように関係するのか。芸術は究極目的を自らの内に含んでいるのか、それとも芸術は究極目的との関係においてあるのか。第一の問いに関しては、私たちが真理とは何かを問うたときと同様である。差し当たり言えるのは、美は真と関係しているということである。なぜなら目的とは真理そのものだからである。だがこれは表面的な言い方でしかない。それは、美が真であることを私たちが理解することになるからである。真理とは何かを私たちが問うとき、他の哲学で緊密に連関しあうさまざまな知識が入ってくるので、あらゆる範囲にわたって答えを論じることはもとよりできない。つまり、あらゆる哲学が他の哲学を自らの前提とするわけである。

まず、真の規定について、この規定は私たちの表象のなかでどのようにあるのか。まえもって言っておくべきは、哲学では真理が、具体的なものとして、さまざまな規定の絶対的な統一だと見なされることである。私たちがふつうに生活するなかで何が真理と理解されているのかを見てみると、一方に存在があり、他方に表象があるというように理解されている。そのように真理を規定すれば、内容が私の表象と一致するのでしかないとき、内容がどのような性質かはどうでもよいことである。もちろん哲学にはそういう形式的な真理概念はない。表象と存在は同質の概念ではないが、表象と存在が同一の内容を持ちうることは認めなければならない。そうだとすると、存在が表象と同一の内容を持つとき、その表象は真である。

哲学は内容そのものとかかわらなければならない。哲学が問うのは、絶対的な真理とは何かであり、表象が真かどうかを問うのではない。真理は概念と実在の統一である。実在は、それが概念の表現でしかないという仕方で、概念に従属する。実在は、身体が魂とかかわるのと同じように、概念とかかわる。しかし、卑俗な意味で真であるが、哲学的な意味で真でないものはたくさんありうる。だからたとえば、悪い家は卑俗な意味で真である。つまり、悪い家はある。そのとき重要なのは、表象の内容が真であるか偽であるかである。哲学的な意味で悪い家は、真ならざる家である。というのも、悪い家は家の概念や家の目的と合致しないからである。

この意味での真理は、それ自身ではまだ形式的である。なぜなら、実在が概念と適合するはずだからである。しかし私たちは概念の内容を問う。とすると、概念そのものは形式でもある。概念の内容をさらに考えていくと、私は話を中断して、最高の内容とは最高のものであり、永遠であり、神であると言い出すかもしれない。しかし、こういう言い方ははっきりしないから、私たちは神を意識するときと同様、感情に訴えかける。したがって私たちはこれをさらに説明していかなければならない。

哲学的な真理は概念と実在の統一である。このとき思い浮かべられるのは、二つの表象の一致によって生じる統一が数多くあるのではないかということである。しかし概念と実在は、すべての可能的で、考えられうる規定が還元されていく普遍的な表象であると言っておかなければならない。したがって、真理はすべてを包括する理念を含む、言い換えれば、神の定義を含んでいる。しかし、真理は神そのものである。神以外のもの、時間、世界が、概念と実在の二つが一致しないところから生じる。だから、神それ自体が有限性の原理を含んでおり、区別することによって有限をふたたび統一に戻す。神から発生する有限性が神そのものの制限なのである。したがって、身体つまり実在が展開されきっていないという理由から、魂は覆い包まれたものであり、自由というにはほど遠いものなのである。このように自分と完全に合致することが、自己自身を思考することである。それというのも、主観的なものである概念は、自らを対象として、自己自身を客観的にするからである。概念の実在とは思考であり、概念そのものである。要するにこれが、大アリストテレスがすでに述べていた最高の理念であり、近代ではこれをふたたび呼び覚まそうとした。この概念は最高の自由の概念でもある。つまり、不自由は、自我が他者とかかわるとき、疎遠なものとかかわるときにのみある。しかし、概念は自己自身とかかわるものであり、自らを自らの対象として定め、疎遠なものとは見なさない。こうして最大の自由がある。思考はもっとも普遍的なものでもある。なぜなら、思考はすべてを包括し、思考にとってあらゆる対象が思考それ自身によって定められたものとして、思考自身の特殊性として現れるからである。自己自身を知ることは、同時に最高の享受でもある。思考は思考それ自身を対象とする。それは、思考がある対象を思考するとき、その対象は思考されたものだからである。したがって、思考は結局のところ自分自身を対象として、自分自身のもとにあり、他のもののもとにあるのではない。それゆえ、思考が自分を対象とするためには、思考は対象である必要があり、統一のもとにとどまってはいけない。思考は自らの区別を打ち立てなければならず、これによって結果としてはふたたび統一に帰っていく。このような区別を立てるとき、私たちは有限な立場にいて、全体の立場にはいない。真理は自らを表現するために、そして自らの概念を表現するために、自らの区別を設定する必要がある。ところで、真理の表現や開示は美である。真理を感じるだけでなく、真理を思い浮かべて考えることは、精神の関心である。真理は精神の実体であり、真理を知ることは、精神の実体とかかわることである。これが偉大なる精神の自己統一、精神の満足である。生命のなかに概念と実在が統一しているという感情があるとき、そこには満足がある。まだ分離しているという感情があれば、不満足や痛みがある。私たちの心のうちに、こうした統一を作り出そうと駆り立てるもの、そうすべきだという使命があるのを、私たちは感じている。しかし、こうした私たちのうちにある衝動は主観的なものでしかない。これは一種の欠陥である。この欠陥を除去しようとするとき、私たちはこの衝動を客観的にして、それに実在を与えようとする。私たちが衝動を客観化したとき、そこから満足が生じてくる。精神は満足しようとする、あるいは満足している。しかし満足していることとその満足を知ることとは別である。満足において私たちは究極的な目的、一つの意欲を持つ。私たちは私たちのうちにある主観的な努力に客観性を与えたのである。しかし、満足を知るとき、私たちはこの獲得された客観に私の主観をすでに関係づけている。

真理はまず有限な存在を、つぎに無限な存在を得る。真理や理念がもっぱら有限であることは、一面で概念が存在し、他面で実在が存在する、と言い表される。そこで問われるのは、絶対的な真理があるときにつねに一致していなければならない概念に対して、実在が実際にも本当に適合しているのかどうか、本当に実在は概念の表出なのかどうかということである。これが事実そのとおりならば、真理の有限な存在は現にある。本当に実在が概念と一体化するならば、つまり、本当に実在がそれ自らのうちで概念を示すならば、真理の無限な現実があるわけである。

有限な理念は、さらに二つの側面を持っている。つまり、自然と有限な精神である。——自然と有限な精神は潜在的には理性であるが、現実においては理性でないという。自然の存在はたんなる集合体であって、有限な事物の無秩序な寄せ集めであるにすぎない。自然の存在は媒介されたものでなく、多様に現れて、自然を統べる不規則な秩序を呈する無媒介なものである。自然のこのような無媒介な存在が表面的なものでしかなく、その下に理念を覆い隠す外皮であるにすぎず、そのとき自然はなおも理念との無媒介な統一のうちにあること、これは思考だけが把握しうることである。思考はその外皮を突き抜ける。自然は思考によってこそ再構成されなければならない。その結果、理念が自然から姿を表すのである。

有限な理念のもう一つの方式は、有限な精神という方式である。この方式は、私たちの直接的な表象からすれば、自然のあり方よりもなお混乱したもののように見える。なぜなら有限な精神で私たちが目にするのは、限りなく多くの目的や偶然や現象が、同時にかつ連続しながら交差し、たがいに食い違うありさまだからである。そこでは、外面的な現象における概念が、自然がそうであるよりもなお理念と不適合な状態にあることが見てとれる。概念と実在の統一を打ち立てるのはここでもやはり思想である。

有限な精神の現実存在すべてが理念の啓示であるのはこのときも明白である。しかしこの認識は通俗的なものでなく、通俗的な仕方で到達されるものでない。その認識は、私たちの通俗的な思考方式と闘うことによってこそ伝えられる。

したがって、自然と有限な精神は神でもある。しかし、自然と有限な精神には神の形式がなく、有限なものにまだ制約されている。精神はこのような有限なものの制約を超えて神へ、絶対的な調和へ上昇する。宗教は、神を認識する真の手段は感情だと言うかもしれない。しかし、感情は私たちの内面を駆り立てるものであり、それゆえ思考の源泉である。したがって私たちが生活し、有限なものにあるとき、生の散文が形作られる。そのとき私たちは有限な事物とかかわっているのである。また、私たちは無限な実体ともかかわるが、それは外面的なもの、よそよそしいもの、私たちに対立するものとかかわるのと同じことである。だが、この外面的なものは同時に有限な規定でもある。この外面を打破しようとすることが、精神の努力にほかならない。そもそも精神の目的とはまず、自らを満足させることである。より高次の目的とは、たんに満足することだけでなく、満足を知ることでもあり、満足を知ることにふたたび満足を見いだすことである。神や調和は究極にして最高のものなので、この調和を知ることで精神の最高にして究極の満足が得られる。そして神は精神の本質にほかならない。それゆえ精神は精神それ自身を対象にする。――ここに至って、より高次の美の領域について抽象的な規定が与えられる。この領域は三つの形態から成り立っている。この三形態がいっしょになって真理の認識の完成に向けて努力する。その三つの形態とは芸術、宗教、哲学である。

いましがた私たちは、三つの形態に共通する立場を述べた。今度は、三つの形態の相違と相互のかかわり方をさらに説明しなければならない。その相違を簡潔に規定すれば以下のようになる。芸術は神や真理を、感性的直観に対しても表象に対しても、いずれの場合にも無媒介な表象にもたらす。そして宗教は、芸術とは違って、主観的な側面をなす。宗教の目的は、たんに神を対象化して熟知するだけでなく、感情が神を感じ、神を内面で知り、感情の本質それ自体が神だと認識することである。芸術と同様に、宗教は私たちを教導する。しかし宗教は画像ではなく、思考をともなう表象や思想で私たちを教導する。こうすることで人間は宗教的でなくとも宗教に精通することができる。宗教の内容はもとから人間にあるものでなく、宗教の内容を人間は疎遠なものと受け取る。同様に芸術も神をまったく外面的に、私たちと客観的に向き合うように表現する。宗教の目的は、個人に対してその内面に神がいることを確信させ、その神と自分の統一を確信させることである。このとき、精神を有限性から引き離し、有限な目的を無限な目的と交換するように精神に迫る仕方が宗教の務めである。しかし芸術には宗教が必要でもある。芸術の外面的な方式は、芸術が働きかける心情によって魂を込められ、生き生きとしたものとなる。芸術の生命は精神にある。つまり、その生命を直観し知る心情と精神において芸術はその生命を持つ。したがって、この側面が芸術における宗教的な側面であり、宗教と芸術が関係するところである。宗教は芸術にとって不可欠である。しかし逆に宗教はこの外面的表現を必要としない。というのも宗教、とくにキリスト教、ここではさらにとりわけプロテスタントは内面の宗教であり、精神の宗教だからである。つまり、宗教はいまの時代にあって芸術をかつてほどには必要としない。すなわち宗教は、神を意識するのにこの外面的で客観的な表現を、いま以上に芸術を必要とした時代ほどには必要としない。——芸術から三番目となる契機は哲学である。哲学は同じ内容を、つまり真理を知るという同じ規定を持つ。しかし哲学は、芸術と宗教という、真理が表現される二つの形式を純化する。哲学は真理を対象とし、真理が私たちのうちにあるがゆえに、真理を私たちから生み出す。芸術も真理を対象とするが、外面的であるような客観的形態を同時に真理に賦与する。哲学は真理をただ対象とするだけでなく、宗教がそうするように、真理を私たちにとって主観的なものにする。哲学の境位は思考なので、その対象は思考されるものである。この思考するものにして思考されるものという境位こそ自我そのもの、すなわち、一面では主観的で他面では客観的なものである。つまり、私が対象を感覚するだけではっきりとは意識せず、これを認識するのではないとき、私にとって対象は主観的にある。しかしその感覚をわかるままに言い表し、その感覚を対象とし、これを認識するならば、対象は客観的である。そうであれば感覚は本質的には主観的なものである。これに対して思考は思考自身を対象にするが、それは同時に思考として主観的である。哲学は、芸術と宗教という二つの形式を統合するが、その二つからそれぞれの一面性を奪いもする。芸術には外面性の方式があるが、これでは神の理念をしっかりつかむことができないので、外面性において崩壊する。この欠陥は思考にあっては破棄される。同様に、宗教での主観による欠陥も思考において除去される。なぜなら、主観は規定を包み込んでおり、発展を阻害し、規定を過度に集約してしまうからであり、その規定が芸術の外面においてふたたび過度に流れ出るためである。つまり、思考における主観とは、規定を包み込む集約作用を脱ぎ捨てた純粋な自我である。たしかに、思考における主観は集約作用だが、純粋な集約作用であるため、その集約作用は普遍的な主観であり、理念が展開を遂げるための空間である。このようにして思考、すなわち哲学は、芸術と宗教という二つの形式を純化する。すなわち、客観的なものと主観的なものを純化するのである。

概念とその表現の関係、そうした表現の重要性は、さらに詳しく考察しなければならない。つまり芸術は感性的直観に絶対的概念を、感性的素材を使いながら表現する。このやり方で概念を表現するために芸術は自然形態を使用する。しかしながらその使用は自然模倣とはかけ離れている。これが事実そのとおりの自然模倣というのであれば、自然形態をそのすべての形において模造することが目的ということになるだろう。しかしすでに歴史において明らかなように、自然模倣は最初から芸術の目的などではまったくなかった。自然模倣でしかないことは芸術の欠点かもしれない。しかし、自然模倣以外の芸術教育を見れば、そうでなかったことがわかる。たとえば、インド人は六本腕の形姿を作る。二本腕を作らないことがもっぱらインド人の意志によるものだったことは明らかである。上述のような自然模倣はインド人のような民では探求されえず、自然模倣は芸術の出発点としては最下級のものである。これは最近の芸術でも、つまりオランダ派でも、見られることである。オランダ派では花や顔などを自然にうまくとらえて描くことが主要契機である。(11) そして私たちの理解するところでは、芸術において最初から目的であったのは、神を表現することであり、自然を模倣することではなかった。この目的を私たちは、自己自身を表現したいという、または内面を満たしているものを客観化しようという衝動や意欲のことと理解しなければならない。それゆえ私たちは思想を、あたかも概念、つまり芸術作品の内容がまえもって思考されていたかのように、それがすでに散文的な仕方で実在したかのように、完全に取り除かなければならない。芸術作品の内容は内面のものなので、むしろ、その内容を表現し、私たちの意識にもたらそうとする意欲や衝動があったのである。私たちがあることを知るのは、もっぱら、それが私たちにとって対象であるかぎりでのことである。そうであるから、芸術には、まだ知られていない概念を意識にもたらすという目的がある。主体は、客観化されるべき概念にまだ拘束されており、自由ではない。しかし、素材が主体の内面でふくらんで予感となり、憧憬の念というかたちで意識にもたらされるとき、主体は自由になる。私が私にとって自我であり、すべての内容が捨象されるとき、私は自由である。規定や相違がすべて展開されているものの、純粋な自己意識が根底に残存するとき、具体的な自由がある。しかし、予感や衝動がいぜんとして私のうちにあるとき、私はまだ自由ではない。なぜならば、私はなおもこの内容で満たされており、その内容に縛られ、拘束されているからである。内面に渦巻くものを抱え、予感し感じる精神は、まだ自然生物のレベルにあり、自らをまだ知ることのない精神の段階である。それを自由にすることが芸術の使命である。私が対象を意識するとき、私はその対象を熟知する。私は私のまえでその対象を展開してみせたのである。まだ明晰でない精神のなかをさ迷い、たんなる予感や感情しかなく、いかなる形態も明瞭なものにならない。私を貫いていくのは亡霊たちである。この内容がはっきりしたものになり、客観的になることによって、私の概念がはっきりさせられ、私の認識がはっきりした認識となる。はじめはこの客観化が不十分な結果となり、まさにそれゆえ私の意識にもたらされる形象はもっと抽象的となる。その形象は、私の心情のうちにあるものと不完全にしか一致しない。芸術が高い次元にあるほど、私の心情のうちにあるものはより多く表現にもたらされ、認識にもたらされる。芸術は人間に対して神を明らかにする。芸術がさらに先に進むほど、神の認識はますます発展し、より完全なものになる。したがってこのことから、民衆の偉大な詩人が民衆の教師となったという話になる。ヘロドトス[12]によれば、ホメロス[13]とヘシオドス[14]がギリシア人に彼らの神々を与えたのだという。ホメロスとヘシオドスは、民衆の不明瞭な表象をもっとはっきりした意識にもたらし、まさにこれによって概念そのものを明確化した。ホメロスとヘシオドスはその当時の哲学が立っていた段階ゆえに、キリスト教やいまの哲学ほどには完全に純粋に、外面的な形式なしに、概念を展開させることができなかった。しかし彼らはこの神の混濁した予感や感情をはっきりした形式にもたらしたのである。したがって、ホメロスとヘシオドスがギリシア人にギリシア人の神々を与えたというのは正しい。彼らは始まりの純粋で抽象的な理念をこうした形式によって毀損したと非難されたが、その当時は、そのような抽象的な理念さえぜんぜん存在せず、ばらばらで無秩序な表象しかなかったのである。芸術は、概念をさらにはっきりしたものにすることで、より偉大な真理を思想に与えたのである。これはいまでもまだある考えだが、神はいかなる規定も賦与しえない絶対的な実在だという考えがかつてはあった。すなわち神はまったく把握不可能な純粋に精神的なものだというのである。もしそうだとすれば、概念によって規定できないことになるだろう。しかし概念は、芸術が概念を表現しようとすることによって、規定を与えられる。もし神についての上記のような表象が正しければ、真理や芸術そのものがなにか不穏当なもの、神を貶めるものだということになろう。もちろん、もはや私たちと芸術の関係は、かつてほど高度な厳粛さや意義があるものではない。芸術は、神がまだ純粋な思想を境位としなかった時代、つまり論議の地盤がまだそれほど純化されていなかった時代にあっては、非常に敬意を払われていた。私たちは自分たちの教養によって、感性的で直観的な世界というよりも、むしろ知的な世界で活動するように定められている。普遍的なものが特殊な事柄にまだ分解しておらず、精神がまだそれほど発展しきっていない民衆においては、そのような形式による理念の表現は、精神が特殊な事柄を設定してはじめて普遍的なものや類というものを現れ出さなければならない私たちの場合よりいっそう本質的で必然的なことである。私たちは普遍的な概念や原則に則って考え行動することに慣れているが、かの時代にあってはこの方式はそれほど具体的なものでなく、より抽象的で、より個体化されたものであり、したがってより感性的であった。

さて、私たちがいまや向かうのは、芸術の区分である。

芸術の区分

芸術で重要なのは概念と表現が対応すること、概念が完全な形式を持つことだと私はいった。この表現や形式、実在がさらにはっきりとすることで、表現は概念にもっと適合したものとなる。逆にいえば、これによって概念はその客観によりいっそう近づく。このような概念と実在の統一や一致に属するのが芸術の区分である。区分の根拠は、概念が対象的に表現されるさいの概念の進歩にほかならない。芸術のさまざまな種類は二つの側面を持ち、これに沿って芸術の種類は考察される。すなわち、一つの面は、概念と実在のこのような統一それ自体である。第二の側面は、種類そのものの規定である。この規定は外面のことであり、私たちが素材や材料と呼び、芸術家がそこで理念を表現するものである。したがって、私たちには区分が二つある。すなわち、全体的な概念と規定を賦与された概念である。それゆえ私たちは一般部門と特殊部門を置くことになる。第一部門には芸術の概念と美の概念があり、芸術のさまざまな種類、すなわち象徴的（オリエント的）[15]芸術、古典的芸術、ロマン的（近代的）[16]芸術が入ることとなる。第二部門には建築、彫刻、絵画、音楽、最後に詩が含まれる。——この学問がさらに進んでいくと、これらの部門はもっと広範に論じられる。いまはそれについて簡単にいくつか示唆するだけにする。私たちが見たように、芸術の一般部門と芸術の特殊部門がある。一般部門は美をそれ自体として考察し、相違を美の形式として考察する。つまり、それらの形式は、概念と実在が関係する仕方にほかならない。これらの関係には三つがある。第一の関係は象徴的な芸術である。

一　象徴的な芸術

象徴的な芸術の基盤は、すべての宗教および哲学のそれと同様に、実体的な同一であり、それ自らにおける存在の絶対的な堅牢さ、絶対的な真理、自らをまだ規定しないもの、まだ自らを知ることのない不明瞭なものである。まだ自らを知ることのないこの一つのものは差し当たって自らの規定を探求するものであり、芸術の探求である。したがってこれが芸術の第一段階であり、形態を探し求める努力である。この一つのものは、展開された世界全体の豊かさを直観において目の当たりにし、材料を獲得する。この材料を概念に適合させようとすること、それがこの一つのものの探求である。しかしまだこの材料は神や無限なものと適合しないので、その探求はもっぱら、材料をこの無限なものに適合させようとする努力である。一面でこの一つのものは、これらの形態化に適合するが、他面であちらこちらとよろめいて、一つの形式から別の形式へと移ろい、形式を理念にまで高めるかと思えば、理念を形式にまで低めたりもする。そのためにこの段階にあるのは崇高であり、美ではない。崇高とは、外面の形象が度を過ぎたところにまで駆りたてられたときに成立する。したがって一面では自然な形態化が現れるが、これが度を超したところまで駆りたてられると、他面では形象と形象が表現すべきものとの不適合が現れる。すなわち、形象がその不適合を否定的な方式で示すのである。何かを探しまわる精神は一つの形式から別の形式へとよろめき、一つをつかんだと思えばふたたびそれを手放して、結局のところ、多様なもののなかをあちらこちらと移ろい回っても、概念と適合するような形式は一つも見つからない。これがこの段階に属す崇高の性格であり、そこには奇想に富んだものや形態を喪失したものもある。この段階を私たちは象徴的な芸術と呼んだ。それというのも、象徴においては、表出されるべきものと表出されたものの連関がたしかに存在するものの、それは不完全だからである。表出されたものには、それを表出されるべきものにするような規定が含まれるが、表出されたものにはその他の規定、つまり外面的でどうでもよい形式がなお付加されている。したがって、たとえば獅子には、力などの象徴となる数多くの規定があるが、獅子が動物として持つその他の多くの規定がなおも付け加わっている。すなわち、それは獅子が真の力の表出であることを許さず、獅子をただの象徴に貶めるような多くの規定である。概念と実在の真の統一に属すのは、実在が存在するべきもの以外の何ものでもないことである。

二　古典的な（完全な）芸術

古典的な芸術では、表現がまさにそうであるべきもので、概念が実在のうちに入れ込まれるとともに実在が概念のなかに入れ込まれており、つまり感性的な理想である。すでに述べたように、純粋な概念は何かについての概念ではなく、純粋な概念では、概念の内容が問われてはならない。純粋な概念は魂であり、内容そのものであって、それ自身単独にある概念である。さらに明らかにされるべきは、この自己意識的な概念にとっては、一つの実在のみが真の実在であること、そして、その実在とは魂に適合的な形成であり、すなわち人間の身体である。身体が現象における概念そのものであり、身体がもっぱら概念の区別の表現であることは、自然哲学で明らかにされなければならない。結局のところ、自然全体が概念の表現なのである。しかし、有機的ではない自然では、概念の契機がばらばらになっている。それらの契機はたしかに一つの体系をなしてはいるが、個体ではなく、主観という一つの点が欠落している。要するに、生きている身体それのみが、概念の真の表現である。たとえば、樹木は一つの全体でもあるが、一つの個体の見かけをしているだけである。なぜなら、樹木のどの部分もいわばそれ自身一つの個体として考察できるからである。全体のなかでの主観の概念は、個々別々の部分で現れるのではなく、どの葉、どの枝などもそれ自身をとってみれば一つの全体と見なされる。さらに生きた動物の身体では、個々の部分が全体によって貫かれており、部分は非有機的な自然でそうであるように集積ではない。どの分肢にも生きた全体が現れており、全体から分肢が切り離されれば、それは分肢であることを止める。個々の部分はもっぱら全体との関係においてのみ正真正銘の部分である。いずれにせよ私たちはもっぱらこの命題を、自然哲学に由来する補助命題として受けとめなければならない。したがって、このように概念と実在が完全に適合しているものが古典的な芸術である。

三　ロマン的な（近代的な）芸術

この絶対的な調和を超脱したものがロマン的な芸術である。したがって、ロマン的な芸術は概念と実在の統一の破棄であり、対立の覚醒であり、つまりは象徴的な芸術での不適合とはまた異なる価値をもつ不適合の目覚めである。なるほど古典的な芸術は完全な芸術であり、そこに不完全なものは何もない。

しかし、古典的な芸術の領域全体が制限されたものである。この制限は、無限な概念が有限な感性的形式で表現されることにある。概念の真の地盤は概念そのものであり、自分自身を思考する思想であると私は述べた。ギリシアの神は感性的な表象や直観にとってであり、概念は感性的にして人間的な姿をしている。ここに表現されるのは神の本性と人間の本性の統一ではない。ロマン的な芸術への移行はキリスト教によってなされる。神の感性的表現から帰ってきて、神は精神において、真理において崇められる。しかし神は、いかなる規定も賦与しえない抽象的なもの、内容の欠落したものとして与えられるのではない。つまり概念はそれ自らのうちで明確化されている。キリスト教という宗教は感性的な表現から抽象へと戻ったのでもなく、規定を除去したのでもなく、感性的な表現のみを規定から除去し、神を精神として定めたのである。しかし精神は抽象物ではなく、生きたものであり、活動的であり、影響を及ぼすものであり、実在をもち、自らに実在を与えるものである。したがって、キリスト教では神の本性と人間の本性の統一が表明され、私たちは本質的にはキリストにおいて神を崇める。要するにこれがロマン的芸術の内容である。このとき形態化は感覚的なものではなく、概念の地盤はここでは心情であり、心であって、それは精神的な地盤である。これにともないロマン的芸術はふたたび対立を生じさせる。ロマン的芸術には、第二段階である古典的芸術の意識がある。古典的芸術での統一が強調されることにより、第三段階の対象となる。したがってこの段階は思想の内向であり、直観の後退である。直観の後退とは、第二段階の普遍的内容を把握することである。そのように普遍的内容の把握は、精神の行為でありながら、心情の行為でもある。この統一は知られ、感じられ、一種の直観にもたらされているので、その統一にとって存在するのは心情の地盤であり、このような主観的な現象である。地盤に相当する主観がこのようにあり、芸術作品が実在を獲得する素材があることで、芸術作品の統一は二重化される。古典的芸術では、この統一はそれ自身で現存するものとして直観される。ロマン的芸術では、この統一がふたたび概念として置かれ、心情や主観が、この統一の認識される地盤となる。そのため、区別の側面、外面的な側面はここでは自由だが、部分的にして偶発的な側面である。こうして材料は、第一段階がそうであるようにふたたび自由であるが、自由であるために、材料は自らの本質および自らの実在を、もっぱら自らの概念との関係において持つ。したがって、材料は恣意的に、異様な容貌で形態化されることもありうるが、このような部分化においても、絶対的な存在である理念との本質的な関係がなければならない。

以上が、芸術において真理が現象する三つの方式である。つまり、第一の方式は、それ自身において単純で純粋な実体、まだ自分自身を知らず、外面においてのみ区別を持つ実体、概念との適合を探し求めてあちらこちらとうろつきよろめくだけのものである。第二の方式は、概念と実在の調停にして合一である。第三の方式はふたたび両側面の分解であるが、概念が心情を地盤とし、また実在や外面がさらに自立化するもののなおも概念と関係しつづけることによって、概念は完成度を高められる。これら三つの方式はありふれた名称では芸術の三つの主要種類と呼ばれる。これらは全体についての普遍的な形式であり、そのいずれの形式も全体を含んでいる。しかしこれらの形式は制限されてもいて、それ自らにおいて規定された形式であって、それゆえ全体ではない。したがってそれらの形式は、その規定された特殊なあり方によって、それ自身が側面としても考察されうる。全体はそれ自らのうちで区別されている。なぜならそれが、多くの側面によって区別される一つの内容だからである。だがこのような区別は、私たちがいましがた見てきた形式以外のいかなる形式によってもなされない。したがってここから、全体のうちに、ある一つのものがその他のものよりも全体とうまく合致する側面があることも導き出される。そしてこの規定から物質の区分が生まれてくる。これは特殊部門で考察されなければならない。そういうことで第二部門では、普遍的なものの形式がそれ自身で特殊な方式としてある。これはすでに論じたので、ここではもう、これら三つの方式にさらに第四の方式が加わることを、つまり、まさに普遍的な方式として特殊な方式と対立しているために、ここでは特殊な方式でしかないような普遍的方式が付け加わることだけを、指摘しなければならない。しかしながらこの方式での規定はいぜんとして優位にあるもの、特殊から見て普遍的なものである。この普遍的方式は私たちの精神に属する。それはすべてを包括する方式である。それゆえこの精神的なものの素材は、完全に普遍的なもの、つまり万人に感じ取れるもの、つまり音にほかならず、またその特殊な規定である語りにほかならない。私が話をするとき、私は自らを外面化し、私のうちにあるものを外の世界に出す。しかしこの外面は、私がそれを出すやいなや瞬く間に消え失せる。つまりここには、この外面を通じて概念を表現するという目的がある。ところが外面は自立的には存続せず、即座に消失し、内面に戻り、概念へ帰る。要するに音をもって、充実した主観への移行、つまり語りへの移行が生じる（なぜなら、音はまだ抽象的で主観的なものだからである）。これが芸術における第四の方式である。私たちが概念の実在を感性的な開示において考察すれば、第一の方式は建築であろう。建築では、外面的な実在が概念の内在なしでつなぎ合わされている。建築は自然の象徴でしかない。第二の方式は彫刻である。彫刻では概念が物質に浸透し、物質において自らを示している。第三は絵画、すなわち仮現をまとう物質である。物質の抽象的統一は混濁し、それ自らにおいて部分化される。絵画と並ぶのが、同様に主観性の芸術である音楽である。しかし音楽は注意を集中させ、内面の一点に引きこもるが、これとは対照的に絵画は外面的なものに向かう。そして第四は詩、すなわち普遍的な芸術である。詩の素材は精神的なもの、つまり語りであり、要するにすべての特殊をとらえ表現しうる普遍的な契機である。文学にはここで述べたことに対応するであろう区別がふたたび現れる。語りは第一にふたたび普遍的な語りであって、すべてを包括し、特殊な表象を表出せず、その境位において全体の客観的表現を把捉するもの、すなわち叙事詩文学である（それゆえギリシア語では「エポス」（叙事詩）といわれる。それは、とりわけ語りのことである）。この点で叙事詩文学は建築と比較しうる。文学の第二の側面は叙情詩、つまり概念の内向にして、個々の表象や感覚をとらえるものである。第三が劇芸術である。それは本質的な神の力や私たちの目的、激情、およびそれらの軋轢の表現であって、それらの本質的なところを保持するが、この軋轢によってそれぞれの一面性を互いに削ぎ落とす。

以上に述べたような芸術の普遍的方式のいずれにおいても、普遍的芸術の自己開示の場である特殊的芸術が抜きんでる。こうして、象徴的芸術ではその固有性や卓越性を最大に示すのが建築であり、古典的芸術では彫刻であり、ロマン的芸術では絵画および音楽である。普遍的芸術に関しては、語りの芸術がこれら三つの形式をすべて超えてそれだけで自らの分野をもつ。普遍的な理念と完全には一致しないために劣っている、数多くの付随芸術や個別種類がさらにある。たとえば、雄弁や黙劇術、舞踊術、庭園術などがそれである。同様に詩においても、言及された三つの種類では言われない種類がある。これについてはさらにあとで語られることになる。

第一部　一般部門

第一編　芸術の一般部門

第一章　美の概念

ここでは、本来なら哲学や美学が美の概念に与えたさまざまな定義が列挙され批評されるところだろう。逆に、美は概念とまさしく対立するだろうから美の概念を与えるのは不可能だとする多数の意見が論評されるかもしれない。つまりその人たちは、その時代に多くの事柄が概念では把握できないとされたのと同様に、美もまた概念では把握できないと見なしたのである。その結果、概念による把握には有限なものの領域しか残らなかった。これがそうでないと立証するのは、とりわけ論理学の務めである。それゆえ私たちはこれ以上この点にここで立ち入ることはしない。古来、すべての哲学は真理を認識し概念で把握してきた。真理が認識可能であることは、理性の根源的な信条である。この信条を崩そうと考える人は、中身のないこと、そして自分自身を棄却するようなことをしている。そういう浅はかな信条が本当に人間にあるのだとしたら、それこそあらゆることが重要で、意識そのものが重要だという話になってしまう。なぜなら、内容で事が済んだというだけではだめで、内容は客観化されなければならないからである。学問を論じるさいに私たちは、すべてのことが、とりわけ真理が概念によって把握可能であり、真理はもっぱら概念による把握によって真であることを前提とする。そして美は、周知のように、真理の表現である。したがって、美もまた概念によって把握できるものでなければならない。もちろん美の領域は概念の領域とはまったく異なるものでなければならない。それは、美の形式が感覚的なものであり、概念を形式とするのは精神的なもの、思想だからである。通俗的な意味では、美が概念で把握されないことは正しい。概念が抽象的な規定であるとき、抽象的な規定で美を概念把握できないのは明白だからである。――したがってまずは、私たちが一般論としてすでに見てきた美の概念を詳しく考察する。そのうえで、私たちは美に対する精神の関係に向かい、そして自然美と芸術美の区別に移行する。

（私は概念と理念をときには区別し、ときには区別せずに使用する。そもそも概念とは統一であり、主観であり、それ自身において区別を含むものである。概念はたしかに区別を行うが、その区別は概念自身のうちにふたたび取り戻される。概念の規定をなすのはこのような観念的構造である。すなわち、概念は抽象的でなく具体的であるが、区別は観念的でしかない。概念の区別は普遍と特殊の区別だが、これは、普遍がそれ自身を特殊化することであり、その特殊化はもっぱら観念的に実施される。それが概念の無限性である。つまり、終わりや制限、他者、彼岸があるところに、有限性がある。概念は自分の作り出した区別を自分のなかに取り戻すので、区別に終わりはなく、終わりは概念それ自身のなかにある。魂もまたそのようなものである。すなわち、私が何かを考えるとき、私は私のなかで区別を行うが、これによって私は私が考えていることを私自身のものとし、私が対象に設置した区別を取り戻すのである。したがって、概念は全体である。概念は、区別をふたたび取り戻すことによって、実在さえ自らの外部に実存するものとは認めない。実在の源泉は概念自体のなかにある。こうして、概念と実在の統一、主観的なものと客観的なものの統一とは理念であり、したがって理念と概念はたがいに隔たっていない。概念において私は私自身を他者とするが、その他者はまったく観念的なものである。しかし理念はさらに、この他者、つまり実在が自由に至り、特殊性が権利を獲得して全体でもあると規定される。これが概念の二重化である。実在は魂にとっての身体にほかならず、これら双方がただ一個の概念である。これが理念そのものの本性である。理念はもっぱら真理および美として実存し、そのかぎりで真理と美は一つである。美とは外面的に実存する真理、すなわち、感覚的に思い描かれる真理である。ただし、この感覚的表象は魂によって保持されるから、区別は自立的ではない。宇宙もやはり真理ではあるが、それ自体で存在する真理である。宇宙は離散の形式、分散の形式を取るが、精神は思考によって散らばったものを集めて、真理を認識する。したがって宇宙は思考する精神にとっても真理となる。それゆえ自然と有限な精神はもっぱらそれ自体で真である。しかしこの潜在的な真理は自然や有限な精神では現象しない。したがって、美において現象するのは、外面における真理である。このとき私たちは「映現」が、ふだんの生活でよく使われる無意味で無内容な表現ではないことを理解する。美は映現に由来する。要するに、概念もまた映現するに至る。神は自らを外化しなければならず、映現に至らなければならない。そうでなければ神はたんに抽象物でしかなく、内面化された真理ではない。美において は存在が仮現のかたちをとっている。なぜなら概念が外面を貫通して映現しているからである。それゆえ映現は存在よりも高次のものである。このように外面に歩み出ることによってはじめて、本質は存在を獲得する。すなわち本質が映現するのである。そういうわけで、真理そのものがこのように映現するものである。）

魂が身体のすみずみまでゆきわたるように、また、概念が外面を貫徹するように、私たちは美を理解した。つまり、外面が概念においてもっぱら概念の契機であるという仕方で、概念が外面において自己顕現を果たすというように、美を理解したのである。この外面に関してなお注記しうるのは、外面が、概念との連関にあることで同時に偶然性の形式において現象することである。機械的な形象、たとえばテーブルや椅子は、たしかに一つの目的に対して多様なものがおりなす関係である。しかし、生命感のある外面的なものとの相違は、理念に貫通されていない物質を形式とする点である。つまり、テーブルの木材も外面的なものであるが、テーブルの概念や目的はそこでは開示されない。テーブルの脚や台、個々の部分すべてはいっしょになることでのみ全体をなし、それ単独では全体ではない。これに対して生命感のある外面的なものは、どの部分もそれ単独で区別される。概念はどの部分でもしっかり存在するのである。美における形式は統一的にまとめられ、形式が概念そのものである。そういうわけで、こうした外面的なもののどれもがそれ自身で全体の形式を持ち、そのような全体として、他の部分にかかわらない。彫像の腕はそれだけを取り出してみても一つの美しい全体であるにちがいなく、また、戯曲のどの幕、どの場面も、それだけを見たとしても十分に仕上げられたものであるにちがいない。たとえば『シッド』[17]はそうであり、それは物語詩の連作のどれをとってもそれ単独で完結したものであり全体であるが、その連作をまとめればふたたび全体をなす。したがって、個々の事柄はたがいに偶然であるように見え、全体として辻褄があっていることも意図的でなく、偶然であるように思われる。必然とされることは、他者との関係で必然と定められ、その存在はもっぱら他者の存在である。しかし魂は全体を貫通しており、その外面的なもののどれにおいても魂として現存する。そのため外面的なものは自由であるように、たがいに偶然であるように現れる。辻褄があっていることも内側でのことであり、全体の理念は隠されていて目的とは表現されない。そのような理由から、「美しい」という言い方は非常に曖昧に用いられる。たとえば、エウクレイデスの『原論』[18]が美しいといわれるのは、その部分がたがいにまったく偶然に置かれているように見えるのに、それでも一個の全体をなしているからである。さらに踏み込んで考察すれば、一つの命題がつねに先行命題の結論であるという内的連関が理解される。そう考えれば、『原論』は一種の芸術作品とも呼びうる。『原論』には連関の必然が隠れているわけである。たいていの古代の著作や偉人たちの著述には概してこのような特色がある。それらの著作はまったく偶然であるかのように次から次へと物語る。これによってその著作は一つの全体となり、たとえ明言されなくとも、私たちはその著作の根底に理念があることを認める。したがって、歴史的な著作はそのかぎりでは一種の芸術作品でもある。その一方で、たとえばエウクレイデスの『原論』の場合、ふたたび内容が『原論』を芸術作品の概念から除外する。なぜなら、『原論』では内容がまったく抽象的であり、空間とその規定がまったく抽象的に語られ続けるためである。

第二章　美と精神の関係について

まず私たちは、精神が精神それ自身と二つの面で関係することを思い起こさなければならない。まず知性として、理論的精神があり、そして意思として、実践的精神がある。私たちは、知性として事物を外面的に、感性的表象にそくして知覚するか、対象を内面的に直観して思考するか、つまり、その対象に普遍の形式を与えるか、このどちらかであることを知っている。私は普遍であって単一である。私は対象に普遍の形式を与え、対象を考える。知性は、対象があることから出発する。知性のかかわりは対象を把握し、対象を普遍として把握し、対象を制限する他のすべてを遠ざけること、対象の邪魔をしないようにすることである。私たちは、自らの行動を考えに持ち込むとき、対象をあるがままに放置しているのではない。私たちは対象を手つかずのままにしない。したがって、私たちの活動がまったく抽象的で、対象によって決定され、対象の邪魔をしないようにするには、私たちは自分自身に対して否定的にかかわらなければならない。それゆえ、このような知性の関係において、私たちは二つの面を理解する。つまり、私たちが対象を自由なものとして、自立的なものとして考察すること、そして、私たちが自らを不自由なものとして考察することである。

精神の第二の関係は、実践的精神としての精神、意思としての精神である。私たちは、何かを意思するやいなや、主観的な目的や主観的な関心から出発している。これらの規定は私たちの内面で妥当し、私たちはそれらの規定を対象に妥当させる。私たちの目的に権限はあるが、対象にはその権限がない。

私たちは事物を変化させる、つまり、事物の属性を変化させる。言い換えれば、私たちは、精神の理論的関係において事物に与えた属性を破棄する。私たちは事物を私たちの目的に奉仕させ、私たちの言うなりにさせる。私たちは、事物を実在的なもの、本質的なものとみなさず、私たちの内面の目的を有効と考える。このとき精神の理論的態度の反対にあるのが精神の実践的態度、すなわち、対象の不自由および主体の自由の関係である。しかし実践的態度にあるのはやはり主体の自由の仮象でしかない。なぜなら、私たちの目的の自由は、対象の存在によって制約されているからである。これにより欲望には制限が生じる。しかしこの外部への制限は内容の有限性でもある。内容とはつまり私たちが欲望を抱く根拠であり、私たちの目的は主観だからである。しかしその主観が、欲望の有限性で制限されているので、主体はこの実践的な側面では自由でない。――客体に関していえば、私たちが見てきたように、実践的側面では客体は本質を欠いたものとして考察され、みずからの存在を他のものによって、つまり主体によってはじめて得る。しかし理論的な観点でも、客体は自由でない。なぜかというと、理論的には客体は、存在する何かと見なされており、その規定は主体には法則と見なされているためである。しかしながら、客体について「それはある」というとき、私たちが理解するところでは、すべての事物ないし客体の全体に、この抽象的な存在が帰属する。ところが、全体における客体は、概念によってふたたび統一にもたらされる、無限に多様なものである。しかしこうした多様なものの規定は一種の外的な規定であって、多様なもののさまざまな部分が相互にかかわりあうところであり、それらの相互関係である。客体同士は互いに結びつき、互いをはぐくみあうかと思えば、互いを破壊しあい、互いを生み出しつつ無化している。したがって、理論的な観点からいっても、客体の内容は有限で不自由な内容である。

美を考察するとき、このような有限性は破棄されており、不自由は消失している。ある対象を美として考察することは、その対象を解放することであり、その対象と私たちが自由な仕方でかかわっていることである。これによって考察主体の不自由や有限性もまた破棄される。そもそもひとつの対象をありのままに観察するとき、私は対象を、その対象が私の目的に奉仕するような仕方で、私が本質的なものであり、対象は従属的なものというように考察する。しかし美を考察するさい、私は自らの主観的にして有限な目的を破棄する。対象は、私によってはじめて目的を獲得するような、目的を欠いたものではない。対象そのもののなかにその目的があり、美はそれ自体が目的であり、美は自由である。美そのものが自立しており、美の規定には展開がある。美の理論的な有限性もこれによって破棄される。それは、客体が自分の外にある自分以外のものとの多様な連関にあることに、この有限性の実質があったためである。しかし、美が概念そのものだから、規定の多様性は、美の独自の形式であり、つまり、自分を自分に関係づける多様性である。美の規定の多様性は美において取り戻されるので、美は無限である。美は自らのうちに区別を持つので、区別はなんら存在せず、それ自らにおいて区別が取り戻されて破棄される。同様に、美の観察は、自由で率直な一人の主体の考察である。その主体は欲望を抱かず、客体に対していかなる意思ももたず、結果として客体の邪魔をすることはない。したがって、主体はこのように自由である。なぜなら、不自由があるのは目的があるためであり、欲望があるためである。私たちにはまた、美を観察するとき、善というもっと高い目的はない。善や義務はそれがなお目的であるかぎりで実施されるべきだから、主観的なものがいぜんとして私のなかにある。その主観的なものは実現されるべきだが、まだ実現には至っていないから、なお限定されたものである。ある一つの対象が私にとって美であるとき、この美を観察することは、私の本質でもあるような実現された概念を考察すること、真理を考察することである。したがって、美は私にとってなんら疎遠なものではない。私はたしかに美とかかわるが、他者とかかわるのでなく私自身と、私の本質とかかわっているのである。ここに、主体および客体の自由がある。

さて、以上のような美の本性の規定を受けて、悟性的な関係についてなお少しばかり述べてもよいだろう。主体と客体の有限な関係は、まさしく悟性的な関係であり、たとえば、根拠と帰結の関係、原因と結果の関係、特殊の反対が普遍であるという関係である。これまでの話ではっきりしたのは、美がそうした悟性的な関係では把握できないということである。美は実在における概念、外面における概念であり、悟性的な関係ではその外面しか把握できない。しかし概念は外面で消え失せるのではない。外面は概念において取り返されるのである。

カントが美について与えた規定で注目すべきは、通俗的で悟性的な関係では十分でなく、うまくいかないということである。カントは、彼自身そう述べているように、美に四つの主要なカテゴリーを与えただけである。いまは、これを広げて展開する場ではない。それゆえ、私は四つの主要命題のみを簡潔に以下に示す。

(一)美の満足はいっさいの関心を欠いたものである。[19] これは上述のことに含まれている。つまり、美の満足は主観的な目的にはかかわらない。快適や善の場合、主観がすでに目的をともなって現れる。快適さは楽しさであり、そこには感覚の関心がある。善は評価されるが、そこには逆の関心、つまり理性の関心、抽象的な理性の関心がある。美の満足は逆に関心を欠いたものである。カントによれば、善は評価され、私たちは善を義務とするが、それゆえに善は私たちに自由をいっさい残さない（要するに、自由は恣意と理解されている）。そのかぎりで、私は理性法則において不自由なものとしてある。私が行動するとき、私のなかには善があり、理性法則があり、さらには目的がある。規定されるべき何ものかがさらにある。このとき私は、形式的な側面からみれば不自由なものとして振る舞っている。しかし美において、私は不自由なものとして振る舞いはしない。なぜなら、私の主観的な目的の反対である理性法則はなんら存在しないからである。私がそうしようと思うことがここには現実にあり、それはこの先に実施されるべきことではないのである。

（二）美は概念なしに普遍的な満足の客体として表象される。[20] 美は満足させる。それは一種の普遍的な満足である。快適は特殊な満足の客体である。私にとって何かが快適でも、他の人には異なる。それゆえ、「それは私にとって美しい」ということは笑うべきことである、とカントがいうのは正しい。[21] そのわけは、快適が個別的趣味の対象であるためである。そして美は普遍的満足の客体であり、しかも概念を離れたものである。カントはここで概念を普遍的で抽象的な規定、あるいは、そのような一連の普遍的で抽象的な規定と理解している。カントは、概念とは普遍を自らに帰属させるものだと述べている。[22] そして、概念なしにとは、普遍がそれだけでは強調されず、個別に対する尺度としては役立たないということである。たとえば、一本の直線を測ろうとするとき、私は普遍的な尺度を直線すべてに用いる。または、そういう尺度を私は思い浮かべる。したがってそのとき私は普遍を強調している。ところが美の場合、普遍的な概念がもはや抽象のなかにとどまらず、具体的な統一へ移行している。したがって、美においては抽象的な反省規定がもはや強調されない。ここでは、規則の反対にあるような有限も脱落する。それというのも、一つの規則を私が定めるとき、その規則は普遍であり、これに私は個別を包摂する。このような個別の包摂が普遍の特殊化ということである。

(三) 美は、目的の表象なしにそこで知覚されるかぎりでの、ある対象の合目的性の形式である。[23] カントは、目的とはある対象の原因の表象だと述べている。[24] 意思はたしかにそのような表象を持つが、それはいぜんとして表象なので、実行に移されておらず、したがって主観的である。しかし、美においては私は私の主観を破棄して客観化する。そのとき当然ながら、その客観は表象と適合しなければならない。したがって、芸術作品は目的に適うものだが、同時に目的の表象を欠いている。すなわち、芸術作品にはこのような合目的性が内在しており、合目的性が芸術作品の魂なのである。機械的な製品では目的の内容が物質には内在せず、物質の外部に存在して物質から区別されている。

(四) 美は概念を欠いた必然的満足の対象である。[25] この契機は満足の必然性の規定を含む。美は概念を欠いた必然的満足である(概念はふたたび有限な悟性の関係という意味で理解されている)。必然性はそれだけであるばかりか、他のものによって制約されるような何かがそこに当てはめられるという関係によっても成り立つ。それは根拠と帰結の関係であり、原因と結果の関係である。カントによれば、美は必然的な満足の対象であるが、この関係が美において遊動になることはない。これが、カントのいう概念なしの意味するところであり、上述のような因果関係を欠いた満足である。もちろん美は満足の必然を要求し、満足と私のあいだには一種の連関があるとはいうけれども、満足そのものにおける連関も、私たちとの連関もまた、因果関係とは異なる連関である。私たちにとって何かが美しいとき、たしかにそこには一種の連関があるが、それは、二つの対象が自立的にあるような、一方の実存が他方の実存に依拠するような、そういう有限な連関ではない。私たちと美の連関とは、私たちが美のなかに私たち自身の実在の本性を目にするという連関である。これはより高度な同一性という連関であり、そのかぎりで一種の必然的な連関である。ただし、より高度な必然性とは、二つの部分がともに自由であるような場合である。たしかに一つの対象が現存するが、このような分離されたものの否定的関係は破棄されている。私たちはそこに私たち自身を認識する。

つぎに、美について考察すべきは、美における二つの要素である概念と実在がそれだけでは抽象的であること、芸術作品ではこの二つがそれだけで現れることもあるが、その二つは、芸術作品の抽象的で基礎的な側面として現れるにすぎず、芸術作品の本性を汲み尽くすものではないが、それでもそこに狙いが置かれなければならないということである。

概念は、それだけを切り離してみれば、有限ではあるが、思弁的に把握すれば無限でもある。つまり、他のものと切り離して考察するとき、私たちは概念を無限とは見なさない。実在と比べてみれば、概念は無限なものと見なされる。美に限定して考えれば、概念は、芸術作品で規則と称されるものである。それだけを切り離して考えれば、実在は快適である。規則とは統一であって、概念に由来するものである。さらに言えば、規則は多様なものの統一である。これもまた概念に由来する。しかしこの統一は、真の統一ではなく、統一における多様なものは、バラバラで、外面的に束ねられているだけである。この統一は、同等と称されるものである。同等は同一ではあるが、悟性の同一でしかなく、自らのうちに思弁的なものを含まず、同じことの反復である。したがって規則は、上述のように、まずは同等である。そういう規則は本来、内面を持つものや生命あるものにはふさわしくない。規則には内面的な生命がないからである。私たちは自分の身体においてこのような規則、同等を持つ。私たちには、互いに等しい二つの目、二つの耳、二本の腕などがある。しかしこれらの部分はたしかに、外的世界へ伸びる分肢だが、内臓（高貴な統一）といわれるものや、むしろ生命それ自体に関係するものには、こうした二重性はない。生命あるものの場合もこのような同等は、かえって外面的なものや自分以外のものに対する態度が重要なときだけ生じる。感性的な実存はすべて、相対的に外面的であるだけでなく、自分以外のものに対して外面的であるだけではない。外面性は、感性的実存そのものに帰属しており、感性的実存の本質である。規定に対する無頓着さと結びつければ、外面的な規定は、私たちが量と呼ぶものである。量において本質的に強調されるのは同等と不等である。なぜなら、同等がまさしく外面的な規定だからである。しかし規則は、質的な同等からだけでなく、量的な同等からも帰結する。たとえば、同じ種類の樹木があるとき、そこに規則が支配的であるとは、私たちはまだ言わない。しかし、一定の秩序で互いに等しい幅で樹木が立っているとき、そのときに私たちはそこに規則があると見なす。規則の欲求は、とりわけ外面的な事柄が存在するときに生じる。それゆえとくに、建築や歌唱、音楽において規則の欲求が生じるのである。

空間に関する規則について少し詳しく述べておこう。第一の規則は概して抽象的な同等であり、たとえば二本の直線である。より高次の規則とはほかでもなく類似であり、同等が生じているだけでなく、交互の関係や量的な不等がすでに生じている場合であって、たとえば、類似する二つの三角形である。もう一つのより高次の規則の関係は、曲線ではっきり示される。たとえば、円はそのような不等をとっくに持っており、ここでの線はもはや直線でなく、点の連なりが同等であることはもはや成立しない。しかし円では、半径の同等がなおもあり、統一すなわち中心点に対する関係はすべてにおいて同じである。このような同等は楕円や放物線、双曲線などにはまったくない。にもかかわらず、これらの線は量的にはいぜんとして規則的である。なぜなら、そこにはそれらの線の進行を司る法則が、すなわち外的な不等における内的な同等があるからである。したがって、このときもはや抽象的な同等や相関の同等はない。無限に進行する放物線や双曲線は形式的でしかない。そこにあるのは悪無限であり、先に進められるべきだが、現実が欠落している。楕円にはさらに形式的な同等がある。その理由は、楕円を長軸か短軸かで分割するとき、分割された半分同士が互いに等しいからである。それゆえ美における楕円は、自然には生じない。彗星や惑星は太陽のまわりを楕円の軌道で公転するが、その楕円はいわゆる中心点でなく、焦点を基準とする。より高次の不等が卵形線である。ここには規則もあるが、先述のとおり、たんに形式的な規則である。ここにあるのは、美の本性のさらに高次の規則である。ここには法則もまたあるが、それは覆い隠されており、直接目に触れるところは不等である。このような、より高次な法則は、量的なものから質的なものへの移行がそのさい起きることによっている。この卵形線で前面に出るのはポテンツの関係であり、それは質にかかわる関係である。人間の身体の輪郭全体がそうした卵形線から成り立っており、円弧はまったくなく、内臓や心臓は卵形線である。したがって、この卵形線によって有機的な規則への移行が生じる。球がこの上なくつまらない形であるように、円弧はこの上なくつまらない線である。両方ともに規則が見いだされるが、そこには半径の同等があり、その規則がまったく外面的なものであるため、形式的な規則しか見いだされない。正方形や立方体は、円や球よりもすこし好まれ、より美しいと見なされるかもしれない。そこには多様な広がりがあり、それゆえ規定がさらに支配的である。平行六面体はそれほど高次のものではない。そこでは、対置される二つの面が照応するが、四つの面すべてが等しくはなく、同じ面の二つの対の相関は恣意に委ねられている。自然において私たちは同様に規則的進行を目にする。第一の規則は結晶化にある。結晶の構築はそれ自身によって規定されており、結晶の形成の根拠は結晶それ自身のうちに、その凝集力のうちにある。結晶水がそのために行うことは外面的な助力でしかない。しかし、ここで支配的なのは悟性的な対称にすぎない。これに対して植物では、悟性的な対称が停止しはじめている。しかし植物での対称は、動物での対称より悟性的である。植物においてはいたるところに心臓のような形がみられ、一方の面で圧迫があり、他方の面で膨張がある。このように角張ったものが動物では完全な形で現れる。ここには規則もまたあるが、それは悟性的な規則ではなく、私たちが先ほど見たように、本来的な規則と称される規則である。したがって、より高度な芸術作品の場合、規則のありかは、詩において、たとえば劇詩においてさまざまな部分がそうした統一を持たなければならない。統一は、全体が時間において現存するとき、時間において保持される。つまり、一幕や一曲の歌唱が他のものとほぼ同じ長さでなければならない。だから、絵画における集団描写もそのようでなければならない。なぜなら同じ外面をなすものだからである。ピラミッドの形が支配的でなければならない。なぜならピラミッドの形は頂点を表し、概念への消失を表すからである。

このように規則が外面の芸術を支配する。規則は外面的な規定の統一である。それゆえ外面はとりわけ建築や音楽、絵画で支配的である。建築の場合、概念と実在の統一は内在的なものでなく、神は外部にいる。したがって建築では外面が主要な規定である。そのため建築ではとくに直角が支配的である。直角は、その補角も等しい角度ゆえに、もっとも規則的な角度である。それゆえ窓や扉などの対称がここでは必要である。植物や動物の形に由来する装飾がそこで用いられても、その装飾はもともとの有機的な形では使用されず、悟性的な規則に貶められざるをえない。それがアラベスク[26]の起源である。たしかに装飾はこのようなものであるが、しかし装飾は使用される目的にあわせて設えられるものである。

主として悟性的な規則が適用される建築と絵画と音楽という三つの芸術に、付随芸術としてさらに付け加わるのが庭園術である。庭園術は一面では、自然形象の組み合わせでしかない。それゆえ庭園術はたんに自然なものに一貫してかかわり、芸術が加わるとき、自然の助力が利用されるだけである。したがって、このような庭園術は不規則を本質とするように見えるが、あきらかに通常そこで支配的なのは最大の規則である。この矛盾ゆえに庭園術ではまさに規則が非難される。しかし、庭園術は自然のためにあるだけでなく、人間との関係においてもあり、人間のために利益や楽しみを作り出す。そういうわけでここでは有益が主要な目的であり、したがって多様性や外面性が生じているため、概念によって持ち込まれる統一は規則でしかありえない。美しい庭園術を顧慮すれば、精神的な目的が問われなければならない。その目的は、人間のために自然の協調を作り出すことにほかならない。このような自然のただなかにあって人間は自分一人きりでおり、自分の気分に浸りきっており、自然はこの気分と対応するような地盤であるにすぎず、それだけで自立的に実在するものではない。したがって、その規定はおよそ、教会にいく途中で耳にする鐘楼の鐘の音とか、お祈りをする声といったものでしかない。それゆえ庭園術の規定は、人間に対してもっぱら外面的に関係することであり、したがって不規則もありうるが、その不規則は必ずしも不快感を与えるものでなく、自分を押しつけもせず、人間の注意を自分に引きつけるようなものではない。庭園術には規則もありうるが、昔のフランス公園の場合のように、人為的に規則正しく引かれた格子状に交差する道や迷路から成り立つ必要は必ずしもない。散歩するときこの上なく快適なのは、すべてが一度に眺望される長く幅広い並木道であり、自分はその場に立ちどまっていることができる。したがって、寺院や洞窟、噴水などで公園を以前のように過剰に装飾することに私たちは戻っている。そういう公園は、すでに見たように、非常に退屈である。なぜなら、そうした公園は、私たちがそれに払いつづけようと思わない注意をつねに要求するからである。人間がこれによって自然をこの上なくたやすく意のままにするため、ここでもまた規則が美しい庭園術にふさわしい場所を見いだしている。

音楽は主観性の芸術であるが、いぜんとして形式的である。音楽は私たちの主観や感情、思いを表出して、感覚を刺激する。しかし音楽は、音楽より高度な芸術ほど完全に肯定的に主観を表出するものではない。音楽で大事なのは楽音の交代するさまであるが、楽音は時間においてであり、それゆえここでは時間という量的なものもとても重要であり、大事なことでさえある。時間という量的なものは、ここでもまた明らかに統一として登場しなければならず、したがって規則として現れなければならない。

以上で、私たちは規則に関する主要な観点、美における抽象的で、他のものとの関連なしに考察された概念を理解したことになる。他方の、抽象的にして他のものとの関連なしに考察された側面が実在であり、つまり美における感性的なものそれ自体である。このような感性的なものそのものの側面は、感覚における感性的なものとのたんなる協調として見れば快適である。外面的なものが協調しなければ、それは不快なこと、快適でないことである。色彩では緑と紫が快適であり、緑と紫は過不足なく私たちの目を刺激する。緑は、青と黄色という両極の統一である。その個々の色のどれにも、緑のような調和は含まれておらず、私たちの目がそれを感じるのである。他の色、たとえば赤と青からできている紫には、私たちの目にとって快適な協調がある。同様に芸術作品における柔らかさは快適であり、そこでは互いへの移行が境目を流動させ、個々の部分がその区別を強固に保持することをしない。これは一種の一致でもあるが、感性的な協調である。芸術が柔らかさに接近すればするほど、輪郭は消え失せ、ときには退色してしまう。これはしばしば人々がもっとも好むところである。これもやはりもっぱら快適なものに属する。したがってこのような感性的な協調が芸術作品の表現にあるかぎり、快適なものもある。純粋なものは感覚的なものに関係するが、その感覚的なものをまったく抽象的なものにする。そしてこれは、芸術作品にとって必要な道具である。芸術作品の外面的な側面にもやはり同じことがある。芸術作品または自然作物には具体的なものとして多数の側面があるが、それらの側面のどれもが抽象的でもある。美に属するのは、そうした側面が純粋に表現され、自らと合致していることである。たとえば、一つの色はまず、一切の余計なものを混入させず、汚濁があってはならない。さらにまた、色はそれ自身で純粋でなければならず、純粋な青や黄色などのように、自らと合致していなければならない。紫や緑は純粋な色ではなく、それらにはやはり二つの異なる事物の混合がある。そこには、はっきりとはわからなくとも、全体を通してそれとなくわかってくるような対立がある。そのため、これらの色は快適な色に属する。そして、それ自体で純粋な色である黄色や赤、青などはそのためもっとも扱いが難しい。なぜなら、それらの色が混合色よりも移行しにくいためである。そのような色の純粋さを観察するのが、オランダ人の好むところである。したがって、それらの色はオランダ人においても彫刻的な効果を持っている。それで、マリア[27]はほぼつねに青い衣をまとい、ヨセフ[28]は赤い衣をまとう。イタリア人の場合、とくにラファエロ[29]の場合、色は純粋さを欠いている。紫や緑などが快適にも属すがゆえに、イタリア人はそうした色を好む。さらにオランダ人は、純粋な色を主要人物に与え、脇役の人物には中間色を与えるのを好む。人間の声に関しては、一般に音楽では、このような質的な純粋さがある種の主要な要件でさえある。楽音は、雑音が伴えば、純粋でない。雑音は、二つの事物の機械的な摩擦から生じる。しかし楽音は、それ自身のうちでの弦や声の震動である。鳥、たとえば小夜啼鳥の声はこうした純粋さを持っているので、その鳴き声は私たちに好まれる。人間の声が美しいのは、発声器官の外部で摩擦や震動がなんら起こらず、それ自身のうちでの震動のみが生じているときである。芸術の感性的な契機では、これらの感性的な契機が純粋さにおいて量に関する摘要を保持されること、これが条件である。

第三章　自然美と芸術美の区別

いまや私たちが向かうのは、自然美と芸術美の区別である。

自然や生き物もまた美しい。なぜなら、肉体をともなって現れる生き物は美しいからである。すなわち美とは、概念が実在に内在すること、概念によって肉体に生命が賦与され、魂を吹き込まれていることである。したがって、生き生きとした自然は美しいが、生き物には死の兆しもまた含まれ、それゆえ明らかに有限なものである。生き物は生きているものとして美しい。なぜなら、生き物は調和であり、肉体に魂つまり概念が内住するものであって、肉体は概念の表出にほかならないからである。植物の葉や花、芳香、味などを考察するとき、私たちはこれらすべてが内側から規定されていることに気づく。外部的な原因や結果は何もなく、植物の内部で成長を促すものが植物そのものにおける生命である。そういうわけで、植物にはそのような生命が内在しており、自由なもの、美しいものであって、それがあるべきところのものである。そのあるべきところは植物そのもののうちにある。動物は同様に生き物として美しい。動物の外形は化学的または機械的な過程の所産ではなく、外面的なものによって規定されてはいない。動物はその外形をそれ自身で作り出し、外面的な規定が押し寄せてもそれ自身で自らの形態を保っている。このようにして生き物は総じて美しいものであり、自由であり、まさしく美をかもしだす無垢に包まれた自己調和である。そうした生き物は一面では自らとかかわり、自分に戻ってくるが、他面では他の生き物との相対的なかかわり合いに踏み込み、他の生き物から影響を受けて規定される。その規定は生き物が構成するものではない。しかしその影響によって、概念と実在の調和は萎縮する。生き物はその調和の表出であるだけでなく、それと並んでさらに別の規定を持つ。それゆえ生き物はつねに美しいわけではない。生き物、とりわけ有機的な生き物は、一面では、最高の実在に至った理念にして真理である。他面で、それは同時に外面における理念にすぎず、この外面に制限されて依存している。この制限によって、あるべきものが示されるだけでなく、もっと別の外面的目的や関係、規定が示される。生き物にとってその外面は非有機的な自然である。生き物の一般的な特性は自分自身とかかわること、そして非有機的な自然とかかわることである。だから植物は動物にとって非有機的な自然である。しかし生き物は非有機的な自然とかかわるのと同様に自分自身ともかかわるため、自分自身を非有機的な自然とすることで、自分自身との過程のなかに立つ。このとき、自然美の有限や時間性、美しいとはいえないところが開始され、それゆえ自然美は自らの概念との不一致にとどまる。生き物と非有機的な自然の対立や過程には、二つの面が存在する。すなわち、第一に有機的なものが自らの内部にそのような過程を持ち、第二に有機的なものが外部の非有機的なものとかかわるのである。

第一に、有機的なもののうちには、自らの主体と身体の対立があるので、自らの外面がそれ自身のうちにある。この過程が有機的なものの内的生命をなす。有機的なものは、生きているものとして、このように前進する過程である。有機的なものはそれ自身の対立を作り出し、それをまた克服する。有機的なものは自給自足して、自己保存する。それは不足と充足が交代し続ける不断の過程である。生にはけっして完成がなく、生の進行は本来このような過程の反復である。個別は、生命を終える危険や困窮につねにさらされている。そのわけは、生き物が個別的なものとしてしか、直接に存在するものとしてしか現存しないからである。したがって、生き物の普遍性は普遍的な活動ではなく、生き物において普遍が繰り返されるだけである。個別的なものは永続的ではなく、死へ移行する。個別的なものは、それだけで普遍である類と対立し、自然に対して、その類の威力に対して持ちこたえることができないので、束の間のものである。こうして個別的なものの否定が見定められ、これにより普遍がその威力として示される。したがって、普遍や類はもっぱら否定的な方式で実存する。

第二に、生き物は外部の非有機的な自然ともかかわっている。つまり、その生き物に対して自立したものとして現れながら、その生き物から見て重要でない他のものともかかわる。これによって生き物は外面的な相対性の関係のなかに歩み入り、自らの有限性を定める。生き物はそれだけで存在するばかりか、自分以外のものからも規定される。むろん、外部からのそうした威力は再構成され、生き物自身のなかで変形される。しかし同じことが完全には再構成されず、消化されず、他のものがなお威力を保持すると、生き物にはすぐさま腫瘍が生まれ、実在において萎縮が生じ、そうした再構成の痕跡つまり傷痕が生き物に見られる。もちろんそういう外面的な影響は、注意したり、習慣づけたり、几帳面に生活したり、鍛錬したりすることで防ぐことができる。さらに生き物がかかわる特殊な事情があり、それはその生きもののあり方によって個々に分化する。たとえば、家族や部族、民族がさまざまな自然法論を持っていることを私たちは心得ている。たとえば、小さな帝国直属都市、かつてはよそ者にほとんど立ち入りが許されず、人々もまたほとんど外に出なかったところでは、長期にわたって独自の家族慣行が保たれていた。――精神的なものに関してひとつ大事なことは、このような精神が無限に多様な方式に分かれていき、また人間すなわち個人が多数の目的や関心や有限な活動とかかわることである。人間が外面へと歩み入り、他の人間に関係するようになると、人間は外面的な相対へと、すなわち有限へと踏み入る。人間の精神は、概念の普遍と対応しないような有限な目的やさまざまな習慣に捕らわれたものである。これによって美が萎縮させられ、そのような美としては現れないこととなる。このような外面的制限や有限と対立するのが、精神がそれ自身のうちに引きこもることである。精神は、把握を通じて有限に向かうことで、その内面的な普遍により、有限なものの多様を緩和し、たとえ相対的に普遍的でしかなくとも、有限なものを普遍へと還元していく。その理由はというと、私が何かを考え、何かを表象するとき、その考えている何かを私は、有限な規定の系列から、たとえば有限な時間から取り出して、これを私のうちに、普遍的な時間のなかに置き、これから有限な性格をすでに持った何かを、つまり時間を取り出して、内面的な普遍の空間のなかに受け容れるからである。したがって、たんなる表象や、もっとも低次の精神的行動でさえも解放を含み、有限な材料が普遍な事柄へと高揚する事態を含んでいる。そういうことなので、歴史がある出来事を記録するとき、すでに歴史は多数の副次的な出来事や事情を抹消しており、興味を引くことや重要なことを強調している。

しかし芸術は、歴史よりもはるかに重要なことをさらに対象とする。なぜなら、芸術は真理を取り出し、真理を有限なものにまつわる憂慮から解放するからである。そして芸術美が自然美と区別されるのはこの側面による。芸術美は自由な美であり、それは一般に理想と呼ばれる。シラーはある詩を『理想』[30]と題した。その詩は以前、『影の国』と題されていた。これはまったく正しい。なぜなら、理想は真理であり、そこでは有限なものは影でしかないからである。純粋さが際立つ啓示された真理と、理想を制限するものであり、拭い落とされ排除されなければならない有限なものとのあいだを、理想は揺れ動く。それゆえ理想は現実や理念とは区別される。理想が現実と区別されるのは、現実ではなお外面が本質的な契機であるため、理想が制限されて有限だからである。理想が理念と区別されるのは、理念が概念と実在の統一であるものの、実在が思考の上での実在であることによる。したがって、私たちは理想を現実的と呼ぶことがあり、現実的と呼ばないこともある。理想が現実的であるのは、理想がさらに外面的な実在を持つかぎりでのことである。理想が現実的でないのは、理想が概念であり、その概念の実在ではあるけれども、自由な自立を得るために概念の契機の弛緩を含むからである。私たちは理想について、理想がただの彼岸でしかないと思ってはならない。理想には外面という外皮がまとわりついている。それは有限や時間、相対という外皮である。この外皮をはぎ取らなければならないのが、概念のまなざしである。概念のまなざしは真理をとらえなければならないのである。

以上が理想についての大まかなところであった。しかし、私たちはここでさらに理想の規定をもっと詳しく考察しなければならない。理想を考察するとき、第一に、私たちは理想を形態として、つまりそれ自らのうちで静止して満足する自立したものとして理解する。しかし第二に、私たちは、理想がそれにとどまることなく、過程や区別や活動へ進んでいかなければならないものであることを理解する。なぜなら活動は生の条件だからである。ここで出てくる問いとは、第一に、このような分離にもかかわらずいかにして理想は存続しうるのか、この分離そのものがいかにして理想でありうるのか、ということである。神や永遠なものが本来活動的であるため、理想は有限や相対的相関へと入っていく。それらの相関が、生き物が芸術美とどのように区別されるかを明らかにする。芸術美は上述のように概念と実在の統一だが、芸術美における契機は自由な自立を獲得するよう束縛を解かれている。このように理想それ自身が契機に分かれていくとき、理想がその分化にさいしてどのように自分を保つのかを私たちは理解できる。第二に私たちは、理想が分化することによって規定される場面において、これらの規定がどのように関係しあうのかを理解することになる。したがって、これを考慮するとき、活動的であるものの内容が問題となる。第三に私たちは、理想が完全に外面的なものであること、理想が空中でたえず揺れ動くのではなく、現実の存在と仮象を持たなければならないことを検討する。

（一）普遍的なものとしての理想、つまり形態としての理想。形態とは一般に、真理がその存在を得る場所である。形態は自分と関係しなければならない。理想は自分の居場所で不動でなければならないが、歪んだり、極端に走ったりしてはいけない。理想は、生き物の必需や、自然が生きるのに必要とする機構から取り出されなければならない。繊毛や孔、その他の自然所産に貼り付けられる外面的規定がすべて取り出されなければならない。理想は精神的なものとして動かないでいなければならない。形式的な不動という特性がそれ自身で示されなければならず、すでに上のところで明らかにしたように、一般には感覚において一つの形態がなければならない。

（二）第二に、私たちは理想の規定、運動、分化の契機を考察しなければならない。これは、理想を普遍的なものとして考察するよりも重要である。精神的なものは対立や闘争に突入する。それゆえここで私たちは、世界精神の紛糾や過程、闘争を見る。このような分離を私たちはすでにギリシアの神々とその激情において目にする。さらに私たちはこの対立がキリスト教において、そして神を現実へと踏み入らせるキリストにおいて、さらに入り込んでいるのを目の当たりにする。そのさい私たちは、痛みや苦悩、磔刑、母や友人たちの心痛を理解する。対立の大きさや力がその対立を克服する作中人物の偉大さの特徴をなす。その強度は対立によって明らかとなる。その対立は量的な対立か質的な対立である。量的対立、つまり怪物、恐怖、巨人は、とりわけ主人公が巨人や怪物と戦わなければならない童話やメルヘン(31)によく出てくる。真の偉大さは対立の質にこそ表現される。それは、この対立を否定することによって保持される肯定的なものである。無垢なものや牧歌的なものはそうした分裂状態や解体と対立するイメージであるが、そのような絵物語は、それ自体で真に興味あるものでなく、その与える印象は、精神がそのように自らのもとにとどまることができず、対立を探し求めて通り過ぎていくものである。このような分離においても理想が自らを保持して示し、行為するさい自立的に振る舞うのはどのようにしてなのか。これが、最初に考察されるべき問いであり、私たちはいまその問いに向かおうとしている。

行為には二種類、すなわち、行為における普遍的なものと、行為の現実および外面つまり行動とが区別されなければならない。

(a)行為における普遍的なものは、概して私たちが人倫と呼ぶものであり、それが行為の実体である。作中人物は、人倫的なものや普遍的なもの、ならびに、行為がなされる個人的な意志の行動や事柄の双方が残存するときに保たれる。人倫的なものが外面的な系列や秩序のなかで客観的に残存しなければ、作中人物に内在するものも残存しないだろう。国家では人倫的なもの(公共の機関や法律)がそうした客観的な位置にある。個人は法律につながっており、個人の行いは法律を範として、法律に従わなければならない。しかし、このような位置にある個人は、理想でもなく作中人物でもない。個人そのものが語られるとき、人倫的なものが疎遠なものとして対立するような一個人が理解される。自立的な作中人物は単独で行動し、作中人物抜きですでに現実存在する普遍のために振る舞うのではない。これは行為の観点からの区別である。つまり、全範囲での行為が個人の行為である。それとは異なり国家では、行為はまったく部分的なものである。単独の事例は普遍的な威力の存在とは違って、万人を律する法の追従の小部分である。個人の行為はその人の決断であり、個人によってもたらされるので、個人は行為における自立的なものという姿で現れる。個人が法を毀損するかぎりで、法は、法的威力や外的必然として、個人と対立することはない。法は内的必然でしかなく、作中人物の主観に依拠し、それに対する反作用も、作中人物のまったく個人的な行動である。ここに確定される区別によって、個人的な行動や理想的な行動がなされうる関係が私たちに明らかになる。このような関係は英雄時代に属するものである。その時代には、そうした個人の美徳、すなわち、私たちが本来美徳と呼ぶものがある。それゆえギリシア的美徳の英雄は、ヘラクレス[32]の姿で示される。ヘラクレスの美徳はまったく個人的なもので、道徳的な美徳ではなんらなく、個人の自立的な威力であるため、法はもっぱら自立的な威力によってのみ生み出される。そうした状況、すなわち、そのような関係があらかじめ自由な作中人物を前提すること、つまり、行為における普遍は、外面的に規定されず、個人に依存するものでしかない。そのような関係は、近現代の偉人たちでも想定されている。偉人たちは、一つの盟約の自由な同志であり、彼らが法や国王に依存するときでも、栄誉の法が偉人たち自身のものであり、彼らの人格の所産である。彼らは自らの衝動に従って国王にだけ服従し、その人格を保つため極端なまでに人任せにする。作中人物のこのような理想や自由は、もっと狭く、ほとんど拡張されないような影響圏でも想定される。たとえば、家父長や夫の理想について私たちは語ることができるが、官公吏の理想についてはけっして語りえない。なぜなら、官公吏の義務や行動はその官公吏に命じられたものであり、彼の意志による事柄ではない。その個人から彼がさらに付加するもの、たとえば、鋭い洞察力や温和さなどは彼の行動の小部分というべき側面である。しかし、正義そのものを扱う実体的なものは、彼がひとりで決断したことでなく、彼の個人的特性の所産である。たしかに国王は全体のなかの最高のものにして頂点であるから、国王には国王自身の個人的特性から発する行動の自由があると思えるかもしれない。しかし、公共の機関や法は国王に対しても規定を行使し定めを与えるように存在する。そこでは王の個人的な特性が実体的なものを付加するようなことはない。したがって、私たちの時代の個人は、社会における個人の自立の、さらに制限された小さな部分的側面しか認めない。以上のことから、差し当たり私たちは、芸術の理念的な人物像がなぜことさら古代に設定されるのかを理解する。

作中人物の自立を考慮するとき、なお二つの事情を言い添えてよい。古代において、ある人が何か悪いことを自覚せずにしたとき、彼は行動の（行為のではない。なぜなら行為は目的意識を前提とするので）酷さを全面的に自分で引き受ける。私たちの場合は、自覚のない行為は行動でしかなく、裁判はそういう人間を罪なしと赦罪する。何かが罰せられるときは、その行動をとったことでなく、偶然の原因、たとえば不注意がある。私たちは古代では、そのような有罪と無罪の区分をまったく目にすることがない。あるいは、私たちのようにはっきりと目にすることはない。この想定に含まれる要求とは、人間が自分の行為を知ることもまたあること、その全範囲でなされたことが行動した人の行為だということである。

第二の契機は、古代では、子どもが親の罪もかぶること、したがって、一族全員が非難されるという考えがあったことである。私たちの思うところでは、個々人はそれぞれ自らに依拠し、行為の正当化はその人のなかにある。個々人の父祖の行動は、その個々人の行動ではなく、子どもの名誉を奪わず、その性格を汚すものではない。以上の見解は多少なりとも中世ではまだ支配的だった。昔のドイツの立法は、先祖が不名誉きわまる処罰を受けると、一家族全体が恥辱と不名誉を被ったことを伝承する。古代の哲学では、個々人が本当の意味での個々人としては現れず、家族の一員にして全体の成員としてあるという見解が含まれている。父祖のとった行動は子どもたちのなかで生き続け、ペナテス、つまり父祖の霊は子どもたちのなかにもある。こうした区別は、ひとりの作中人物や一個人や全体として存立するような実体的な統一の原理に属するものである。

ここまで述べられたことから二つのことが帰結する。私はそれを説明しようと思う。私はすでに先ほど、なぜすべての理想的なものが古代世界に設定されるのかに言及した。しかし、もう一つ別の根拠は、これによって、理想を卑俗で有限なもので覆い隠して制限する現実の汚濁から、理想が脱出し高められるということである。私たちの時代の作中人物の場合、高貴な人物自身にはないようなあらゆる困窮や有限性や外面性が目についてしまう。——第二の帰結は、芸術的な人物像がとりわけ国王とその親族の身分にある、あるいは一般に、自立的な英雄や騎士の身分にあることである。その人物たちは、それより低い身分に属さないことで、かえってそれ自身で独立し、制限や有限にほとんど巻き込まれないように見える。それゆえ、市民悲劇を芸術作品と呼ぶことはあまりできない。なぜなら、まさにそうした市民悲劇では、作中人物があらゆる面で制限を受け、自分の外部にある道徳法則によって、芸術的な人物というにふさわしい自立を欠いているからである。そういう事態はむしろ喜劇のほうが適している。個人は自立的であろうとするが、外面的な威力の紛糾や制限のなかにいる。しかし、その威力を個人は承認してもおり、また承認したいとも思っている。こうして個人は自らの自立を自分から崩す。個人は、敵対心をもつ外的な人物像の個人と対立しては現れず、自立を誇らしげに示し、威張り散らし、外的な力の承認によってこうした自立を崩壊させる。そのため個人は、辻褄の合わない者や笑いを誘う者、喜劇的な者として登場する。ここで私たちは、近代に属する作中人物たちのことに思い当たるかもしれない。たとえば、シェイクスピア[33]は作中人物の自立を現実的な自立としては、古代におけるような彫塑的自立としては表現せず、形式的自立として表現する。この点では、シラーのいくつかの作品も想起される。そこで私たちは、自立的な人物像を得ようとしたものの、あらゆる社交関係がおりなす対立に圧倒されてしまうのを見る。このようにして私たちは、『カール・モール』[34]でそうした社交からの脱出を目のあたりにする。彼は自立的性格を持った不快極まる盗賊であろうとする。しかし、その自立が、それが逆らったものに比べていかにちっぽけなものであるか、それを私たちは理解する。結果として彼は犯罪者となる。自立が手に入ると信じた彼の理想が実現してみると、それはけっして理想とは見えず、たかだか子どものものでしかないような盗人の理想であった。この作品の内容や状況は一種の失策であるが、それはこの上なく悲劇的な失策である。『カール・モール』と同じだが、さらに高貴な努力を私たちは『ヴァレンシュタイン』[35]で見る。ヴァレンシュタインは軍隊の頂点に立とうとし、政治的な不正の是正者を僭称しようとしたが、外的な力の客観的支障を認めることがなく、その力が彼の主観と対立して現れてくるのを防ぐことが結局はできなかった。そのためヴァレンシュタインは敗北したのである。

（b）行為に関するさらに詳しいこと、運動それ自体、そのもっとはっきりしたこと、この運動の誘因となる性格の内容。あらゆる行為は何かが発端になり、前提がある。第一に私たちはこれを考察しなければならない。第二に私たちは、それらの事態と関係する性格の内容を理解しなければならない。なぜなら、作中人物はさまざまであり、それらの作中人物たちの特異性には、その性格の実体的な内容が含まれるからである。

行為するためには、行為や分離がその上に構築されるような対象や題材が前提される。内的目的や作中人物の真価とは相容れない事態が存在する。その事態に行為は逆らう。作中人物がその事態を掌握する方式によって作中人物の性格が造形される。こうした事態は実にさまざまであるが、差し当たりすべて行為によって基礎づけられる。最初にとる行動が最初の前提である。その最初の前提が事態を設置し、二番目にとられる行動が事態を終局にもたらして再構成する。したがって発端は中間として現れる。ホメロスは聴衆を中間のものに招き入れるとホラティウスが述べるのは、この意味においてである。前提がすでにあり、その前提がまた行為を前提することで、この前提はいわば中間のものとなる。童話は絶対的な発端から始まる。たとえば、むかしむかしひとりの王子様がいました、など。童話で示されるのは、どのようにして不動のものが動かされ、展開されるかである。そう考えれば、本来、絶対的な発端などありえず、あらゆる発端がその前提となった事態を指し示しているにちがいないと、私たちは理解する。前提の事態が固定したもの、不動のものであったならば、変化や展開を作り出したのは恣意であったろう。私たちは悲劇において、ある一つの前提を目にする。その前提を介して作中人物は動き出し、活動し始める。しかしその前提は同様に、ある一つの行為から作り出される。そしてその行為がまた別の行為で作り出される。私たちは『タウリスのイフィゲーニエ』[36]で、その家に居座る災厄の結末を目の当たりにする。純粋無垢なイフィゲネイアがその災厄を融和させる。そのさいの前提である災厄は、オレステス[37]の行いをその前提とし、このオレステスの行いはクリュタイムメストラの行いを前提とし、このクリュタイムメストラの行いがアガメムノンの行いを前提とし、このアガメムノンの行いがパリスの行いを前提とし、このパリスの行いがテュエステス[38]の行いを前提とし、最終的にこれらすべてをひっくるめたのがタンタロス[39]の運命である。したがって個人は家全体の負担や罪を背負わされている。同じことを私たちはホメロスの『イーリアス』で見る。『イーリアス』ではアポロン[40]神官の娘の略奪からレダ[41]の卵に至るまで前提が進んでいく。したがって、ここに絶対的な発端はない。そういう発端の置き方が、上述のようにメルヘンの要点であり、とくにアラビアのもの、たとえば『千夜一夜物語[42]』のテーマである。そのため聴衆はいったいどこで発端がくるのか、もとよりまったくわからず、準備を何度も重ねてはじめてそこに近づいていく。しかし、芸術作品の発端といえるのは必然的な行為であり、前提事項であり、発端から展開され融和されなければならない軋轢である。それゆえ芸術作品でもっとも重要なのは、反作用を求めるような題材を案出することであって、これが詩人たちの頭をいちばん悩ませるところである。そこでは、そうした状況が案出されなければならず、それが詩人自身のものでなければならず、それによってこそ独創的な詩人なのだと、そう信じられてきた。しかし、これらの前提が芸術作品の内面的な特性の素材でしかなく、芸術作品の内面的な特性そのものでないことは言い添えておかなければならない。それゆえ、詩人は、そうした前提や題材を歴史から取ってきてもよい。私たちは、古代にはまったく欠落していた題材や素材を案出する力や天分が近代にはより多くあると考えてきた。しかしその素材は最高のものでなく、芸術作品における内面的な実質や精神的な過程、展開、反作用が素材とどのように関係するのかが重要である。第二に、こうした事態が芸術作品では前提事項であるため、表象においてもまた前提事項であるはずだといえる。私たちはそうした事態をすでに熟知しており、その事態は主観的に前提されたことでなければならない。それゆえ古代人は題材すべてを既知の世界から取ってきた。のちに私たちは、エウリピデス[43]の劇を考慮しつつ、詳しく解説する。

芸術作品の内容に関して問われるのは、それがどんな種類の内容かである。それは多種多様な種類でありうる。各々の芸術作品、それぞれの劇には、異なる題材、異なる前提および紛糾があるが、それにもかかわらず、それらを超えて存在する普遍は固定されていなければならない。この普遍に関して述べておくべきは、まずもってこうした前提には、既知の世界に由来するがゆえに、特殊な側面がなければならないことである。この側面によれば、前提は私たちの見解や固有性とは合致せず、民族や地方に固有の性格を含まなければならない。さらにこの前提は、あらゆる人倫的価値を抜きにしてこれと対立するような否定的な行為であるだけではいけない。それは、もっとも低い肯定的な価値さえ含まない、たんなる純然の犯罪であってはならない。純然の犯罪は反作用を求めもするが、その反作用はまったく単純なものにすぎないのかもしれない。これに対して犯罪は刑事事件であり、ある作中人物に対して反発を示すのとはちがい、国家の正義にかかわることである。つまり、純然の犯罪には内実がなく、まえもって自分のなかにある肯定をすべて捨て去り、分裂や否定を示すだけなので、それだけではなんらの肯定的な関心事も含まず、犯罪は除去されなければならないという否定的な関心事しか含まない。ある行為が純然の犯罪かどうかは、その行為がなされる事情によっている。ある犯罪が、それを行う作中人物の個人的特徴においても、外的な事態においても正当化を見いださず、圧倒的な外的威力があったり、強力な法秩序があったりするところで実行に移されるとき、その行為は純然たる犯罪であり、それに対する唯一の反作用は裁判という作用である。私たちはミュルナーの『罪』[44]のなかで、市民の法秩序が行為と対立するのを目にする。それは、それ自らのうちで正当化される個人の行為ではない。本作はもともと三幕までで仕上げられるはずだった。すなわち、第一幕でフーゴーは犯行に及び、第二幕で裁判にかけられ、第三幕で処刑されるはずだった。友人の妻に恋をして、それで友人を銃で暗殺することは、法で罰せられなければならない、歴然とあからさまな犯罪であり、作中人物の個人的特徴にはいかなる正当化も見いだされない。同じ前提が『ハムレット』[45]にもある。王は兄の妻への思慕から兄を殺害した。しかし王はここでは主人公でなく、本作の主人公ハムレットを引き立てる下位の悪役である。純然たる個人や自立的な人物像においては、本来の意味での犯罪は生じない。そこではすべてのことが起こりうるのであり、それはじっと静止して動かない美的な人物像である。そうした個人は神の山のようなものとして考察でき、また、その周りのすべてを壊滅させる活火山として、あるいはその近くのすべてを氷結させる冷たい雪山として、あるいは、かすかな水音をたてながら小川が流れ出てくる山々、その頂上近くではあたり一面ほのかによい香りがするヒマラヤスギの林立する山々のようなものと見なされる。このとき個人は、そのあるところのものであり、その発言する仕方であって、その個人には、私たちが承認するもっと高次の正当化が存在する。したがって、行為はじっとして動かない個人によって表現されなければならない。ホメロスにおけるアキレウスの怒り[46]は、そのようにじっとして動かない個人にもとづいている。アキレウスに美女ブリセイスを要求するアガメムノンの場合[47]も同様であり、支配者および軍司令官としてアキレウスに自分の優越を見せつける。私たちの前提は、概して疎遠なもの、好ましくないものでなく、純粋に人間的なものでなければならない。そうした疎遠な、純粋に人間的とはいえない前提はインド文学でもっとも美しい所産の一つ、『シャクンタラー姫[48]』に見いだされる。そこではドフシャンタ王[49]がその夫人と、子どもともども別離することが発端となる。これはよくない前提である。『マハーバーラタ』の一挿話「ナラ王[50]」というインドの物語の前提はもっとひどい、さらに好ましくないものである。つまり、ある王侯の令嬢には求婚者がたくさん来たが、彼らは神々ばかりである。そのなかにただ一人この世の者である王子がおり、彼女はまさに彼を夫に選ぶ。求婚者の神々のなかには性悪の悪魔も一人いた。この悪魔は彼女の選択に怒って、賭け事の悪魔と組み、王子を取り押さえるよう説き伏せる。しかし、王子はいつも品行方正に生活しているので、王子に悪魔の魔力は通じない。最終的に王子は、放尿したのち、自分自身の尿のなかにつかるという罪過を犯す。賭け事の悪魔はこれを好機に、王子のなかへ入り込む。別の悪魔が王子の兄のなかに入り込み、二人で賭け事を始める。こうして王子は金銭、衣服、富、名声、そしてすべてを失う。これは、悪い、退けられるべき発端であり、それ自身で肯定的な関心は何もない。前提に含まれるこのような好ましくないものは、近世[51]においても中世においてもある。なぜならそこでは敬虔な心が優位にたち、敬虔な心情はこうした前提に反発するのを好むためである。だが、それにもかかわらず、全体では何か恐ろしいもの、好ましくないものの像がある。シェイクスピアの『ロミオとジュリエット[52]』では前提がまったく自然である。敵対しあう家同士が憎しみあっており、その憎しみは、当時はまだ不安定だった国においてはっきりと表に出される。他面では偶然がある。すなわち、一方の家には一人の息子がおり、他方の家には一人の娘がいる。二人はある舞踏会で偶然に出会い、そして愛し合う。その愛は家と家の憎しみで妨害され、恋人たちはその憎しみによって没落する。これはまったく事柄の本性に基礎づけられている。さらに最近の文学では、『ヘルマン・フォン・デア・アウ』（太古の種族オウのヘルマン[53]）があるが、そこでの前提はおおいに好ましくない。つまり、ヘルマンは不治の病のハンセン病にかかっている。彼はイタリアへ行き、当時の医学では最高峰であったサレルノ学派を訪れ、そこに助けを求める。賢者たちは、ある人が彼に対する愛の心から心臓を生きながらに切除されるしか、彼は助からないと述べる。この助けに納得しなかったヘルマンは、悲しみにくれながら、もと住んでいたスイスの農民たちのところに戻る。その地には、彼を看病し内心で彼に恋心を抱いていた娘がいた。娘は自分が犠牲になると申し出る。彼はこれを長いこと断り続けたあとで受け容れ、彼女とともにイタリアのその地を目指して旅をする。そして、サレルノでは犠牲の準備が整っているのがわかる。ある僧侶が、娘を施錠した部屋につれて行き、彼女を拘束し、台の上にのせ、まさにいまから身の毛のよだつような作業が始まろうとする。部屋の外に立つヘルマンはこの上なくいやな不安を感じて、部屋にかけ込み、残酷な仕業を阻止する。それでもヘルマンは、娘の意志だけで病が治癒する。この文学の展開は一貫してとても素晴らしいが、前提が何の役にも立っていない。病気、治療方式、聖職者、列席する学術性の高い学派による治療手段の要求といったことは、私たちにとって縁遠く、好ましくないものである。

第二に私たちが考察しなければならないのは、人間による毀損の復元という側面である。ここでは、こうした反作用の本質的契機を示さなければならない。その反作用はおびただしい種類の行動をもたらす。しかし、精神の必然的要求がこの多様性を制限する。反作用がゆだねる行動によって、二種類が区別されなければならない。つまり、実体的側面とその実現である。実体的側面とは、反発行動をとる作中人物の心のなかにある神である。実体的側面での反発行動によって神の力や威力の必然的な働きかけが形をなす。この実体的側面は、芸術が厳かにとらえるものである。反作用はそれ自身で正義のもの、神の理念の一契機、絶対的に妥当するもの、それ自体で本質的で神にかかわるような関心事を含むものでなければならない。ただの悪人というだけでは本当の意味の興味をもたせられないことは、すでに述べた。その性格が正当なものをそのうちになんら含まないからである。近代の詩人たちは、ある性格を悪く描けば描くほど、よりいっそう関心をかき立てることができると信じていた。しかし、悪であればあるほど、よりいっそう具体性がなく冷淡である。真の芸術作品は内容や概念と表現との合致である。しかしこの調和は、土台そのものがそれ自身で正当でないときは生じえない。こうした作中人物たちにはさまざまな側面がある。その最たるものが悪魔、自体的な悪である。そこでは固定や確実、力が形式的には一致しうるものの、全体の一致においては肯定的なものや善良な面がなんら示されず、ただただ否定であり、そのためこうした性格は真実の関心をなんらかき立てることができないので、こうした性格は美的でない。前提事項に対する反作用が起きるとき、個人の内面には、たとえば愛、復讐、憎悪、支配など、多くの普遍的な力が現れる。これらは古代人がパトスと呼んだものである。それは、正当性を絶対的に与える契機であり、それ自身で肯定的な何かであり、それ自身で正当化されるものであるが、悪は私たちにとって否定的な何かでしかない。フランス人はこの件ではかなり素朴に事を進めており、悪を完全に悪く表現してはならず、何か肯定的なことや善良なことも与えなければならないが、この肯定的なものが性格において実体を帯びつつ現れるのでなく、もっぱら偶然的に現れ、結果的にそれによって悪が妨げられないようにするという話をした。アイデアの豊かさによって、そうした肯定的な側面はさまざまに提示される。したがって、ある一つの側面では不正として現れる作中人物にも、彼を正当とする別な側面があるのであって、不正が始まるポイントを分かりにくくするのが、詩人の技というべきものである。不正のものを正当と表現する技には、激情の雄弁もある。この種の雄弁は、それが完璧でないときは、悪の伸展を示し、美辞麗句で悪を包み込むだけである。そうした雄弁は、フランス演劇の多くの主人公でも見られる。彼らは、自分の名誉や義務などについて多弁を弄し、これを自らの行為すべての動機と見なし、その動機を自らの行為そのもので打ち消し、こうして外面にさらされる内面の空無によって、吐き気を催させるような光景を目にさせる。——以上に言及した普遍的な契機は精神に内在する力であり、実体的なものそれ自体である。そしてこの実体的なものはそれだけで強調され、人間の性格の内面的な動機として考察できる。それだけで自立的に際立たせられたこれらの動機こそ、古代の芸術作品に見られる神々であり、それが神々の集団を作り出す。そこでは個々の神々が人間の行動にも互いの行動相互にも大きな影響を及ぼしている。しかし、これによって神々は外面とも同時に関係し、有限な姿を現している。なぜなら、そうした力それぞれの行動にさいして、その他の力の規定が付け加わり、力は有限なものに、つまり個人の姿で現れる。こうして、真の実体がすべての動機の一致において成立するとき、その実体がただ一つの動機しかなさず、つまらないものや具体性を欠くものであるような寓意が生じる。したがって、圧倒的に優勢なものだが、一つの個体が他の個体に入り込んで活動するような神々の集団がある。私たちはホメロスにおいて、こうした神々が、すなわち普遍的にして自立的な力が、現に存在して、互いにいがみ合って闘争し、特殊な人間的個人を背景にしながら現れるのを目にする。

以上の話から、もっとも本質的な関係の一つは人間に対する神々の関係だということになる。普遍的な力は人間においてはじめてその活動を得て、本来の外面的な現実を得る。この関係から判明するのは、個人におけるこうした力に比べて、この世の者である人間がはかなく、取るに足りないものでしかなく、消えゆくものであり、その力に対向するいかなる力も持たないことである。しかしこの関係は実効性がなくてもかまわない。なぜなら普遍的な力は人間に内在し、人間そのものに属すからである。たとえば、愛の神エロス[54]は人間の心情における何か主観的なものである。だから、ソフォクレス[55]では、たとえばオイディプスが「わがエウメニデス！」と言うのを目にすることがよくある。[56]オイディプスの娘は自分の兄に向かって語る。父のエリニュスが、つまり、内在的な意欲にして内在的な精神であるものが、自分を追いかけてくると父は考える、と。普遍的な力を強調すると、それは神々として表現される。この力を一面では自立的な神々として表現し、他面では人間のうちでその主観として垣間見させ、主観と客観の統一を獲得することが芸術の義務である。芸術家の頂点にいる者は、この調和や同一を少なくとも示唆しなければならない。しばしば人間では、その意欲や衝動、激情に対して他者が現れる。そして、芸術家がこの他者に客観的な人物像を与えるのは至極当然である。私たちは『イーリアス』の冒頭でこれを目にする。アガメムノンに対して自分の剣を抜こうとしたアキレウスは、自制して行動を止める。それは彼の目前にパラス[57]が現れたからである。このときのパラスは、アキレウスの内なる他者であり、すなわち、アキレウスの怒りに対抗して現れ、ホメロスによって客観化され自立的に表現された賢さである。したがって、彼の息子ヘクトルの亡骸を請いつつ父親として大胆な決断を下し、アキレウスの陣地まで赴いたプリアモス[58]のように、ホメロスがアキレウスの同伴をその守護者ヘルメス[59]に行わせていると、私たちは理解する。ここではヘルメスが、アキレウス自身の理性的抑制にして賢明さである。それゆえここには主観と客観のあいだの揺れ動きがあり、そのどちらも明確なこと、優位にあることとして持ち出すことはできない。それはなぜかというと、神がすべてを行うなら、人間に対する関心は消滅し、人間がすべてを行うなら、詩情や想像はかき消されるからである。この双方をしかるべく調停することが、真の芸術家の務めである。真の芸術家は人間のうちにあるものに注意を引かせ、普遍的な威力をも強調しなければならない。そのため古代人で頻繁に起きるのは、人間が決断を委ねてしまうと、完全に別人の性格のような見かけになってしまうことである。そして私たちは、ソフォクレスの『ピロクテテス』[60]で不作法者を打ち砕く神の出現を目にする。ピロクテテスは友人の頼みも聞き入れず、決心を曲げず、軍隊に行こうとはしない。友人ヘラクレスが現れて、彼は譲歩する。それにより彼は性格のほとんどすべてを放棄する。しかし他面で、彼はその性格を毀損しない。なぜなら彼は他者、つまり自分の外部の疎遠なものに服従しているからである。そのような転換をソフォクレスはその気高い作品で持ち出さない。それというのも、そうした転換が天上の威力によって動かされたように見えないことにこそ気高さがあるからである。ここで私はゲーテの『タウリスのイフィゲーニエ』を思い出す。そこでは、外面的なものが主観的でしかないものに作り替えられるようすがこの上なく美しい光のなかで描かれる。つまり、このような調和の表現こそ、芸術作品の基礎にあるもっとも本質的なことだからである。神々をまったく外面的に、人間の主観と対立するように表現し、機械仕掛けの神という言い方がじつに正しく示唆しているように、神を機械のように使うという、文学での新しい使い方ほど好ましくないものはない。これをゲーテは『イフィゲーニエ』で、世間で言われているように、完全に誤認し、これが、そうした散文的なものがまだ支配的なソフォクレス『イフィゲネイア』に対して自分の『イフィゲーニエ』が優れているところだという。ソフォクレスの場合はオレステスがやってきて、イフィゲネイアもろともアルテミスの像を奪う。トアースは彼らを追跡させる。そこにアルテミスが現れ、彼に追跡を止めるように命じる。彼女はポセイドンを獲得し、これが彼らをすでに広大な海へ引きずり込んでおり、これについての彼の努力はまったく実りがないだろうと語る。彼女は彼にその先へは行くなと厳しく命令する。トアースは私たちの目には信心深いが、信念が弱く、従順である。ゲーテは神をイフィゲネイア自身に据える。弟を救ったイフィゲネイアは、他面で、自分を愛情豊かに優しく扱ったトアースと別れるほど心強くはなく、離ればなれになれないと感じる。イフィゲネイアは人間の胸のうちで真実を打ち明け、トアースに秘密をもらす。イフィゲネイアは、真実を告げる以外、神々には何も求めない。トアースは、イフィゲネイアにこう語りかける。「アキレウスの息子たちでさえそれを聞こうとしないのに、おまえは、バルバロイ[61]やスキティア人が人間の心情の声を聞くのを求めるのか[62]」。それに対してイフィゲネイアはトアースにこう返答する。「その胸のうちで善や善を行う力を感じている者ならば、その声を聞かないはずはありません[63]」。こうして困難は人間自身によって調停された。しかしそのとき、さらなる困難が生じる。トアースがアルテミスの像を渡そうとしないのである。その像を持たせることは、神託がオレステスに命じたことだった。ここでゲーテは、神託の意味が二通りに取れるという素晴らしいことをふたたび思いつく。これによってまたゲーテは、オレステスに休息を与えて彼の運命を和解させるのが純粋に外面的なもの、つまり木製の像でなく、それを行って家全体を守るのが彼の紛れもない姉であることを明示する。したがって、これにより、純粋な散文的関係が完全に物理的な側面でも破棄される。ゲーテ自身は本作に満足しきっておらず、とくに劇場での上演に関して、フリア[64]がまるごとオレステスの主観に置かれているため、本作が主観のうちで演じられすぎると考えている。しかし、詩人たちによって調和が作り出され、ギリシア人のもとで客観化されていた神々がその根元へと帰っていくというのは、まさしく美にほかならない。ついでに言えば、このような内面的な力の客観化において迷信も始まり、そしてこれに続いて幽霊恐怖が始まる。なぜなら、普遍的な力が何かまったく外面的なもの、客観的なものとして表現されるとき、人間はまったく信念のないものとして、外面的な力によって連れまわされ動かされる機械的なかたまりのように見えてしまうからである。人間は自分のなかに自立的で活動的な力をなんら見ることなく、外的支配力、つまり彼を支配する力にすべてを託す。したがって人々は、ホメロスの作中人物を英雄と見なして表現したところ、笑い話だろうと思った。そんなことをすれば、作中人物は神々との紐帯においてあるだろうし、自らを十分に勇敢で賢明であらしめただろう。したがって、たとえばアキレウスはステュクスの流水[65]に身を浸して不死身だったから、そのアキレウスを勇敢な英雄として考察することはまったくできないだろう。しかし、ステュクスの流水に浸かることは、アキレウスが不死身であることの説明としてのみ述べられ、水に入ることは勇敢さから推論されることでしかない。入水はもっぱら不死身の説明としては考察できるが、勇敢とは考察されない。なぜなら、アキレウスはそれ自身で勇敢だと見えるから、私たちは入水を忘れ、アキレウスをただ勇敢としか見ない。アキレウスの模倣とされる不死身のジークフリート[66]の場合にも、このような不死身が見られる。しかし、ここでは事柄全体が童話風になり、興味をかきたてることはできない。なぜなら、不死身のジークフリートの勇敢さは実際そうした外面で制約されてしか現れず、彼に内在するものとは理解されないからである。近代の伝説にも、キリストやマリアなど、そのような外面的な現出が見られる。しかしこれは、一面では具体的でない信心深さでしかないが、他面で、この表現が正鵠を得ているとき、この現出もその根元とともに心情[68]のなかで消滅する。同様の近代的な現出が『ハムレット』の亡霊であり、『マクベス』[67]でのバンコーの亡霊であり、同作における魔女たちである。それらすべてには調和もある。なぜならこれらは、一面ではまったく主観的なものであるが、他面では客観的なものでもある。これは『ハムレット』においてとくに素晴らしい仕方で提示される。ハムレットは、起こらなかったはずの残忍非道な行いを予感する。しかしその行いは起きた。それも彼の父親に対してである。それゆえ、彼の父の亡霊が彼の前に現れて、彼がまだ予感してなかったことを彼にもらすのはまったく自然である。周辺地域、夜、見張りはここでもまた上手に設定されている。主要な特徴の一つは、亡霊が姿を表したあとでもハムレットがまだ躊躇するところである。それで私たちはハムレットを臆病だと解釈した。しかし、ハムレットの心情には、ある種の不活動や休息の愛好と必然的に結びつく過大な不安がある。しかしこの精神状態が際立つのは、彼の心情とそれ自らとの調和から、彼の父を哀悼する心から、彼の外的生活が彼の内面に及ぼす冷たく重苦しい影響からである。それゆえ、世間で言われているように、主要な特徴の一つは、ハムレットがなおも躊躇して、この亡霊が悪魔でないかどうかを疑うところである。そのためにハムレットは、自分の確信から推理しようと考え、最後まで喜劇を行わせるのである。

ホメロスの神々を考慮しながら、さらに付言することができる。世間で言われているように、神々に比べて人間が無力に見え、そこに何ら正当な帰結がないと非難された。しかしホメロスの神々の厳しさは、ホメロスが神々を晴朗に、その厳粛さそのものは断念して、世に言われるところではイロニーを伴って、それ自らにおける精神を伴いつつ、神々には厳粛な姿勢が重要でなく、詩人たちによって省かれるという方式で表現することによって、緩和される。イロニーは、神々の自立にもかかわらず、笑いを誘うため、人間はふたたび自由になる。

個人について私たちはさらに述べなければならない。個々の人間がもっぱら一つの属性によって、ずるがしこさや残忍さ、野心などによって、そうした抽象的な事柄の一つで区別されるとき、それらの個人そのものがもっぱらそうした抽象的な事柄である。私たちはたいていこれを最近の悲劇で目にする。そこでは主人公がずるがしこいか、残忍か、野心的かで登場する。高い水準の作品になると、主人公のなかでそのような二つの威力が闘争し、そのうちの一方は普通、愛である。しかし真の個人は全体であって、多くの神々や多くのそうした威力は一人の人間に属する。オリンポス[69]には神々がたくさんおり、このオリンポスがその神々の全体であった。ギリシア人の精神や心情が展開されればされるほど、神々の集団は大きなものになり、神々の個体は豊かになる。ホメロスにおける高級な範型であるアキレウスのなかに私たちは真の個体を見いだす。アキレウスに私たちはそうした数多くの威力の具体化を見いだす。私たちはアキレウスを、母親に対しては愛息として、パトロクロス[70]の友人として、老いた父ペーレウスに対しては愛息として、さらには、内心でブリセイスに恋心を寄せているのを見る。あらたまった祝宴で、アキレウスがネストルの高齢を褒め称えるのを私たちは目にする。闘争においては、アキレウスが烈火のごとく怒り狂ってヘクトルの亡骸に残忍なことをして、そのすぐあとで老いたプリアモスにはふたたびまったくやさしく、感動を覚えつつ愛情を込めながら、年老いた不在の父を思い起こしながら接するのを見る。まさにこのアキレウスは、自らのうちで人間本性の豊かさや多面性を展開する一人の人間である。同様にオデュッセウス[71]やアガメムノン、アイアス、ディオメデスは一人の人間の影ではなく、一つの世界全体を心に抱いている。私たちが近世[72]の作品で人物の性格を考察するとき、ホメロスにおける登場人物の豊かさに比較して、いかにそこでの登場人物が、たとえば『ニーベルンゲンの歌』[73]のジークフリートのように、貧弱であるかを見る。個人の生命感は、きわめて多様な関係に入り込んでいく可能性がその個人にあることと、その個人がそのようにありうることとで成り立っている。これは、何でも手につかんではそれをふたたび落下させてしまう幼児のような、無意味な活動や役割ではない。この場合、登場人物にはあらゆる普遍的な力が備わり、それにそくして登場人物は行動する。しかし、この登場人物は一つのものにとどまらず、すべての面に向かってあふれ出るが、それによってその登場人物が個人として没落することはない。このような真の個人はロミオの場合でも私たちを楽しませてくれる。ロミオは、ジュリエットとの愛の関係で現れるだけでなく、ロレンツォ[74]や薬剤師や友人たちとも人間として関係している。このような多様性のさまざまな表出は、これが扱われる芸術部門にかなり依存する。叙事詩は、劇詩よりも多くの普遍的な力を、より多くのパトスを表現することができる。劇詩はむしろ、唯一のパトスの表現に制限される。ただ一つのパトスを表出する性格は、その状況の全体でなければならない。それにより登場人物は、それだけで無限なものとして示される。もちろんシェイクスピアでは、登場人物は多数の側面で展開されている。しかしシェイクスピアが性格を面白くするのは、登場人物を才気に満ちた仕方で表現し、性格に天才を賦与することによってである。シェイクスピアにおける登場人物は一つの状況のなかにある。しかし、登場人物の精神はこの一つの状況を見ても満足せず、より多くの状況について長々としゃべりつづける。それゆえ登場人物において私たちは、性格があらゆる関係でふさわしく自分を動かすことになる精神の強度を見る。性格に私たちは普遍の深度を見る。そういう性格は、マクベスやロミオ、ジュリエットである。登場人物はその激情のなかで自分の天才を表明し、普遍についてよどみなく語る。シェイクスピアは、この上ない激情や困窮にある人間たちに美辞を弄すると非難された。それどころか、彼らのありようについて機智に富んだ比較をすると非難されたのである。しかし、まさにこのこと、そのような困窮にある登場人物それ自身が、自分を苦しめることについて普遍的な思想を持つことによって、登場人物は偉大なものとして描かれる。だがシェイクスピアは彼の作品の主人公たちだけでなく、その愚行にもかかわらず天才的な道化にも、このような精神の偉大さを賦与するのである。

彫刻においては、静止した表現では生き生きとした多様性が表されず、欠陥があると思われていた。しかしながら彫刻の美こそがこの若々しい生命を表出するのである。なぜなら、美は概念と表現の統一だからである。そして概念は、神であり、普遍であり、すべての側面で自らを活動的なものとして示すものである。また、もっぱら感性的な表現のなかでのみ、このような生命感にみなぎる静止がある。したがって、美そのものがすでにこうした多様を含んでおり、すべてを表出する能力を持っている。彫刻の人物像が、こうした生命を表出するとき、人物像は、なおも静かに流れながら表面上でかすかに波打ち続ける一条の流れのように現れる。

以上が、人物像そのものを顧慮して、その運動を考えておさえなければならない主要な契機である。私たちにはさらに考察すべき側面が一つ残っている。つまりそれは、つぎのことである。

(三) 個々の作中人物が関係するまったく外面的な事情について。これについて述べられるべきは、作中人物の美と齟齬をきたさないように、いかにして外面的事情が保たれなければならないか、その外面的事情が作中人物の美にとって必要なのか、ということである。外面的事情は、作中人物の動きや行為によって有限なものに踏み込み、多数の有限なものと接触する。それらの有限なものは絵画のような様相を呈している。有限性の領野のほうでもなお絵画のような様子が存在するわけである。そのため私たちは、さまざまな外面的事情がこれら有限なものとかかわるのを目にする。たとえば、家や宮殿、飲食など。また、はるかに高次なさまざまな関係、たとえば、家族関係や国家関係などである。したがって、理想はこの制限されたものの方式にあらゆる面から入り込む。そして、自分の生命感を萎縮させるような卑近な生の散文に理想は入り込む。これらのかかわりの主要な契機の特徴を述べようと思う。

漠然とした理想を私たちが拠り所にするならば、これらの外面的なことは余計なものである。芸術はこれらの外面的なこと、すなわち自由な生命感の足かせになるものを私たちに超えるよう高揚させ、本質的な目的のための人間であるように促す。しかし私たちが述べておかなければならないのは、理想ははっきりしないこと、漠然としたことでなく、理想には実在や完全な規定もあるということである。実在は外面的な規定を部分的に形作るものである。理想は主観的なもの、抽象的なもの、個体という点であり、この個体は現実において、有限性において、その実在の規定を持たなければならず、これによって個体はこうした外面的な周辺状況に入り込むことになる。生命には個体や個別がまるごと属し、個別にはすでに非有機的な自然とのかかわりや活動、そして有限なものとの関係がある。その場で生命は自らの実在を得て、これに反応するものが存在する。理想が個別としてその場にあるがゆえに、必然的にこの周辺状況の関係や、その現象方式がしっかりと規定されていなければならない。芸術の区別は、この側面から見れば、一つの区別を行うものでもある。

このような外面の規定に関していえるのは、偉大な芸術家の性格は外面に関して規定されるということである。そして私たちは、ホメロスが地理について非常に詳しく記述しているのを見る。たとえば、シモエイスやスカマンドロスの流れや紆曲は、いまも見られるようにほとんどそのまま描かれている。さらにホメロスは英雄たちの武器や器具や負傷を、私たちが直に目にしていると思うほど詳しく記述している。その反対が大道芸の性格であり、そこでは地域もはっきりした外面もなく、人間の性格さえ大まかに、あやふやに述べられている。たとえば、英雄叙事詩や『ニーベルンゲンの歌』では、外面的なことに関して、そのような不明確さがほとんど終始一貫して支配的である。それゆえ、これらの外面に関しては個体化もまた求められる。外面は一般的な周辺状況でなく、行為する者に対する他者でないこともまた要求される。外面は英雄の本質と直に一致するものとして、主観的な内面世界と外面世界がかすかに共鳴するように現象しなければならない。そして『オシアン』では、英雄の本性とその微妙な感覚、ならびにその勇敢さが外面的な自然と連関している。このとき私たちは、ホメロスが表現したのとまさに同じような明確さで表現されている。そうであれば、人間が落ち着くべき場所にいると感じるし、その人間がいまいる地盤が、私たちには示されていると感じる。そうでなければ、私たちは寒く荒涼とした空気のなかにおり、いまいる地盤になぜ嫌悪感を抱くのかもわからない。

しかしつぎに述べるのは、この一致がより詳しく、より明確な一つの面をさらに獲得することである。つまり、人間は非有機的な自然を、人間が見いだしているままに放置せず、人間のものとなし、利用して装飾し、それとともに自らを装飾する。人間は自分の目的のために非有機的な自然を利用する。非有機的な自然で目的を実現することで、人間は非有機的な自然において自らの内面の直観、自分自身の直観を手にする。そして、武器や鋤などの器具は、人間が自らの目的のために役立てた非有機的な自然であって、それらにおいて人間は自分自身を直観する。これによって私たちは所有ということに思い至る。

所有には困窮に対する防備があり、それはある人が誤って主張していたことだが、美的なものとはまったく一致しない。美的なものにおけるこの面からすれば、散文のように卑近な生が入り込むにもかかわらず、完全に入り込んだりはしないので、この美的な面は、対立が発生することなく、外面性という面が美的なものとして扱われなければならないという仕方で、保たれなければならない。

外面に対する作中人物の振る舞いについては、二つの関係が指摘できる。第一に作中人物はこの外面的なものを自分の装飾に使用する。この関係は、自然に対する関係がそれによって損なわれるような不当なものではない。金、銀、真珠、宝石などは、宝飾として使用されるとき、より高次の規定を獲得する。なぜなら、これらはたんなる自然産物としては、より高次の概念に適した規定を持つのではなく、この規定は入れ込まれなければならないものだからである。したがって、芸術家はこれらの自然産物を作中人物の装飾のためにも利用する。とくに古代人においては、たとえば、オリンピア[78]でユピテル[79]を、アテナイ[80]でアテネを、エフェソス[81]でディアナ[82]を、外的装飾において私たちは最大の豊かさを見いだす。国民は、自分たちの神々の豊かさにおいて自分たちの豊かさを直観するのを総じて喜んだ。芸術においてこのような豪奢は困窮からの隔たりを示すが、その隔たりは多かれ少なかれつねに美的とは言えない。

自然に対する第二の関係は、作中人物と自然とのつながりが不自由を強いるような制限された欲求を基礎にはせずに、それが自由な関係であるようなものである。ある人が労働し、細々と暮らすためだけにあくせく働くとき、そこにあるのは不自由な関係であり、困窮の関係である。労働においては人間の自由な活動がなければならない。困窮の観念に制約されていてはならない。労働はそこあるものを手に取ることでしかなく、欲求の基礎を抜きにした自然の利用であるべきだ。自然自身がすべてを提供するとき、そこで支配的なのは欲求喪失の関係である。これが実際そうだったら、人間の活動の地盤はないだろうから、小さな必要の関係がそこに加わらなければならない。すなわち、人間の活動が、人間自身が自分の活動の所産に自分を直観するという自由な活動であるような必要関係である。たとえば、作中人物は自分の武器や装備を自分で作製せねばならなかったため、自分の活動範囲内ではすっかり落ち着いた気分でいる。私たちはそれをホメロスで見る。ホメロスは、欠くことのできない必需品をまったく見過ごすか、その必需品の作製や調達にひどく困ることなく、作中人物自身が作ったものとして提示するかである。それゆえホメロスは、たとえば冒頭のところでアガメムノンの王笏のことを語る。しかしホメロスはその王笏を、手間暇かけて作製した芸術作品のようには記さず、かえってアガメムノンの先祖が森のなかでどのようにそれを切り落としたか、これがそれあとどのようにアガメムノンにまで手から手へと受け継がれてきたかを物語る。アキレウスがパトロクロスに自分の武具を下賜し、その武具をヘクトルがそのパトロクロスから奪ったとき、ホメロスは、彼がどれだけ骨を折って新しい武具を工面し、購入し、作製したか、まったく語らない。ホメロスはその武具をヘパイストス[83]によって彼のために調達させる。したがってホメロスは、その他の英雄たちにも自分たちの必需品を作らせ、それによってその英雄たちが自分たちの活動範囲内ではまったく落ち着いた気分でいるように彼らを導き入れる。これはある意味では牧歌的な関係であるが、高い水準のものである。そこには人間とその欲求の満足とのあいだの調和がある。欲求は、それが人間によって享受されるように、人間によって準備される。したがってこの準備において、人間はよそ者とできるだけかかわらないようにしなければならない。彼の欲求は彼の活動範囲内でふくらみ、それを彼は自分で始末しなければならない。そのため、欲求は彼にとって好ましいものであり、彼にとって固有の価値を持つものである。これが主として古代人にとってのみ妥当することは自明である。人間が自然の与えるものに満足している未開生活と、たいていの必需品を他者の媒介によって手に入れる完全に文明化された状態とのあいだの中間状態がホメロスにはある。――説明をするために、ここでは、フォスの『ルイーゼ』(84)とゲーテの『ヘルマンとドロテーア』(85)の二つの類似した箇所の比較を役立てることができる。私たちはフォスの『ルイーゼ』で、いわば牧歌的な家庭生活を送る田舎牧師の姿を目にする。そこではパイプとコーヒーカップが重要な役割を担う。パイプとコーヒーは、他者の手を介して調達しなければならない贅沢品にほかならず、それゆえ牧歌的な生活における悪しき性向の一つである。私たちは『ヘルマンとドロテーア』で、ヘルマンの父が園丁に腰掛け、ライン地方のワインを飲んでいるのを見る。そして背景にはワイン畑のひろがる山々が見える。こうしてすぐさま、欲求を満足させる手段が私たちの目の前に引き出される。つまり、作中人物が動き回る活動範囲そのもののなかで引き出される。そうしたいわば牧歌的な生活のなかで人間は、外部へ向かいながらも、よりいっそう自分のもとにありつづけるから、こうした活動の範囲は、彼らの場合には、自分の土地にいるように感じる場所である。しかしそれだけではなく、私たちがその人々に馴染みを感じなければならない。芸術作品はそれ自らで完結し、自らの場所で静止するだけでなく、私たちにも向けられ、私たちをそこで馴染んでいる気持ちにさせるべきである。文明化された状態とともに別離の瞬間がやってくる。習俗や習慣、欲求によって国民は互いに切り離され、この切断とともに国民それぞれに固有な偶然性が入ってくる。したがって、この側面から言えば、私たちは固有の生活方式や行為様式、慣習を持っているのだから、ある一つの芸術作品が私たちにとってよそよそしいものである可能性がある。それゆえこの側面から、芸術に対する二種類の要求が生じる。第一に、芸術作品はそれ自身で閉じられ、固有の世界を持つものである。第二に、その世界は私たちに適合しなければならない。本来の学問的な著作の場合は、そうした相違が脱落する。学問的な著作は普遍的なことを論じ、つまり普遍的なことや思想によって貫かれている。たとえば、私たちはエウクレイデスの幾何学にギリシア人以上に馴染んでいる。しかし芸術は、普遍的な思想を普遍的に、普遍のために表現するだけでなく、私たちを不快にする特殊が生じてくるような外面的で有限な仕方でも表現する。ところが、その側面は、それが私たちに固有で同質のものと判断されれば、まっさきに私たちを魅了する。このような芸術の側面に関するさまざまな見解と要求が、それらの見解が申し立てる非難や、とくにはっきりしたことが確定されなくともそれらの見解に対して申し立てられる非難と同様に、さらに引き合いに出されなければならない。

まず指摘すべきは、ある芸術が他の芸術以上にそうした特殊な細部に力を注ぐことであり、より外面的な芸術がとくにそうである。たとえば、彫刻は人物像を表現しなければならないが、その人物像の属性もまた表現しなければならないとき、彫刻は細分化に踏み入り、そしてまた同時に学識の領域にも入り込む。外面にはさほどかかわらず、むしろ心情や感覚を表出し、これに働きかけるような芸術、たとえば叙情詩で、こうした細分化を見つけることはほとんどできない。なぜなら、叙情詩はかえって普遍的なことや感覚、神、自然などを扱うからである。しかし叙事詩や劇詩は特殊な題材をはるかに多く扱う。叙事詩や劇詩におけるそうした特殊な題材の扱い方では外面が、したがってまた細分化がさらに支配的である。それに加えて詩人は自分の時代やその時代の習俗につねに属している。詩人が自分の時代の個々の特殊規定を正しく理解して表現するとき、詩人はその時代では気に入られて評価される。しかし、まさにそれゆえ、そのような詩人は私たちには気に入らないのである。

そして、私たちがある芸術作品とかかわるとき、遠い時代から聞こえてくる音に耳を傾けるように芸術作品とかかわるという場合もまたありうる。ここで生じる問題とは、芸術家は自分の表現する時代に忠実でありつづけ、時代の忠実な絵画を提供するべきか、それとも、芸術家は私たちの方に顔を向け、その時代を表現するとき、私たちの現在や時代を描き出すべきか、ということである。一面では、見慣れない習俗や時代に自分から入り込むように要求される可能性がある。しかし他面では、ただ私たちのためにだけ仕事をするように要求されるかもしれない。なぜなら、私たちが私たちの習俗や習慣が最良だと信じているとき、古い時代にはそれほど価値がなかったという話がありうるからである。これが、フランス人が芸術作品に対して行った要求であり、すなわち、すべてがフランス風に見えるべきだというのである。しかしドイツ人は、行為がなされる時代の絵画を要求する。ドイツ人は、勤勉と学識をもって、そして汗水たらして、時代の精神に入り込もうとする。もちろんこの点でドイツ人は、フランス人よりも多面的である。ドイツ人は普遍的な時代精神にふさわしい特殊を求める。しかしフランス人はこの要請を特殊でなく、良い趣味として妥当させる。むろんフランス人は確実で普遍的な規則を一般的な趣味に求めるが、規則は、規則の概念からしてすでに形式的なものでしかなく、それゆえふたたび一面性に低下する。そのせいでフランス人の表現は私たちには面白くない。私たちが個体化と呼ぶものが彼らにはないのである。同様に私たちは、フランス人が幅を広げすぎてなおざりにしている外面的な事柄の正確さもまた要求する。たとえば、剣を左側に差しているようなローマ兵は私たちの劇場にはいないだろう。そしてそうした数多くの意味のない事柄がたくさんある。さらには、表現に忠実さと生命感が乏しいため、各人が思っていることを知るのに、名まえと身分を記したラベルを各人に貼らないといけないほどである。同様に私たちは、行為する人物がその時代と役割に完全に適した仕方で振る舞うのを、もっとよく考えて好ましいものにする。ところがフランス人の場合、中国人やインド人、ギリシア人、ローマ人がまったくフランス人のように描かれる。したがってフランス人では、しばしば歴史もまた、中国の歴史であれ、もっぱらいまの時代もしくはその他の特殊な事情との特殊な関係で記される。王侯の教育や即位の機会においてとか、王子にしかるべき教師を付けるためなどである。ドイツでもこの種のことを私たちは目にする。その点で注目すべき現象がハンス・ザックスである。ハンス・ザックスは数多くの劇詩で『聖書』にある物語を完全にニュルンベルク化する。その一例でもあるのが多数の教会喜劇である。ドイツでは十年か二十年前、とくに南部で頻繁に、まったく当時の時代感覚で上演された。そのさい民衆は一面でおおいに楽しんだが、他面でそのときとても敬虔な気持ちになることもできた。まさしくこのように外面的なものに内面的なものや普遍的なものが現存することによって、人々の敬虔な気持ちはさらに高められた。そのような理由からコツェブーは名声を博し、好まれていた。なぜならコツェブーは各人にその細かなことを明らかにし、各人にその悩みの種を示して見せたからである。

疎遠な題材を扱う芸術家が直面する困難な課題とは、題材をその時代に適合させ、また私たちの今の表象方式にも適したものにすることである。真の内容を制限するような関係や有限な事柄が長く時間が経つと脱落するため、私たちははるか遠い太古の時代の題材を好んで取り上げると私はすでに述べた。それらの関係や制限は、私たちの時代やそれほど離れていない時代の題材でも、あまりに不快に、反感を感じるように私たちの心に浮かんでくる。時代の遠さは、私たちには理想的に見える何かを帯びているといえる。こうした時代の隔たりは少なくとも直接的な現実に対しては否定的なものである。この否定的な効果は、それが表象に高められることによって、その制限を払拭する。このとき有限な事情はまさに一般化されているのである。

こうした細分化が必然的であっても、それはあくまで芸術作品の枠組みのことでしかない。つねに内容は純粋に人間的なものでなければならず、このような細分化を凌駕しなければならない。なぜなら、細分化の側面で際立つことは、芸術の移ろいやすさが現れる側面にほかならないからである。たしかに、私たちはかつての時代精神やその頃の人々の表象方式や関係に移入することができるが、それでもこのような移入は、その頃の人々の関係が私たちの関係や私たち自身に適したものでないので、つねに不完全なものにとどまる。そうした関係はつねに、真理をそのなかに包む外皮であるが、そうした外皮が私たちに嫌悪感をおぼえさせる。それでもこうした形態の外面は、外面そのものとして、外面的な規定として理解されるだけでなく、同時に内容の規定でもある。すなわち、その他よりも内容に適合した外面性でもある。たとえば、海がすべてを包括する大いなるものとして、神の表現のために取り上げられても、それは、人間の教養が神の表現に使用されるより、はるかに神の概念には適さない。なぜなら人間の教養において私たちは、その内容が知るものにして活動的であることをただちに知るからである。それゆえ、ギリシアの神はたいへん高次のところにあり、オリエントの神よりもはるかに高次のものである。ギリシアの神には、神が思想において、普遍において表現されるというキリスト教的な神の表象方式への移行がすでにある。しかし、ギリシア的な形態化はまだ同時に感性的なものでもあるので、精神的なものや思弁的な統一を表すことはできない。そのせいでギリシアの表現は、神の本性を表現しようとする私たちの欲求とは合致しえない。けれども、私たちがギリシアの表現に直観するものは、その基盤にそくしていえば理性的なものである。他面では、ギリシアの表現は、概念と実在の同一としての美の表現であり、それゆえ理性の本性そのものであるような美の表現であるのだが、それはあくまでも形式的にして抽象的な方式でのことである。一面で私たちは、このような美しい造形の領野に馴染みを感じるが、他面でその美の造形は私たちにとって不満足なものを持っており、その時代が込めたような真剣さを私たちは込めることはできない。もちろんそこで私たちが直観するものは高次のものであっても、最高のものではない。したがって私たちは、その当時に崇拝されたほど、それを崇拝することはできない。ここでは外面的な表現がかなり支配的で、統一感を失っているため、私たちはギリシアの神々の歴史にも道化のようなものをたくさん見いだす。それゆえ、すでにプラトン(86)がその国家からホメロスやヘシオドスを追い出すべく、非難しようとした。それはそうと、ギリシアの神々の世界が私たちにとって過小評価されたものであるとき、ギリシア人はその崇拝において私たちの見解とかなり異なっていたと思う必要はない。ギリシア人は、私たちが考えている以上に、私たちに近いところにいる。ギリシア人は、彼らの神々との関係において真剣な楽しみも持っていたのでなく、まったく抽象的な関係に立っていたのでなく、晴朗さやイロニーを神々の世界を超えて広めてしまい、これを貶めてしまったのである。アリストファネス(87)に私たちは、この上なく悪趣味な楽しみが設えてあるのを見いだす。意識の備える教養がより高度なものになるほどに、多くのオリエントの表現方式、たとえばインドの表現方式は、ますます疎遠なものになる。そこでもまた内容は精神的なものだが、表現が奇想に満ちているので、しばしば私たちは、そこから何が想像されるかわからないことがある。そこで最近では、フォン・シュレーゲル氏が私たちに『ラーマーヤナ[88]』の一場面であるガンガ[89]の素性を知らしめた。著作の内容はまったく自然学的なものであり、ガンジス川[90]あるいはガンガが他面では女神としても表現される。そこには奇想に満ちたものや無意味なものがあるため、かなり私たちの注意を引く。そこに深遠な意義や意味が隠れていると主張した人もいたが、これはまさしく誤りであろう。なぜなら、芸術作品はその実体を示し、開示すべきだからである。私たちはこれをゲーテの詩『マホメットの歌[91]』と比較することができる。その詩でゲーテは、ある男の英雄的経歴をひとすじの川の流れになぞらえ、川の流れのように表現した。それでもこの詩は、言及されたインドの詩より、どれほど高次のところに置かれなければならないことか。

近年、芸術に使用する形態化の刷新がしばしば試みられ、より真剣に、より適切に理念を表現できると信じられた。とくにクロプシュトック[92]がこれを試みている。クロプシュトックは私たち自身の表象方式に適う新しい神話が求められているのを感じ、芸術がその理念を表現するのを手助けした。しかしこれもまた誤りである。なぜなら芸術家は理念の表現に困惑する必要はなく、自らのうちにこれを持たなければならないからである。しかしクロプシュトックは昔のドイツの神話を探し出して、私たちの理念を表現する独自の形式を見つけたと信じた。だがその神話は、私たちの時代の理念が立っている段階にはあまりにも不十分であり、たとえそうしたものを探すのが必要だと思えたとしても、いまは新しい神話を創作しなければならないだろう。古いドイツの神話は、私たちに属するとはいえ、やはり私たちには縁遠いものであり、私たちはまずはそれを学ばなければならない。古い神話は私たちの直観方式ではないのである。そのため全体としては不成功に終わる試みでしかなかった。

こうして芸術における表現には総じて有限なものが付着する。しかし、とりわけこの有限なものや制限あるものが、武器や武具など、まったく外面的なものにかかわるとき、私たちはこれを認めざるをえない。そうした事物は多かれ少なかれ偶然なものであり、私たちにもそのように見える。そのさいの要点は、現実の規定や個別化であり、私たちがこれについて直観と呼ぶものである。芸術の区別はこれによってもなされ、すなわち、詩と散文の区別がそうである。詩と散文の双方にとって、ことばは表現の外面である。散文はことばを抽象的な表象でとらえる。すなわち、散文は戦闘や死や至福などを語るが、これらをまったく抽象的に語り、抽象的な表象を具体化するのは私たちに委ねられる。しかし詩はこれに満足することができず、そうした抽象的な表象の内面を、個体化された個別や規定において示して見せ、実際に私たちに戦闘や至福を描いて見せる。このようなことを考慮する規定が、偉大な芸術家や詩人の性格を形作るのである。私たちはそのような規定を、たとえば『シッド』で目にする。『シッド』では各人の行為が完全かつ美しく個体化され、結果的にその各人の行為がそれ自身で一個の全体をなす。それでも物語は、もっとも完全な秩序と規定のなかで進行する。

芸術作品に関してはさらに二つの形式を挙げることができる。第一に、主観からの芸術作品の産出。第二に、すでに作られたものとしての芸術作品、すでに公表され、直観や意識に対して現存するものとしての芸術作品、すなわち、芸術作品の客観性。

主観的な産出について言うべきことはほとんどない。芸術作品を産出する者は天才と呼ばれるものであり、芸術全般を手中に収めるものである。一面でこれに属するのは、思想の深みであり、一つの内容に本質的なものを直観することである。しかしこの直観は、普遍や思想の形式であってはならず、自然な仕方の形式で、自然の創造という形式においてなければならない。したがってまた、天才は学問上の教養とも区別される。学問上の教養には、創造的な思想が持っている自由な活動がないからである。すべての人間は考えるものとして思考し、哲学的に考えることができる。しかし、芸術家では思想と表現が自由でなければならないので、思想と表現は一体である。そうでなければ、表現は、他のもの、疎遠なもの、制限されたものとして、思想と対立するからである。芸術家は内容を思想の形式では明示しない。内容は芸術家から、直接的で自然な内容として出てこなければならない。まさにこれこそが芸術家の行う仕事であり、芸術の炎である。したがって、形式とこのように格闘すること、芸術家の実体的題材が浮かび上がることが、芸術家の熱狂である。このような熱狂を酒などの外的手段で与えることができると信じてはいけない。それは真の熱狂ではなく、しばしば熱狂と取り違えられる興奮でしかない。それは抽象的な熱や血液の熱さなどにすぎないかもしれない。芸術の熱狂はつねに形式の熟慮を持たなければならない。形式を熟慮することで、芸術家は自らの実体的な内容を表現しようとする。それゆえに、芸術家は就労における技術的なことを徹底的に研究したにちがいない。それは、ときおり誤って信じられているかもしれないが、おのずから見いだされるのではなく、長年にわたる研究を要するものである。このような特定の現実の意味は主として芸術家に属している。芸術家にとって現実はすでに現存するものである。芸術家がはじめに平板で抽象的な理想から形式へ移行しようとするとき、推測できるのは、芸術家から多くは生じないだろうということである。真の芸術家は現実から始めなければならず、現実を理想にまで高めなければならない。したがって、偉大な芸術家はみな荒削りな試みから出発し、下手な韻文やできの悪い人物像などをこしらえたのである。ゲーテやシラーでさえ、はじめはそんな感じであった。哲学における思考の場合は異なっている。なぜなら、哲学の思考では思想が基本であり、形式的で抽象的なことであって、それゆえ若い哲学者たちはまずは抽象的なことからつねに始めるからである。芸術家の場合、たとえば名を挙げていえば、詩人の場合には、事情は異なっている。シラー自身は『群盗』[93]について、自分は自然を書き写しただけだと述べている。同様にゲーテは『ゲッツ・フォン・ベルリヒンゲン』[94]で、ただ直接的な現実の全体だけを表現しようとした。あとになってはじめて、意味が内面に刻み込まれ、理想がはっきりしてくるのである。

芸術作品が仕上がった状態で客観的にあるかぎり、芸術作品の客観性は本質的なものであると言われる。これは部分的にもそうである。これについてフリードリヒ・シュレーゲル氏はさかんに論じている。彼によれば、事柄はそれが最大の規定と限界において、あるべきところでなければならず、それが私たちの前で際立たせられなければならない。しかし、そこには誤解の入り込む可能性がある。すなわち、目の前で見ている芸術作品を私たちは心のなかでも見いだすにもかかわらず、芸術作品は私たちにとって外面的なものでありつづけるという誤解である。言い換えれば、純粋に人間的なものとして表現されなければならない芸術作品の実体的側面が欠落していると、結局のところは信じるように、私たちは惑わされている。とくに若いころは、芸術作品の描写に従って理想を思い描くことや、理想は心のなかにあるのではないと信じられることが、たやすく起こりうる。だがその真実はつぎのとおりである。人間の内面が表現によって露呈され、言い表される。そのさい、その内容や普遍的な力が駆り立てて展開させるものは、私たちのうちにありうるのだろうが、それにしても何か意識されないものとしてある。私たちが対象の方を向きすぎると、芸術作品の内容が詩人の内面から生じるにせよ、私たちのうちにもあることに気づかない。なぜなら、詩人が何かを描写するとき、詩人はその描写を自分から作り出すことで、自分の心を軽くする。しかし詩人は、ほかでもなく感覚を描写することによって、もうすでに感覚に意識を集中させることや主観への偏りを打破したのである。したがって、たとえば、自分の痛みなどを描写する人はその痛みがもう以前ほど強くないと、つまり、まだ痛みが胸のなかに閉じ込められていたときほど、痛みが自分にはまだ主観的であったときほど強くないと、客観的に明らかにしていると想定できる。芸術家の意識は、私たちの意識よりも高次のものである。私たちはそうした感覚を自分のなかに持ちうるとしても、芸術家の描写を観察する。なぜなら、芸術家が一般に人間と人間生活における実体的なものを表現するさい、通常の生活で人がよく口にしているのとは異なって表現されるからである。人はたしかに互いに分かり合ってはいるが、そのさまざまな関係については散文でしか言い表さず、それらの関係の外面的現象しかとらえていない。このような散文は、通常の生活でも自然な表出といわれる。たしかに詩人はその自然な表出も観察することができるが、さらにそれ以上のことを行うことができ、内面や実体的なものを表出することができる。内面や実体的なものは一般の生活では自然な表出によっては言い表されず、各人の意識にあると想定される基盤、また私たちが暗黙裏に訴えかける基盤であるにすぎない。しかし芸術家は、このような実体をその表現のうちに編み込まなければならない。実体は発言に浸透しなければならない。ここに芸術作品の真の客観性が成立する。この点については、上述のように、フリードリヒ・シュレーゲルによって特殊な誤解がもたらされた。彼はとくにゲーテの作品で表現の客観性を賞賛する。ゲーテの作品では世界や人間の心がこの上なく正当かつ自然に描写されていると考えて、この点に関してシュレーゲルは、『ゲッツ・フォン・ベルリヒンゲン』に最大の客観性があると賞賛している。しかし、そこには生の外面的な現象しかなく、実際あるがままの生活が描かれているだけであり、芸術的でなく、より高次の観点から描写されているのではない。この相違は、劇詩の読解においても上演においても現れる。そのように生の外面的な側面しか表出しない類いの表現は、私たちが劇場で見るときはことさら、私たちを大いにがっかりさせる。読書するときは、その種の表現は私たちを特定の境遇に置く。その理由は、そのさい私たちが実体的なものを心のなかでよりいっそう感じ、意識することになるからである。外面がよりいっそう支配的な客観性もまたある。しかしそれは、同時に感覚の主観が背後にまわり、心が圧迫されことばを発することができず、そのせいで外面的な事柄を頼りにするが、この外面が心の奥底にある感覚に戻っていくような場合である。ゲーテはそういう作風で歌をたくさん書いた。それらの歌には、心のなかで押し殺された感覚が表出されている。その一例が『羊飼いの嘆きの歌』(山の高みから)[95]という歌曲[96]である。そこでは主として感動が支配する。羊飼いの心痛はそれ自身としては言い表されず、むしろその心痛に関係する外面的な事柄がその心痛の表現に用いられる。その他の例としては、「トゥーレの王」[97]や「魔王」[98]などがある。

客観的な表現は主観的な表現と対立する。主観的な表現では事柄それ自身は現れず、著者の独自性のみが現れる。しかし、主として芸術家の主観が目立ち、事柄それ自体が目立たず、芸術家自身が自分の実用的な格言を混入するような場合は、ひどい芸術作品となる。これと結びつくのが芸術家の手法であって、これは、独自なものがしばしば繰り返したり、効果を作り出す特殊なやり方が何度も反復したりするところに成立する。すなわち手法は、偶然の独自な扱いに属する。偉大な芸術家には、ほとんどつねにそうした手法が見られ、それはその後、少しレベルの下がる大芸術家によって通常は長い期間にわたり模倣されることになる。そこで、彫刻ではベルニーニ[99]の手法が非常に好まれていた。ベルニーニの手法は、ベルニーニが人物をじっと静止した体勢でなく、緊張した体勢や運動のなかで表現するものの、それでも美は毀損されないというものだが、美の毀損はそうはいってもしばしば起きている。ゲーテの場合に手法と受け取られているかもしれないのは、ゲーテが物語や詩などで事柄を長々と真剣に語りつづけ、最後に軽妙な転換をもって締めくくるというものである。しかしこれは、他面でむしろ事柄の本性そのもののうちにあり、社交的娯楽の一方式である。絵画や音楽では偶然の世界がよりいっそう前面に出ており、そのせいでそこでは軽妙な手法が、たとえば色彩の扱いや応用において、光と影の色調等において行われる。手法が本物であるときは、こうした手法は本性そのものにおいて現れる。手法はさまざまな芸術家においてさまざまに示される。この上なく鋭いものとして別個に示されるのがオランダ絵画の手法の場合である。

手法は独創とたやすく見なされうる。独創は、芸術家が何かを把握したり表出したりする独自性や主観性にある。そして事柄の独創と芸術家の独創がある。真の独創は、芸術家の主観が事柄の実体と一致し、これを芸術家があるがままにとらえて表現することにある。しかし、たんなる主観的な思いつきが真の独創だとされることもしばしばある。この主観的な思いつきは、表現方式の全体や形式がほとんど思いつきでしかないようなジャン・パウル[100]にそれが見られるように、才知をひけらかしはするものの、やはり事柄そのものや事柄の本質と一致するものではない。真の独創が見いだされるのは、ホメロス、ソフォクレス、シェイクスピアにおいてである。芸術家の独自性が完全に放棄されるので、独創はそれ自身で妥当するものでも、事柄の本性にとって異なるものとしてあるのでもない。芸術家は事柄の実体を自らのうちに受け容れ、これをふたたび自分のなかから生み出す。さらに述べておくべきは、表現は全体に関する一つの理念から生じ、それに基礎づけられなければならない、ということである。全体と部分を通じて一つの色調が支配しなければならない。このような全体は、その部分すべての必然において存立しなければならない。そのさい、そうした独創においては形式が事柄と完全に適応しているため、普遍的なものとして設定された規則に事柄を適合させる芸術家の労苦が目にされることはない。かつてもそうであったが、いまでもまだときどき、独創はそうした普遍的な規則に従わないものと理解されている。たとえば、四幕か六幕の悲劇は独創的だとされ、五幕の悲劇はまったく独創的でないとされる。しかしこれはよくない、誤った独創性である。ゲーテはとくに初期作品で、当時支配的だった普遍的な美の規則に従わないばかりか、その規則を蔑ろにすることが独創だと考えた。これを私たちは『ゲッツ・フォン・ベルリヒンゲン』の扱い方の全体で目にする。また、ゲーテは主題の鮮度を保つため、しばしば外側から題材を持ち込んだりもした。この面から見れば、ミュルナーの作品、たとえば『罪』は傑出したものである。ミュルナーは運命に耳をそばだてている。それからすぐにミュルナーはこれを取り繕い、さらに古代や昔のドイツや近代をおおまかに調合して、一つの色調によるのではない作品ならぬ中途半端なものを出してきた。『ゲッツ・フォン・ベルリヒンゲン』がどれほど独創的であっても、そこで私たちには、全体をすみずみまで支配する色調には適さず、当時興味を持たれていた諸々の事情や出来事に関係するような箇所も、また目に入ってしまう。外部から持ち込まれた箇所とは、たとえば、ルター[101]を思わせる僧侶が現れるところ全体がそうである。バセドウ[102]やカンペ[103]が栄華を誇った当時の学校とのつながりもそこに見いだされる。このようなつながりは、ゲッツの子どもが父親に自分の授業を暗唱してみせる場面で示される。そうした題材の調合は『親和力』(104)にも見いだされるが、そこでは、総じて小説がそうであるように、特殊な時代の表現であるために、より適したものとなっている。——以上のことから、真の独創性とは本来、真の客観的な表現と同一のものであることがわかる。したがって、手法と独創は、芸術作品の省察の側面でもある。これらの側面をさらに詳論するのはのちのこととなる。ここで私たちは、扱われるべき内容の豊富さゆえに、これに関してさらに何かを述べることはできない。では、芸術の特殊部門に移行することにしよう。

第二編　芸術の特殊部門

芸術作品の特殊性に関しては、すでに以前挙げたものよりも詳細に規定されるが、ここでは簡単に繰り返すこととしたい。芸術作品の形式は象徴的、古典的、ロマン的に分けられる。これらの形式の源泉は芸術作品の内的な理念のなかにあり、それらの実在に浸透しなければならない。この形式的な違いは、どのように概念と実在の統一が把握されるかという仕方にのみ関係する。象徴的なものはこの統一へと努力し、その結果、直接的に直観されたもの、現実が思想へと向上しようとするか、あるいは、思想、概念が現実、有限性のなかで自らの実在を探すことになる。古典的芸術作品は、完全なる思想であるが、その思想は形のなかで表現されただけであり、自らの対象だけ、自らの意識だけを持ち、自由ではない。なお、魂と肉体は完全に適合した状態である。第三の形式のロマン的芸術では、思想、魂は自己自身へと戻っており、自己自身のなかで完全であり、形のなかにその存在を持たない。存在はここでは完璧な内面であるのに対し、形は偶然的な外面へと引き下げられている。

差し当たりの理解としてはこのあたりでよいとして、以下より詳細に見ていくこととしよう。

第一章　芸術の象徴形式

まったく一般的に、自立して外面的な形をしているものを、その意味どおりに、私は象徴的なものと名づける。そのため、思想も形に対しては無関心でありうる。ある形はより多くの意味を持ちうるのと同様に、ある思想はより多くの形を持ちうる。たとえば、ライオンは強いものの象徴であり、強いことはライオンの普遍的な表象である。しかし、強さは鷲、雄牛の象徴でもあり、また柱などもそうである。逆に、形もより多くの意味を持ちうる。このことは象徴としての雄牛を例に用いてあとで述べよう。象徴とはしばしば曖昧で二義的なものである。また、象徴は記号と区別されなければならない。記号は、意味に対してまったく無関心な外面的なものであるが、象徴において表象は内在的でなければならない。たとえば、帽章は記号であって象徴ではない。というのも、帽章では、色の形態や構成はまったくどうでもよいものであり、それがどの国家に属するかという点は重要でない。また、ミュラー、シュミット、ラプラスなどの人名も、名まえがその人の属性を表現するものでないとすれば、たんなる記号であり、象徴ではない。それに対して、色は象徴である。たとえば、青は柔和の象徴である。暗さと明るさが混ざっている青は、薄明るい感じを表す色でもある一方で、明るい空の色でもあり、双方を人は柔和とたとえることができる。また、象徴的なものは神話でよく見受けられるが、神話は象徴から区別されるものである。というのも神話において形態は、それらがそうあるように自立的なものと見なされるからだ。神話において形態と表象は区別されず、形態は絶対的にそれ自身で関心をそそるものであり、また魂はそれ自身を認識し、形態の背後に隠れるものではない。

象徴的なもの一般は、ある一つの意味や普遍的な表象、思想ないしは概念を含んでおり、ある一つの像で表現されるが、それに加えて自立的なものでもある。そのようにして、鷲はユピテルの象徴であり

（たんなるユピテルの属性ではない、属性はより記号であろうから）、そのかぎりにおいて鷲はユピテルのそばに置かれる。鷲のなかでユピテルの力は表現されるが、そのことによって過小評価されもする。エジプト人にとってのトキコウ[105]は、本来ならば象徴であったということはできない。というのも、エジプト人はトキコウのなかに直接的に神の存在を定め、またそれを神として崇拝したからだ。したがって象徴には、意味と意味の現れである表現との違いがある。それゆえ、私たちは象徴をより詳細に考察するさい、この違いを考慮しなければならない。象徴的なものの第一の段階は、意味と象徴がまだ分離していない統一である。だが端的に、この未分離の統一はありえないものである。なぜなら、表現はつねに意味との適合が不足しているからである。すでに第一段階の象徴的なものにおいて、表現と意味は適合している。その反対は、意味の表現からの完全な引き離しであるが、それは寓話やそれに付随する比較のなかで見られる。この二つの極の中間に真の象徴がある。これら三つの側面に従って、私たちは象徴的なものを考察しなければならない。

第一節　自然の象徴、あるいは物理的なものの象徴

象徴的なものの第一の段階では、精神的なものと自然的なもの、すなわち意味と形態とが直接的に統一している。しかしここでは、本来ならば象徴的なものは現存しない。というのも、この二つの側面の分離が象徴には欠かせないからだ。象徴的なものの第一の段階をより具体的に考察するために、古代のパールシー教徒[106]やメディアの人々[107]、すなわちゾロアスター[108]を創始者とする宗教についての一例を取り上

げよう。ここでもなお、象徴的なものは本来ならば現存しない。オルミズド、(109) 光一般は、光の普遍的な本質として崇拝され、太陽、星、火の光として、また人間の内なる光としても崇拝された。だがオルミズドの光は、善でもあり、ことばあるいは行いによって生命あるものでもある。さまざまな段階のなかで各々の本質が輝き、自らの光を外に放つが、あらゆるものが光へと集まり、また各々の本質はこの光を自己のうちに持つ。けれども自らの光の放出は、あらゆるものを正しく、善いものとし、またあらゆるものを愛し、崇敬する、いやすべてのものをも崇拝するという自らの生命、意志でもある。ゾロアスターによると、全世界は光の国の息子たちだけをもつ。そのためその信奉者たちは、普遍的な本質であるオルミズド、つまり普遍的な光を崇拝するが、同時に彼らは、オルミズドもあらゆる善の原理として見なす、太陽という特殊な光も崇拝する。その教えによるとすべての物は光の子どもたちであり、パールシー教徒は、彼ら固有の精神、ゾロアスターの光ないしは精神、さらには物理的なもの、木や植物などを崇拝する。それゆえここでは、自然なもの、物理的な光、精神的なもの、善との直接的な統一がある。そのため、本来的にはいかなる象徴もない。光は善を意味しないし、また善は光を意味しない。むしろそれらは直接的な同一のうちにある。そのかぎりにおいて、この宗教の表現する生産物を芸術作品とは呼べず、それは直接的な同一というたんなる形である。しかしゾロアスター教の教えのなかで、さらに展開された象徴も見いだせる。たとえば、パールシー教徒にとって雄牛は比喩的なものであった。彼らにとって普遍的なこの世の聖牛とは、そこからそれ以外のすべてのものが生まれるというような、第一の創造であった。だがこれはまったく象徴的なものではなく、たんに恣意的な表象にすぎない。すでに世界の卵についての理念がより象徴的である。というのも、卵から生きているものが生まれるからである。

象徴的なものの階級はもっと細かくあり、自然の対象が普遍的なものとしても表現されはじめる。最初の象徴は自然の対象をその意味に持つ。だがこれらは変化するものであり、有限性と時間性を持ち、偶然なものなので、精神はそれらに普遍的に固定された形式を与えなければならない。そうして、第一の自然の象徴、つまり物理的なものの象徴が成立する。このことはエジプト人やインド人においても見られる。エジプト人にとって、三つの主要な神はイシス[110]、アピス[111]、オシリス[112]であった。すべての神々は物理的な現象、普遍的で物理的な契機を意味として根拠に持つ。たとえば、太陽はオシリスの原義であった。芸術はこの特殊な現象を普遍的なものとしてそれ自身で固持し、この現象に本質的にある一つの形を与えようとして、まず人間的な形を与えて人格化する。この人格化は差し当たり、この象徴においてただ外面的なものにのみ属し、精神的なものはここでは、自然現象にとっての形式だけである。なぜ芸術家は自然の対象を人格化したのかと問うことができるが、この最善の返答は以下のようになる。芸術家は自然現象をその真理においてとらえることを探究するが、その最高の真理とは生命であり、また最高の生命は精神的なものだからであると。主観は、外面性、多様性が一つのものへと集められる場を形成する。このような象徴はそのような対象のみを認識し、そこから離れ、他者と近づき、他者に左右されるともいわれる。いまや人格化が依存を切り離し、また対象を自立へともたらす。（象徴的なものに関して、クロイツァー[113]は二巻本からなる『象徴学』の新版のなかでとても美しく表現して解釈した）。象徴的形式にとって、精神的なものは自然現象の人格化のなかで形式であるだけであり、インドもそれに属する。ここではあらゆるものがあちこちへ行き、しばしば、何が意味であり、何が形態かわからない。ここでは一度たりとも、古代のパールシー教徒におけるような絶対的統一がない。ときおり規定と状況によってはそのなかで一つの進展があるが、それはまったくいかなる意味も持たない。表現の完全なあり方とは生成の表現であり、すなわちそれは自然の生殖能力の物理的記号である。これに対して、私たちはしばしば、あらゆることが可能であるような空虚な抽象を見つけるが、それはまさに概念のうちにあり、存在するものすべてにとって破壊するものとなり、自然のうちにあるものは没落する。人間、神、川、木からのあらゆる分離は、しばしば互いのなかで流れる。人間は自己をブラフマン(114)へと高め、神はしばしば、より下級の人間の形のなかで現れる。インドの象徴化の野蛮さについての例としては、『ラーマーヤナ』におけるガンガの血筋の話がある。この血筋はまったく象徴的に記述されえない。というのもこれはたんなる、ガンガの起源と経過の描写であり、多くの空虚な像のうちに包まれているからである。ここでは自然形態が根拠にあり、またあらゆる象徴は、いくつかの生命が表現へと持ち込まれているなかで存立する。それゆえ本来ならば、何がインドの象徴であるのかはけっしてわからない。

第二節　真に象徴的なもの

自然現象どうしの関係や、存在するもの、生きているもの、精神的なものの経過が把握され、象徴的に表現されるとき、象徴的なものは自らの目的へ近づいていく。これは、国家の進歩のなかで必然的に現れなければならない。直接的にではなく、内在的な弁証法が本質的な意味にならなければならない。この第二の経過の対象を私たちは、たいてい西南アジアでの祭式における象徴の基盤として認める。この種のよく知られた象徴は、フェニキアやエジプトにあるフェニックスである。これは、六〇〇ないし一四〇〇年で若返るという天文学的な期間にもとづかなければならない。それは、とりわけアドニスの[115]祭典、またキュベレ[116]とアティス[117]の祭典における主要な契機であった。アドニスの祭典は、アドニスの喪失について嘆く祭で始まり、その再発見という喜びの祭で終わる。アドニスは私の主、つまり主人であり、普遍的な本質すべてである。フリュギア[118]におけるキュベレとアティスの祭典でも同様であった。その祝祭は春分の三月二十一日に催され、二日間アティスの喪失をめぐる悲しみは続き、三日目に、祝祭で人々が我を忘れたように熱狂しているなかでアティスはふたたび見つけ出される。象徴的なものの第一の段階からの移行は、ケレス[119]とプロセルピナ[120]、カストールとポルクス[121]といった美しいギリシアの神々のなかでも見られるが、キリストの磔刑と復活においてさらにより美しく輝く。ここで、自然的なもの、偶然的なものが否定され、ようやく精神的なものが真なる肯定として生まれるのである。

しかし、この段階でより高次なことは、否定的なものがそれだけで固定され、自立的に構成されることである。それによって他方で、それ自体に、内面的なもの、大事なものである内容が生まれる。このことは、エジプトの直観やエジプトの礼拝において見られる。エジプトの直観の主な契機は、消え去ったもの、死んだものの領域の受け入れであり、精神は身体的な形式をなくしてもまったくそれだけで存在していると見なされた。これと似たことは私たちにも見られる。というのも私たちは、精神的な領域を完全に孤立した自立的なものと見なすからである。『オシアン』でもそのような表象は見いだされる。というのも、彼においていかなる他の神々も消え去ったものの精神としてあるわけではないからである。死んだものの領域から、自立的な精神への移行が生じる。パールシー教徒にとってアーリマン[122]は、否定的なもの、悪の領域であり、オルミズドの領域に対して他なるもの、彼岸、敵対的なものと見なされる。しかしエジプトでは、生きているものと死んだものとの内容は、双方とも関係のうちにあり、しかもつねに互いに対して敵対的にあるわけではない。だがアーリマンの内容は、オルミズドの内容とは区別される。両側面の自立というこの契機は、エジプトにおいて本質的なものである。死んだものは自立的な領域へと広げられ、そこでは死の審判がなされるが、その主君は上界の首長であるオシリスである。それゆえエジプトには、地上でもあり地下でもある建築がある。この地下の建築に属するのが、ピラミッドという内的な被造物であり、このとてつもないクリスタルがそのなかで死した王、あるいはアピスの精神（肉体）を保存する。つまりこの世界直観において、死んだものが現実に向かって現れる。またここに、象徴的なものへの主要な根拠がある。それゆえ、エジプトにはとてつもない象徴がある。すべてのものがそこで直接的な存在であるが、その存在は内面的なものであって、ひとつの意味を持っている。だが内面的なものはまだ洗い清められなかった。それゆえ、エジプトではあらゆるものがヒエログリフ (123)
なのである。

　エジプト人における二つの契機は、全体と結びつけて理解されなければならない。つまり、（一）途方もない動物の崇拝と、（二）芸術の欲求、またこの欲求において真なる精神の出現が始まったことである。——動物の崇拝とはつぎのことを示す。これらの契機が内面と外面との崩壊に至り、しかし内面が絶対的な精神としてはまだ理解されず、したがって内面がまだそれ自身で自立したものとしてとらえられなかったので、インド人のように、彼らは、実体的なものを生命のなかで直観し、精神の一体化、真理を精神そのものに置くところにまでは達しなかった。それゆえ、動物の崇拝や、芸術の主だった方法は、そのような動物の形の表現である。だがこの動物の崇拝と芸術への影響は、まさしく芸術の汚染である。パールシー教徒にとってこの世の聖牛が根本原理であったように、エジプト人にとってアピスが彼らの礼拝のおもな対象であった。私たちはそれゆえ、とても高く賞賛されるエジプトの祭司の知恵について詳しく述べる必要はない。というのも、動物の崇拝にまだ固執している人は、精神的な発展の高い段階には立っていないからである。すべてのものについて象徴的であったアピスは、エジプトで高く崇拝されるようになった。また、この象徴から素晴らしい綿密さと正確さが多くの記号で説明された。それゆえ、カンビュセス[124]はアピスを殺して、「血と肉を持つこうした神がエジプト人たちにはふさわしい」[125]と言ったが、彼はけっして正しくなかったのである。他方で、さらにこのアピスは、たんなる神ではなく、すべての雄牛や雌牛と同じようにこれを崇拝し、農耕に使用するためのものとしても見なされた。

したがって私たちが見てきた象徴的形式は、外面的なものの内面的なものへの関係である。しかし双方は互いに異なっている。内面的なものは、自らの完全な形を外面的なものに持たない。なぜなら内面的なものはそれ自身のうちではまだ完全ではないからである。そうした完全でないものはまだハデス[126]の領域であり、自らの自由の中で自己を理解できず、またそれが自己に与える存在は、それ自体で確固とした自由な存在ではない。消え去ったものの領域は、まだ自由なものとして自立的に構成されておらず、むしろ自己のそばでなお経験的な素材を持つ。ようやく内面的なものが完全に自立的に自由であるときにはじめて、自らの存在を貫いて現れ、そのときこれは内面的なものの表現にほかならない。このことは象徴的なものにおいてはなされないのである。象徴的なものはエジプト人にとってとてもふさわしい。生命における最高の表現がその内容であるが、自由における表現ではない。ヘロドトスは、エジプト人は最初に魂の不死を説いたと述べている[127]。だが、私たち近代の人間がとらえる意味で魂の不死を説いたのではない。というのも私たちは、魂を自己にもとづくもの、自由なものと見なすので、私たちの教えは魂の価値に根拠づけられているからである。しかしエジプト人においては、この教えはまったく表面的であり、それゆえにまた、魂は動物のなかにもありうるものとなる。ヘロドトスはさらにつぎのように語った。エジプト人は、彼らが動物といっしょに餌から食べることによって、他の民族と自らを区別したのだと。すなわち、高い崇拝への新たな証明を人は動物に示したのだ。歴史家ヘロドトスはまた、気高いエジプト人の饗宴ののち、木や粘土で死者の姿をかたどったものがあちこちに運ばれ、各々に示されて、そこでつぎのように言われたことを述べている。「食べ、そして飲みなさい！　君も亡くなったら、このような姿になるのだから！[128]」。このことから、エジプト人にとって生命の享受は最高のものであったことがわかる。同じ原則は説教者ソロモン[129]にも見られる。そこでは、人間における自由の規定があるのではなく、最高の規定は、生命の直接的な享受である。精神が自己のうちへと向かうことについて、私たちはエジプト人におけるただわずかな足跡だけを見た。またこのことを死に行くことの領域において見ただけである。この表面的に死んだ内面のなかに、そこから出て表現するという芸術衝動の基礎がある。この衝動の表出が通例の建築である。私たちがいま、ミツバチにおいて見てとるように、かつてエジプト人は無限の本能に導かれて建築した。完全な国家の生、国家の行為が建てられなければならなかった。航海はエジプト人に禁じられていたので、その規定は外へと行くことではなく、むしろ自らにおいて自己から出て自己を生産することであった。彼らはとてつもない運河を掘り、大きな構造物を作り上げた。しかしそのあらゆる行為は彼らの土地の境界内にとどまった。彼らには、関係の思慮深さ、まさに内面の外形を作る建築の重要な契機がある。そのうえ彼らは、建築にも象徴的なものを置き、それはどこにでも、またどこまでも巨大なこの構築物に見いだされる。そうした構築物は、ユダヤ人という民族一同の行為の産物であって、彼らはエジプトで捕虜となっていたあいだ、レンガを塗り、また諸々の原料を運び、その結果、一連の柱、スフィンクス[130]、メムノン[131]、あらゆるとてつもなく巨大なものが何百となく配置された。それに対して、もっとも小さく、とても強固な石に書きつけられ、途方もない数あるヒエログリフは、実現不可能とも思われるほどの労働であった。そのうえ、よく知られることは、このヒエログリフのほかに、すべての柱、スフィンクスなども象徴的になったことである。たとえば、ナイル川の測量師がナイル川の水量がもっとも多い状態だと示したのと同じくらいの程度で、聖堂のおもな階段はできた。そのため象徴的な立場は、人間にとって生命の感情が最高である点、しかし同時に、すでに内面と外面のあいだでの別離が始められた点、また内面が最高のものとしての生命の感情に対しての矛盾をすでにもった点が特徴的である。それゆえ私たちは象徴的なものに混乱も見つける。だからエジプト人が主として建築をし、その意識のおもな感情が生命の感情であったとき、彼らは動物を崇拝した。だが、他方ですでに内面的なものは生み出されていたので、象徴的なものがもはや自らの立場にとどまることなく、他の形態を持ち込むことに努めて自らの立場を超え出ていく。それゆえ彼らの芸術には動物の像がある。たとえば、スフィンクスには動物の形態のそばに人間の顔がある。スフィンクスはオイディプスに謎かけをしたが、その謎の答えでさえ、謎を解決した人間であった。象徴的なものはつねに、その内容を生み出す試みである。だが象徴的なものは、その目的に達することはない。というのも、その表現は、理性的、精神的なものである意味にふさわしくなく、謎のことばは象徴によって裂かれるからである。スフィンクスは動物の像だが、自己のうちに動物的なものと理性的なものを持っており、これは人間的で精神的なものである。このオイディプスとスフィンクスとの逸話にはより深い意味がある。アポロンによって駆り立てられたこのギリシア人は、スフィンクスの絶対的な意義、すなわちこの謎の答えは人間であり、スフィンクス自身ではないことを言うはめになった。彼はスフィンクスを海のなかへと突き落とした。つまり、彼は、彼の語りによって象徴的なものの主人を滅ぼし、自立した精神の自由を定めたのだ。こうしたことはエジプト人にはなかったことを、私たちはサイスで隠蔽されていた像の碑文から見てとる。そこにはつぎのように書かれていた。「私はあるものである。私はそこにあるし、あったし、またあろうものである。いかなるものも私の覆いを除くことはない！」。これは、エジプト人にとって象徴的なものの表現であった。[132] 自由なギリシア人、人間は謎を解決し、覆いをとった。この碑文に対立するものとして、デルフォイの神殿の「汝自身を知れ！」がある。エジプトのすべての像に、ただ不格好なだけで、軽快で自由でない形式を見てとる。たとえば、メムノンは、たいてい人間の形に近いさまで座っており、頭はたれ、腕は肉体と繋がれ、両脚は固定され、平行して下に向いている。このような不格好な巨像の形態は、自由で明るい精神をまだそのなかに宿してはいないことを表している。精神的な魂はまだそのなかになく、むしろそれらは、太陽に向けられるように座ること、またそこで日の出を響かせるように置かれていた。魂の吹き込み、光はメムノン像から来るのではなく、むしろ外から内へと入って来るものである（フランス人がメムノン像の響きについて新たに証明したにもかかわらず、それについての説明がなされていないことはおわかりだろう）。しかしここでは同時に、自由な美への移行がある。というのも、象徴的なものの領域は消え去り、精神的なものがいま、それ自身意義あるものとなって固有の形態を取るからである。こうして古典的なものの領域へと移行する。

だが私は、まだなお象徴的なものの第三の段階について言及しなければならない。

第三節　意味と表現が並置される段階、あるいは特殊における象徴

この段階は、あとで述べられるように、何らかの従属したもの一般である。また、見出しからたやすく推測できるように、この段階は特殊な象徴の説明ではない。というのも、特殊な象徴は無数にあるからだ。むしろここで、象徴はその特殊のうちで論じられる。すなわち、意味と意味の感性的な存在がここでは、互いに分けられて表現されることになる。したがってこの関係はたんに相関の関係であり、概念と実在が一つになるような古典的なものの関係ではない。これには、主として語りの芸術のみが属する。というのも、その要素が語りである芸術ならば、あらゆる感情と思想を、それゆえこの関係の二重性をも受け取り、表現できるからである。古代の彫刻では、しばしば象徴に意味が備わっている。たとえば、鷲にはユピテル(133)、孔雀にはユノ(134)というように、こうした表現はすでに象徴となっており、また神はそれ自身もはや意味ではなく、すでに形である。

ここから以下のことがもたらされる。

(一) 意味と表現は自立して存在している。このことが散文への端緒である。というのもここではすでに、抽象的な思想、普遍的な表象があり、魂が肉体を貫通してはいないからである。

（二）意味は、〈ときおり〉特殊な制限された内容であるが、この内容において普遍である。絶対的な内容とは、人格において精神化されたものとして現れる主観である。だが表現に対立している魂は、それ自身では抽象的で、規定された、有限な内容である。

（三）この表現は、直接的に存在するもの、直接的に受け取られたもの、偶然的なものでもあり、魂の真なる表現ではない。これらの意味と表現が双方外面的に互いに関係しているかぎりにおいて、その表現は双方をまとめる機知の主観であり、このまとめられたものは、直接的に存在するものを普遍的な内容の表現へともたらす詩人の行いとして現れる。

（四）そのような方法は真なる芸術作品において、ただそのかたわらにだけ現れるのであり、芸術作品の中心点である魂は現れてこない。そのような仕方で、『イソップ[135]物語』、教訓的な芸術の流儀、風刺などといった、平凡なだけの芸術作品が生じる。それゆえ芸術の一つの体系において、芸術を何かのもとで分類することはとても困難である。真の芸術は、自分自身を分割し、それ自身から主要な性質を形成する。いまや、上述した芸術作品を主要な性質のもとで受け取るという要求が生じた。しかしこのことは起こりえない。なぜなら、すでに述べたように、真なる芸術作品は芸術の主要な性質に属し、ただ装飾としてのみ役立つようなものではないためである。上述の芸術では要素の分離が起こり、したがって、なおもこの要素を互いに適合させるという芸術の試みがあるため、分類することについて当惑が生じる。

それゆえ二つの側面がある。一方が関係のうちにもたらされるとき、本質的で、実体的な側面が与えられなければならず、また他方はただ表現するものとしてのみ存在できる。意味はいまやもちろん実体的な意味であり、表現は外在的で投げ出された側面としてある。だがそれらは互いに依存していないので、各々から始められる。自然で直接的な側面がまず取り上げられ、そこに意味が加えられる。あるいは逆に、意味がまず取り上げられ、つぎに表現が、たんなるもたらされたもの、偶然的なものとして引き寄せられる。この二つの方法から二つの主要な分離がさまざまな下位のカテゴリーとともに生じる。それはつぎのとおりである。

（a）自然なもの、表現が第一に現れるところで意味がはじめてそれと関係づけられる。このことは、『イソップ物語』、メルヘン、たとえ話、教訓話、ことわざなどで起こる。

（b）まずは意味があって、つづいて表現が求められ、そして使われる。ここには、謎かけ、風諭、隠喩、直喩が属する。

（a）第一のものとして、直接的なもの、自然的なものがまず現れる。差し当たりここでは、直接的で自然な現象と宗教的関連との関係が感じ取れるように作られる。自然なもののそうした宗教的関連の例として、飛ぶ鳥や動物の内臓から予言するものがあり、モーセ(136)の燃える柴(137)がその例として挙げられる。これは自然現象だが、人間との深い関係があり、またそのかぎりにおいてこの現象は宗教的なものとして現れる。ここで私たちは、パールシー教徒とは別の自然なものとの関係を見いだす。パールシー教徒は、一連の光のなかで生きていた。彼らは、はじめて個別の現象を解釈したのではなく、自らの生は光の啓示であったというような深い関係をいたるところで見つけた。だが人間がもはやこうした実体的な直観のなかで生きることはなく、自らの個別性が優勢であるとき、自ら固有の目的に従って生きることとなり、自然は個別化され、もはや光の啓示ではなく、むしろ自己目的に対する手段として後退する。

自然なものの宗教的関連について以下、より詳しく見ていくこととしたい。

イソップ物語

『イソップ物語』では、動物が互いに話し、行動するものとして表現されている。しかしこれは、たとえば人間が持つ身体の腹と手足についてのメネニウス・アグリッパの寓話(138)で表現されるような、普遍的な意味において一般に自然な出来事との関係であることを把握しなければならない。さらに、人間同士の関係も現れる。だがそれが、現実に起こったり、でっち上げられただけだったりの人間の物語であるかぎりでは、これはたとえ話あるいは教訓話である。したがって寓話は、人間同士の出来事が語られるが、一人で我慢して孤立し、直接的な行いから自己をもたらすというような自然現象や出来事の表現であることが一般的である。そのような出来事は、ある規定と関係を自分のうちに持っている。こうした出来事は、意味として際立たせられ、普遍的な関係のなかで話され、それによってその出来事は主題になる。レッシング(139)や、寓話の理論を手がけた他の者たちは、寓話につねに動物を必要としなければならないとした。なぜなら、キツネを策略として、ライオンを強さや力としてなどのように、動物に抽象的な特性を与えることができるからである。だが古代の『イソップ物語』においてもっとも重要なことは、直接的な出来事が朗読され、その出来事の関係が際立たせられて普遍的に言い表されるようになることだった。また、かつて主張されたように行為が創作されているということはなく、むしろ、直接的に自然な出来事だけならば行為は現実に起こりえたのだ。すでに述べたように、私たちはそれに関して散文の出現を見てとり、また、寓話がフリュギア由来のもの、つまり概念がまだ内在的に自らの形式になっておらず、一般に散文的な生活が支配的であった土地から来たものであるという観点を持たなければならない。私たちは『イソップ物語』をもはや、しばしば神話的なものだという見方ではとらえない。注目すべきは、『イソップ物語』において、動物と一般的な自然のあいだの関係が支配的であり、また、私たちが動物とエジプト人の関係に見たものとは違うさまざまな関係があることである。『イソップ物語』では、神聖なもの、実体的なものは動物のなかで認められ、また崇拝されるようなものではなく、むしろ、動物は自らの制限された本能に従ってとらえられる。すでに述べたように、神話は多くの『イソップ物語』に含まれており、またこのことは『イソップ物語』をエジプト芸術との連関のなかに置く。たとえば、スカラベ(140)の寓話は、それこそ神話として扱われる。エジプトできわめて神聖であったスカラベは、『イソップ物語』でもとても高貴なものとされていた。だがさらに、たいていの『イソップ物語』は自然の出来事をその基本に持っている。単純な自然の出来事はいつも、『イソップ物語』の通常の形へと流し込まれているが、このことはいまや必要ではなく、これは詩人の恣意的な事柄なのである。その内容をまったく『イソップ物語』に従っているゲーテの詩、たとえば『不平家』は退屈な形式を持ってはいない。模倣された『イソップ物語』は、それらがまったくの恣意の産物であること、詩人がまったくその自然本能とうまくおりあわない行為と関係を動物に賦与することによって、現実の古代の『イソップ物語』から区別される。とりわけ、プフェッフェル(141)とレッシングはそのような寓話、たとえばオオヤマネコ、猟犬、狩猟犬を作った。真の『イソップ物語』では、動物に意識やことばが割り当てられているが、これはまったく形式的になされているだけであり、行為、出来事そのものは自然なものであり、動物本能に従って起きているのである。

メルヘン

これはもはや寓話ではなく、あらゆる有限性、現実のあらゆる外面的な制限、恣意的なファンタジーに価値が与えられる。現実の制限や外面は人間の行為においてまったく考慮されておらず、自然を超えた力と成果が持ち込まれている。形態がメルヘンのなかで動物でもあるとき（つねに人間である必要はない）、『ライネケ狐』[142]では、動物の関係が自然に考察される。また他方では、人間の行為と関係の仕方が賦与されるような寓話ではなく、メルヘンは、そこから成立する不釣り合いなさまによって、笑いをもたらしもする。

たとえ話と教訓話

これらは、上述の寓話やメルヘンと似ている。たとえ話は、人間の生の領域から生じてくる出来事だけを含み、そのためこの物語は自立的だが、物語によって表現される普遍的な意味も持つ。——あるたとえ話を教訓話と解釈することもあるが、広い意味においてそのようなたとえ話は、歴史そのもののうちに規定があり、教訓が語られるものである。——実践的なたとえ話もまた、現実に起こる直接的な行為そのものへの意味がすでにこめられる。ここでの一つの例は、タルクィニウス・スペルブス[143]である。彼は、自分の息子が彼に、征服されたガビィ[144]の街の住人たちをどうすべきかを問うたとき、彼の使者を庭へと導き、すべての高くそびえ出たケシの花を切り落とした。よく知られたものはキリストのたとえ話であり、それは、起こった、あるいは起こりえた行為や出来事についての物語でもある。だが、私たちが理解しない、あるいは私たちがただ不明瞭にしか推測できないものもあり、それはたとえば不正な執事のたとえ話である。レッシングの『ナータン』のたとえ話[145]は、力をもつ指輪によって徳を高くすることで有名である（レッシングがこのたとえ話をボッカチオ[146]から取ったことは強調しなければならない）。ゲーテにもそのようなたとえ話は見つけられるが、しばしばたとえ話の形態をもっていない。ゲーテの詩『神と踊り子[147]』は教訓話として引き合いに出される。これは詩の終わりを宣告する命題の直接的な一例である。また、宝を探す人の詩も教訓話と見なされる。

また、『イソップ物語』あるいはたとえ話を形成する素材は、多かれ少なかれ、ある一つの展開された歴史である。こうした素材は、いまやその形式のなかで一つのまったく普遍的な関係へと収斂することができ、さらにまったく端的に表現される。この性格は寓話にも当てはまるが、表現と形式から見ると格言だといえる。ここではいかなる比較も支配的ではない。というのも、意味が表現から分けられていないからだ。ゲーテも多くのそうした格言を残していた。たとえば、「足音を立てて近づいてくるやつは間抜けなやつだ」、あるいは、「それは客を絞め殺すほど、あまりにもひどい食事だ」。そのような格言が広く敷衍されるとき、その格言は一つの寓話ないしはたとえ話を与えうる。

（b）別の関係は、意味のつながりや目的によってすでに自立的であるところで、表現が取って来られたもの、つまりは手段として現れるところで、その意味を感性的に規定する。ここでは詩人の主観によってつながりが作られる。普遍的なものはすでにそこにあり、多くの表現の仕方が普遍的なものに対して取られ、あるいは、すでに普遍的なものがそれだけで明確であるために省略される。したがって、これは同様に有限で、偶然の関係である。真の意味、真に主観的なものは、自分自身に固有の形態を与える。ここでは、連関の偶然性だけが支配的なので、製作者としての詩人の術が生じ、また詩人はこの術において認識される。そのため、古代の美学者はこの関係についてさまざまに論じてきた。これらのことについて、より詳細に説明していきたい。

謎かけ

この関係においてまず思い出されるものは謎かけであり、それについてはすでに象徴的なもののなかで述べた。というのも、象徴そのものが謎を持つからだ。なぜなら、そこでは魂と身体の統一が支配的ではなく、それらの違いが、つまりは偶然性が支配しているからである。謎かけを歴史的に見ていくと、意識された普遍と知恵のあいだで、直接的な直観と象徴的なもののあいだで現れてくる。謎かけでは、外面的なものが自らの規定のうちでかなり引き離されて置かれている。謎かけの意味は主観的なもの、単一な表象、抽象的な主体であり、そこで異質の表現がまとめられ、一つになる。謎かけの目的は、ひねくれたものであることにのみ存するが、その他の点では、意味がまったく散文的に強調されることにある。そこでの関心はまったく主観的なことであり、すなわち、人が意味をまだ知らないかどうかを知ろうとすることである。

風諭

風諭も謎かけのように抽象的なものであり、普遍的な性格を持ち、異質の諸規定によって表象される。主体も本当に自立した個別ではなく、たとえば、宗教、風評、戦争などのように、たんに普遍的な表象である。これらは、外面的で直接的に直観的な描写によって、ないしは直接的な諸表象によって表現される普遍的な表象であり、たとえば、正義の腕章のようにしばしばそのために象徴的な基礎を持つ属性によっても表現される。したがって、その意味は普遍的だが、表現の方法によってのみ個別化される。だがここでは、個別性はただ外的にのみ現れる。この観点において、古代の正義は風諭として取り上げられ、また同等の正当性とともに据えられる。しかし古代の正義は抽象的であるというよりは、絶対的な必然、正しさ、絶対的な実体であり、それに対して人間は従属した態度を取っていた。それは正義、賢さなどといった内在するものではなく、むしろ固有なものに本質的な実体である。——そのため風諭は、より新しい、ロマン的な時代に属す（それ自身がなんらロマン的なものではないにもかかわらず）。なぜなら、特殊で現実的な個別の直観が近代において主題であり、また神はこの個別な現実において、理念的なものとしてではなく、規定された精神として把握されるからである。風諭がかなり一般的になり、それゆえ芸術作品を、とりわけ詩人の作品を風諭という側面から把握して評価するなかで、普遍的なものを主題として強調し、芸術作品そのものを特殊なものとして付随的に見ていた時代がかつてはあった。ホメロスとウェルギリウス[148]は、主として古代のタイプのなかで風諭的なものを強調した。あらゆることばで風諭や暗示が試みられ、とりわけこれは、ダンテ[149]の解釈において広くなされている。あらゆる特殊なものが、ある一つの普遍的な仕方で把握されうることは実際にある。だが芸術の表現において本質的なことは、風諭による表現を芸術的に把握することである。また細かく分割することではなく、個別化されたものとして風諭的表現を把握し表現することにある。風諭は宗教と似ている。宗教の内容は、普遍や威厳のなかに価値があり、風諭の内容と同様に宗教の内容は自立している。そのため宗教は風諭にとても近く、それゆえに私たちはダンテの作品に風諭を認めるのである。

隠喩

隠喩は、象徴あるいは風諭とも見なされうるが、端的にあるイメージへと収斂されるものである。隠喩は、ある一つの普遍的な表象を、他の端的な表象、直観、イメージによって表現する。それにはさまざまな方法があって、ディテールのなかで普遍的な表象について意見を述べたてるために多様である。そのことばは、それ自身ですでに隠喩的である。たとえば、感覚的な行いにも精神的な行いにも、つかまえるやとらえるといった、隠喩的な表現が使われる。だがそれらは、本来の象徴ないし風諭ではない。というのも隠喩において、意味は直接的にそこにあるからである。象徴や風諭においては、その意味は読み取られなければならないから、間接的な形態が私たちに手渡されている。それゆえ、象徴や風諭はしばしば二義的であり、意味は直接的には形態から見てとられない。だが隠喩での意味は直接的に関連によって与えられなければならない。私たちは、隠喩において本来的な意味と非本来的な意味を区別し、前者を意味それ自身、後者を表現とする。本来的な意味は手元にあるが、直接的には言い表されない。これは直喩と呼ぶものが成立することであり、そうしてこの観点において二重化されたものである。非本来的な表現は、ある言語のなかで習慣によって本来的な表現になる。つかまえるやとらえるといった表現を精神的な行いとして受け取ることに、私たちはまったくためらわないが、その他の表現もある。隠喩的なものを考えるさいに、この点に従って詩的なスタイルと散文的なスタイルが区別され、また、とりわけ古代のスタイルと近代のスタイルが区別される。古代のスタイルは、そこにおいてうんと厳重になり、また本来の表現により準拠するものである。プラトン、トゥキディデス、デモステネスのスタイル、また古代の詩人であるホメロスやソフォクレスのスタイルには、近代の散文的な語りによくあるのとは違って、わずかな隠喩しか見られない。ゲーテもまた、自らのもっとも美しい個所をスタイルの純粋さと規定のなかで著した。一方では、隠喩を必要とする言語の欠乏があり、他方では、近代の趣味が顧慮されなければならない。単一で純粋な表現は近代の趣味ではなく、むしろ、単一さ、純粋さがこの統一へと二重化されたものが享受される。通常、隠喩によって生き生きと表現することができると語られる。感覚的な表現によって、さらに生き生きしたものになるということだ。しかし、私たちがホメロスで見たように、事柄そのものが明確であれば、生き生きとした表現は要らない。また、全体は単純なものの綿密な論述によって、はっきりと表現される。もちろん、生きた表現は隠喩によって、死んだものに命を与え装飾を施す。たとえば、フェルドゥスィー[152]は、「私の重苦しさの鋭さは、ライオンの脳を食いつぶし、また勇敢さの血を飲む」と述べている。ここでは、勇ましさや戦いの厳しさなど、きわめて散文的な表現が、一つの隠喩によって生命を与えられ、魂を与えられている。隠喩に富んだ散文を作ったシラーは、かなり美辞麗句の多いスタイルであるが、それは彼の精神の力によって支配されているため、高く評価されており、隠喩的なものによって散漫になることはない。

隠喩に関して、私は直喩よりも多くのいくつかの観点を提示したい。すでに述べたように、隠喩は違うものを結びつける力を持っている。この結びつけることで、一方では、意味を強めることにもなる。気持ちは落ち着かず、動揺して、その動きも現れてきて、目に見えるものとなる。心はこれによって自らの力を分散し、離ればなれの姿となって表れてくるが、しかし自己のうちにとどまることになる。心の動きによってしばしば、隠喩が働いていることもわかる。この一つの美しい例として、カルデロンの『十字架への献身』[153]がある。そこでは、フリア[154]は自分の恋人エウセビオ[155]によって殺された兄を見つけるシーンがある。ここでは隠喩が彼女の心情の激しい動きを表現しており、直に見られたもの、つまり死者の傷口と目によって彼女は気が狂ってしまう。同様の例として、エウセビオがフリアを修道院から誘拐するものの、彼が彼女の胸で十字架を見つけたときに驚くシーンがある。ここでは隠喩が、彼の心の激しい動きを表現するのに役立っている。魂の運動は、距離を取って敵対するものをつかもうとするが、この戦いは自己の外にある魂の状態を表現している。そのようにして隠喩は同時に契機を含み、魂は自己から遠ざけられてさらに自由になるが、痛みが強まって感覚が麻痺した状態にとどまることはない。この点はつぎに触れる直喩につながるものの、直喩とは、絶望のなかにいるもっとも不幸な人が口にするものであるので、とりわけシェイクスピアにおいて非難された。

直喩

直喩は、拡大された隠喩である。隠喩では、意味は直接的にはっきりと述べられず、本来的な表現は非本来的で直接的な表現とともに同時に与えられてはいない。直喩が成り立っているとき、それは二重化されたものである。隠喩では、一般的に何かがある一つの像のうちで表現される。隠喩はまったく単純なものであり、イメージは導かれた隠喩である。だがイメージの意味がまだ純粋に言い表せないとき、あるいは表現そのものに織り込まれるとき、すなわちイメージがまったく直喩の形態を持たないとき、イメージはそれだけでイメージである。そうして、ゲーテの詩『マホメットの歌』は本来的に寓話、また風諭ないしは直喩とは呼ばれることはなく、それはある一つのイメージであり、規定された意味、つまりマホメットなのだ。そのため、風諭のようないかなる抽象的なものもなく、また直喩のように意味と表現が分けられることもなく、隠喩において規定された意味は表現と折り合わされる。この仕方は、とりわけ新しい詩においてたくさんの多様性を持つ。その一例は、シラーの二行詩『期待と充実』[156]である。そこでは若者のはるかに見える希望、また懸命さが老人の振る舞いや穏やかさに対置されて、多くのマストを備えた船や小さなボートのイメージで表現される。そのような像は大半のクセーニエン[157]においても見いだせる。

本来の直喩には完全な二重性があり、直喩は事柄を明確にすることに役立たない。というのも、意味はそれだけで完全に表現され、また描き出されなければならないからである。直喩の関心の詳細について、ここではより多くの形式が提示されなければならない。差し当たり、それにはもっとも異なった物や表象を関連によって結びつける著者の機知があり、驚かせられる。こうした機知をとりわけジャン・パウルは持っており、彼はもっとも異質な物を直喩でつないだ。このことに人は驚かされるが、同時に、もっとも違う物をたんなる外的な規定によってつなぐということに、多大に主観的なものがあることを認める。けれども、彼は豊富な機知も持ち、またそもそもとても精神豊かであった。あるところで彼がつぎのように語ったのは正しい。「人間の凍結は、エピグラムとともに始まる、水の凍結が氷のとんがりから始まるように」。これはとても精神豊かな表現であり、機知に富んでいる。さらに、そのような直喩は笑いと楽しみへの誘因を与えることができ、そのため、こっけいな詩人はとても多くのそうした直喩を用いる。――直喩のより深い〈真の〉関心は、ある出来事のなかにとどまることである。詩人は自らの対象に縛られることを欲する。そのため、しばしば劣った詩人に見られるように対象を退屈なものにし、捻じ曲げる代わりに、詩人は対象を二重化する。そのような退屈さはたとえば、『ニーベルンゲン』における盾の記述に見られる。『イーリアス』でもアキレウスの盾についての記述があるが、これはそれ自身直接的に一つの直喩である。というのも、盾という像にある労働は私たちに、全宇宙の描写を提供するからである。──しかしより詳細な関心は実践的なものであり、それはとりわけ叙事詩で起こる。そこには諸々の混乱、目的、行為があり、それらは早くも自己に対する関心を持たせる。だが、実践的な関心を断つのは芸術の事柄であって、彫刻のように私たちに落ち着いた眼差しを与える。これは直喩によって生じた。だがさらにこの関心、混乱は、感覚の関心、たとえば、その対象の表象から離れられない愛の関心でもある。けれども精神は同時に運動するもの、活動的なものでもあり、対象を超えて他の素材をつかむが、この素材はふたたび対象へと戻る。そのようにして自らの関心が、世間の関心となり、中心点となる。よく知られているように、惚れあった二人は多くの着想を持つ。それらは、つねに直接的な直喩というわけではなく、たいていイメージである。プラトンは、アステール[158]という愛人を持ち、彼はアステールについてあるエピグラムのなかでこう言った。「おお、私のアステール！私は星空になることができる。君を何千もの目から眺めるために！」。『ロミオとジュリエット』におけるジュリエットもまた、似たような直喩を用いる。そうでなくても、愛はそれだけで直喩である。直喩は、好んでその対象にとどまり、他の美しさもあることを目指していまや反省が現れる。それゆえ、愛する人の情熱はすべての自然の美しさに対してある。そのような仕方、つまりたんに感覚的なものに耽溺しているのは主として形成のまだ低い段階で認められる。たとえば、「ソロモンの雅歌[159]」の第四章や、

『オシアン』にもそのような直喩があり、「フィンガル」(160)ではある娘についてつぎのように歌われている。君は丘の上の雪のようであり、君の髪の毛はクロームラ(161)の靄のようであり、それが岩壁へと軽く波打つとき、太陽の輝きに対してにぶく輝く。オウィディウスはそれゆえ、粗暴なポリュペーモス(162)にそのような表現で美しいガラテーア(163)への愛を表させたとき、とても正しくなしたのだった。――憂鬱な感覚もまた、直喩へと移行することとても似ている。直喩の関心を形成するものは、直喩から離れていて、また直喩の主要な特徴は、他者へと、敵対するものへと移行し、そこで自己を忘れることである。『オシアン』は、そうした直喩のなかでとても豊かであり、その主な強調点は過去のこうした響き、戦死した英雄についての嘆きである。自らの感覚によって動かされた心情が自然なものへと移行するのと同様に、心情が自然なものにおいて、自らの感覚に適合し、感覚へと移行するような響きを見つけることはたやすい。この例として、太陽が沈んでいく光景について、カール・モールの語っていることが役立つ。「太陽を見よ、ひとりの英雄が沈んで行く!」。もう一つの例としてゲーテの『ファウスト』(164)のなかでの、ファウストが日曜の夜にワグナー(165)とともに戸外にいるシーンが挙げられる。しかしここでは、深い反省のことばがとても幅のあるものとなり、またそれゆえ、モールの短いことばほどの喝采は博さなかった。この語りの各々の部分は、それだけで取り上げられるならば美しいだろう。しかし全体は誇張したものである。――まだなお、シェイクスピアの劇で直喩がどのように現れたかについて述べなければならない。情熱はより激しくなればなるほど、表現においてより迫ってくるものとなる以上、登場人物たちが最高の情熱のなかで諸々の直喩を行うことはとても非難された。だがこの非難は、自然がはなはだ日常茶飯事であり、また情熱がたんに「ああ!」や「おー!」といった感嘆のなかであふれ出すべきであることを求めるような時代に対してなされた。実際、レッシングにおいて、またシラーやゲーテの初期の戯曲のなかでさえ、そうした「ああ」という声、またそこに「役者は身振りによって自らの痛みを表現する」ということばが見つけられるが、それはもちろんとても困難な課題である。しかしこれは、激しい情熱のうちでの冷たい知性的反省と同様であってはならない。シェイクスピアは、登場人物を同様にそれ自身芸術家、詩人にし、彼らに天分の才能を与え、彼らを偉大な精神を持つものにしたが、しかし彼らはたんにその自然のうちにとらわれたのではなく、むしろ自己と彼らの状況を客観的に作ることができ、それによってシェイクスピアは彼らを自らの状況を越えて高まったものとして表現した。その一例は（『ヘンリー四世[166]』第二部）、老人ノーサンバランド[167]が自分の息子パーシー[168]の死を経験したときのことばである。それはおのれを老プリアモスになぞらえた直喩であった。『マクベス』の第五幕第四場ではつぎのように言われた。「人生は歩き回る影法師、哀れな役者にすぎない。彼は舞台の上で出番のあいだ熱狂に満ち溢れているが、出番が終わってしまうともはや必要とされない」。強大であったウォリック伯は死のさいに、同様のことを口にし、それはおよそつぎのように始まった。「こうして杉の大木が斧の刃に倒れるのだ」。ここでは彼は自ら本来の尊厳を一つの像のうちで直観し、またそれによって私たちに、彼の魂の偉大さと高貴さについての一つの表象を与えている。

　直喩において、いまや意味と表現の制限された分野が終わりを告げた。というのもここでは、両側面が規定を保ち、自立的でなければならず、また同時に直接的な対象から解放されているからである。だがこうした自立は、意味を形成する各々特殊な内容に付随する。けれども絶対的な意味とは自己意識、思考そのものである。他のすべてのものは、直観にとってのたんなる相関的で一時的な自立にすぎない。

たとえば、太陽、月、星、その他の自然現象は、内面的なものとして外の自立と区別されるような、絶対的に自立した意味を持ってはいない。絶対的に普遍的なものである思考は、したがって、絶対的に意味するものである。だが思考は、まだ抽象的な形式のなかにだけある。それゆえ思考は、本当の個別へと進まなければならず、またそうしてそれは精神としてあり、ようやく真に具体的で、二重化され、自己を対象にし、自己を知り、自己自身を外に出し自然の外面にまでし、またそれゆえ、自らの内面の記号にすぎない身体的方法を持つ。これは、いま私たちが考察すべき段階の内容であり、そこでは意味は自己を外的に、肉体的に顕示し、しかし精神は自己にとどまる。これが古典的芸術の形式という第二の主要な形式である。

第二章　芸術の古典形式

私たちは、インドの直観は固定した立場から出発せず、ただ行ったり来たりするだけであることを見てきた。ブラフマンは強固な自立にいたるのでもなく、また対立するものと一つになるわけでもなく、この両面は行ったり来たりしてゆらめく。いまの段階でもこれら二つの形式が示される。（一）概念や思考はそれ自体でもっとも優れたものであり、また（二）概念は自己を理念として示す。この両側面についで考えていきたい。

第一節　概念、思考それ自体、もっとも優れたもの

このように、もっとも優れたものとして、一なる神、絶対的な普遍、一なるものが考えられ、それに対して自然や人間の精神は奉仕するもの、神の賛美、神の贈り物と考えられる。また自然や精神に対して、神は絶対的な力として振る舞い、本質的な規定とともに主人である。このことはいまや一つの側面であり、それは対立として、私たちがふだんから古典的なものそのものと呼ぶものを持つ。すなわち、普遍的なものは絶対的に、自らのうちで規定され、個別として、しかし同時に自己意識的な個別として、自らのうちで無限な個別である。だがこの無限は形式的なものでしかない。なぜなら、その内容は制限されているからである。このうちの一方は古典的な崇高であり、他方は古典的な美しさである。

古典的な崇高

最初の直観からして、すでに古典的と名づけられる。というのもこの直観は、そのうちに自己を一なる純粋な実体へ高めるという規定があり、あらゆるものの出発点であり、またあらゆるものへと帰るからである。この直観は、一方では一つの抽象的な表象にすぎないが、それに対立する具体的な表象よりもさらに高次に立つ。なぜならこの内容はなお制限されているからである。真に古典的なものは思想であり、そこでは思想のうちにすべてのものが自らの第一の根源を持つ。だが思想は理念的なものとしても現れ、それだけでは自立したものではない。思想の表象は、絶対的な普遍の表象として必然的に高い

立場にあるもので、芸術は昔からこれを持っており、すべての精神的なもののなかで響き合っていなければならない。それは汎神論の矛盾だが、この矛盾に従って現象するものはすべてある一つの自立的な生として受け入れられる。だが有機的な自然、また非有機的な自然の自立は、現実に自立しているのではなく、有限なものが自立に向かって跳ね上がっているだけという欠点を持つ。

いわゆる世界直観や、それを根本としている芸術は、アラビアの原理と呼ばれる。アラビア人は、広大な砂漠のなかで暮らし、はてしなく広がる空の下で、外面的にあるいは内面的にただ自己のみを、つまりその人格の気力と勇敢さを、その主体性のみを示す。したがって性格からすると、アラビア人の世界観は自己喪失が優勢であったインド人の世界観とは対極にある。アラビア人の世界観は、私たちがそ(169)の文字から見てとれるようにユダヤ人とも共通するものであり、両者の祖先は同じくアブラハムである。けれども、アラビア人はたんに家族のなかに自分が加わったのに対し、ユダヤ人はすでに一つの国家の生と自己とを結び、慣習に従属し、すでにより多くの人格的な自立が断念されていた点で両者は異なる。ユダヤの慣習と掟のあらゆる過酷さについては、彼らの歌や詩のなかで語られている古典的な崇高さと公平に扱わなければならない。絶対的な普遍への、一なるものへの歌や賛辞は、いまではすでに部分的に忘れていたり、ふさわしい賞賛を与えていなかったりするにもかかわらず、いまだに偉大なものである。その主要な側面は、すでに述べたように、あらゆるものがそこから発し、またあらゆるものがただ賛美してそこへと仕えるような一なるもの、主人であるという崇高さである。そのような永久に華麗な歌は、たとえば「詩編」第一〇四番のように讃美歌として保存される。これは純粋で偉大な、それだけで崇高な記述である。そのおもな規定は、一なるもの、思想とともに、限界、分離が有限なもののなかへ入っていくことである。有限なものは、インドの無秩序や混乱とはまったく異なる。そのような響きは、それゆえ聖歌のなかでも見いだせる。またそれは、つねに私たちにとってふたたび胸を打つものとならなければならない。それは、全自然が神の賛美や飾りとしてのみ見なされるという神の勝利である。さらに、「詩編」第九十七番と第一三六番もとても美しい。ユダヤの表現における崇高さの有名な例は、モーセの書のなかにある表現である。「神は言った。光あれ、そして光が生じた」。まだ私たちは、ここに入ってくる拡大した規定と制限について言及しなければならない。これを考えるにあたり、神は善良で全能であるなどといった普遍的な規定はこの領域に属することに気づく。というのは、それらの規定は単純で普遍的な表現であり、まったく実体的なもの、つまり普遍的で絶対的な本質の実体に対して調和するからである。人間は神の前で思考を完全に失う一方で、まさにこの思考によって人間の自由な人格が生じる。人間は自己を指し示し、自己にもとづくものである。これを私たちは創造の歴史から認める。ここではいかなる神統記もない。ようやく光が現れ出て、明るさ、普遍的なもの、そして太陽が現れる。神々から生まれる神々はおらず、すべての生まれたものは、ここでは最大の規定と制限とともに生じ、最後のもっとも壮大なものとして人間が現れ、規定される。というのもそこで、ただちに男と女の自然な関係が始まり、第二に意識の関係が、すなわち善と悪の区別が始まったからである。それによって、総じて人間の尊厳が現れ、自己感情が現れた。アラビア人においてこの自己感情は個人のものにとどまった。人間は自立的にあり、また自立的であろうとし、彼らはいかなる掟も承認せず、血縁という自然なつながりを介する他者とともにのみ存在する。さらに彼らはただ自己にもとづき、自らを取り巻く重々しさと馬が最高の所有物であり、こうした自立を守ることを自らの唯一の目的と考える。それに対しユダヤ人には、個人の自立ではなく家族の自立があり、それは保たれなければならなかった。それゆえ、ヘブライ人にはまだ魂の不滅の概念は見つけられない。アラビア人においては一方では、自分自身を信頼し、それとともに友好と歓待についての崇高な概念が結ばれており、他方では、崇高さは自らの憎しみや復讐のなかにある。憎しみの充足はユダヤ人の詩における唯一と言っていいほどの内容でもある。この憎しみはユダヤ人にとって個人的なものではなく、むしろ他の民族に対してさらに普遍的なものであり、祈禱、願望や呪いのなかで表しているように、預言者の詩のなかでとても崇高に表現されていることが見いだされる。

いまやそのようにして絶対的なもの、一なるものが力としてそこに立ち、他方で自由な個人がその正義を保つとき、汎神論的な考えは完全に捨てられ、物が人間との真なる関係のなかで現れる。それによって自然は、いわば完全に神のいないものとなった。[170]この立場では、物こそが確かな基準であるという見解が生まれてくる。またそれによって、アルゴの一団についてのギリシア人の考えとも比較できるだろう。ギリシア人はつぎのように述べていた。動いていたヘレスポントス[171]の岩壁が、アルゴの船員たちが通過するときに固定されたと。この立場とともに、象徴的なものは完全に消える。自然の対象は、その規定や限界のなかで認識され、生きている対象がその自由な生命のなかで把握されることと結び付けられる。だがそれは、この対象に生きているものとして帰されるのではない。ヘブライ人にそうした壮麗な自然の記述、とりわけ生きているものに関する記述がある。この種のもっとも有名なものは、「ヨブ記」[172]のなかのベヒモスとレヴィアタン[173]である。ここではその形が敬われ、その自由なたくましさが認められる。そのような美しい記述は、アラビア人のあいだでも馬とラクダでなされている。自然がいまやそこで休まっているのと同様に、まさしく人間とその行為の記述とともにある。アラビア人のそうしたあらゆる表現は、純粋に人間的であり、愛、憎しみ、復讐などに限られる。まさしくそのように、ヘブライ人において、アブラハム、イサク[174]などの形態は純粋に人間的に規定された姿である。ここでは、インドにおけるような漠然さ、虚飾、きらめきはなにもない。人間が自らの行為のなかで規定されるように基盤が規定される。たとえば、アラビアのメルヘン『千夜一夜物語』は、昔のアラビアの暮らしがすでにほぼ消えていた、ハリファ[175]の時代に属している。ハンマー[176]も、大多数のメルヘンがペルシア語からアラビア語に翻訳されたことを示した。彼は、英雄アンタル[177]の物語を最良のものと評する。しかし彼が言うように、これには驚嘆すべき点はなく、どんな妖精もおらず、また自然に対する空想もない。アンタルのとてつもない勇敢さに驚かされるだけである。ヘブライ人にとってもたしかにそうした驚嘆は生じたが、それは一方では個別的なものであり、他方では付随的に人間の目的に役立つものであった。それらは個別的なものとして除外され、関係を固定したり定めたりすることを妨げない。自然なもの、有限なもののこのような固定において、過去の出来事とされるのがおもな特徴であり、これはしばしば、「詩編」第九十番のように、とても偉大で崇高なものであることが明らかになる。ここでは神に対して人間の過去が立てられ、またこれが神の力の一つの成果と見なされるとき、神の力は怒りとして表現されることになる。この有限な意識は、人倫との関係のなかでしばしばはっきりと表現され、それゆえ、罪というより深い概念が生じてくる。罪は、個別の犯罪、個別の悪い行いではなく、むしろ神、絶対的なもの、全能なものの損傷であり、個別の力の損傷ではない。部分的に、不幸、痛み、病などの罰とこの表象は結びつき、犯されたもののためのみならず、願われたもののためでさえある。——ヘブライの詩人の嘆き、切々さのうちに、しばしばとても崇高な普遍性が見られる。ここでは、自己におけるこの否定的なものに対立する精神の充足はまだ生じておらず、私たちが「ヨブ記」で見ることができたように、最高の充足は喪失の到達において、あるいは復讐と憎しみにおいて追求される。――ヘブライ人の国家は絶対的なものとの関係のなかで、他の近隣の民族よりも高い意識をもっており、それゆえ、ヘブライ人の国民としての自負は頑固さへと悪化した。しかしそれが当時の彼らの立場だった。絶対的なものやこの意識との人間の関係は、一つの崇高なものである。この関係はより詳細な形態を手に入れるが、それはモーセが燃え盛る柴のなかに神を見たような驚嘆として描かれる。人間が絶対的なものに対して無にほかならず、一つの器官でしかなく、しかし自己において絶対的に存在するものであるというこの関係はそれゆえ、容赦のない関係である。たとえば、「出エジプト記」[178]第四章と第十六章のように。――したがって私たちがいままで見てきたものは、崇高さのための契機であり、すでに述べられたように、これは古典的なものと名づけられる。というのも、いかなるものも、そのような純粋さのなかにはないからである。

さらに同様の立場で、実体と無の同様の対立が古典的な美の領域のなかにはあるが、同時にこの対立が解消され、一致することもある。ヘブライ人とアラビア人の立場では、絶対的なものが純粋思考として規定され、自然の制約に対立する。古典的な美では、これらの要素は統一されているが、思考や自己への反省はたしかに、制約された自然や実在に対立していて目立っている。それゆえ、概念が一なる概念ではなく、むしろ概念一般であり、自立的なものであって、対象の普遍的な形態のうちにある。したがって、一方では精神があり、他方では精神は現実としてあるが、この現実は完全な精神として規定され、そのためこの現実は概念にふさわしいものである。この概念を私たちはすでに美の純粋概念において見てきたが、それは美の領域であり、主として芸術の領域である。この概念が自らの真の実在をただ人間の形態のうちにのみ持つとき、この形態は美の必然的な表現である。神が人間化された表現は卓越した表現であり、その表現のなかで意識は神を把握することができる。そのかぎりにおいて、ギリシア人の世界観は、キリスト教の世界観の前段階となる。だが人間の形態は、本当の客観のなかで取り上げられなければならず、欠陥のある有限なものから浄化され、自由な精神から生み出されなければならない。象徴的なものの観点からすれば、このような美の規定はもはや象徴的ではない。ギリシアの芸術は、風諭的なものとの対立のなかでたしかに象徴的と呼ばれる。しかし象徴的なものは、まだそれだけで自立している。それとは反対に人間の形態は、それがたんに生きているもの、たんに身体という形態でないかぎりにおいて、精神の一つの鏡、写しにすぎない。人間が見るという表現によって、つまり目によって、人は魂のなかを見る。身体は本来、魂の記号にすぎず、自覚的に自立したものではなく、むしろ死んだもの、まもなく魂が離れるものである。それゆえ、人間の身体が美の表現に取り上げられるならば、身体をまだ象徴にするすべてのものは身体から奪われるのであり、概念に適合するものであるはずはないだろう。こうした芸術美も、美しい芸術の宗教も、一方では完成されているが、他方ではまだ不十分である。なぜならこの表現は十分に人間的ではないからである。というのも、精神の本性は、自己のうちでのこうした休息、満足感、至福ではなく、むしろ、絶え間ない運動、矛盾、現実に順応しなければならないからである。こうした運動のなかに、矛盾の痛み、意識がある。

それゆえ、これがこの芸術の立場であり、芸術は完成された一つのもの、理念の直観であり、またその作品は理想である。しかしまだ自己のうちで完成されてはいない。なぜなら、この表現はまだ十分に人間のものとなっていないからである。私たちは、この芸術はギリシアの芸術であること、またこれは無限な広がりからなることを知っている。ギリシア民族は、オリエントの実体の意識、すなわち個人がまったく消えているような意識を持っていない。ギリシア人の世界観は、その固有の実体から出発し、この世界観は完全で自由な個人の意識を持つだろう。私たちはいまや、ギリシア人のこの具体的な個人から主要な規定を取り出さなければならない。

まず、問題になっている概念には否定的なものがある。生きているものの形がもはや神そのものである無限に絶対的なものとしては把握されず、むしろ、そこでは精神が卓越したものとして考えられる。そうして動物は有限なもの、不幸なものとしてのみ考えられうるという二重の否定的なものがある。他方で精神は、原始的なものや自然なものに見られたり、認識されたりするものではない。これら二つの否定的な契機については、あとで問題にすることにしよう。ここでは、美の肯定的な契機を取り上げるために、以下のことが欠かせない。第一に、神は卓越さが優勢でなければならないので、自然の要素もまたこの神の本質を自己のうちに持つが、しかし、この自然の要素が主要な力ではないし、根本でもない。第二に、美は自らの表現において人間的なものであるが、それは個別的なものではなく、むしろ普遍的に人間的なもの、ある行為、活動である。そして第三に、美は個別的なものとしても現れるから、ふたたび有限なものが現れることになる。

たんなる動物的なものの拒否に関して、すでにアラビア人やユダヤ人でいわれたように、自然はその強力な生命と制約を持つものとして把握される。しかし、ただ生命としてのみであって、エジプト人のように神の現れの方法としてではない。ユダヤ人にもそのような把握の痕跡が見られる。たとえば、モーセが動物の血を食べることを禁じたのは、動物のなかに魂があるからだ。生きているものの前でのこの臆病さを私たちはギリシア人においてもときおり見いだす。たとえばホメロスのなかで、生贄の祭壇でのヘビの出現は特殊な記号と見なされる。だがこのことはすべて、何かを行う、あるいは控えることの前兆、個別な啓示、つまり個人にとっての暗示としてのみ見なされている。ここでは一時的に神が明るみになるだけであり、主たる目的はここではつねに人間の関心である。より詳細にいうと、ネメアの獅子の殺害のあとに続く、レルネのヒュドラである。ここでは、まだ何らかの象徴的なものが見てとられなければならない。というのも、かつてヘラクレスは、とりわけフリュギアにおいて太陽として崇拝されていたからである。もっとそれ以上に象徴的なものはスカラベの崇拝であり、そこにはスカラベが糞の球体を作り、人は地球の象徴をその球体のなかに見ることを信じていたという理由以外の何もない。——だが一つのおもな特徴は、ギリシアで動物的なものが精神の降格と見なされたことであり、それはオウィディウスの『変身物語』のなかで詳細に記されている。大部分の変身において、人間が格下げされて動物へと変化し、怪物になり、それによって人間は人間であることをやめて動物になる。動物になることは、精神に値しないことの結果として提示される。エジプト人にはちょうど逆の関係があり、神は動物へと高められ、命あるものである。この変身をオウィディウスはとりわけ、より深い象徴的な意義によってではなく、たんなる詩的な素材としてまとめあげたが、それによって、かつて根源的なもの、意義、象徴的なものを指示していたに違いない多くの特徴がぼやけてしまった。オウィディウスの『変身物語』にはさまざまな種類の変身があり、とりわけユピテルはしばしば動物の形態をとる。そのよう

(179)(180)(181)(182)(183)(184)(185)(186)

な形態はかつての象徴であったが、いまやオウィディウスは目的のための手段とした。たとえば、イオ[187]をエジプト人は嫉妬深いユノの怒りから守るために、とてつもなく神聖な牝牛に変身させた。『変身物語』第一巻には、リュカオン[188]の狼への変身[189]が描かれている。ここでリュカオンは狼へと降格するわけだが、狼はかつて崇拝され、また太陽を表したものであった。エジプトにおいて狼はオシリスに現れる。[190]アルゴス市の紋章は狼であり、[191]ローマ人たちのもとでは、ロムルスとレムスを育てたのが雌の狼であった。[192]こうした記号は狼が高く崇拝されていたことをうかがわせる。けれどもこれらすべてはオウィディウスにおいて逆のこととなる。彼はつぎのように述べている。[193]ギガンテス[194]に対する勝利以降、新たな神々によって血とともに太らされた大地から、血に飢えた邪悪な人類が生み出された。人々はオリンポスで、どのようにこの災いを制御すべきか助言を求めた。ユピテル自身は、神的形態をもって人々のもとへと入っていったので、すべてのものがユピテルを崇拝した。リュカオンだけがそのことを嘲り、ユピテルを殺害しようとした。[195]（古代の太陽神の、新たな神ユピテルとの敵対関係を暗に指す）。それに対して激怒したユピテルはリュカオンの家を破壊し、彼を狼へと変身させた。――同様に降格の観点で注目すべきなのは、プロクネーのツバメへの変身、[196]ピロメラのナイチンゲールへの変身[197]である。かつて理念が一定の神々によってまだ固定されておらず、まだこの混乱が神々のもとで支配されていたとき、人間にとっては恐ろしく、混乱した、忌まわしい神々として表現された。上述の変身においても、動物的な像は、人間の邪悪さの結果にすぎなかった。ピエロスの娘たちピエリデンのカササギへの変身[198]も重要である。彼女たちは、ミューズ[199]を競技会へと鼓舞した。ピエリデンは神々の戦争を歌い、ギガンテスを崇拝し、また新たな神々の名声を非難した。ミューズはそれとは対立した歌を詠み、新たな神々の名声を崇拝し、とりわけケレスの善行を崇拝した。神々に対するピエリデンの非行のために、彼女たちはカササギへと変身させられた。——ここで引き合いに出せることは、ギリシアにおいて動物の形態はしばしばたんなる属性へと引き下げられたことである。たとえば、ユピテルの象徴は鷲であり、エジプトではハヤブサはそれ自身一つの神であった[200]。同じように、ユノの象徴は孔雀で、ウェヌス[201]の象徴は鳩で、ミネルヴァ[202]の象徴はフクロウである。——本来、動物的なものはギリシア人の美的直観において、サテュロスやファウヌス[203]の形態のなかで現れる[204]。しかし、このことをたんに感覚的な陽気さやギリシアの神々の快活さに帰するのではなく、動物的なものをほとんどすべて省略、つまりは小さな角、鋭い耳、ないしは小さなしっぽが差し引かれて、多くのサテュロスやファウヌスは最高の人間の美に近づく。感覚的な陽気さでさえ、シレノス[205]の多くの形態のように、しばしば愛らしい温厚さへと移行する。

もう一つの点は、古代ギリシアの神々の勝利にかかわっている。人間が自由になり、自らの本質を対象にするとき、自らの本質が自然の要素であることを許すことはできず、本質が人間の形態のなかで現れ、表現されることを求める。したがって人間的なものを捕えるとき、精神的なものだけを自らの内容に求めることになる。ここで、ある一人のギリシア人、つまりオイディプスによって謎が解かれ、またその答えが人間であったことが思い起こされる。人間的本質のこの認識は、意識の最高の尊厳であり、またこのことをデルフォイの神は、自らの神殿の銘文によって人間に課した。それゆえに、ギリシア人においてデルフォイの洞窟の霧は、礼賛の対象ではなく神聖な森のざわめきであり、それに反して、パールシー教徒は石油の出る地域を賛美した。あらゆる自然現象はギリシア人にとって、それによって何かをあらわにされるというまったく形式的な関心だけをもっていた。そのため、自然現象で主要な契機は、精神的な内容の形式への自然的なものの産出であり、またこの産出の明示がギリシアの芸術史の主要な関心をなしている。だから私は彫刻を、形式を欠いたものから精神的な内容を持つものという形式化されたものへの移行として示した。彫刻は、ギリシア芸術の中心である。精神的なものの原理は、ギリシア芸術の原理を形成し、しかも精神的なものは実在と理念の統一としてある。いまや精神的なものが存在するならば、自然は精神によってのみ存立し、したがってそれ自体で存在するものとしてまったく否定してきたものに属す。それゆえ精神は、外面的な自然と自ら固有の自然とを否定し、屈服する。その結果、自然はもはや自立的なものではなく、むしろ精神だけを表現するものであり、その形式である。精神的なものが絶対的に精神的なものとして、すなわち芸術の対象となるように規定されるとき、精神的なものは自然を貫き通って、自然を超える力となることをあらかじめ伝えておかなければならない。抽象的な分離をもたらすこの支配はここではまだ現存せず、神がここでは力しかない。自然の力は精神の力の契機にすぎず、絶対的精神と自然との関係はまだ規定されていない。精神が自己のうちで絶対的で、具体的であり、自然に対立して存立しているということはまだない。というのも、一方では自然は後方へ下げられるが、他方では、精神は自然と有限な精神との統一であるため自然は携えられるからである。私たちはこの矛盾を古代ギリシアの神々の勝利において、新たな神々によって、あるいは最上のものになったゼウス(206)の支配のなかで出現したことを見る。新たな神々は精神的な神々であり、その本質は精神である。たとえば、ゼウスは、神々と人間の主人にして王であり、父であり、人間の運命の責任者、統率者であり、政治的権力の本質などである。アポロンは、知る意識一般であり、パラスは特殊な意識である。あらゆるこうした規定において、精神的な要素が本質をなしている。それに対し、古代の神々であるウラノス[207]は空、クロノス[208]は時間である。神話では、あらゆる子どもたちを絡み合わせて、自然なものの過去についての暗示を置く。第一に人倫、国家において、ある確固としたものがとどまり、ムネモシュネー[209]はそれに永遠性を与える。古代の神々であるティタン[210]にかつてのヘリオス[211]、セレネ[212]が属し、それの本質に従って、それらの神々は星の神であった。かつて古代の神々は、それらの集合と要素の恣意的な支配で混沌としていた。この自然の要素の屈服は、サタンによってある部分の屈服を暗示しているように見える。同様に、すでに消えた古代の権力にまだ多くのものが属し、たとえば、コリュバンテス[213]、ピグミー[214]、ついでにいえば、北欧伝説に現れるものもそうである。――エリニュスとともに古代の神々であるエウメニデスの、新たな神々であるアポロンやミネルヴァとのすべての戦いは、古代と新たな神々との対立を明確に示している。この観点で、ソフォクレスの『アンティゴネ[215]』が思い起こされなければならない。アンティゴネはつねに、古い神であり下界にいるディケー（正義[216]）によりどころを求める。クレオン[217]はそれに対して、掟と合法にもとづく新たな国家権力を擁護し主張する。アンティゴネは、弟クレオンが国家の繁栄に逆らうにもかかわらず彼を守る。だがこの敬虔さは、女性に固有のものであり、彼女の規定によってただ家族の関係のなかでのみ固持される。ディケー（正義）とテミス（掟[218]）は、双方とも正であり、主として復讐でその効力が現れる。国家や市民生活におけるより新たな正、つまり掟の正はこれと対置される。この違いは本質的に古代にあったものであり、他の国との芸術性の違い、また根本的な違いであることを証明するために、私はこれを指摘したにすぎない。端的にいうと、精神の造形は精神の無限性、必然性を明かさなければならないという点が断念される。古典的芸術において、先行した表象による一つの世界があり、それを精神が加工することができたということは必然的である。それゆえ私たちが見てきたことは自然の力であり、人間の活動はたんなる欲求の満足、つまりティタン的な活動のためのものであった。こうして正しさはついに、ディケー（正義）とテミス（掟）という古代の神の形態のうちにあるものとなった。自然の要素とともにすべての空想的なものが後退し、あらゆるこのようなオリエント的な形態、また百本の腕をもつブリアレオス[219]といったギガンテスやコリュバンテスといった古代のキュベレなども後退する。それらはすべて度を超えたものであり、まだ精神的な自由のなかにある空想ではない。より自由な精神は、タルタロス[220]のなかへとそれらを投げおろす、ないしは、それらを世界の周縁に押し出す。それらに対してもちろんまだ若干の崇敬は示されるが、それらはつねにより暗闇へと後退し、より自由で精神的なものが顕示される。ここでは秘儀が想起されなければならず、同様に古代エジプト、トラキア[221]、インドなどからの訪来は秘儀へと締め出されていた。それゆえギリシアの秘儀において、何らかの特殊な高みが得られるようになったことを信じてはならない。あらゆる神秘的なものは自然直観に沈められた精神に属している。それらはすべてなんら言い表されるものではない。しかし、言い表しえないことはまさに非精神的なものなのだ。というのも、精神的なものはそれが言い表されることによってのみ存在するからである。自己を顕示する精神は、言い表されることによって規定され、暗闇から現れてくる。それゆえ、すべての新たな神々は規定された個別である。――より重要なのは場所である。というのも、神のほぼ大部分が局限されて現れ、ないしはそのようになるからである（この局地的であることに関して、周知のようにパウサニアス[222]は重要な記事をたくさん残した）。しかし、トロイア戦争においてギリシア人がある一つの民族へと形成されたのと同様に、ホメロスとヘシオドスはこの局地を戻して、神々を個別化されたもの、自己のなかで規定された神々であるように思わせた。一つの根本的な特徴は、宗教と芸術の首尾一貫性のなさである。というのも、まさに概念はまだ思考の形式ではないので、必然的な表現のなかでも支配されないし、崇敬のなかでも支配されない。ヘリオスとアポロ、プロメテウス[223]とヘパイストス、オケアノス[224]とネプチューン[225]、古い神々と新たな神々はいずれも、崇敬され、芸術の対象となる。

だが、否定的なもの、直接的なものが存在しなければならないように、こうしたものに打ち勝ってはじめて精神は精神として示すことができるのであり、同様に精神的芸術の出現の前で、そのように先行する直接的なもの、自然的なものもなければならない。芸術のこうした出現のなかではじめて、本来の詩人、芸術家も現れる。というのも、オリエントの詩人、またユダヤの詩人でさえそうした本来の芸術家とは完全に区別されるからである。オリエントやユダヤの詩人は、主が彼らに促すものをたんに表現するだけである。彼らのところではまだ、絶対的なものはつねに人間にとっての主人であり、彼らのもとで生み出されたものの内容は、芸術家の主観とは区別されたものとして現れ、そうして芸術家はたんに生産されたものにとっての通過点であるような存在であった。

同様に、インド人にとってブラフマンやあらゆる神は確固たるものである。詩人には自由な生命があるが、それは粉々になったように見える。というのも、その対象は確固とした素材であり、空想を自由に表すことができないからである。この抑圧によっていまや彼らの作品は好ましくないもの、反感を起こさせるもの、不安定なものとなり、なんら自由で精神的な作品ではない。だが精神的な詩人は自由であり、彼は自身からその内容を形成し、自ら固有の内面に絶対的な素材を持ち、形成、明確化へ役立てるもののみを形態化する。それについては、私たちはのちに述べることとする。私たちはこのことをホメロスにおいて見てとるが、別の芸術家であるフェイディアス[226]がホメロスの詩に倣ってユピテルを創造した。ホメロスの詩は、民族から生まれたものであり、ホメロス自身からではなかったという。しかし民族とは何だろうか。民族は個人からなる一つの集合ではないのだろうか。そのような個人が作品を生み出し、作品のなかでももちろん民族の生活や性格が反映される。ホメロスは、彼の文学のなかにいかなる個性もないことによって、偉大な名声を得た。まさにそれは大きな精神の記号であり、すべての素材をそのるつぼのなかで利用している。しかしこれらの素材は混乱したものではなく、むしろ精神によって純化され、精神の産物としてもたらされる。――この点において、私はより新たな時代における争い、すなわちギリシア神話の成立についての争いを思い出さなければならない。ギリシア神話の創造主であるホメロスは、たしかに素材と向き合っており、アジア、エジプト、フェニキアなどから素材を借用した。しかし彼は、素材を費消し、また加工もして、自由な形態を生み出したため、古代の素材との類似点を見つけられることは稀である。クロイツァーはこの根源への痕跡を証明することを試みたが、ホメロスのなかでやはりわずかしか見つけられなかった。ホメロスとヘシオドスによる神々の産出に関して、ヘロドトスのことばが思い出される。ヘロドトスは一方では、ペラスゴイ人は名まえや意味もなしにこれといった目的もなく神々を持ち得たのだろうと考えた[227]。たとえば、メランプス[228]はパラスの礼拝を取り入れ、ポセイドン[229]はリュディアからやって来たところなどである。それに反して、ヘロドトスは同じ文脈のなかで、ホメロスとヘシオドスはギリシア人に神統系譜学を作ったともいう[230]。彼らは神々に名まえと意義を与えた。だがこのことは、すでに説明された意味のなかでのみ受け入れられるし、またそうでなくてはならない。そのようにしてこの詩人はギリシア人には普遍的な預言者として現れ、彼はギリシア人に神々を気づかせた。だがそのほかに、これらの詩にはなお神々の運動と特殊化が付随しており、詩は神々と人間との関係を示し、説明するものとなった。たとえば、私たちが自然のある出来事を説明するとき、自然の力や影響を指摘する。だが詩人は、自然のある出来事を神々の行いとして説明する。そのようにしてホメロスもまたギリシア人に、聖職者の仕事を分配し、聖職者はこれやあれや意味するものを明らかにしなければならなかった。ギリシア人が詩人と呼んだホメロスは、一方ではこの説明そのものを作り出し、他方では、この説明を聖職者と英雄が語るように仕向けていた。——より詳細にこの詩人の作品について述べると、新たな神々、最高の美の造形とは、私たちにはじめは美について与えられていた概念の造形である。それゆえここでは唯一のものだけが取り戻される。そこで表現される概念を古代の彫刻は私たちに与えた。それはここでは単一で静止した形態であり、また私たちに語りかけるものは、ある一定の個別であり、それは抽象化されたものではなく、特定の理想的な個別である。そのような造形が精神的なものの静けさを自らの存在において表現し、自己自身における無限な尊厳、自由な確かさ、崇高が美と融合され、直接的な美へと移行される。それは静止であり、また神々の額に君臨する崇高でもあり、それによってそれ自身肉体のなかで外面を超えて高められる。明朗さは精神豊かな人々の直観において見いだされたように、同時に悲しみの一つの経過であるように見える。この経過が芸術家の目的であったならば、ふたたび神々の無限の至福と明朗さは失われるかもしれない。彫刻は、満足、喜び、希望など、多かれ少なかれ偶然的なものである、私たちの存在の感情を表現できるものではない。むしろ、彫刻において表現されるものは、感覚とともにある明朗さと静けさの矛盾である。この形成のなかに人は早くも明朗さの至福、運命をあずけるだろう。深い感情の明朗さは自己において有限なものを越えてきらめくものを含む。このことが総じて造形的な芸術作品の特徴である。

だがこうした造形はたんなる空虚な理想であってはならず、むしろ現実的な形態でなければならない。神は、多神論における宗教のように多くの形態へと分割されなければならず、一なるもの、絶対的な神をある一つの形態で表現しようとするのは愚かである。このようにさまざまな形態が一つの全体を形成し、その全体の必然的な部分が形態であることを、私たちは要求できたのではないだろうか。このような領域での特殊性に関して、むろん、人間や自然のなかでの主要な力は形態において表現されなければならない。だがそれらは、全体が限定されることで表現されるのではない。なぜなら、それらはまさしく一つの神だからである。神は、基盤を形成するものではありえないため、形態は風論でしかないだろう。むしろ、神の普遍は、主観においてふたたび取り戻されなければならない。それによって、個別ははじめて正しく根拠づけられる。私たちは、ギリシアの造形的形態の領域で、自然と精神の普遍的な力が表現されることを認める。たとえば、ゼウスにおける力、アポロンや九人のムーサ[231]たちにおける賢さと学識、ヘルメスにおける策略など、またアレス[232]における戦いの荒々しさ、ウェヌスにおける愛などである。けれどもこうした普遍的な力は、まるでそうした限定が形態の唯一の本質であるかのような帰結のなかでではなく、神々としてふたたびこの特殊を越えて高めたものと見てとられる。こうした形態が有限を完全に固持したならば、それらは有限なもののなかへと入っていって、完全に神々であることをやめただろう。神々の形態はもちろんある一つの性格を表現するが、神々としてこの性格を越えて高められるものである。

それゆえ、普遍的な神的形態は、第二に特殊なもののうちにあるが、第三に個別なもののうちにもある。それらは感覚の直観に与えられて、擬人化されて表現され、そして完成する。したがって、形態は感覚の直観によって感覚的なものとなり、表現の基盤をなす彫刻は、多様に規定された内容をなし、感覚的なものを受け取るような、普遍的な方法をなす。この内容の詳細な契機をすでに部分的に見てきたので、さらにおもな要素を吟味していきたい。

第一の要素は自然の要素であり、それはほぼすでに消えたものである。そのような形態の表象へと統一する契機は、ギリシア神話においてさまざまに説明される。たとえば、まるで自然の出来事がギリシアの神々によって表されるかのように、ギリシア神話はギリシアの神々に関してすべて説明しようとした。これは一つの説明方法であり、プルタルコス(233)はつぎのように言った。人は、水、空、土などがイシスやオシリスであることを信じる必要はなく、むしろ、ただ精神的なものだけがそこにあり、秩序づけられたものがイシスないしはオシリスの作品である。——形が理屈、行為へと入るとき、造形的なものが静止にとどまるようにではなく、それらは有限へと、つまり有限な基盤との関係のなかへと入る。たとえば、ギリシアの主要な神々の十二という数は、十二ある月を基盤にしたと推定される。

第二の要素は歴史的要素であり、それは神の形態による行いや行為の現れとなる。すでにアリストテレスの学徒エウヘメロス(234)は、神々の歴史を王や英雄の歴史と運命から説明していた。このような説明方法もまた、新たにふたたび受け入れられるようになる。だが説明方法として神々の歴史が受け入れられてはならず、歴史的な人格が本質的であり、そうした人格を人間は考えたのだということを信じてはならない。古代の王たちがなしたことは、たとえば法則や農業などの取り入れといった、むろん何らか人間的なものである。しかし、それは精神的なもの、神のものでもある。そのようなものとして、いまや人間は古代の王たちがなしたことを認識し、また神の一定の形態、一定の規程は、疑いなく歴史的な根源を持つのである。

第三の要素は象徴的なもの一般であり、精神的なものが絶対的な内容を持つとき、象徴的なものは外面的なものにならなければならない。とくにホメロスにおいてそうである。一方では現実的な意味との類似にとどまり、他方では類似が完全に消え、一つのメルヘンと見なされる。より多く精神的なものが自立的に構成されればされるほど、より多くの関心を精神的なものはそれだけで持つようになる。また、象徴的なものは偶然の領域に入ってくる。ここで古典的芸術が解消し、つぎの段階へと移行する。彫刻の静止のうちに美は最高の表現を持つが、しかしこの静止にとどまりはせず、没落することは必然的である。なぜなら精神的な意識が芸術の本質だからである。形成された対立とは、つぎの両面が全体として現れることである。その両面の一方は、自らの最高の造形的美における像という客観であり、他方は、客観の領域の外にある主観である。客観面では、主観は完全に形成されて、それ自身にかかわり合う全体として存在する。だが、主観にはいかなる現実的な精神も対立しておらず、人はこの像を石によって存在するものと見てとる。ここで、古典的芸術はより高い領域へ移行するが、たしかにこの移行はまったく特殊な仕方でなされ、それは現実における意識的な戦いである。この移行は直接的な意識によって一つの歴史として把握される。ようやく芸術によって、この意識は本来の意識になった。キリストは歴史的にかつて生きたのであって、それはもちろん芸術の所産としてよりもまえのことである。ここでは、身体そのものが神聖化され、栄誉のために用いられて、効果を現す。新たな時代の詩人は、古典的芸術の部分を際立たせ、その喪失を哀れみ、またキリスト教というより高次の原理に対してきわめて否定的に説明した。もっとも有名なのは、シラーの詩『ギリシアの神々』[235]である。この詩の思想とは、人はかの時代にいたるところで神々のもとにあったということである。彼がこれに対置するものは、神のいない自然、空想という諸表象の場に入った冷たい悟性である。彼はこう述べている。「美しい世界よ！ 君はどこにいるのか？ ふたたび戻ってこい！」。ここに、キリスト教に対する彼の解釈が明確になされている。シラーの時代にとって、神の表象はかつてあったものであり、神は一なるもの、最高の本質、無規定なもの、それゆえ悟性の冷たい抽象である。この冷たい抽象のそばで、すべての生が根絶され、すべての愛が捨てられた。だがこれは事実ではない。というのも、キリスト教に従って、神の精神は庶民のなかで生きているからである。ゲーテの『コリントの花嫁』[236]もその一例である。

〔ザックス・ファン・テルボルクの手稿の挿入〕

パルニーによる『古代と近代の神々の戦い』[237]

シュレーゲルの『ルツィンデ』[238]のように、放縦さはここではもっとも神聖なものになってはいない。しかし軽快さがこの十二の歌[239]のなかに表れている。この結末はパルナッソス[240]に戻りたいと願うものである。ゲーテの『コリントの花嫁』もこれに属す。愛そのもの、結婚によらないつながりは、何か真正ではないものと新たな宗教において見なされ、たしかに中世での修道院制度の時代に、強制された独身は結婚よりも高次のものと見なされていた。いまやゲーテはこの作品でこうした修道院制度をひどくけなす。作品の全体は、娘が生きているのか死んでいるのかという問題については未決定なままゆえに、ぞっとするものである。

私たちは芸術の新たな形式を考察し、芸術形式への形成と同様に、この移行を詳細に見てきた。移行の原理は、自立的でそれ自身で精神的なものと主観の直接的な存在との分裂である。(古典的芸術からロマン的芸術への移行の形式は風刺である。風刺は客観的真理の不一致を含み、それゆえなんら純粋で詩的な形式ではない。)精神的なものはもはや抽象的なもののうちにあるのではなく、むしろ主観的なものとして内在しており、一定の内容とともにある。——精神的なものは外面的な存在から、その規定とともに引き離され、真や善の意志作用としてあり、これに神を失った劣悪な存在が対置される。つまり精神的なものは、堕落したものに対立する高尚な心のなせる技である。この関係は本質的に散文的な性格であり、両側面の分離はなくなる。有限な精神は、自己のなかで自制して普遍的なものになろうとするがうまくいかず、同時に外面的な存在に対立して有効に、またそれに対して機敏であり、外面的な存在を否定的なものとして考察し、それを変えようとする。否定的なものは十分に内面的な内容であるが、自らの存在にいたらない内容である。この思想が散文である。他方で、有限な世界の描写は、まさしく自己のなかで解消できない内容である。善はこの否定的なものの中で現れ、ふさわしくない存在をただ制御するだけである。この性格はローマの世界で、つまり抽象的な知性の支配のなかで起こる。この支配とは、感情や人倫に対して冷たいものであった。こうした冷たい抽象化のなかで、個人は民族となる。美は消えてしまう。芸術において見いだされるものは、ギリシア人によって感じられ、また模倣される。いかなる本来的な形式もギリシア人にはない。ギリシア人に固有のものは、徳高い不機嫌さである。この移行は散文的で、また芸術形式として現れるため、この性格は善いものであった。主としてこの不機嫌さは、タキトゥス、[241]サルスティウス、[242]セネカ[243]において普遍的な性格の結果となった。ここで現れるものは、堕落を超えた高潔な魂の怒りであり、この怒りは一部では笑い、一部では徳、また一部ではまったく別の世界の習俗に堕落を対置する。それは和解にいたらない。——ホラティウスは叙情詩人としてギリシアの芸術形式のなかで詩作を行ったが、彼に固有のものは彼の風刺である。ルキアノス[244]の風刺は朗らかな性格を持つ。風刺は移行の形式であり、そのものとして散文的な契機を持つため、人はどこで風刺を芸術に持ち込むのかいつもわからない。風刺は叙情詩で描かれたが、叙情詩は主観的に表現するものではなく、悪徳に対立する自らの怒りのなかで表現されるべき普遍的なものである。だが同時に、叙情詩は何か主観的なものとしても現れる。この不一致を風刺は表現するのであり、それが風刺そのものの性格である。

〔挿入句の終わり、つぎのページに続く。〕

これまで私たちは、古典的芸術の契機を見てきた。第一段階の原理は、自然が精神へと発展することだが、それはただ自然の形式にすぎなかった。第二段階では、精神が基盤であったが、自然は外面的なものにすぎず、形式であった。自然はここで精神によって貫き通され、精神に相当するものとなるが、理想的なものとして表現されたとしても、しかし両者はそれぞれに相応しいものではなかった。そこで私たちは第三段階へと移行する。

第三章　ロマン的芸術

両者はロマン的芸術へと高まっていく。精神的なものは、かつては精神的なものを外に持っていたが、それを自分のなかで知る。したがってここには理念がある。古典的なものにおいて美は完成されたが、それは不十分なものであった。外面にある実在は精神的なものに相当するものではなく、それはたんなるある一つの基盤であるとき、概念によって貫き通されているものの、この基盤は概念そのものではない。また、精神は実在にふさわしいあり方を自分自身のなかにのみ見いだすことができる。だがそれに続いて分離も生じる。精神は自らのうちへと押し戻されて、直接的な同一だけが生まれてくる。しかしより高次の段階は、思想そのもののなかの知的な世界、つまり思想の世界である。精神は思想の中で自らの実在を持ち、自分自身の意識へといたるので、精神は自らの他者でさえある。精神が自己において、自己のもとにあるとき、その対象は彼自身の他のいかなる他者でもない。この対象は精神にとっていかなる制限でもなく、自らの無限な意識へと、自らの実体的自由の意識へといたる。それゆえ、真理は人間の彼岸にあるものではない。私たちは真理へと移行することもできず、また私たちへ戻ってくることもできない。真理とは意識されていることである。——これがロマン的芸術の立場である。そこにある契機をより詳しく考察すると、この段階のより詳細な基本をなす形式が提示される。また、その具体的な表現においてではなく、まったくもって抽象的な契機として、より詳細に考察されなければならない。

（一）自らの自由の把握、すなわち自己知は自立的な主観であり、特殊な主観ではなく、無限で普遍的な主観である。というのも、無限な自由とは、まさに私が私を他者と関係せず、制限されないことではなく、他者が私にとって廃棄されたものであるということだからである。このことは絶対的否定と呼ばれ、真理がこのように理解されるとき、私たちはそれを主観的と呼ぶことができる。というのも、すべての外面的なもの、すべての多様なものは主観のなかで消耗されるので、主観は自己と一つなのである。彫刻における神々の形態は自らのうちで静止しており、それはあらゆる変化するものや時間的なもの、またあらゆる行為を削り取ったものである。だが、この静止は運動の原理、つまり活動、無限な光、単純な魂を欠いている。この原理の本来の表現は目であり、それゆえ芸術家は、目を彫刻のなかで示すのではなく、正しくも目の表面的な形式のみを示した。――これが主観の原理、自己における無限な統一の原理である。

（二）しかし、この無限な主観は現実であり、それは自己を真なる現実として知る。無限で現実的なものは、この主観のうちにある。私たちが「それはある！」と言うとき、これが無限の規定である。自我そのものとして、単一なものとして、主観は設定され、また主観は存在するもの、ないしは多様なものの無限な否定である。したがって、主観はそれ自身で制限されたものであり、直接的なものへと、すなわち存在へと制限されなければならない。だがこの存在は感覚的なものではなく、むしろ直に自分自身を現しているのであるから、自己自身の確信である。この立場にある精神は、自己のなかで現実を知り、また自己を現実として知る。それゆえ精神によって認識されるべきことが、現実の中で自己を示さなければならない。私たちがそれを美のかつての領域と比べるとき、表象の領域へと後退することになる。そうしてそれは現実の領域ではなくなり、詩の領域となる。神そのものは、この立場で現実的なものの規定を持たなければならない。神はこの規定とともにもちろん外面へと、有限へと入って行くが、それが入って行く現実は神聖化されたものであり、一般的な現実の仮象だけを持つ。

（三）だが自己における精神の直観は、この抽象化のなかにとどまるのではなく、知的な神の万有へと広がり、そのなかで神々の精神は現れてくる。神々の精神は、一般的な現実のなかに現れるように、世界の内容となる。だがこの世界の内容は、無限な主観において受け入れられなければならず、神や精神はこの直接的な有限性において精神として現れなければならない。現実の規定は、現実化するものがおよそ存在するという一般的な現実を超えて、高次の境位である精神へと高められなければならない。だが精神は、この第一の現実によって自己を高めるために、そこから離れ、外面的な世界を他者として、つまり自らの自由を制限するものとみなさなければならない。けれども精神は自らの直接的な知、自らの感情、自らの感覚をも敵対するものとみなし、精神は無限の苦痛を自己のうちで感じるから、そこから精神の尊厳が生じてくる。そうして苦痛、死などがもはや通常の意味を持たず、それらは精神の解放と高まりの契機と見なされ、絶対的で必然的な重要さを持つようになる。私たちは古典的芸術においてはそうならなかったことを見てきた。苦痛、死などはその第一の現象と意味から、そこにあって、またいかなる重要さも概念に対してもたなかった物と見なされた。必然的なものとしての関係によって、死が何らか充実したものになることも生じる。ギリシア人にとっても精神は実りあるものになったが、それは、主観、意識の現実が重要さを持つからである。だが、ギリシア人にとって意識の主観は私たちよりも大きな価値を持っていなかったので、意識の否定である死はそれほど恐ろしいものではなかった。けれども私たちにとって死は恐ろしいものである。ここでは、啓示がその恐ろしいものに対する慰めとして不滅を与える。この否定的なものである死は、しかし肯定的なものとも見なされ、より高次の精神的な生の契機と見なされる。それゆえこの段階には、自然な精神、傾向、情動などが同様に否定的なものと見なされ、またこうした自然なものが廃棄され、それによって精神の自由を手に入れられることにもなる。自然なものの死から生、自己との和解、自己における和解が生じる。しかし、この和解は内面のものにすぎず、心情がその基盤にあり、現実の世界は形式的な基盤としてあり、そこで精神は真実のものであることはなく、真の目的、関心、解放を見つけることはできず、和解から離れてしまう。このことが抽象的な主要契機である。芸術はここで直観にとっての抽象的なもの、精神的なものの出現ではない。真理は自立的に存在するものであり、真理の形式だけが表象にとって、有限な意識にとって、ある直接的に存在するものとしてある。それゆえ芸術は、与えられた内容を見いだし、その内容にさらに働きかけていかなければならない。

私たちがこの抽象的な契機をつかもうとするとき、一方で精神的なものの基盤、心情、感覚を持ち、またそれらは精神的なものの進展である。というのも、すべての経過、目的、試みは、たんなる現実的な世界の経過ではなく、精神的な世界だからである。他方で、造形という仕方があり、これはまったく現実的で一般的な世界である。したがってここでは、まったく観念的な表現が消え去り、たんに偶然的な現実、美しくないこと、分裂が表現に用いられる。ロマン的なものは内面の極を含む。そのためある一つの側面から、ロマン的なものの固有な響きや基調は叙情詩であるということができよう。ゲーテはあらゆる形式から脱却した。形式は彼にとって多かれ少なかれ縁遠いものとなり、また、本来的に感銘を与えるものや私たちの本性に特有なものは叙事詩であって、その点でゲーテはもっとも傑出している。

一般的に、同時代のロマン的詩人がより多くの形式のなかで広がりを見せていた。なぜなら、まさにロマン的なものは普遍的なものと関係するからである。それゆえいまでは、ホメロスのような叙事詩人はもはやいないのである。

こうした原理に従って、以下のロマン的なものの素材がある。

第一節　宗教の素材
第二節　素材によってこの原理が世界と人間へ歩み入ること
第三節　素材によってこの原理がまったく形式的になること

第一節　宗教の素材

この素材の宗教的側面に関していえば、一つの契機は精神の自然なものからの分離であり、つまり犠牲、断念、悩み、苦痛、死である。もう一つの契機は、精神の自らの精神的本質との和解、統一であり、ようやくこの再構築によって真の精神となる。したがってそれは、世界の神々の和解、自己や神と人間の和解である。精神の発展はまさに、意識があることの過程であり、そのために私たちの宗教は精神の宗教であり、この歴史の過程は、一方では普遍的な人類の歴史であり、他方では個別的な個人の歴史である。普遍的な歴史は抽象的な歴史ではなく、それは現実の形態も持たなければならず、空間におけるのと同様に、外側にあるすべての経験的なものとともに、時間に先行するものである。それゆえそれは、ある一つの個別的な歴史でもあるが、精神の絶対的な現れという威厳を持っている。いまや他なるものは、この歴史を他者に啓示することであり、有限という側面をなす。

したがって、こうした歴史のなかで起こる諸契機とは、すでに見てきたように、否定、苦痛、悩み、死、そしてついには、歓喜と自己内での合一である。ここにあらゆる苦難が属する。精神がまだ教化されていないものの、無限な精神の理念を自己のうちに持つとき、必然的にある一つの断裂が起こる。というのも、教化されていない精神はまだ第一の統一のうちに、すなわち抽象化のうちにあり、すべての他者、すべての胸中の感情、また心情のすべての運動が、精神のかの集結に対立する否定的なものや非難すべきこととして精神に現れてくるからである。かの無限な理念、またこのような粗暴なものはともに、教化されていない精神におけるもっとも恐ろしい戦いをもたらす。それは、拡張なくしての集中であり、またこの拡張は粗暴でしかなく、理念がこの粗暴さに頼るとき、戦いが必然的に生じる。その後、この粗暴な精神は、人間の倫理的な共同体にとって理性的なものとして現れることはない。信仰が一定の現実に触れたり、現実と関係を持ったりするとき、信仰は失われたと感じるであろう。そうして心情を突き抜けるような戦いが起こる。この戦いに、まだ粗野で教化されていない心情が対立する。両者を取りまとめると、心情が気の狂ったように思われる。こうした分裂状態は古代の伝説のなかで多く見られ、またそれは信心深さによるものであるが、抽象的な信心深さにすぎず、同時に禁欲という残忍で恐ろしい狂信である。インド人においてこの抽象化は、すべての苦痛に対立する完全な冷淡さと結ばれる。人生の楽しみや境遇に対する関心がそこにはあるが、同時に、自発的な禁欲と苦痛の忍耐もある。心情の権能はなお他の側面を持ち、それはすなわち、苦痛に対立する面だけではなく、犯罪に対立する面もある。つまり人間は現実に罪を犯したのであり、それゆえ人間にとっていま真理と見なされるような他の現実のなかで人間は生きようとし、それによって人間は悪事を根絶しようとし、精神の和解を自己のなかにもたらそうとする。この和解は、他者との和解にほかならない。精神は自己をもはやこの他者に対立する他者としてではなく、むしろこの他者と同一のものとして見なすようになった。

ロマン的芸術において形態が人格であり、自立して自ら行動し、普遍的なパトスの代表者ではないとき、風諭は身近なものである。芸術があえて普遍的なものも表現しようとするとき、風諭が生じる。けれども風諭は、私たちが見てきたように、すでにダンテにおいて造形芸術のなかに現れていたものである。

第二節 〔素材によってこの原理が世界と人間へ歩み入ること〕

したがって、このことが自己内に静止して知的な世界の理念を形成する。だが無限な主観が持つこの原理は、現実に現れてこなければならず、神と同一であるという意識を手に入れなければならない。それゆえはじめはこの原理は抽象的であり、人間はその同一を信仰において、感覚においてのみ見てとり、人間はこの統一を具体的な生命のなかで感じるのではなく、この統一の意識は憧憬、信仰、感情のなかで明らかになる。だがこの同一は、内面においてだけではなく、具体的な現実にもなければならず、普遍的なものは具体的で現実的な存在へと進んで行かなければならない。しかしこの進行のなかで、主観的な個人は自由になり、そのときそれは自立的であり、無限な心情の内面がこの主観的な個人そのもののうちに置かれる。

そうして、無限へと高まる現実の心情には三つの感覚があり、それらは、(一)個人の自立、(二)両性間の愛、(三)主人や友人一般への依存と愛着である。これらは栄誉、愛、忠誠という三つのロマン的現象である。それらは人間本来の倫理的な性格ではない。栄誉は公的団体のためのいかなる勇敢さでもない。愛は結婚による愛ではない。忠誠はもっとも倫理的な関係に近づくが、それというのも、忠誠はたんなる関心を欲するのではなく、そこにおいてもはや自然関係がそれほど活発ではないからである。

第二の領域の形式は、騎士道の素材を形成する。というのも騎士道では、内面のものが現実へ入っていくからである。騎士道は東洋的、アラビア的なものであり、またヨーロッパ的なものとも近い。というのも、アラビア人はアラビアの砂漠の抽象から具体的な生へと入り、またロマン的な領域へと入って行くからである。

栄誉

この美しい内容は古典芸術にはなかった。アキレウスの怒りは『イーリアス』の主要部分をなす。〔ザックス・ファン・テルボルクの手稿の続き〕ここでは、栄誉と恥辱も問題となるが、この怒りの内容は現実のものである。獲得したのはアキレウスからもぎとられたものであり、アキレウスはこの恥辱を、すべてを犠牲にするほど何か無限なものと考えるのではなく、また自らを無限な個人と考えるのでもない。彼はアガメムノンに対して報復することはできず、奪われたものが返されて贈り物が増えたことに満足し、それによって彼に栄誉が返され、また新たな栄誉が付け加えられたことになる。近代の栄誉はそれ以上に考えることができる。私の栄誉で傷つけられるのは私の外見である。私が無限なものであるのも、私の外見のためである。私の外見が、私の存在なのである。というのも、私はそれによって他者とかかわり、またこの外見が私の現実であり、私の存在とは私の主体という抽象的なもののことだからである。同時に、私は理想として切り離されており、内面的なものとともにある。内面的な主観というこの原理のなかで、私の存在も、そのような内面的な存在であり、外見という規定を持ち、またこの外見の損傷は無限な損傷でもある。対等であることもこの栄誉と結びついている。すなわち、私は栄誉のみを、外見では無限なものとしてある紳士に持つことができ、紳士が私を害するとしても、私は紳士を同じく無限なものとして承認しなければならない。なぜなら、栄誉はすべての内容を度外視するからである。栄誉がこうした形式的なものであることによって、最古の時代には、恥ずべき行いをする悪党がなおも自らの栄誉を保持していた。これは人として承認するという掟にもとづくものである。したがって、栄誉は多かれ少なかれ真実の内容を持ち、またその内容によって栄誉はようやく中身のある尊厳を得るが、栄誉は完全に内容のないものでもありうる。真正のロマン的表現のなかで栄誉の権利が不可侵のものとしてあり、また、栄誉に全人格が置かれているとき、その表れはもちろん何か高尚なものを持ちうる。しかし、騎士道のロマン的な栄誉が支配している国では、いかなる国家も、またいかなる裁判もできず、そこでは栄誉は人間にとってたんなる個人的な性格と見なされるという結果になる。栄誉が内容のないものであるならば、栄誉は何か完全に死んだもの、空虚なものでありうる。なぜなら、栄誉によって抽象的な主観だけがあり、いかなる内容も持たないからである。そのような内容はさまざまな連関のなかで説明されるが、そこにはたんなる抽象的な主観が現れるにすぎない。これは完全に死んだ空虚な表現である。そのような栄誉はとくにフランス悲劇やシュレーゲルによる『アラルコス』で見られる。ここでは多くの強力で高尚な栄誉が支配しているにもかかわらず、その基にあるのはたんなる空虚な栄誉である。アラルコスは、王の婿になるためだけに自らの愛した妻を殺害する。だがこの冷たい栄誉は、すべての栄誉を後方へ引き下げ、それ自身まったく形式的なものにすぎなくなる。——245

愛

愛は新たな芸術において抜きん出た役割を持つ。愛のなかに栄誉の対立がある。というのも、そこで本質的なものとなっているのは、他者である個人だからである。個人は自らの主観的な傾向に従って振る舞うが、すでに述べられたように、自らの自立を他者のなかで放棄する。本質的なものはすべてロマン的な愛をこの統一へと投げ入れて、それを無限な世界へと高めていく。栄誉と愛がそのように対置されるとき、それらはたやすく衝突しうるし、またそれらはしばしば近代ロマン主義芸術の対象でもある。たとえば、高い地位にいる男性が低い地位の女性を愛するとき、多くの衝突が生じうる。ある男性がある一人の女性を愛するとき、彼はさらに敵対する関係のなかに立つ。たとえば、シッド、ロミオとジュリエットがそうである。愛は、近代の原理に従って構成されるように、両性間の愛ではなく、むしろ他者の意識への真正な心情の引き渡しであり、またそのなかで自らの現実、活動、生命、関心のみを持っている。だが同時に、愛はその制限でもある。というのも、愛の内容は家族や国家のような普遍的なものではないからであって、そうした普遍的な組織ではなく、むしろその内容は個別的なもののうちにある。すべての関心、すべての衝突は、まさにこの人がこの人を愛することによってのみ生じ、したがって男性の関心は偶然のことがらを含む。すべての愛する男性にとって、愛される女性はたしかにもっとも美しい人として現れ、世界の全体が彼にとってこの関係のなかにあるが、そのような関係があるところで、それらは個々の関係として現れる。近代の原理によって、習俗にもとづく結婚がなされるだけではなく、同時に主観の原理に従って主体の固有の恣意、固有の傾向が役割を持ってくる。しかしつねに、そこでは偶然が支配しており、それゆえ、ある種の冷淡さが近代の表現のなかで見いだされる。というのも、主体のたんなる恣意がそこでは重要だからである。古代の作品で愛は、つねに従属的な役割だけを持っていた。たとえば『アンティゴネ』において、クレオンの娘であるハイモン[246]はアンティゴネを愛したが、この愛が物語の前面には現れずに、ロマン的な愛が求めるような権利を求めることはない。この叙述のなかで、つねに関心は普遍的なものでなければならないが、愛の関心はたんなる主観的なものである。古代において、男女の関係の重要さが現れ、その対立として自分自身の禁欲の重要さが現れた。ホメロスにおいて、とりわけペネロペ[247]はとても高い地位にあるとされたが、彼女は、その集団のなかで品位ある振舞いをする妻であった。はじめて愛はエウリピデスにおいて『パエドラ[248]』のなかで物語られた。しかし同時に、パトスとしての、つまり愛に加えられた権能としての犯罪的な愛も物語られた。愛は、ロマン的なものにおいてさまざまな国民のなかでさまざまに姿を現す。その最高のものとしてイタリア人における愛があり、とりわけ、愛が現実的な姿のなかで表現されることは美しい。というのも、男性は生き生きとして活動的でなければならず、外での生活で自らの目的を追いかけなければならないから、女性は家のなかへと押しやられる。イタリア人が表現するところでは、人間は自らの本質や存在を愛する人のなかに持ち、いかなる関係もけっして宗教のなかに彼らのよりどころを持たず、むしろ自らの胸のうちに持っていて、この関係が否定されたときには、彼らの生は消えてなくなった。それについての多くの例はイタリア人の作家のなかで見られ、とりわけペトラルカ[249]は愛を不朽のものにした。だが彼は愛を本気で用いたようには見えない。というのも、彼はこれらすべてをイタリア語という俗語で書いていたからである。それに反して彼は、自身が重要だとみなすものはラテン語で書いていた。また、ダンテは早くも青年期にある娘を愛し、その娘の死によって、彼における愛は宗教的な愛へと変化した。なおイタリア人には、軽薄な愛、非難されるべき感情的な愛も見いだされる。スペイン人において愛は英雄の形式のなかで示され、それは男らしさにかなったものであり、他方でそれは礼儀正しく、しっかりした夫人においても示される。シッドがその一例である。ドイツ人において愛は、物悲しげに気力もなく、胸のなかにしまいこまれている。フランス人において愛はすぐにも、愛の誘いで示される多くの饒舌や虚飾といった色好みのものとなった。

忠誠

忠誠は、テセウスとペイリトオス[250]、オレステスとピュラデス[251]のように、およそ神話に属する古代の高圧的な関係ではない。騎士道の時代に忠誠は社交的な結びつきを持っていた。忠誠においては、主観が、とりわけ意志が主要な契機をなし、また、一方の人々の団結、また一方の他方への依存が関係の確実さを形成していた。しかし、恣意がそこで一つの契機をなしていたので、それは同時に偶然でもある。すなわち騎士道の時代において、家臣たちの皇帝ないしは王国に対する忠誠は、その利点が制限されることによって偶然的なものだった。

第三節 〔素材によってこの原理がまったく形式的になること〕

第三のものは主観の形式にすぎず、これは、まず第一に性格一般の形式主義であり、また外面的な偶然という状況である。

この第一の側面は、私たちが性格一般と呼ぶものである。性格は、想定された目的のみを持つのではなく、自らの本性から目的を創造する。本性の一定の仕方は、長所によってこの規定と比べられて、その関心を獲得する。一定の性格はこの観点において、何かより高次の、正当化されるものと関係するのではなく、むしろ、性格はそうあるようにあり、また性格がそうであるしかなく、変わることのないこの確固さにしがみついて、そこへ沈んでも行く。この観点で近代は古代と対置され、近代には特徴的であるとされるが、これは部分的に真実である。というのも、古代においてもその特徴は現れたが、それはさらに抽象的な概念へと、また普遍的なものへと高められたからである。とりわけシェイクスピアにおいて特徴的に示され、彼の作品の登場人物はすべて、その性格に完全に合致していた。たとえば、マクベスは王冠を手に入れようとし、他のものになんら配慮せず、つまり国家に対しても、宗教に対しても配慮せず、神に由来するあらゆる決まりにも、人間が決めたことにもいかなる配慮も払わず、自らが滅びるまで、彼はそれらに抵抗しなければならなかった。シェイクスピアのリチャード三世[252]、マーガレット[253]、フォルスタッフ[254]も同様である。これらにおいてはすべて、彼らがどういう人間か、また彼らがどういう人間になろうとしているかが問題になる。彼らを越えるのは、運命の支配である。彼がどういう人間であるか、それは石のようでもあり、それゆえ彼らにとって冷たい運命が対立している。近代の性格は形式的なものであって、自らのうちで美しき、まったき心情が外へ広がっていくことも、活動や行為にもたらされることもなく、自己のうちにとどまっている。心情は、ここそこで磨かれて現れ、また輝く宝石のようである。ここにシェイクスピアのジュリエット、『テンペスト』[255]におけるミランダ[256]、またシラーの『テクラ』[257]がある。テクラは、生にかかわりをもたず、すべてのものが彼女の愛のために保たれた。美しく高潔な女性であることでもって、その本質ははじめて愛のなかで開かれ、はじめてその本性は精神的に生まれた。――ドイツ人の心情もまた普遍的に、自己のうちに閉ざされたものであり、頑固で強情だが、たいていは内容豊かなものでもあり、たんにわがままなのではなく、むしろ自己のなかで迫られ、脈絡のない自己を表し、ある一つの関心によって動かされることもあり、その魂の深さがあらわになる。そのようにして静かな心情が精神のエネルギーを自己のなかに仕舞い込むとき、自らの存在についての反省をまだ形成してはおらず、また、外の喧噪が自らの本質へ来るとき、自らの心と自らの存在を媒介することも、この心情は自己のうちではできない。ハムレットはこの状態にいる。彼は限りなくメランコリックな美しい心情を持っている。ゲーテは彼の作品『ヴィルヘルム・マイスター』[258]においてハムレットを正しく理解していない。ティーク[259]とシュレーゲルも同様である。高潔であるハムレットは、何か恐ろしいことが起こると予感している。暗やみの様子、気になる状況や不吉な状況が彼にこのような予感を与える。彼は、自らの精神によって確固さを保とうとするが、まだ悪魔がいるかのように思う。マクベスは、自らの限りない意志によって、自らの影である魔女が彼を脅かすやいなや、すばやくとびついた。だがハムレットは高貴な魂のまま何もしないで、恐ろしい経験をすることを恐れたものの、他の恐ろしいことによって行動する。それゆえ、彼が我を忘れたように自らの行動と進展を素晴らしく思って、レアティーズ[260]が運命の全体をもたらしたとき、外面的な偶然としてその結果が現れてくる。彼はそのような状況のなかでためらうように振る舞い、またそのため壊れたようであったが、彼は高潔な心情でもって本当に素晴らしい表現をなした。ハムレットの不幸は、外面の偶然として現れ、私たちを悲しませるのだが、その不幸はより高い必然をもち、その必然は彼の性格と状況のなかで表される。そこからのギャーリック[261]の粗悪な着想は、この結末を変えてしまった。『リア王[262]』のなかで同様に、より大きな本性を私たちは認識する。だが彼は大きな分裂のなかにいて、この分裂は快適さを引き裂き残忍なものとなる。この立場はまったくもって教養のない低い立場にあり、客観的な目的や普遍的な視点というものがない。教養のない人は一つの目的を失うと、彼らには混乱そのものを解消するための知性が欠けているので、自身の支えとなるようないかなる別の目的も見つけられない。彼らは余裕を作ること、気楽になる状況を見つけることを知らないので、その展開は残忍なものとなる。こうした表現における大家はヒッペル[263]だが、彼は人々から忘れ去られてしまった。彼はとても感情的で、きわめて感覚的に美しく、まさしく感動的な表現を、たとえば『祖先たちの履歴書』において、ハンスがグレーテを不実のものとみなす場面[264]のなかで用いている。最高の犯罪そのものは自殺にまで、その基調は高貴であるような傷つけられた心情のなかでたやすく起こりうる。

第二の側面は、美しい内面的な全体であり、矛盾が解消できるような存在である。シェイクスピアの登場人物たちにおいては、無限で美しい全体の心情が没落するのではなく、意志の力という形式的で無限なものだけが没落し、その意志の力が自らの制限のなかで現れてくるので、そのかぎりにおいて反対のものである。だがそのような人物において、その登場人物の観点で制限されるものを、まるでこの制限が高貴なものの運命にすぎないかのように、つまり彼ら自身の内面、深さの運命にすぎないかのように私たちは見ることになる。彼らが自己のうちに無限の可能性を持ち、彼らのなりたいものが高尚なものであることを越えていること、いわばその上に立つことでなければならない。精神のそのような深みをシェイクスピアは、彼らの意志に従って制限されるそのもののなかで、私たちに認識させる。彼らが自己とその立場を越えて作る比喩によって、シェイクスピアは彼らを、自らの反省によって存在するあり方を越えて立つような自由な人間として示し、その結果、彼らは状況によってのみそのように存在するようにさせられる。私たちにとって登場人物がごく普通の生活のなかにあるように表現されるならば、たしかに彼らは純粋に自然なものとして現れるが、しかし何ら散文的ではないだろう。だがこの反省によって、彼らは、彼らの状況を超えて自分自身を高めうる高貴さが自らの中にあることを示す。下賤な登場人物やその絶対的な主人公であるファルスタッフは状況の中に沈んだままであるが、他方高貴な人物は、その利害関心の一貫性のなさにもかか(265)わらず、自由で偉大な人物になる可能性を持った聡明な人間であることが示される。フランス悲劇では、高貴な人物は明らかにこうした性格を持っている。クレオパトラはある種のけだものだが、詭弁によって自分を正当化する。マクベスはけっして自分を正当化することなく、後悔も嘆きもせずに普遍的な運命を考察する境地に高まるのである。

　したがって、ロマン的芸術の基本的な特徴とは、確固とした登場人物がいることである。古典的芸術では、肉体的なものと精神的なものは同じものである。ロマン的精神を満足させるのは行為だけであり、内容のない作品はロマン的精神にとってどうでもよい。主体はロマン主義においては騎士物語として現れてくる。それ自体で大事な普遍的な関心は、ここではことばにはならず、キリスト教が伝わるなかで、ムーア人[266]が拡大して神聖な墓が占領されるだけだ。だが墓の防衛とともに、その関心はたちの悪いものになった。というのも、宗教的な精神はただ内面においてのみ自らの満足を持つのであり、死の場所という墓において本質的な満足が見いだされるはずはないからである。こうした普遍的対象のほかに、無数の騎士物語がロマン主義的な表現のなかにある。運と偶然は、一連の悪行によって起ころうとも、潔白な人間が解放され、保護されるべきだという大きな役割を持っている。偶然の状況は必然的に欠陥を持っている。状況は、登場人物のエネルギーに自らのよりどころを持つ偶然的なものとしてのみ現れてくる。騎士道は個々の状況において偶然に作用するものとなる。これに主観的な精神の持つ恣意が結びつけられて、欺瞞、偶然は解かれ、こっけいなものとなる。この矛盾が表現され、騎士道が表現され、さらに自らを解き放って、それがアリオスト[267]とセルバンテス[268]に現れてきた。この矛盾とともに真のロマン主義が終わる。『ドン・キホーテ』のなかで人は、気の狂ったさまにまで高まる強力な本性の没落を見てとる。その全体は、騎士道へのあざけりであり、そこで一連のロマン主義小説は終わらない。『ドン・キホーテ』のなかに真のアイロニーはあり、すべての失敗において彼は自らの事柄を完全に確実なものにし、さらにこの確実さは内容を考えるとまったくもって高貴なものである。騎士道の解消とともに、もっとも美しいロマン主義そのものの解消も起こった。ロマン主義は小説で終わりを迎える。小説のなかで騎士道も語られるが、それはいまの状況に従って変形されたものである。『ドン・キホーテ』のなかでそれはすでに架空のものとなり、この世界は確固とした国家の統一へと変形され、またいまそこに個人が関係し、個別の恣意、個別の意欲に反してこの世界は確固としたものである。この終焉は、個人が自らの主観を放棄し、国家と一体となることのみによってなしうる。各々は理想をもって、世界に魅了されて自らの前に掲げ、そこに無限の障害を見つけるも、さらに世界に割れ目を打ち込もうとする。この努力によって得られるものは、彼が別人のようになること、すなわち一般に人気のある表現とともに、別人のような俗物になることである。精神からこの外面が解放されるとき、この外面はどうでもよいものとなる。心情の造形が絶対的に客観的な内容と見なされ、その素材はどうでもよくなり、あらゆる素材が自立したものと見なされ、また取り入れられもする。ロマン的芸術の素材は最高の分野から取り入れられるものであり、他方で、もっとも低い対象がそれに役立つこともあるが、心情はすべてこの素材を高めるから、ここで生まれた作品は一定の素材とかかわりを持つ。限定された素材は自らの権利を持っている。雄牛やロバを救済者の秣桶[269]に見るのと同様に、『ハムレット』において王の宮殿と並んで歩哨の場がある。心情の反省によってはじめて、対象は何かあるものになる。対象はそれゆえこの芸術においてまったく制限されないものへと制限されている。芸術は自然の模倣にまで進む。初期のオランダ人画家ファン・エイク[270]、スコーレル[271]、ヘムリング[272]は神聖なものに限定されていたが、神聖なものは彼らにおいてある一つの完全に制限された性格を受け入れた。それから芸術は私的な生活へと進み、そのようなまったく偶然なもののなかで、移りゆくものや消え去るものが表現された。これらを表現のために固定すること、また自らの生命の全体において固持することを、芸術家たちは理解していた。それは、過ぎ去ったものへの芸術の勝利である。

芸術の一般的本分は、現れてくる気配をとらえて、表現へともたらすことである。ゲーテは『芸術と古代[273]』のなかで、オランダ人の画家と彼らの表現の巧みさについて論じた。私たちが感嘆せざるをえないものは、巧みさだけではなく、消え去るもの、瞬間的なものの把握もある。最高の巧みさは、芸術が自分自身を現して表現したところにある。音楽では、ある音はただ他の音との関係によってのみ意味をなす。ネーデルラント楽派[274]においてもそうである。巧みさはここではまったく主観的なものと思われ、芸術はついにはその現れとなる。このことが芸術家によって知られると、芸術の形式は消えてなくなる。芸術家は自分を表すだけで、いかなる芸術作品ももはや生み出さない。それは滑稽なことであり、それによってロマン主義は終わりを迎える。それは客体へといたらずに、ただそれ自身を表現するにすぎない。対象は際立たせられず、芸術家はただ自分自身を表すだけだ。ユーモアはとても魅惑的でもある。というのも各々、彼がそうあるように、自分自身を差し出すのであり、形式と素材は直接的にすぐに役立つ。『ヨリックの感傷旅行』と『トリストラム・シャンディ[275]』は、もっともユーモアのある作品である。またジャン・パウルは、もっとも有名なユーモア作家であり、実際にユーモアの天才でもある。ただしその内容はしばしば散文的であり、平凡なものに近づいてもいる。その現れは、まったく偶然的なもので、客観的なものが偶然に投入され、表現が持ち込まれる。このことがとても重要である。詩人が自分自身について話すとき、ユーモアに満ちている。自己にうぬぼれることは、イロニーによって満足されなければならない。だが一連のユーモア的なおふざけは、すぐにも退屈なものになる。客観的なものの解消のなかで芸術形式は終焉する。ロマン的なものにおいて、この終焉は形式的なものにまで進み、対象の解消にまで進んで行く。ここではいかなる面ももはや本質的なものではない。それが現代の芸術の立場である。音楽は必然的な形式を走り抜け、本質的ではないものにまで到達した。だが音楽はこの解消とともに、没落と見なされてはならない。最近では、芸術家の主観は自らの形式を越えて高められ、芸術家は形式を自らの権能のなかで持ち、もはや形式によって制限されてはいない。芸術と芸術家は、彼らの時代にとってのみ存在しうるのであり、学問とともにあり、哲学とともにある。芸術家は、自らの作用の仕方を考えるのではなく、自らの素材のみを考えるのであり、自らの立場は形態と素材との関係である。かつて芸術家は自らの対象を信じ込んでいて、その啓示の仕方は自らに固有のものであった。——芸術家が内容を表現しようとするとき、彼は慣れている形態を持つのだから、まったく敬虔である必要はない。芸術の進行とは、自己を一定の形態から解放することである。その内容は対象となって見られる。形態が完全に使い果たされるとき、すべてのものが対象となり、関心は消える。活動的なものは、まだ完全には現れてはいない。過度の思い込みは、部分的には最高の無知である。なぜならそれはまだ対象になっていないからである。

普遍的な芸術形式を扱い終え、絶対的な素材の多様さは人間の無限な心になった。神は芸術の素材であるが、芸術によって表現されなければならないために、素材は制限され限定されなければならない。またこのことは、芸術のさまざまな段階によって起こる。象徴的なものにおいて、私たちは自然の力を絶対的なもの、重要なものとした。だが古典的芸術において精神的なものの意味は感覚の形式とともにあった。そうして、精神的な基盤は自己自身のうちに、すなわち主観のうちにあることとなった。しかし最後の段階は、精神が絶対である近代芸術の段階であり、この段階で偉大な詩人であるゲーテは頂点に達した。ゲーテにおいて、本物の芸術家は一つの素材と結びつき、自らの素材は現実の世界を見るものとなった。たしかに彼は、古代の素材のなかでも生み出しうるが、そこでは芸術はただ形式的なだけであり、固有の素材も表現へともたらされえない。ゲーテは、まだまだ試行錯誤して、古代や過去の素材を模倣して、いまに生かしている。しかし、それらは真の価値を持たない。それゆえ私たちの時代には、ダンテもタッソ[276]もシェイクスピアも現れない。過去の素材は作り替えられ、使い尽くされる。現在の精神だけが潑剌として新しいのであり、この精神があらゆる表現において示されなければならない。私たちは、フランス人がすべてのものをフランス化することで彼らを非難した。このことは、もしそれが高潔なだけであるならば、まったく悪いことではないだろう。すべての時代の人は、私たちの精神の形として現れなければならず、ただそうしてのみ人は主観的な真理と客観的な真理を持つ。したがって、人間の心は実体と真理を永遠に反省しており、その時代においてそれらは人間の心のなかに備わっている。そのため芸術の究極的な規定は、心情における神の現れであり、またそのためにロマン主義は自らの究極的規定において形成される。それゆえこれとともに、一般部門の考察は終わる。ここでは、つねに概念と実在の関係が根底に置かれていた。象徴的なものはそれにふさわしい形態へと向かっていった。古典的なものは概念と実在が適合したものであり、ロマン的なものはこの統一を超え出たものであり、概念と実在の分裂であった。そして、この最後のものが自らの基盤を心情において見いだす精神である。

一般部門の終わり。

第二部　特殊部門

ところで、理念が芸術作品としてここに存在するはずであるなら、それは感覚的な直観と表象に対して存在しているはずである。こうして理念は多様性の国へと、そして同時に個別化の領域へと歩み入る。したがって、あらゆる芸術は感覚的であり、この感覚的なものに従って区別されており、芸術の形式は感覚的なものの区別のなかにある。感覚的なものが芸術の高次な形式とも関係しているということを、以下に示そう。

さて、芸術作品はさまざまに異なっていて、さまざまな感覚に対してあるはずであるから、芸術作品の概念もさまざまに異なったあり方に分かれる。これらのあり方が何であって、これらの感覚が何であるのかを、私たちはすでに知っている。だから、ここで問題にする必要はない。それに、感覚的なもののこうした区別は自然哲学に属することでもある。私たちは、第一に三つの実在的な感覚、すなわち嗅覚と味覚と触覚を持ち、第二に二つの理念的な感覚、すなわち視覚と聴覚を持つ。周知のことであるが、芸術作品は三つの実在的な感覚に対してあるのではない。しかし、哲学においてそうでなくてはならないように、必然性においてこのことが知られているわけではまだない。味覚は分析的な本性をもつ感覚であり、水の感覚である。嗅覚は風の感覚であり、視覚は光の感覚であり、聴覚は振動の感覚である。これらの外的な感覚に加えて、主観性の形式を持つ感覚、すなわち、直接的な表象である記憶がある。記憶は、主観のもとにありはするけれども、その内容はいまだに感覚的である。

芸術作品が三つの実在的な感覚に対してあるのではないのはなぜか、ということに簡単に触れておこう。つまり、これらの感覚は実在的な性質のもので、実践的な主観的個別態の感覚である。物は、私同様、一つの個別的なものであり、そうしたものとして私に対抗している。こうした物が私に対して存在するはずだというのなら、私はこの対抗に打ち勝たなくてはならない。私がこの対象を嗅ぎ、あるいは味わうべきであるなら、対象は破壊されなくてはならない。これは対象が私の嗅いでいる空気などとかかわるプロセスである。芸術の対象は、しかし、対象と私のたんなる相互関係においてではなく、対象の客観態において観察されなくてはならない。対象が形態を持つということが真理の表現であるから、形態化は存在しなくてはならない。したがって、こうした客観態は視覚および聴覚という理念的な感覚に対して存在している。視覚は光の感覚である。光は質料ではあるが、非物質的な質料である。それは物理的な質料ではあるけれども、純粋な自己同一態、すなわち純粋な抽象態というかたちをとる質料である。したがって、光はその対立物を暗がりにおいて持ち、暗がりを通してのみ現実に存在する。暗がりは光とは区別されるもので、一つの抽象的なものであるがゆえに、光のなかにあるのではなく、むしろ光の外にある。光は理念的なものであるから、光のなかで現象するもろもろの物も光と対抗しはしないし、それゆえに、感覚がこれらをとらえた場合にも、破壊されたり解体されたりはしない。――もう一つの理念的な感覚は聴覚である。聴覚は視覚と対立する。というのも、聴覚は本来、消滅していく直接的な存在の感覚だからである。これが芸術作品にとっての二番目の感覚である。三番目は、音ではあるがただの音ではなく、分節化された音であり、記号をあてがわれて、意味を表現するものである。こうした記号は、はじめは感覚的なものであって、表象へ働きかけるための手段ではある。これらの感覚に従って、もろもろの芸術は造形芸術および表象に対する芸術へと区別される。

すでに述べたように、こうした芸術の形式は、その普遍的な規定と一致している。普遍的な形式とは、理念の内的な規定であり、規定態は概念と実在の区別であり、この区別が存在の側面を形作る。したがって、この内的な規定は実在においてもまた姿を現す。――あらゆる芸術形式を取り込んで叙述することがそれ自体として可能であるような、普遍的な境位が問題となる。

普遍的な芸術形式が特殊な芸術形式とどう連関しているかを述べるためには、造形芸術を想起する必要がある。造形芸術は目と耳に対応している。目に対しては感覚的な客観性がそこにある。しかし、これは解体してしまい、一方が消え去ると、他方がその場所に登場してくる。――造形芸術は三つの様態を含む。（一）まだ有機化されていない、個体化されていない、主観的な自然という契機、（二）理念的な神それ自体、（三）理念的な神に対立している主観的なもの、すなわち信じる者に属するもの、したがって個別化であり、最終的にはあらゆる直観の主観性を抽象的な主観性のうちへと取り戻すことである。そこでまず問題になるのは建築である。建築はたんなる囲いであって、それ自体は非精神的なものであり、精神的なものの反映のなかにのみあり、したがってたんに外面的にのみ精神的なものと結びついている。つぎに問題になるのは、理念的な神、すなわち彫刻作品としての神である。象徴的な芸術形式を持つのが建築である。古典的な芸術形式を特有の形式としているのは彫刻である。建築は古典的芸術やロマン的[277]芸術においては周辺的なものにすぎない。——同様に絵画は、なるほど象徴的芸術や古典的芸術でも行われるのではあるが、しかし、絵画の本来の場所は、部分的なものが登場し、描かれた像それ自体への崇拝が支配するロマン的芸術、すなわち主観的芸術である。同様にまた音楽は、ロマン的芸術においてはより自立的で基礎的なものとなるが、他の芸術形式においては、これに反して音楽は依存的なものにすぎず、従属的である。たとえば、エジプトには音楽はまったく存在しなかった。ヘロドトスがエジプト人たちに関して言及しているのは、たった一曲の痛ましい哀歌のみである。[278]

注意すべきは、上述の諸々の芸術様態は本質的で完全だという点である。これ以外に何か存在するとすればそれは副次的芸術であり、ある全体に対する装飾であるか、部分的な側面であるか、あるいは諸々の様態の混合であるか、である。私たちは、概念に一致するもののみを真の形態化であると考えなくてはならない。なるほど、自然と天才は生ける被造物のなかではこうした概念規定よりも高いところにいるのだから、概念規定になど縛られるものではない、という人もいる。はるか昔から芸術の規則に対してこうやって異論が唱えられてきたのはたしかだ。しかし、この芸術の規定は、概念規定からも冷めた知性の規則からも区別されなくてはならない。冷めた知性の規則はもちろん打ち捨てられなくてはならないし、天才のお気に召すところでもあるまい。しかし、天才が必然的な規定を跳び越えてしまうとすれば、たとえ個々の点において大きな間違いは存在しないとしても、やはり全体はなお未完成である。したがって、たとえば、薄肉浮彫は彫刻としては完全な作品ではないが、これが退けられるわけではなく、むしろ装飾品として、ないしは総じて芸術の下位の形式として用いられるのである。しかし、彫刻円柱に彩色を施すということになると、いささか話は違ってくる。

こういう芸術のはっきりした種類は、一方では完全な様態であるが、他方、様態それ自体は生成途中のものでもある。これらの様態は端緒と発展と完成を持っていて、同様に終わりさえ持っている。というのも、芸術の種類というのはまさに精神の産物なのであって、精神はどうしたって端緒という未完成から始まらざるをえず、そして、自らが欲するものをこの未完成のなかから生み出すからである。こうしたさまざまな段階は様式という名まえで呼ばれる。様式は、厳密な様式、理念的な様式、快い様式に区別される。同時に、すべての芸術形式は、一つの特定の確固たる時代を、すなわち一つの様式を持たなくてはならない。さらに一般には、あらゆる芸術形式は自然なもの、生けるもの、単純なものから始まった、と思われている。しかし、美は精神の作品であるかぎりは、何らかの高度に磨き上げられた技術を必要とする。そしてこの技術は、膨大な量の工夫と熟慮と作品制作の結果である。だから、自然なままで単純なものや粗野なものが芸術の端緒であった、などと言うことはできない。むしろ、美しい最初の単純態というのは、こうした工夫と媒介を経てはじめて生み出されたのである。教養形成を積んだ人間はまったく単純でとらわれがなく見えるものである。しかし、こうした単純態は教養形成の結果であって、直接的な単純態ではない。端緒はとりわけ彫刻と絵画において目立っている。端緒はきわめてみすぼらしく、通常、宗教的なものの描写、あるいは抽象的な表象の描写に終始している。宗教的なものや抽象的な表象が展開しても、端緒それ自体は自らを規定していないので、その描写においても、たとえば衣装やその襞や家具などの背景に見られるように、実にこわばっていて粗野である。人物の姿勢や生きている様の表現もまたこわばっており、静止していて、ただぶら下がっているだけの手や足はまったく平行である。絵画においては、裸体は乾ききっている。古いドイツやイタリアの流派の多くの絵画には、すでにある種の完成が見てとれる。とりわけ顔にはつねに敬虔な性格が読み取れる。しかし、それ以外の肢体は人間の肢体というよりむしろ骸骨である。

真の様式は本来、ロマン的芸術をもって始まる。様式が本来はなんであるかを語るのはむずかしい。フランス人は、様式には人間の固有性、すなわち人間の個体性が現れているという。内容はつねに事柄それ自体に適合していなくてはならない。しかし、様式はそれ以上に、作品を現象のなかへと出現させる活動、作品を他の者たちに現前させる活動に関係している。この側面こそまさに、主観の個別化が現象し得る側面であり、また現象せざるをえない側面であって、そこでは、主観は、自分が実体的な内容から自由に解き放たれているのを示すことができる。

厳密な様式は美のより高次の抽象態である。しかしここでは美はある種の重々しいもの、偉大なものとして登場している。厳密な様式にとっては副次的な事柄は問題にならない。そうではなくて、事柄それ自体が現れ出なくてはならないのである。それゆえ、厳密な様式は愛らしさを欠いている。外的な存在にかかわる事柄についていうなら、厳密な様式は自然の模倣に大いに依拠している。というのも、この様式にとってもっぱら問題なのは、事柄が生じていることだけだからである。この様式は、生じているものを描写しようとするだけである。この存在しているものは芸術家の反省する事柄とはならない。むしろ、それは芸術家には所与なのであって、芸術家はもっぱら自然の模倣に依拠する。それはいわばまだ固有の発明となってはおらず、芸術家の自由ではなく、存在しているもののなかに自由を認識することが可能になっているのではない。例を挙げれば、『シッド』[279]のような古い詩がそれで、すべてはきわめて単純で自然に進行し、目的も名誉や愛などといった具合に単純である。――

第二の様式は理念的ないしは真に美しい様式である。この様式の性格は、生きている様であると表現できるだろう。すでに注意したことだが、彫刻の場合、あらゆる点、あらゆる筋肉などが意味を持っている。同様に、総じて芸術作品においては、あらゆる部分が生きている様を持ち、全体の真理に寄与しなくてはならない。こうした生きている様というのは、フェイディアスの仕事とされているアイギナ島[280]の彫刻円柱に帰される。有名な芸術家たち、とりわけカノーヴァ[281]はこの彫刻円柱を古代のもっとも美しい作品と考えた。しかし、あらゆる点にいのちがこもっており、魂が吹き込まれているようだという、生きている様こそが、彼らのきわめて高い称賛を引き起こしたのである。とりわけ称賛されたのは、半ば横たわっている川の神イリソス[282]が立ち上がろうとしている像である。こうした生きている様を私たちはまたホメロスにも見いだす。彼の物語では、事柄は膨大な量の細かな筋を通して実にありありと描き出されており、何物も抽象態のままで放置されはしない。――上品さや優雅さ[283]といった性格はこうした生きている様と必然的に結びついている。優雅さ、すなわちカリスとは、語源からいっても、まさに観衆の気持ちをこちらに向けさせることである。しかし、生きている様は観客の好みに迎合することであってはならない。もっと正確にいうと、事柄、すなわち実体的なものが、ある種の普遍的な表象、たとえば戦闘や戦争などとして存在しうる、という点に生きている様は存在している。事柄はいまや、現象のなかへと現れ出てこなくてはならない。他の者にとって実在するようにならなくてはならない。こうした事態は、事柄が単純な抽象態から出て、個体化へ、多様化へと歩み入ることによって起こるのである。

しかし、こうして他者に対して現象することだけではまだ優雅さではない。むしろ、現象することはそれ自体のうちに保存されていなくてはならない。そうすることですべての具体的な個体化は普遍的なもののもとに、すなわち理念のもとに保持され、全体の内実は具体的な現象には無関係だと見えなくてはならない。この無関係さというのがまさに、優雅な人のぞんざいさを作り出している。こうした外的な形式のなかに、見え方の意図や目的が置かれるはずもない。それゆえ、優雅な人には万人を魅了する明朗さが備わってくる。

第三の様式は快い様式、好ましい様式である。総じて効果を狙うような様式はこれに含まれる。現象が様式にとっての目的それ自体となり、事柄がもはや目的ではなくなった場合、理念的な様式は快い形式へと移行する。それゆえ、『ベルヴェデーレのアポロン像』[284]はすでにこの快い様式への移行に属している。魅力的なもの、好ましいもの、そして同時に誇りや威厳といったものはすでに、もはや理念的な様式には属さないある種の志向である。この様式の例としてはローマの詩人たち、とりわけホラティウスが挙げられよう。美しい形容詞を探そうとするさいにはいつだってある種の志向が見いだせるのだから、内容の選択もまた、たいていは好ましい様式へと達するある種の志向を示している。作品とは捧えものである、ということがここではすでに見てとれる。多彩と媚態がここに登場し、あらゆる側面から美しいものを示し、迎合するのである。このことは、絵画においても建築においても、渦巻模様や装飾のなかに、あるいは技巧を尽くした衣装の襞のなかに現れている。ゴシック[285]においても同じことが見てとれる。しかし、ゴシックが美しいというのなら、こうした装飾が全体の印象を根絶してしまってはならない。――だが、効果は、尋常ならざるもの、化け物、巨大なものによってももたらされる。これは私たちがミケランジェロ(286)の作品に見るとおりである。——こうやって迎合へと踏み出すや、芸術家はその正体を明らかにする。こういう場合、観衆にはきわめて具合がよいことがしばしばだ。というのも、観衆は事柄から自由に解き放たれていて、自分が芸術家の傍らにいるのを見いだすからだ。芸術家があれやこれやをいかに狡猾に抜け目なく攻撃するのかを、観衆は見る。そして、こうしたことに気づくとはあなたは実に明敏で、まぎれもなく芸術批評家のお仲間に招じ入れられていますぞ、とおだてられていることに気づくのである。厳密な様式の場合には、観衆ないしは聴衆には何も許されていない。古代の人々、たとえばアイスキュロス(287)やソフォクレスなどに見られるように、ただ事柄それ自体だけがそこに生じるのである。しかしまた、拵えられた厳密な様式というのもまたしばしば存在する。たとえば、ドレスデンのフリードリヒ(288)の作品に見られるように、芸術家はときどき気取りを差し挟むのである。フランス人たちは、作品をそのように現出させることに大いに賛成している。彼らは観衆と聴衆に多くのことをしてあげようとするのである。総じて、作品に対して当然払われる喝采はこうした二面性の上にある。そして、とりわけ快い様式はこちらの側面に落ちるのである。

ここからは特殊な芸術の考察に移ろう。

第一編　造形芸術

造形芸術とは、建築と彫刻と絵画である。音楽は文学への移行をなす。これらの芸術はすべて、それぞれが独立して認識の広範な領域を形作っており、もとより多くの経験がこれらに含まれている。近代では、芸術通であることが大いに流行になった。実に多くのことを吟味し、他の者たちがそれについてどう考えたかを知り、自分のそれについての物語的な知識を開陳するというのは、ある面では、一種の気持ちの良い気晴らしである。しかし、芸術についてのこういった知識とかかわり合いになるのは、私たちの目的ではない。私たちは本質的な観点と、普遍的な理念に対するそれらの観点の関係のみに専念しなくてはならない。

第一章　建　築

すでに注意したように、建築は象徴的芸術に対応しており、両者は同じ一つの原理を持っている。私たちが建築から始めるのも、それが一つの質料を取り上げ、それを秩序づけ、形成するからである。質料はいわば、芸術のなかに組み込まれる有機化されていない自然である。質料とは、直接的に現前しているあるものが取り上げられて、これに外的な形式が一つだけ与えられるという、いわば象徴的な何かである。建築は二つの観点から考察されなくてはならない。両者の区別はきわめて重要である。第一に、建築は一つの自立的芸術作品の規定であり、それゆえに、建築は全面的に象徴的なものに属すのだ、ということが注視されなくてはならない。第二は、建築の作品は一つの中心に対するたった一つの関係、すなわち、神に対する関係、ないしは神を目的として奉仕する人間に対する関係しか持たない、ということである。それゆえ、(一)象徴的な建築、(二)本来的に美しい、ないしは古典的な建築、(三)ゴシック的な建築、(四)市民の建築が区別される。この最後のものは、美の概念からもっとも遠ざかっている。なぜなら、美は快適さや必要やその他の目的に従属させられ、完全に省略されてしまっているからである。

第一節 象徴的建築

象徴的ないしは自立的建築は、芸術それ自体を最終の目的とする。それゆえ、象徴的建築は象徴的芸術ではあるが、精神的なものに浸透されているわけではなく、まだ有機化されていない何かである。この最初の描写では、彫刻と建築はそもそも相互に区別されてはいない。しかし、建築はこうした直接態に長らくとどまってはいられず、彫刻という精神的作品を収容する一種の家へと退かざるをえない。したがって、象徴的建築においてはすべての目的がまだ建築自体のなかにあり、古典的建築に至って両者は相互に分離する。ゴシック建築においては、両者の一定の合一がふたたび現れる。柱と梁は自立して立ち上がっており、それ自体に目的を有しているように見える。

まず注意すべきは、表象が芸術の最初の欲求であり、最初の思想であって、それは自然におけるように直接態の形では現前しておらず、むしろすでにある種の思考されたもの、すなわち人間のひとつの作品であって、したがって、すでに一種の普遍態を備えているということである。建築の端緒について論じるなら、そのさいに問題となっているのは、必要に迫られて作った最初の作品ではない。作品は、人の手になる、それ自体を目的として存在している作品でなくてはならず、一つの内容を持たなくてはならないのである。その最初の内容はつねに、たとえば太陽や自然力などといった自然の内容である。こうした対象の描写は徹頭徹尾象徴的でなくてはならない。そして、ここから帰結するのは、描写はオリエント風にしかならないということである。こうした様態の構造物は、通常、アジアやエジプトで始まった。そしてその奇抜さと巨大さのゆえに、私たちを驚愕させるのである。そこには、これらがそれぞれの国民の作品であることが見てとれる。

歴史的に見てそういった最初の構造物のひとつと考えられるのは、『バベルの塔』[289]である。『バベルの塔』は統一の象徴として企図されたと伝えられている。そしてこの統一の象徴は一つの必然的な契機である。というのも、人間たちはここでは彼らの共通の表象を統一しなくてはならないからである。語られるところでは、塔はシナル[290]の平野で統一の象徴として使われるはずであった。それは要塞の類ではなかったのである。その詳細な事情については定かではない。——ヘロドトスは、バベルにあったベル[291]の寺院について、興味深い報告をしている。この寺院はむしろ寺域と呼ぶべきであって、四角形で囲まれており、各辺は二スタディオン[292]に及び、ブロンズ製の門を備えていた。その中央には一基の塔があったが、その塔の上にはさらに塔があり、こうして八基の塔が重なっていたという。その最上層が寺院であった。ヘロドトスは、寺院のなかには一枚の像も存在しなかったと言っている。ここに私たちは一つの巨大な自立的構造物を見るのである。

インドには、それ自体が神として崇拝されるこうした自立的な構造物はさらに多く存在している。すでに述べたように、インドでは、絶対的なものとして崇拝されたのは普遍的な生命力であって、より高次の精神的なものではない。しかも、一種の普遍的な奉仕のなかで崇拝されたのである。そこでインドでは、巨大で中身の詰まった塔や柱が建立され、神として崇拝された。あとになってはじめて、これに空洞が穿たれ、そのなかに神像が安置された。（これについてはギリシアのヘルメ[293]が思い起こされる。ヘルメもこうした持ち運びできる神の家であった）。主要な構造物はインドではパゴダ[294]であった。それは家や寺院の形式から発してはいない。むしろ、それは高く細い。おそらくは、かの柱状構造物に起源を持つものである[295]。ヘロドトスの伝えるところでは、ベルの寺院では、他の寺院がこの寺院の囲みのなかにあって、それが神の黄金の像になっていたという。したがって、存在しているのは寺域だけであった。このことは、インドにおいても同様で、存在しているのはただ寺域のみであり、そのなかに巨大な象の像や祭壇などが据えられていたのである。したがって、ここでは本来、囲みは何ら建築的ではなく、彼らの崇拝の対象もむしろ彫刻というに近い。しかし、対象があまりに巨大で形を成していなかったがために、対象はいわば像や寺院と同じになってしまったのである。ちょうど、メムノン[296]のように。――しかし、とりわけこれに数え入れられるべきは、ヒエログリフで覆われたオベリスクであり、寺院でも彫刻円柱でもなくピラミッドである。もちろん、ピラミッドには王やアピス[297]の埋葬に用いるという目的がありはするが、しかし、こうした目的のためには、これほど巨大な建造物は必要なかった。むしろ、人類を驚愕させ崇拝させるためにのみ建立されたのである。ピラミッドの多くは七つの部屋を持ち、この数は、七つの天体(298)を、あるいはまたベルの寺院の下層の七つの寺院を思い起こさせもする。こうした巨大な構造物の主要な特性は、これらがまったくもって開かれた構造物であるということである。いくつもの門や通路、林立する柱列があるが、これらはすべて巨大なものである。門は下の方が広がっていて、塔門によって形作られており、高さは人の背丈の十倍にもなる。塔門もまた下の方が上よりも広がっている。総じて、この形式はエジプトのあらゆる建築物に見られる。こうしたピラミッドの形式は、それが自分だけで存立し、桁や他の壁で支えられてはならず、自立的な何ものかでなくてはならない、ということを私たちに暗示している。こういった門は、寺院への入り口というより、むしろスフィンクスの像とメムノンの像が立ち並ぶ、各辺が人の背丈の一〇〇倍、高さが二倍から三倍にもなる巨大で開放的な広場へと通じている門である。門の先にあるのは、石像か、あるいは柱列廊である。後者はしばしば、ヒエログリフで覆われたオベリスクや、ヒエログリフを伴った大きな内壁に代えられる。各々の部屋もまた、あるものはヒエログリフで覆われ、あるものは覆われていない。しかし、像のための特定の場所というものはない。こうした構築物に関しては、それらが何人もの王たちによって築かれたということが注目される。いたるところに詳細で象徴的な意味が混ぜ込まれている。とりわけ、多くの象徴的なものの数のなかに、たとえば、階層の数、スフィンクスの数、メムノンの数などのなかに混ぜ込まれているのである。かの有名な迷宮もこうした構造物の一つである。それらもまた象徴的な意味を持っていて、人を騙すといった目的を持つだけではなく、むしろ迷宮は天体の運行を意味している。——したがって、こうした建築にあっては、家といった表象はまったく消え失せてしまっている。建築はそれ自体が目的なのである。こうしたものの築造が、民衆全体の崇拝が作り出す作品なのである。総じてエジプト人たちの精神から見てとれるのは、彼らの主要な努力がちょうど蜂に見られるような擬似的な本能ともいうべきものを作り上げることだった、という点である。ヘロドトスが語っているように、エジプト人たちは、セソストリス[299]が国を運河で分断したために、彼らの馬がまったく役に立たなくなってしまい、商売が低迷してしまったことに不満を抱いた[300]。それゆえ、他の民族との意思疎通の必要性という表象は、彼らには浮かばなかったように思われる。そこで、建築に関しても彼らは彼らの国土のなかで満足していたに違いない。

しかし、彼らの地下の構造物はさらに興味深い。ここには、目に見えない地下の国という概念がすでにある。この地下の建築は、インド人やエジプト人といった、とりわけ象徴的な民族に固有である。地下への埋葬のたびごとに、たとえ一瞬のことであったにせよ、人間たちを保護するという欲求が想起されるものである。しかし、インド人やエジプト人の地下の建造物は、必要というこうした事柄とはまったく異なっている。これともっとも緊密に結びついている概念は、遺体の保存である。しかし、これとても唯一で最後の規定ではない。それどころか、象徴的な暗示を伴う一種の祭祀であるような構造物は、地上にも存在する。こうして穴を穿って地下に構造物を造ることは、ことによると地上の構造物よりも根源的で、それゆえ後者は前者の模倣であるのかもしれない。まだ自分自身へと立ち至っておらず、自分自身を客観態へともたらしていない人間、自己認識へ至っていない人間は、自分の作品のなかに自分を認識しない、本能的な本質である。加えて、石は往々にしてすでに地中で完成してしまっているので、人間が石を直観できるようにするために、ただ石の価値を高めさえすればよい。地下の様態を持ったこうした巨大な作品はいまも残っている。それは柱や薄肉浮彫などで飾られた巨大な地下の穹窿であるが、これらはみな、岩それ自体が自然に穿たれたものである。これらのなかには真っ暗なものもあるけれども、岩の前面あるいは上部に位置していて、開けたものもある。とくにエジプトやインドでは、こうした穹窿は広く行きわたっていた。ボンペイの対岸にあるサルセッテ島[301]には、こうした巨大な作品があり、近年ニーブール[302]によって明らかにされた。クレタにも同様のものがある。ローマのカタコンベ[303]ですら、たんに下水溝という目的を持つだけでなく、おそらく以前は別の役割を持っていたはずである。しかし、こうした穴倉は古代の象徴的なそれとの共通点をまったく持たない。ミトラ教[304]の穴もまた、こうした象徴的なもので、人びとはこの穴のなかでミトラへの祭祀を行った。穴には諸々の惑星やその他の崇拝の対象が描かれた。ここにはまた迷宮もあったが、これは惑星の軌道を示していたエジプトのそれとは異なり、魂の浄化の道筋を示していた。――こうした穴と結びついているのは、また、死者の国という理念、不可視のものの国という理念である。しかし、インドでは、これらの穴が死者の国ハデスとのこうした関係を持っているようには思われない。総じてインドでは、生者と(その否定としての)死者のあいだにこうした特定の区別は見られない。身体的なもの、したがって無媒介に自然なものと、精神的なものとの分離は、こうした地下の穴に始まる。したがって、遺体の保存は、精神的な個体を固定するという観点で重要な契機となる。こうして保存することで、精神、すなわちこうした精神的な個体は、一つの個別的なものと見なされ、たとえ身体的なものとしてでしかなかったにせよ、個別的なもののなかに保存されるのである。これに対して、それ以前は、あらゆる個別性はそのようなものであることを止めていた。なぜなら、個別性は普遍的な、つまりすべてを包摂する絶対者のなかに埋没していたからである。

すでに述べたように、ヘロドトスによれば、エジプト人は、不完全であったとはいえ魂の不死についての表象をはじめて抱いた人たちであった[305]。——精神的なものをこうして固定することで、無媒介に自然的なものから、精神的な形態化が分離する。したがって、いまや彫刻が建築の前面に立ち現れてくる。

死別した精神が自分自身に対して固定化されていると考えるなら、墓標もまたそうしたものである。墓標はそれ自体のうちには目的を持たず、ただ内に横たわる核の殻の役割しか果たさない。墓標はなお建築に属してはいるが、彫刻がしばしばこれと結びつく。墓標はまた、未開の民族の場合、たとえば巨石墳のように、それ自体のうちに欲求という目的を持たない、建築の最初の作品でもある。死別することで、祖先は神として崇拝されるようになる。同様に、祖先の墓が寺院のように崇拝されるのもまた自然な成り行きである。ダレイオス[306]への返答としてスキタイ[307]の王は壮麗な軍事パレードを挙行した。「この者たちの父祖の墓を攻撃するならば、ダレイオスはスキタイ人の勇気を思い知ることになるであろう」というのである。

こうした移行には、記念碑も、したがってまた、記念のために用いられるであろう建築作品も含まれる。すなわち、これらは目的や意味をそれ自体のなかには持たず、しかも、しばしば銘を持っている。こうした二重の建築様態はとりわけエジプト人のあいだで見いだされる。というのも、ここでは建築作品は、象徴的であるか、あるいは、こうした銘、すなわちヒエログリフによってその意味が与えられているかのどちらかだからである。こうした分離が入り込んでくることで、建築は自由で自立的なものとして登場し、彫刻に対峙する。ここではすでに、本来の美しい建築が始まっている。本来の美しい建築は、もはや岩などの自然的なものと融合してはいない。その作品は人間が恣意的に設定したものであり、それ自体が目的ではなく、その主要な目的を自らの外に持っているような、一つの囲いである。同様に、その本質的な規定は直線と直角である。オベリスクとピラミッドにも、すでに直線と直角は登場している。しかしそこにはこれとは別の形式も見いだされるが、形式の全体が指し示しているのは、これらが、他の無関係な支えや他のものとの関係なしに、それ自体だけでそこに立つべしということである。

この規定は柱のなかにはじめて明瞭に現れる。その規定とは、支えるということである。エジプトの本来的な建築は、エジプトの象徴的な構造物と同じ壮大な性格をそれ自身に備えている。しかし、私たちがそこに見るのは、やはり象徴的な形式から始まるその起源である。――それゆえにまた、しばしば、柱ばかりかそれ以外の形態も、人間の形をした柱等も含めて、支えるという目的のために用いられる。支えるということにもっとも近い自然の形成物は樹木である。芸術は何らかの形態を求める。芸術は、その志向が抽象態へと到達するまえに、まずは自然から形態を取り出す。そこで、私たちはエジプト建築の端緒のところに、植物の形象が柱にまで高められていて、柱のなかには大きな多様性と変化が存しているのを見る。もっともそれは、結晶化したギリシアの形式が持つ純粋性にまでは高まってはいないが。多くの柱は下方が玉ねぎの形をしており、上方は枝に分かれているなど、といった具合だ。(308)しかし、植物の忠実な模倣というわけではない。歪められ、大きく修正されてもいる。――アラベスクは、まさにこうした移行に属している。エジプトの芸術作品における柱は、その構造物のなかにこうした多様性を示しており、これはギリシアには見いだせないものである。こうした柱はすべてアラベスク模様に類するものを持っている。すなわち、アラベスクは、すでに述べたように、象徴的な建築から厳密で悟性的な建築への移行に属している。後者の段階に達しているなら、アラベスクは飾りやたんなる装飾品へと陥る。アラベスクはゆがめられた植物の形象であるが、とりわけ、植物の姿から湧き出てくる動物や人間の形態からなるものもある。それゆえ、象徴でもあれば、たんなる幻想の戯れでもある。ただの飾りものにすぎないアラベスクは縁取りなどに用いられる。しかし肝心なのは、アラベスクが自然の形象のたんなる模倣ではなく、はやくもより悟性的で結晶化した形式へと移行せざるをえない、ということである。アラベスクは、それが建築的な目的に含まれていることを示しているのだから、これを非難するのは不当というものである。したがって、たとえばバラ窓はもともとバラではあるが、それが悟性的で建築的な形式へと移行してしまっているのである。

建築がそれ自体でその自由な規定へと到達し、もはや自立的ではなく、むしろある目的に従うもの、別の内容を持つものとなるのなら、建築は、象徴的なものから全面的に純化され、それ自体の厳格な合目的性を持つことになる。それがすなわち、古典的建築である。

第二節　古典的建築

まず、ここにただちに登場するのは家の概念である。通常は、最初の家は木造のものであったとされるが、そのように考える必要はない。それどころか、そもそも木造であったか石造であったかは、どうでもいいことである。同様に、それが完成された家である必要もない。それどころか、平らな地面の上の何らかのただの囲いのもとに立ち止まるだけでよい。まさに、多くのギリシアの神殿は、エフェソスの『ディアナ神殿[309]』や、オリンピアの『ユピテル神殿[310]』のように、上部が開いている[311]。目的が付け加われば、規定もそれだけ付け加わり、ますます複雑になっていく。家の建設をめぐる第一の問いは、それがいかなる目的、いかなる規定で用いられるものかである。こうしたすべての目的が達成されていながら、すべては一つの統一へ向かって調和しているということが、建築家の洞察と偉大な感覚を示している。ギリシアでは、建築の主要な対象は公共的な建築物であった。絢爛たる住居はローマになってはじめて登場する。

古典的建築作品の第一の基礎は、したがって、家の概念である。それははじめ、梁や板などによって結合された壁だけからなる。これが単純で端正な全体であった。しかし、全体は統一へ向かって合致しなくてはならない。すなわち、機械的で外的な統一へ、規則へと調和しなくてはならない。そこにはまた、端正な比がなくてはならない。しかし、何がこの端正な比であるかは、杓子定規には決められない。初心者は正方形を好むが、それは正方形には最大の規則である一つのことの繰り返しが見いだされるからだ。しかし、長方形はさらに完全である。等しくない両辺相互のあいだにいかなる比が存在せざるをえないかは、ふたたび無規定となる。柱の高さと建物の幅、さらには柱の太さなどもまた無規定である。これらのすべてはいわば秘密のリズムを持っており、それをとらえることに、古代人はもっとも長けていた。

ギリシアの建築の主要契機を把握するのはたやすい。第一は、それが囲いであるということであり、第二は、家であるということである。囲いは壁から作られ、正方形ないしは長方形である。ここには規則があるが、それが不等性と結びついている。――囲いのほかにはさらに屋根がある。屋根は支えられなくてはならない。しかし、屋根はつねにこれを取り囲む四方の壁から現れ出る必要があるわけではない。なぜなら、壁はすでにその規定をそれ自体で有しているからである。壁が屋根を支えているとすれば、壁はすでにある種の不純な、二重の規定を持っていることになる。しかし、屋根を支えるということに属しているのは、一枚の壁ではなく、ただ複数の柱すなわち柱列である。これこそが柱の本来の規定である。すでにそこにある石材を寄せ集めるほうが、樹木を伐採して細工することよりもたやすいのでは、と言われるかもしれないが、柱列は木材の梁と石の柱から成っている。[312]こうして柱列や柱廊が成立し、廊が覆われるのである。そこには覆うという目的のみがあり、囲むことは目的とならない。それゆえ、壁付きの柱というのは目的に合致しない。

柱は柱基と柱頭と柱身を持つ。柱の美について大いに問題となるのは、その高さと太さの比であり、建物に対する比である。通常、柱の高さは建物の幅の三分の一であり、[313]柱の太さの十二倍である。通常、柱には若干の胴張[314]が施されている。これは柱が植物に由来することを暗示している。しかし、柱基と柱頭は、その起源が植物であることを示すような規定を持っていない。これらが示しているのはむしろ、これらがたんなる棒ではなくて始点と終点を持つということであり、その始点と終点はたんに存在しているというだけではないということである。これらが示しているのはまた、柱がたんに恣意的に地面に差し込まれていて、さらには地下にまで伸びてさえいるということではなくて、そこに終わりを持っているはずだということである。――さまざまな建築様式[316]が存在する。トスカナ式[315]、またの名を古代ギリシア式は、きわめて単純な建築様式である。ドーリア式は押し縁を伴っており、柱頭と柱基はきわめて単純である。イオニア式[317]では柱頭に渦巻が現れる。コリント式[318]は葉の文様で特徴づけられる。ローマ式はイオニア式とコリント式の結合である。――エンタブラチュア[319]は三つの主要部分からなる。(一)下部梁またはアーキトレーヴは柱頭の真上に直接据えられる。(二) 横梁は、その頂部がアーキトレーヴの上にのみ乗っており、そのため、末端が見えている。ドーリア式建築様式では、この梁の頂部はトリグリフ、すなわちプリズム状の彫り込みによって飾られている。両端のあいだのスペースはメトーペ[320]と呼ばれ、さまざまな装飾で埋められている。(三) これらすべての上に冠ないしは上部の軒蛇腹《のきじゃばら》(コーニス)が乗る。さて、これらの三つはさまざまな比を持つのだが、通常は同じ大きさである。普通は冠が置かれ、それがエンタブラチュアを締めくくるものとされる。一般的な比では、柱の高さは神殿の幅の三分の一とされ、これが最低水準と思われるのだが、しかし、これはこれで美しい比である。というのも、この比だと圧迫感が抑えられるからだ。視線は地上にとどまり、それによって、現象してくるものすべてが、直接に眼前に表現されるのである。(ゴシックの場合は実にふさわしくない高さに達している)。正面に据えられる柱の本数にもまた適度というものがある。古代ではそれほど高くはない四本ないし六本の柱がふつうであった[321]。側面は通常十二本、前室が八本、したがって側面は十八本である。ただし、それぞれの最後列と最前列の端の柱を重複して数えている[322]。柱廊はこのようにして形作られたのであるが、しばしば柱は二重に並べられた。このようにして上部が開放された[323]。こうした配列には中心がない。散策する大衆の注意を集め、彼らの自由で気ままな散策の邪魔をするような統一点がない。そのことが、ギリシア人のとりわけお気に入りであったのである。

主要な要請は調和であり、すなわち何らかの統一への合致である。したがって、これを妨げるものは何も介入してこない。ギリシア人は細部にいたるまで調和を遵守した。柱の建築様式もこれに関係するのである。

トスカナ式建築様式は古代ギリシア的で実に単純であって、もっとも調和に近づいたものである。

ドーリア式建築様式。この建築様式では、なお単純さと真面目さが支配的である。それゆえ、柱はその柱頭ともどもきわめて単純でなくてはならず、とりわけ、堅牢さが考慮された。したがって、ドーリア式は最下級の建築様式である。というのも、高さは下部の直径の六倍で、古くはたった四倍しかなく、当然、きわめて鈍重なものとなったからである。[324] この建築様式に付けられる装飾はトリグリフである。ドーリア式の柱は、フルート[325]を持たないものもあれば、フルートを持つものもある。その規則はきわめて厳密で、それが外観を決める。フルートは通常二十条である。条数が少ないように思われるが、これは堅牢に見せるためである。フルートの縦線が多すぎると壮大さが損なわれる。というのも、これらのフルートによる区切りは柱を細く見せるからである。とくに、白や黄色、あるいは灰色といった明るい色の柱だけが、フルートを施される。暗い色の柱には施されない。なぜなら、地が暗い色だと影がまったく目立たないので、フルートを施す意味がないからである。古代の人々にとってより重要だったもう一つの事情は、柱と柱のあいだの空間であった。堅牢さを表現しているドーリア式建築様式の場合、柱の間隔は柱の直径より大きくはならない。[326] 柱は、正方形で平らなごく単純な柱基しか持っていない。あるいは柱基をまったく持たずに、基壇の上に直接立っている場合もある。メトーペ[327]もまた正方形の形式を持つ。

イオニア式建築様式。イオニア式建築様式では、より好ましい外観となり、柱の高さは直径の八ないし十倍である。柱の間隔はより大きくなり、しばしば直径の二倍ないし三倍となる。柱の高さはしばしば柱の間隔の大きさに比例する。このことは、柱の間隔が大きくなると、目には柱が細くなったように見え、間隔が小さくなると、柱は太くなったように見えるので、きわめて重要である。柱にはドーリア式と同様にフルートが施されるが、ドーリア式よりも条数が多くなる。エンタブラチュアの飾り物もさらに多くなる。古い建築法の名残であったトリグリフは失われる。

コリント式建築様式。コリント式建築様式はもっとも豪華でもっとも細身の建築様式であった(328)。柱の高さは直径の八倍ないし九倍である。柱頭はそれ以前の二つの建築様式よりも高く大きい。ごてごてした飾り物も、柱の巻き付きも、花冠を絡ませるのも、後世のものである。古代人たちを支配していたのは、全体の印象を乱さない単純さであった。大きなものは大きく見えるはずだが、大きな平面もそれがまったく単純であるなら、それが細分化されているときほどには大きく見えないもので、多すぎる装飾は雄大さの印象をさえ弱めてしまうのである。言われているように、後世になると、棒を並べて列にしてしまうなどの過剰な装飾が付けられるようになり、その結果、すべてはこぢんまりとなってしまうのである。

第三節　ゴシック建築

ゴシック建築は二つの性格によって見分けられる。すなわち、尖頭アーチと、太さをはるかに凌駕する柱の高さとである。——古代の人々、とりわけローマ人は、すでにアーチ構造を作っていたが、それらはみな半円形であった。こうしたアーチはとりわけロンバルディアの建築で支配的である。これに対して、ゴシックの建築様式では、尖頭アーチが主要な性格をなす。窓と扉もこの原理に従って作られている。ゴシックの柱ではふたたび植物の形式が戻ってくる。立ち上がった柱は上部で枝を広げるように開く。したがって、柱はすでに下部から繊維の束をまとって始まっていて、この束が上部へ行って広がることになるのである。ゴシック建築様式の性格はこうした崇高さ、聳え立つさまを示すが、これに反して人間はまったく背後に退いてしまう。人間は、ゴシック建築のなかにいる自分が実にちっぽけだと感じるようになる。いわば、大聖堂は、沈黙すること、自分のなかへ回帰することへと誘う。ここではなんらかのより高次の目的が問題なのだ、と感じられるのである。こうした性格に伴って、社交的な喜びのために供されていた外周の柱廊[329]も廃止される。扉は尖頭アーチで、これがまた遠近法で構成されているので、入り口もまたまったく何か遠くの方にあるもののように見える。絵が描かれたガラスをはめ込んだ窓は、内部の靄のかかった雰囲気を保つのに役立つ。外部の聳え立つ柱は、内部のアーチ同様に、その先端は尖っていなくてはならない。装飾は葉脈で、透かし彫りである。これは、ふたたび植物の形への帰還を暗示している。この建築様式の場合、構造物の巨大さと装飾の繊細さの二つがコントラストをなす。こうした矛盾は、ゴシック建物のなかにいるさいの心が陥らざるをえない痛みや憧れといった気分にふさわしい。建物の形式はきわめて単純で、会衆を収容するための船のようである。ゴシックの建築というと、スペインやその他の地域に大勢取り残されているムーア人たちのことを思い起こす人もいる。このことは大げさに騒ぎ立てられているが、まったく無意味である。ムーア人の主要形式は馬蹄形[330]である。アラビア人たちは建築に関しては大した才能を持ってはいなかった。多くのものを寄せ集めたが、そのなかには奇妙なものがたくさんあった。しかし、古典的な建築様式やゴシック建築様式に見られるような自由な美はなかった。大きくて冷たい広間、噴水のある池、涼むためのその他の設備といった内部の構造物は、風土のせいである。

付録　造園術

造園術は、人間の享受にかかわる自然対象物の加工、しつらえのひとつである。こうした享受はさまざまで、したがって造園術もまたきわめて多様である。目的が植物の栽培にのみあることもしばしばであるが、ここでもまた、目を楽しませる外観や清潔さや主婦の几帳面さを認識することになる。あるいは、人間に対するもう一つの別の関係もありうる。すなわち、庭園が人間たちにとっての、とりわけ顔見知りの人たちにとっての統一点であって、そこではとりわけ単純さが支配していなくてはならない、ということである。庭園がより多くの、相互に無関心な大衆にとっての統一点、つまり散策のための統一点であるべきなら、まさに並木道こそもっとも目的にかなったものである。こうした観点から見て最悪のものは、分厚い刈り込まれた生垣である。これは見通しが悪いだけではなく、太陽熱を避けようにも、これを遮りさえしない。単純な自然の享受としては、景色の交替を伴った庭園が最良である。といっても、多くを要求する技巧的で装飾的な交替ではなく、美しい樹木や水辺や丘などを伴っているけれども、わざとらしい技巧は排除しているような、単純な緑地である。これよりも大きな庭園が目的とするのは、自然の壮麗さを見ることで、これには広い眺望や岩山や川や橋などが、つまり、広大な敷地が必要となる。造園の達人は中国人、あるいはむしろ満州タタール人[331]である。皇帝の夏の離宮は、万里の長城の向こう側にある[332]。こうした緑地や庭園は、マカートニー卿[333]とともにかの地に派遣されたイギリス人をさほど驚嘆させはしなかった。中国の緑地は、かつてのドイツでは普通にあった、いまでもところによっては残っている小さな庭園とは、注目すべきコントラストをなしている。中国の緑地と比べれば、ドイツの庭園は貧相で子どもっぽい駄作としか呼びようがない。中国の庭園では、すべてのものが、あたかも自然がしつらえたかのごとくに存在しているのである。人間が作った構造物であっても、造園術に組み入れられて、そこで大きな役割を果たすことができる。ただ、それが壮大でありさえすればよいのだ。この種の唯一の例は、サンスーシー宮[334]の大テラスである。

第二章　彫　刻

建築はおもに囲いであり、ある種の精神的なものを指し示してはいたけれども、精神的なものに従属するだけの働きしかしなかった。それゆえ、精神的なものは、まだ有機化されていないものに対立する一つの他のものである。この他のものが作品となったのが、彫刻作品である。精神的なものはいまや形態をまとって自分自身に対して登場してくる。すでに見てきたように、この形態は必然的に人間の形をしている。自分自身に対してある精神性が、彫刻の目的である。精神性は、自分自身のうちにあって真である主観、自分自身のうちに反省した主観であって、彫刻の対象であるのはこうした主観であるが、こうした精神性はまだ精神的ではない。総じて造形芸術は外面という要素のうちにある。造形芸術は語りを素材とはしない。むしろ素材はある種の非精神的なものである。

しかし、真に精神的な素材は語りであり、これはすべてを記述することができる。語りの記号が表現できない事柄については、想像力を補ってやりさえすればよいのである。ここでは語りを完全に規定する必要はない。語りは表象に対してあり、表象はすでに一つの普遍的なものである。加えて、語りは精神的なものが行為者であることを表現する。行為者は動機と意図を持ち、紛糾と状況にさらされている。そういう行為者として表現するのである。これに対して、造形芸術は統一態としてのこうした要素を持たない。それゆえ、造形芸術においては諸々の要素が相互にばらばらにならざるをえない。語りは精神的なものがかかわっているすべての状況を取り上げる。さらに、この精神的なもののなかで、主観そのものが特殊態から区別されてくる。主観は客観に対立する。この両極のあいだに抽象的な個体が立つ。これはしかし、感受する個体ではなく、客観的な精神である。最初の精神はこうしたたんなる客観的な自然から現れる。それゆえ身体そのものをそれ自体に備えている。これが、精神が描写されるさいにとる形式である身体そのものである。しかし、身体はバラバラになった存在という形をとっており、主観も、三次元で表現される身体というバラバラになった存在の形をとる。これが彫刻の置かれた位置である。したがって、彫刻はもはや、精神を表現するはずの象徴的なものを備えてはいない。しかしまた、感受する主観をその目的としているわけでもない。それは自らのうちに集中している主観ではなく、分散してしまっている主観なのである。それゆえ、彫刻は精神を表現するのに、そこから性格が読み取れるような一連の行為として表現するのではない。そうではなくて、精神を静止した形態で表現するのである。まさに、精神が身体の三次元のなかに注ぎ込まれているために、彫刻の形態もまた、主観の本質的な一点、すなわち魂それ自体の表現であるところの目を欠いている。古代の人々もいくつかの像で目を描写しているとか、いまでもなお両目のなかの色の痕跡を指摘できるというが、それが証明できるかどうかはどうでもよい。真に古典的な像には目が欠けている。少なくとも瞳孔は欠けている。ときには眼球のなかに瞳孔が暗示されることはあるが、そういう場合でも、示されているのは目の外形に過ぎず、いのちのこもっている目でも、魂のまなざしでもない。なぜなら、彫刻はそれ自体に即してもいればそれ自体に対してもいるような主観を欠いているからである。ゆえに、主観の本質的な点である目を省略すること、人間のあいだに生まれる同一性の最初の点、最初の理解の点を省略することは、芸術家にとって大変に高くつくことにならざるをえない。したがって、芸術家は精神を形態の全体でもって表現することになる。ここに、一つの全体という表象が生まれる。彫刻が絵画と異なるのはここである。絵画で表現されるのは主観であり、しかも実在する主観、つまり情感である。絵画は平面という抽象物をその次元とし、抽象化する主観を表現することとなる。

第二の帰結は、彫刻が他の芸術以上に理念的なものに依拠していて、それゆえ古典的芸術の中核をなしているということである。芸術は一面において、それが象徴的なものから発している場合に理念的である、ということはすでに見たが、他面では、それがいまだに主観それ自体へと、したがって偶然態へ、情感へと移行しきってはいない場合にも理念的である。彫刻の領域にはまだ主観の原理が現前しているわけではない。それゆえ、彫刻作品の持つ性格は、抽象化し思考する芸術家の構想力から出てくるはずの形態、したがって人間という形態ではあるが、しかし、それは普遍態へまで高められているわけではない人間であって、すなわち、情感を欠いてもいれば状況の紛糾をも欠いている。彫刻の理念的なものは、それ以外のギリシア芸術一般を理解するための鍵である。彫刻において思考は生産であり、したがって、神々による創造と同様に、一種の創造である。それ以外のものが存在のなかに現れてくることを、神々は人間の自由のために残しておいたのである。彫刻のなかに描写されている理念的なものは、まだ個体と永遠の意思とが相互に対立して現れるようになっていはいない中間である。ここを支配しているのは精神であり、自らに対してある自由な必然性である。したがって、確固たる美が、彫塑的でギリシア的な芸術の特性である。それゆえ、ペリクレス[335]やソクラテス[336]やその他の人々は、ギリシア人自身のこうした自由で細部まで作り上げられた芸術作品なのである。

このように歴史的に見て、ギリシア芸術は古典的芸術であると私たちは考えるのだが、そうするとエジプト芸術にもまた彫刻が存在するということに気づく。その偉大な作品のなかには、まったく固有の様式を持ったものがある。エジプト芸術は、私たちにはギリシア芸術の出発点であり源泉なのである。これについての歴史的な証明は、神話にしかできない。私は以前からさまざまな連関を示唆してきたが、エジプト芸術に起源を持つことを示す多くのギリシア芸術の作品がある。歴史的な事柄そのものには、ここでは立ち入らないことにするが、歴史のなかではこうした連関はけっして偶然のことではなかったとしても、それは私たちには何か偶然的な事柄であるかのように見える。それゆえ、二つの芸術様態相互のあいだの関連については、ここで言及するだけにしておく。

まず言えることは、完全な芸術には不完全な芸術が先行せざるをえない。それも、自明なように、技術的観点からのみならず、芸術の概念からしてもまた、こうした進展が生ぜざるをえない。——探求する芸術一般を象徴的芸術と考えてきたが、完全な彫刻もまた探求する芸術であらざるをえないし、象徴的芸術がこれに先行せざるをえない。まだそれだけで独立してあるのではなく、なおも建築と混合されている彫刻を私たちは見た。不完全な彫刻は、真実で完全な彫刻からすれば、象徴的なものであると見ることができる。子どもたちが蠟や粘土を捏ねて人形を作ろうと試みる場合、そこに見てとれるのは、人の形のようなもの、あるいは表象するための記号であるヒエログリフのようなものが暗示されていることだけである。しかし、だからといってその記号はたんなる恣意的な記号というわけではなく、表象とのある一定の関係と暗示を持っているような記号ですらある。——ここでは、表象から彫刻という具象的なものへの移行について詳細に言及しなくてはならない。理念は実体的なもの、普遍的なものをそれ自体のうちに含んでいる。しかし、そのうえさらに個体的なものでもあり、直観できるものでもある。表象はそれほど生き生きとした直観を必要とはしない。とくに、表象それ自体がきわめて生き生きとしている場合はそうである。だから、たとえば敬虔は、きわめて美しいキリストやマリアの像をその信心の対象とする必要がない。心のなかにある種の表象を作り出して、これによって信心を呼び起こすという目的は、ここにある。しかし、直観の場合は事情がいささか異なる。ここにある目的は、像をその現在において描写することである。しかし、現前している像は一つの個別的なものである。それは空間的に多様であるがゆえに、そのすべてが一定の仕方で仕上げられているという直観を要求する。こうした規定を必要としていないのは、もっぱら表象だけである。というのも、表象はそれ自体のなかにこうした大きな規定を有してはいないからである。表象が含んでいるのはもっぱら抽象的で普遍的な表情だけであって、個別的なものはこのなかに包み込まれているのである。こうした区別に従えば、彫刻の場合、像が不完全であっても、それにふさわしい表象がありさえすれば十分であるといえる。なるほど、像は直観される。しかし、像を直観的に描写するのはただ表象だけであり、像のなかには表象のなかにあるのと同じだけのものしかない。直観が、できあがった個別態として像を描写するのではない。芸術におけるこうした描写の方法を、私たちは象徴的と呼ぶ。というのも、象徴的なもののなかには表象それ自体が述べられてはいるが、一つひとつが取り上げられているわけではないからである。これがエジプト彫刻の立場であり、完成された具象に先行しなくてはならない契機である。象徴的な彫刻のこうした作品は、まだ生きている様を含んではいない。個別態がその最大の真理に従って打つ脈動を含んではいないのである。こうした作品にふさわしいのは、普遍的な暗示だけで満足してしまうような、ぼんやりした感覚である。こうした感覚の下には、個体性という磨き上げられた自己意識はまだ見いだせない。

　したがって、この段階を代表するものとして、エジプトの彫刻を取り上げることができる。往々にして、古代ギリシアの芸術、あるいは古代ギリシアと近親関係にある、いわゆるエトルリア[337]の芸術の方が、この段階によりふさわしいように見えるかもしれない。しかし、これらの芸術の場合それほど多くの作品が現存してはいないということを措いても、もっと考慮されなくてはならないのは、古代ギリシアの芸術は、作品のなかから卓越したものが歩み出てくるための、生成と端緒をすでに含んでいるという点である。この芸術の作品の一部はすでに、エジプトの芸術より高次の芸術への移行の地点に立っている。

　前述のように、エジプトの建築では、柱はすでに自然の模倣を踏み越えてしまっていて、それはすでにより高い段階への移行を明かしている。というのも、ここにはすでに無制約で粗野な恣意の断念があるからである。——さて、彫刻においては、近年有名になったアイギナ島の作品群が、こうした移行の地点に立っている。この作品群は高度に発達した技術を示しており、大理石の取り扱いは驚くべきものである。とりわけ驚異的なのは、それが自然の厳密な模倣を通して、徹底的な外面性に到達していることである。しかし、それは自然の模倣でありながら、堅苦しさはみじんもなく、ぎこちなさはかけらもなく、それどころか、偉大な自然の真理そのものを持っている。しかしながら、頭部だけは例外である。頭部については自然の忠実な描写が断念されている。ここにはきわめて大きな同型性が見てとれる。老人と若者と顔の形成には違いは見られず、それどころか、垂れ気味の目であるとか、こわばった口許といったいくつかのエジプト風の形が見てとれる。――したがって、この段階はすでに本来的に、私たちが古典的だと見なしている段階へとはみ出してしまっている。

エトルリアの芸術作品は、ギリシアのそれと近親関係にある。以前は、古代のものはすべてエトルリア風と呼ばれていたが、そのうちの多くは古代ギリシアのものだ。本物のエトルリアの芸術作品も、自然の模倣を示している。そして、ヴィンケルマンによれば、個別的なものを情感的に暗示している。素描の芸術は古くはエトルリア人たちのもとで作り上げられたが、彼らには優雅さと個体の美しい性格が欠けていたので、彼らの肖像は皆似ているのである、とヴィンケルマンは語っている。

私たちが象徴的な彫刻を見たさいの立場は、表象にとってのみ十分であると見なされるような形態は、直観にとっては十分ではないとする立場である。というのも、直観は、芸術家の完全な自由が表現され、その表現には生きている様が宿り、個別的なものの細部にいたるまで精神的なものが表現されていることを求めるからである。これはすなわち、芸術家による構想であり、魂を吹き込むことである。そして、芸術は自由な芸術として、拘束された芸術、何らかの所与の対象に強く依存している芸術から区別される。普遍的なものが芸術家によって創造された、というわけではまだないけれども、しかし、個別化と個体化は芸術家の作品である。こうした区別は、何らかの歴史的なものとしか見なされていないもののなかにも現れている。すなわち、古代の芸術家は宗教的な表象の伝統に拘束されていて、いわばある種の範型を有しているので、こういう芸術家はむしろ職人ではあっても芸術家ではない、と言われる。しかし、実のところ、こうした主張は本当である。古い修道院などではとくに、すべての絵画が唯一の範型に従って描かれているのが見られる。そもそもキリスト像にしてからがルカ[338]の与えた範型に従って作られたのである。ギリシア教会でも、すべての画像が一定の形式に従って大量生産されている。ここには、芸術が表象のためにのみ機能しなくてはならなかった段階が現前している。しかし、上述のような伝統的な像も何らかの起源を持つはずだという前提がある。ギリシアの像の場合には、より良い趣味を示そうとする伝統がその根底にある。

エジプトの彫刻において、この段階はお決まりの明確なものとなった。プラトンは(『法律』という本のなかで[339])、エジプトでは描くべき対象を決めるのは司祭たちで、画家には何か新しいものを描くことは許されていなかった、と述べている。一万年前に描かれたものが、今日、たったいま扱われている対象よりも美しくもなければ醜くもないことに気づくだろう、とさえ述べている。(ラファエロの絵については、それがありきたりのものでお決まりのものだ、と言うわけにはいかない。さもなければ、このきわめて偉大な芸術家がただの模作者にすぎないことになってしまう)。さらに、身分制度がエジプト人の生活に大きな影響を与えていて、芸術家は第三の、したがって最下層の階級をなしていたという条件もある。このように精神が拘束されている場合、芸術家の精神が持つ天才や非拘束性や個体性は抑圧された。真に芸術家的な制作は、芸術家が自分の個体を、自分の作品であるということのうちに示すよう要求する。そしてまた、作品は主観的な制作からしか生み出されないのである。

ここでは、個々の作品については経験的にかかわらなければならず、したがって、概念に依拠することができないという困難が、議論のあらゆる箇所で生じてくる。古典的なものについての果てしのない理論的な議論で重要なのは、生き生きとした造形の性状と、人体という有機体の性状とが解明され、説明されることであり、さらに進んで、精神的なものとその表現との関係が展開されることである。だから、一種の人相学が古典的なものと結びつけられなくてはならないとされる。しかし、こうした学問は、形成された精神の自由が自分自身に対しているということと対立する。精神の自由はあらゆる人相学を辱めるのである。人相学は触覚という何か無規定なものにかかわるだけであるが、人間に関して真に客観的なものとは、人間の行為である。私たちが芸術作品を判断するさいに有している一つの普遍的な規定根拠は、人間の表情と動物の表情の違いである。このことは、しばしば無規定のままなされている比較に、一つの視点を与えてくれる。

理念的なものを評価し尊重するためには、私たちはこれに先行する段階をも考察しなくてはならない。エジプトの芸術作品を際立たせている形式を挙げてみよう。主要な論点はヴィンケルマンに依拠することにする。

第一節　エジプトの彫刻

その様式に関しては、ヴィンケルマンはつぎのように述べている。

裸体像について、輪郭を支配しているのは真っ直ぐで乱れのない直線である。そのため、輪郭は優雅さを欠いている。人物の姿勢はぎこちなく、不自然である。人物は座るか立つかのいずれかだが、四肢はぴったりとくっついている[340]。両脚は平行で、この平行は両足先が分かれていてもそのままである。腕は、押しつけられでもしたかのように、両脇に沿って真っ直ぐにぶらさがっている。したがって、人物はまったく行為していない。とりわけ、腕の動きで表現される行為をまったくしていない。ヴィンケルマンが指摘しているのは、こうしたことは芸術家の不器用さではなく、指定された規則だということである。というのも、エジプト人が行為する人格をすでに表象していたことは、彼らの絵画のなかに見てとれるからである。ヴィンケルマンはさらにこうも言っている。素描に関しては、筋肉はほとんど示されず、神経や血管は暗示すらされない。背中はまったく見えないが、それは、人物が通常はものに寄り掛かっているからである。男性像は、腰の上に細身のからだが乗っているのが目立つ。(特徴的なのは、エジプト人たちが動物を石にきわめて美しく刻んだことである)。さらにヴィンケルマンが注目しているのは、エジプトの彫像は両目が平らで、斜めに引かれていることと、目の彫りは深くはなく、ほとんど額と同じ高さであることである。このため、エジプトの芸術家たちは高貴さを生み出すことはなかった。高貴さはギリシアの彫像において目の彫りを深くすることによって生まれてくる[341]。というのも、魂がこもっている様、心の深さを証すものは、目の彫りの深さだからである。目の上の骨は両目に対してさほど盛り上がってはいない。眉毛も睫毛も、唇と同様に、帯状にくぼませることで暗示されているにすぎない。これらのすべては、芸術の粗野な端緒に含まれている。——鼻と額の結合はむしろ自然で、鼻と額が一定の角度を作る。頬骨[342]は出っ張っていて、引かれた顎は小さく、これが顔の卵型を不完全にしている。(メディチのウェヌスの場合も、顎は小さく、後ろに反らしている。長年、ここに何らかの美を見いだそうと試みられたが、しかし、顎には損傷があり、補修されたものであることが、のちに判明した）。両の唇は一本の彫り込みで区別されているだけであるが、ギリシア彫刻の場合は、通常唇は開かれている。耳は、ギリシア彫刻や生身の人体より、幾分高い。両手は悪くはないが、長い指には関節がない。両脚は偏平で、足指は曲がっていない。そのほかには、ヴィンケルマンの判断によれば、爪やその他の細部の描かれ方も悪くはない。

以上のことを導入として述べたのは、ギリシア彫刻の契機をより示しやすくするためである。古典的芸術における歴史的なものと技術的なものは、私たちには重要ではない。考察されなくてはならないのは個々の分肢であり、器官であり、注意されなくてはならないのは、いかなる状況がこれらを一つの古典的なものとするのか、ということである。そこで、全体が考察されなくてはならない。すなわち、古典的芸術の諸々の個体と、それらがどのように区別されるのかが考察されなくてはならない。しかし、普遍的なものは、すべての部分を全体へと合致させている調和である。

ギリシア芸術とエジプト芸術のおもな違いは、周知のように、前者の有する完全な個体性である。この違いは、もちろん、ある種の表象を表す散文を基礎としているが、この表象は無規定であった。しかし、表象はこの無規定態からも表象の普遍態からも自由になっている。こうして、すべては生きている様を表すように規定される。優雅さの魔法を生み出しているのは、まさにこの生きている様である。こうした生きている様と優雅さとは、個々の部分すべての厳密な仕上げと取扱いに現れているが、全体を観察するさいには、こうした仕上げと取扱いとに注意が向けられることはない。それゆえ、個々の部分に対するこうした丹念な取扱いなど無駄だと見なしたくなる誘惑にかられがちである。しかし、直接目で見た場合には、こうした丹念さの効果が失われることはない。というのも、生きている様の表現、いのちのふくらみと香りとは、まさに丹念さによって生じるからである。

いまや私たちは理念的なものの特殊な形態へと移行するのであるが、ここでもまた、理念的なものの研究を磨き上げて、とりとめのないお喋りに終止符を打ったのは、ヴィンケルマンである。

第二節　古典的彫刻

古典的な形態と出会うさいの第一のものは、いわゆるギリシア的横顔というもので、これは鼻が額に連なる部分にほとんど角度が付けられず、ほぼ垂直の線をなして下がってくる、というものである。カンパー(343)はこの線について人間と動物の頭蓋骨とを比較し、その観点から、この線がきわめて重要であることを発見した(344)。動物の場合、額と鼻は多かれ少なかれ直線をなすが、動物では、この線と耳と鼻を結んだ線との作る角度によって、口の出っ張りが規定される。動物では、とりわけ食らいつくこと、およびその欲求が突出している。まずは、においを嗅ぐための器官がこれと結びつくに違いない。したがって、そのための器官である鼻が突出するに違いない。人間では、二つの点が目立っている。第一は口である。鼻は口に帰属する。口は動物同様に直接的な欲求を示している。しかし、人間の形成におけるもう一つの重要な点は、額に奉仕するあらゆる器官を備えた、精神的な中心点をなす目である。口はきわめて実在的な過程の器官である。鼻はこういった実在的な過程ではない。むしろ、臭いを嗅ぐという抽象的な過程である。目は鼻よりも上位にある理論的な感覚である。魂は目に現れる。この器官、この感覚によって、額の思索はすでに現前している。ここでは、反省はその外的な表現を持っているはずである。したがって、人間の頭蓋の場合、この器官が一つの主要な点を形成しているはずである。――この二つの点、すなわち口と額はこうして鼻によって結びついている。さて、口から額へのこの移行、つらなりは、それが一定の角度をなし、鼻は上の方が多かれ少なかれへこんでいる、という性質を持つ。かくして、口と額は相互に目立った対立をなす。そこで、こうした額について簡単に理解するなら、額は、口とは対照的に一定の硬さないしは強さと自己内への集中を表現しているが、人間が外的世界に依存しているのは口を通してだ、ということになる。この二点の相互補完、ないしは自分自身のうちでの思索と外的世界への依存との美しい調和、あるいは語りによる伝達は、額からそれほどくっきりとは分離していない鼻の美しい線によって表現される。ギリシアの芸術家たちは、彼らの正しい感覚に導かれて、こうした形式を一つのお決まりの形式となすに至ったのだ、と言うこともできよう。――額の形態、すなわち高さは、年齢に拠っている。若者の額は老人の場合よりも狭い。なぜなら、老人の場合は多くの毛髪が抜け落ちているからだ。額が狭くなればなるほど、毛髪も前の方が短くなり、前方へ向かってオーバーハングすることになる。ギリシアの彫像では、毛髪は顔に沿って丸く造形されており、これによって美しい卵型の形が獲得されるのが見てとれる。

すでに述べたことだが、彫刻に目が欠けているのは、それが主観を示す点だからだ。彫刻には輪郭が、身体の形式があてがわれている。輪郭において、概念は身体のなかへと注ぎ込まれている。目が輪郭だけであるという形式に関していえば、ここでは目の切れ込みが、つまり瞼が開いていることが見てとれる。古い作品では、上の瞼の方が下の瞼より弓なりになっているが、完全に半円ではない。とりわけ美しいのは、頭部を横顔でだけ見せる、古代の硬貨に刻印された目である。すでに知られていることであるが、理念的な頭部では、両目は生きている形態の場合より深く刻まれる。もちろん絵画では、たとえばラファエロの聖母像には、こうした目の後退が見てとれる。古代の芸術作品では、目の上の骨が自然における以上に盛り上がっているように見える。このため、内面性の一定の深さを暗示するような陰影が生まれるのである。そのさい、像から顔がまったく失われてしまっていたり、あるいは、まったくの恍惚に陥ってしまっていたりする場合でも、像の内的なものすべてが末端からあふれ出ているような情感が、見る者には容易に湧いてくるのである。こうした目の彫りの深さはまたお決まりのものになりもする。また、多くの神々を、目のお決まりのありようで区別することもできる。たとえば、ユピテルやユノやアポロンは大きな目と弓なりに盛り上がった上腕を持っている。ミネルヴァも同じく大きな目をしているが、上腕はむしろほっそりしていて、これが若い女性らしい恥じらいをほのめかしている。ウェヌスの場合は、ヴィンケルマンの言うところでは、目は大きいがそれほど開かれてはおらず、腕の先はむしろ真っ直ぐである。これが若い女性らしく恋い焦がれる本質をほのめかしている。——ヴィンケルマンはさらにこうも言っている。古代の芸術家たちは眉毛をくっきり見せようとはするが、毛の一本一本までは目立たせず、むしろ全体が一本の幅の狭い帯で暗示されるだけだ。彼らは目の上の骨の鋭さだけを表現したのである。盛り上がってしわのある小鼻は思慮深い容貌を与え、むしろ反省のための器官に近づいている、と。——口は顔の主要点のひとつであり、きわめて繊細な区別が重要である。唇の開きにはさまざまな個性が繊細に現れる。バッカス[345]の滔々たる弁舌の流れは、とりわけ下唇で与えられているが、これは愉悦も同様である。口はふつう幾分か開いているものだ。活発な人は、それが外見からもわかる場合、口を閉ざしている。口を開いているなら、それはある種のくつろぎや心の鎮静を表す。――老人の場合は顎もまたきわめて特徴的である。ヴィンケルマンは丸くてふくよかな顎それ自体について語っている。静かで満ち足りた顎は内面のくつろぎと満足を表す。――耳はギリシア人の身体ではエジプト人のそれよりも低い位置にあり、格別な入念さで仕上げられている。この入念な仕上げは年齢を判断するための主要な試金石である(とヴィンケルマンは述べている)。毛髪もまたきわめて特徴的である。毛髪はお決まりのものだが、それが神々ごとに違っている。毛髪はまた芸術作品の年代を判断する役にも立つ。すでにエジプト人も、近代と同じ程度に毛髪を精緻に作り上げた。ギリシア人は毛髪を巻き毛に仕上げたが、きわめて精緻にしたわけでも、丹精込めたわけでもない。

その他の身体部位に関しては、胸の筋肉はきわめて広く、腰の筋肉は大きく突出している。これらは男性の彫像の場合に顕著である。男性と女性の身体、老人と若者の身体は、とりわけこの点で区別される。若者の体では、あらゆる形式がより融合しあっていて、それゆえ制作するのはより難しい。(ヴィンケルマンは血管が暗示されていないことに注目している。)

着衣は重要な側面である。多くのギリシアの彫像、とくに男性像は裸体である。女性像は通常衣服を着けている。ローマの彫像はほとんどすべて衣服を着けている。一方で、着衣は必要という目的を持っているが、他方では恥じらいである。恥じらいとは、肉体を維持するためにそこにある身体の部位を、人間のより高次の使命にとっては不名誉であるとして、これを隠したいという感情である。反省を始めたすべての民族は、恥というこの感情を持つ。とりわけアジアの国民において、このことは顕著である

（ヘロドトス「カンダウレス王の妻の物語」[346]）。すでにエジプトでは、彫像は裸体である。男性像は前垂れしかつけていない。エジプト人たちの象徴的な立場からすれば、彼らにとっては事柄それ自体が問題なのではなく、意味だけが問題であって、それゆえ、着衣を暗示するものしか身に着けていないイシスの像に見るように、エジプト人は抽象的な暗示だけを与えたのである、と言うこともできよう。[347]――ギリシア人のもとでは個体の感情が高まった。彼らの形態はそれがそうであるとおりでなければ通用しない。それゆえ、たんなる覆いでしかない衣服を打ち捨てて、形態を裸体で描いたのである。しかし、すべての形態が裸体であったわけではない。ここには特別な区別があった。ゼウスとユノとミネルヴァは着衣であるが、アポロンやバッカスといった若い神々、またウェヌスおよびファウヌスは裸体である。区別は、一方は精神的な表現が顔に限定され、あるいは身体各部の配置や身振りや手などに限定されている場合であり、他方は、身体の他の部位がもっと苦悩をあらわにしており、より感官に関連しており、そのため感覚的なものの加工が主要な目的となり、これによってまた身体の美や性別や年齢などが暗示されるといった場合である。より高次の精神、精神的な美は、裸の身体のなかにではなく、顔のなかにあるのだと彼らに語りかける真っ当な感覚を、ギリシア人はここに感じていた。ギリシア人は子どもの像は裸体で表現したが、それは子どもの場合は最高度の美とは無邪気さであり軽快さだからである。同様にマルス[348]と英雄たちも、競技者と同じく裸体にしたのであるが、これらの場合は、同時に身体の力のなかにも表れている豪胆が主要な関心事であって、それ以外の個体は問題ではなかったからである。ウェヌスが裸体なのは、主要な契機が女性的な形のもつ愛の魅力だからだ。とくに、男性や若い神々が裸体で表現されるのに対して、ヴィンケルマンの計算では、五十体の女性像のうち、裸体なのはほとんど一体である。

着衣の形式を詳細に考察するなら、どのような着衣が最善か、という問いが生じてくる。手っ取り早い規定は、肢体が透けて見えるのを妨げることのもっとも少ない衣服が最良だ、というものだろう。この観点では、体にぴったりした私たちの近代風な衣装が最良だということになりかねない。一日中座っているか、真面目で荘重な態度で悠然と歩いているオリエントの人々には、全身を包む長いマントがふさわしい。私たちのように多忙で活動的な者には、こうした衣服はそぐわないに違いない。私たちの衣服はこうした性質の芸術作品には最適であるように思われる。だが、一見してわかるが、私たちの衣服はいかんせんまったく美的ではなく、芸術的でもない。私たちの時代の女性の衣服は、数年前からギリシアのものを模倣しているために、男性の衣服よりはまだましである。しかし、私たちの男性の衣服は、固い皺の寄った固い袋である。こんな袋に詰め込まれては、肢体の輪郭の生きている様はまったく失われてしまう。すでに述べたように、輪郭のこの生きている様は、形式が相互に波のように移り変わっていくところに生まれる。とはいえ、私たちの衣服にはせいぜいのところ普遍的な輪郭しか認められない。大理石に刻んだ場合、こういった衣服は絵画に表された場合よりもぎこちなく見える。絵画では、ぎこちなさは色彩によって緩和させることができる。しかし、近代に登場したこうした衣服が彫像ではまったく追放されていたのかといえば、それもまた一面的である。というのも、近代に存命していた人物の彫像は肖像であって、そのようなものである以上、彫像にはまた、外的な事情や、外的な生活へと歩み出る様が暗示されなくてはならないからである。たとえば諸侯のように、自分の生活すべてにわたって一つの統一態を形成してしまっているような人間なら、理念的な衣服がよりふさわしいであろう。しかし、肖像というのは、活動の何らかの領域で傑出していた一定の特性を表すものだ。大理石に刻もうと絵画に描こうと、行為し活動するいのちのこの特殊な形式を超えて、こうした特性を高めたりすることはけっしてできない。というのも、肖像は肖像であるかぎり、個体をその特定の背景のなかに一つの特定の仕方で直観するものであって、その個体が行為し、生きた、その形式にふさわしいものでなくてはならないからである。将軍には軍服がふさわしいのであって、硝煙や大砲などの下にいる以(349)外の将軍など考えようがない。だが、つぎのような場合には理念的な衣服はふさわしくない。ワシントンは一つの理念的な衣服に合わせるには大きすぎる。なぜなら、彼の生涯は軍事的な活動領域のみならず、他の領域にも傾注されたのであって、これによって彼は一つの統一態以上のものとなったからである。そして、理念的なものというのは、この一つの統一態にだけふさわしいのである。したがって、近代の英雄に理念的な衣服をまとわせるというのは表面的な要請であって、芸術に対する誤った熱意を示している。古代の芸術家は理念的な形態を理念的に表現しようとしたが、しかし、理念的でないものに理念的な形式を押しつけようとはしなかった。同様に近代人の表情も、そういったような統一態ではない。たとえば、ある将軍が力強い勇敢な顔をしていたとして、この顔が理念的な衣服にぴったり合うわけではない。幼い子どもを理念的に描写しようとするなら、話は別である。というのも、ここには無邪気さないしはいまだ規定されていない表情があり、これは何らかの理念的な取扱いが可能だからである。こうしたすべての理由から、芸術家がこうした肖像に新しいコスチュームを与えたとしても、非難されるいわれはまったくない。――古代の衣服はその規定を満たしていた。すなわち、たんなる感覚的なもの、身体的なものを覆い、顔と、顔が表現している姿勢や態度や身振りについてはこれを露わにしたのである。私たちの衣服もこれらすべてを見えるようにするが、同時にそれ以外の身体的なものの過剰をも見せてしまう。それどころか、たんなる機械的な型紙や固い袋が美しい印象を妨げさえするのである。理念的な芸術があらゆる個々の部分に対して行うとの同じことを、古代の衣装は身体の全体に対して行う。すなわち、理念的な芸術は動物的な有機組織の過剰を脇に除けて、高貴な形式のみを強調したのであるが、古代の衣服もこれと同じことを行ったのである。生地《きじ》もまた、のびのびと自然に、重力の方向に沿って流れているが、身振りだけがこの向きを変えさせているように見える。

古代人がすでに生地の違いを表現していたことにも気づかされる。彼らはすでに、それぞれの物が特殊な個体を表現していることに配慮していた。亜麻でできた服は襞が小さめで平らなところから識別される。羊毛でできたそれは襞も切り口も丸みがあって大きめなところから識別される。——それゆえ、古代の衣服は芸術家にとってはむしろ好都合なものでもあった。なぜなら、位置などに合わせて襞を作る手順ははるかに簡単だからだ。すべての服は肩の関節の上とベルトのところで保定される。それ以外の位置は肢体の姿勢と重力の固有の方向に従って決定される。

衣服はまた、彫刻の作られたさまざまな年代を示す働きもする。より古いものは、ただ真っ直ぐな、ないしはほとんど弧を描かない、鈍重な襞を持っている。完全な彫刻の時代になると、早くも襞の扱い、とりわけ衣服の上半身部分の扱いに特殊な綿密さが現れた。こうした襞の作りこみはしばしば細部にまで及んだ。最良のものは、小さな襞が全体を形作っていて、たとえば膝のような、襞の始まる地点がはっきり見えるものである。より新しい芸術家は複雑すぎて不自然な襞の打ち方にまで達してしまった。形態が外面へと現れ出るもう一つの出現について言及しておこう。それは、武器や道具、あるいは人間の活動が他の人間と関係するさいに用いられるその他の物品である。古代人はこれらをさほど発展させてはいない。形態の方をよりよく際立たせ、強調するために、これらについては、いわばただほのめかすだけだ。立派な彫刻作品はその属性という点では単純だと考えられている。というのも、こうした作品はそれ自体に、つまりその精神性の高さに拠っているからである。こうした添え物に含まれるものとしては、さらに、エジプト的で象徴的なものに由来するもの、すなわち神々に比定された動物がある。たとえばユピテルは鷲で表され、ミネルヴァはフクロウで表されるといった具合である。エジプト人は通常、これらを神々そのものとして崇拝したのである。バッカスはキヅタの葉を伴ったテュルソスの杖を持っていることで示される。これがさまざまに作りこまれることで、バッカスは属性を持つことになり、それがさまざまな事柄を暗示する。それゆえ、バッカスはときには月桂樹の冠を戴いているが、これはアジアの習慣では、虎に曳かせた戦車と同様に、勝者のしるしである。バッカスはしかし、しばしばこうした添え物とは無関係に表現されもする。――こうした属性との緊密な統一は形態の規定に従うし、また従わなければならない。彫刻のより高次の制作物の場合、静止した形態、つまり自分自身にもとづいている形態が表現されるべきものである。それゆえ、外面態とかかわることはほとんど許されていない。――しばしば人物像が神殿の破風に取りつけられるが、そのせいで、人物像の姿勢は破風の形態に従うことになる。形態は破風面における位置によって規定され、多くの形態の意味が往々にしてこの規定によってはじめて説明されるのだから、この規定はきわめて重要である。――薄肉浮彫の場合、人物像をさまざまな位置に、活動をさまざまに変容させて表現する機会はさらに多様となり、多様な添え物を付加することもなされた。形態と付け足しを多様化させるもう一つの機会を与えたのは、国家や個人が神殿に寄進した多くの奉納品であった。そのさいこれらは、何らかの象徴的なあるいはその他の関連を示唆するものでなくてはならなかった。ここに、骨董品は投機のための広大な領域を見いだしたのである。そしてしばしば、こうした外面態を根拠に誤った判断が下された。しかし、このような外面態をまったく捨て去ってしまうわけにもいかない。というのも、さまざまな神々を識別できるようにしているのは、こうした些細な外面性だからである。

古典的彫刻の第二の主要契機は、一定の個体に従って形態を区別しなくてはならないということである。さて、ここにはしばしば、ギリシアの神々の理念が、規定された特殊化とは対立して登場する。そしてまた、たんなる外面によってしか神々を区別しえない、ということもしばしばである。こうした場合、理念のゆえに形態が似通っているように見えるのであるが、この場合は、属性にだけ排他的に依拠するわけにはいかない。なぜなら、属性も複数の神々で共通だからである。それゆえ、たとえば、秤皿はゼウスの持ち物ともヒュギエイア[350]の持ち物ともアスクレピオス[351]の持ち物ともされるし、雷を発するのはユピテルであるが、パラス[352]もまたしばしば雷を発する。本当のところは、彫刻作品は内的な性格に従って示され、これを表現するものである。ここでは、(ヴィンケルマンに倣って) 主要な形態についていくつかの実例を挙げる。

ユピテルについて言うなら、彼固有の性格は、その無際限の威力と最高の威厳であるが、目許にはある程度の寛大さがある。彼はその兄弟であるプルートー[353]とネプチューンによく似ているが、その属性によって、そしてまたかれの性格によって区別される。ドレスデンにはユピテルとプルートーとネプチューンの像がある。これらは家族の性格に類似点がある。しかし、ユピテルはどちらかというと寛大で、髪はより美しく、プルートーはどちらかというと陰気で、ネプチューンはより荒々しくて、髪は流れるようだ。

ユノは妻としてあらゆるものを超えて崇高である。大きな目と、口許の支配者然とした表情でそれとわかる。それゆえ、横顔の場合にはこの表情で識別できる。――パラスはつねに処女であるが、完全な処女であり、女という性の弱さからはかけ離れている。まさに、自ら愛に打ち勝ったように見える。彼女の目はユノの目ほど大きくはなく、頭もそれほど誇らしげに持ち上げているわけでもない。この点でパラスはローマ女神とは区別される。これ以外の点ではあらゆる点でローマはパラスと同じである。――ディアナは女性のあらゆる魅力を備えているが、そのことを意識してはいない。彼女の目はパラスのように伏し目がちではなく、見開かれていて活発で、それが、彼女の主たる仕事である狩りを暗示している。それゆえまた、彼女の身体はほっそりとして軽やかである。――ウェヌスは美の女神であるから、グラーツィエたちやホーラたち[354]同様に裸体である。しかし、血管が拡がっていて、胸も膨らんでいるので、ある程度の年齢に達しているように見えることから、ウェヌスはこれらの女神たちとは区別される。彼女の目は切なげであるが、いかなる性欲からもほど遠い。――処女であるという性格のうちに示されているこうした区別は、主要な彫刻作品のなかで見事に描き出されている。しかし、すでに述べたことであるが、個体という理念は、一つの個体が往々にして他の個体に移行してしまうという問題を伴っている。[355]それゆえ、たとえばマルスは静止した姿ではバッカスにもアポロンにも、とりわけテセウスやペルセウスなどにきわめてよく似てしまう。そもそもこのゆえにしばしば取り違えられることになる。また、女性と男性が取り違えられることもしばしば起こりうる。それゆえ、たとえば、ある頭部の像を、ヒルト[356]はアリアドネ[357]のそれであると主張するが、バッカスの頭部であると主張する者もいる。しかし、バッカスはそうやって少年のようにも女性のようにも描写されるだけではなくて、それどころか歳の行った髭面の男にまで仕立てあげられる。こういった変容に晒された例としては、とりわけヘラクレスが挙げられる。オムファレー[358]やイオレー[359]の物語に登場するヘラクレスは、まったく少年のようにも女性のようにも描写されるので、顔だけ見れば彼を女性とみなすこともできる。短くて前が盛り上がった毛髪だけが、彼が男性であることを示している。そのような男性として、彼は、ふたたびその人間離れした力という形で、その仕事の真っ最中に、その巨大な裸体で描写される。ときには彼は、仕事を成し遂げて憩うているところを、美しく描写されもする。このヘラクレスの形態を用いて表現された古代人たちの像は力強く、また、一人ひとりが彫琢される場合には、しばしば厳粛でもある。

神の個体は維持されなくてはならないが、それは理念的にであって、つまり、自由で、事情や副次的な事どもを超えて崇高でなくてはならない。彫刻は通常、一瞬だけを把握し、これをまったく単純に、多くの添え物なしに描写する。彫刻も高次の領域になると、添え物はますます欠落していく。それ自体がすでに一つの行為を描写しているような群像では、その姿勢の規定するところによって、また行為によって、いかなる個体を描写しているのかはおのずから明らかである。本来、こうした群像は彫刻には適していない。というのも、その主要な性格は自分自身に拠っていることが理念に含まれているからである。もちろん、たとえばローマのモンテ・カヴァッロにある、『馬を調教する二人の男の像[360]』のような立派な群像もある。それは実に大きくて、中位の大きさの人物は巨人の膝蓋骨の高さがある。一方の像は他方の像よりも保存状態はよいのだが、どちらも、全体としても、また細部を見ても、素晴らしい仕事である。一方はフェイディアスの作、他方はプラクシテレース[361]の作とされ、『カストールとポリュデウケースの像』だと考えられている。なるほどこれは群像ではあるが、しかし、自由に立っていて、いかなる行為も描写していない群像である。こうした群像は彫刻の領域には適しているし、アテナイの『パルテノン神殿[362]』の前に展示されるのがふさわしかった。さらに、運動と行為に踏み込んでいるものとしては、有名な『ラオコーン[363]』の群像がある。この群像では、行為がいかなる人格を描写しているのか、いかなる状況において描写しているのかは、行為そのものによって直接に説明されている。『ラオコーン』はこうした内容が描写された稀有な作品である。この作品は四十年ないし五十年前からさまざまな研究の対象であった。レッシングは『ラオコーン[364]』というタイトルの作品を出版し、詩と絵画の違いを論じた。この本の主要な論点は、詩は対象を経過のなかに描写するが、絵画は相互に並べて描写するというものである。もちろん、これはきわめて表面的なものではあるが、芸術研究の端緒を示している。また、ラオコーンは叫んでいるのか否かも、大論争になった。さらに重要だと考えられたのは、ウェルギリウスがこの芸術作品について記述しているのか、それとも芸術家がウェルギリウスの記述にもとづいて制作したのか、という問題であった。叫びについていえば、肢体がまったくの緊張状態にあって、最大の苦悩のなかにありながら、美は保たれていて、歪んでしまってはいない、ということは明らかである。その他の点では多くの修復がなされている。例を挙げれば、蛇の頭部がそうである。ゲーテは、蛇の頭部は正しく据えられてはいないのではないかと推測している。というのも、嚙み傷が太腿の上部にまでしか達していないならば、腹筋をこうまで引き絞って目立たせる動機は十分ではないからだ。ゲーテはむしろ、蛇が嚙んでいるのは脇腹だ、と考えている。ドレスデンのマタイ教授[365]は、オリジナルの大腿部に嚙み傷の痕跡が見いだされるだろうと考えているが、これはほかの原因でも生じうるものだ。この作品が、フェイディアスの時代のものではないものの、まだかなり素晴らしかった時代の作品であることは、素材の仕上げ全体のなかに見てとれる。こうした見解を支えているのは、この作品において芸術は最高度に完成されているにもかかわらず、手法に従おうとする努力の痕跡が作品のなかにすでに見られる、という事情である。人間の体格についての知識は、ぎこちない姿ではあるがすでに暗示されている。これに反して、フェイディアスの時代の作品には、真理と美のみを目的とする、こうした高貴な素朴さ、無邪気さが見てとれる。ここにはすでに、芸術家が自らの芸術の完成を示そうとしたことと、それが手法へと移行していくのが見られる。作品とはすなわち描写される行為である、ということが素材の精神であるが、そもそもその精神は、作品がより新しい時代のものであることを証明している。同様に、『ベルヴェデーレのアポロン像』のゆったりと歩む姿勢は、この像が芸術の開花の中心よりも幾分あとのものであることを示している。そもそもその形態は、痩せているのを気取ることへとほとんど移行している。芸術が最高度に花開くのは、やぶにらみと同じことで、それが変化する点に達したときである。芸術はアレクサンドロス[366]の時代までは生き延びなかった。とくに、ムンミウスによってコリントス市が破壊されたとき[367]には、芸術はローマ人の手へと移動したのである。ローマ人の下でも芸術はなおも一定の高い様式を維持していたが、古い芸術のもつ高貴さと単純さはもはやなかった。

　神殿の破風に置かれたものであれ、薄肉浮彫や花瓶などに施されたものであれ、芸術作品のなかで表象されている行為に関するヴィンケルマンの指摘を、もう二点引いておきたい。一つ目は周知のとおり、すでにギリシア人たちのあいだでも、個人の像が制作されていたということである。アレクサンドロスやハルモディアスやアリストギトン、のちにはオリンピアの競技で戦った多くの選手たちの像がそれである。これによっても芸術は損害を蒙りはしなかった。むしろ、芸術はさらに多くを得た。というのも、膨大な数の彫像を通して、芸術家はいのちを描き出すことを求められ、こうして作品は伝統的なものを捨て去って、美しくて生きている様を獲得することになったからである。――ヴィンケルマンはさらに、トロイ戦争後の時代の題材はほとんど取り上げられていない、ということを指摘している。ヴィンケルマンの見たすべての陰刻宝石および陰刻のなかには、著名な歴史的事件を題材にしたものは何一つなく、あるのはただ神話時代を題材にしたものばかりであった、と彼は言う。――ヴィンケルマンが伝えているもう一つの経験は、古代の芸術家たちの構想したのは、いかなる著名な歴史的事件とも関係のない、たんに理念的なだけの像ではなく、もっぱら芸術家自身の発見であるような像であった、ということである。万人が神々や英雄たちの神話上の物語を想像する。ただし、踊りや表情等の描写を見る場合は別で、ここでは皆が自分の空想だけを追い求める。もちろん、埋葬用の花瓶や骨壺には、ただ遺体の埋葬だけが一般的に描写されているのではなく、たとえばメレアグロスの埋葬のような具体的な埋葬が描写されている。

彫刻についてなお述べておくべきは、彫刻が古い古典的芸術の中心をなしているということであり、その意味でギリシア人は芸術家であったということである。ギリシア人は描写において無尽蔵であった。その帰結として、彼らの描写の技術は高い完成度にまで達したのである。真の芸術的才能はつねに現れざるをえないし、それもただ蜜蠟や粘土を捏ねるだけで現れ出るのである。音楽家にとっては幼いころからすべてはメロディーであり、詩人にとってはすべてが詩なのである。ギリシア人は恐るべき量の彫刻円柱を生み出した。一〇〇〇体から二〇〇〇体の彫刻が街のなかに存在していたこともしばしばであった。国家の主要な方針も私人の方針も、普遍的なもの、公共的なもののためにこうした作品を購入することに向けられたのである。

彫刻が描写や形成へと歩み入っていくと、それとともに徐々に、純粋さは多様性や形式的なものへと変わっていく。そしてこの移行はまた、彫刻のさまざまな作品のなかに見てとることができる。しかも、彫刻のさまざまな側面のそれぞれに見てとることができる。

こうした側面のひとつが、すでに述べたことだが、ギリシア人の下で登場した高い技術的完成である。前述のとおり、ギリシア人の下では恐るべき量の彫像が登場したが、その理由もその効果も、この恐るべき技術的完成にあった。エジプト人もまた偉大な完成を示したが、ディオドロス(373)がまったく正しく言っているように、エジプト人は物差しに従って、ギリシア人は空想の産物の直観に従って仕事をしたのである。ヴィンケルマンは言う。おそらく、偉大なギリシアの芸術家たちは、構想について熟慮しなかったわけではなかったとしても、手本なしに仕事をしたのである、と。しかし、彼が言うには、たしかに彼らは私たちよりもより自由に、よりとらわれなしに仕事をしたのであろう。というのも、私たちの場合は、手本がそもそもオリジナルであって、作品自体はそのコピーだからだ。とくに、青銅を鋳込むさいには、繊細さや特性は失われるもので、こうしたものはあとからやすりを掛けることで作られなくてはならないからだ。古代の大理石の彫像は巨匠が手ずから制作したものであるように思われる、とヴィンケルマンは言う。巨匠は、私たちの場合とは異なり、ただ最後に手を加えたのではない。手本に従って作る二度目の仕事では失われてしまっているはずの情熱と熱狂を込めて、巨匠は仕事をするのである。古代の作品のうちでももっとも卓越したものの場合であっても、何か所かは、素描の規則に反した誤りが見つかったりもする。『ベルヴェデーレのアポロン像』では、片方の脚がもう片方より短いし、両の耳は目と同じ高さにはない。こうした誤りは、何らかの手本があれば生じえないものだが、自由に加工された場合にはありうることだ。このような誤りを見つけると、そこに凡庸な芸術家を見いだしたくなることはよくある。ヴィンケルマンは言っているのだが、青銅の鋳造においては、古代人は私たちをはるかに凌駕して卓越していた。それは、大理石に関して私たちよりも卓越していた以上であった。というのも、その他の作品の多くの部分が示しているように、作品は完全な形で純粋に鋳型から取り出されたのであり、あとから修正されたものはまったくないか、あるいは稀であった。古代人は何本かの線だけ青銅を厚く盛ることに成功した、ということもまたよく知られている。この技術上の偉大な洗練が作品の成功をもたらし、見る者の欲望も掻き立てた。したがって、ギリシア人の場合、芸術はいわば彼らの本能と見なされるべきである。ギリシア人は、自分たちの精神と生活のすべてを傾注して芸術に向かうよう駆り立てられた。この理念的な生きている様こそギリシア芸術一般の性格であり、こうした精神はまた、その手と指先を洗練させたのである。彫刻はギリシア文化の中心である。たしかに、ギリシア彫刻は個体を有しているが、恣意的であったり主観的であったりするような個体ではなく、むしろ客観的で実体的であるような個体である。ところでまた、実体的な個体の感覚はそのすべての描写のなかにも浸透している。だから、彫刻がギリシア人のもとでこうした洗練と軽快さと高さとに達したのも驚くには当たらない。

彫刻の外面性に関する第二の指摘は、彫刻と建築との関係、建設すること一般との関係である。彫刻という芸術作品は何らかの背景を必要とする。直接的な神像は神殿をその覆いとしている。ホメロスと偉大な英雄たちを刻んだ彫刻円柱はエーリス[374]に鎮座し、生まれ故郷の街にある公共の広場にも鎮座する。したがって、上述の通り、神像は神殿を覆いとし、壁を背景とする。群像にする場合は、それが単純なものであるなら、破風面や建物の上の方に置かれた。そのさい注意すべきは、彫刻作品がどのように配置されるのか、つまり、具体的な背景を持つのか、それとも開《ひら》けた空を背景にするのかである。彫刻作品が開《ひら》けた空のみを背景にするについては、それなりの固有の事情はあるのだが、しかし、空模様というのは実にしばしば変化するということだけからも、これは推奨されない。人物の輪郭の美しさとそれが際立っていることとは、背景が一定の明るさないしは暗さを持っていることと密接に関連している。群像がまったく自由で、かつきわめて高い位置に据えられている場合、見えるのはそもそも一番外側の輪郭だけで、一種のシルエットである。これ以上の仕上げをしても明瞭には見えない。したがって、群像がそのような位置に据えられるなら、人物は相互に溶け込んでしまう。重要なのはそれぞれの人物の独立した繊細な輪郭であって、これを正しく区別することはできないのである。むしろ、目に見える輪郭は多くの人物の部分からなる、ということになってしまう。それゆえ、こうした群像もまた、灰色ないしは暗い空のときによりはっきりと目に見える。なぜなら、外側の輪郭が空とそうしたコントラストを持っておらず、内側の輪郭もそれほどはっきりとは区切られないからである。したがって、そうした高い位置には個別の人物を配するほうがよい。このことはまた、ブランデンブルク門[375]上の戦車がすぐれた印象を与えるのはなぜかの理由でもある。というのも、馬たちとビクトリア女神[376]は独立して離れて位置しており、そのため、少なくともつねに数体ずつはまったく独立して区別できるからである。これに対して、新劇場[377]の上の『竜の戦車』は美しい印象を与えない。そのうえ、グリフィン[378]たちはそもそも馬以上にきわめて多様で入り乱れた姿をしている。グリフィンたちは翼を持っているし、アポロンはリラを抱いている。そのため、外見はとうてい独立しているとはいいがたい。

このように、彫刻は建築につながっている。いたるところに彫刻作品は配置されうる。とりわけ、彫刻は庭園の装飾に適している。しかし、彫刻作品が建築とこうした関係にあるがゆえに、彫刻作品はまた飾り物と貶められもする。かつては神殿で礼拝されていたのに、いまでは何か低次の規定で用いられている古代の神像をめぐって、同じことが近代においても起こった。こうして、彫刻作品の高い本性はまったく変化してしまう。ここでは人間とのかかわり方が主要な問題なのである。それゆえまた、彫刻作品はそれが表現している規定の点でも多様化させられてしまう。

彫刻作品の第三の側面は素材との関係である。特定の素材は、描写されるべき特定の理念とある程度は関係している。高度な彫刻作品の素材には、木材、石材、青銅、金、銀、象牙、大理石、宝石などがあった。一般に言えるのは、ある種の形態化と労作とには、他の素材以上にふさわしい一つの素材がある、ということである。いわば、こうした素材を手に入れることが、芸術作品にとっては象徴的に重要なのである。——木材は、神像を形作るためのもっとも古い素材のひとつであった。上部に頭を刻んだ切株や柱は、(少なくともヴィンケルマンの意見によれば)彫刻の端緒であったろう。後世になっても、木材はきわめて長持ちするものであった。木版画芸術は近代でも行われた。たとえば、アルブレヒト・デューラー[379]は木材で優れた細密な人物像を描いた。細密な人物像には木材は大いに適している。木材の繊維の特徴や色は、立派なものを作るにはふさわしくないように思われる。これに反して、細密な人物像は鋭い角や彫り込みを必要としており、木材はこれをうまく実現できる。――一般的に言って、木材よりも良質でより多く使われるのは石材である。その耐久性ははやくも彫刻に導入されている。エジプト人は多くの石材を加工したが、どうやって、きわめて固い石材でこれほどまでに美しくも芸術的な事物を、しかもこれほど多量に作り出したのかは、想像を絶している。困難の克服にはとりわけ目を見張るものがある。――しかし、彫刻にとりわけ向いているのは大理石であり、それも白い大理石である。彫刻の目的、つまり、静止したもの、素朴なもの、理念的なものを表現するという目的には、無色の、あるいは淡い色の大理石が適している。古代人はさまざまな大理石を使った。もっとも粒子の細かいものはカラーラ産のもの(380)である。それは象牙ほどにはなめらかではないが、そのためにかえって生きている人のような外観を呈する。これに対して石膏は均一ではなく、ざらざらしてもいて、そのためむしろ死んだものであり、単調な表面をしている。石膏はまた明るすぎ、そのため一つひとつの細部と影が混ざり合ってしまう。そのため、シラーの有名な胸像の制作者は石膏に明るい黄色を塗ったのである。(381)――古代人たちに好まれたその他の素材は象牙と金である。アテナイにあったというフェイディアス作の有名な巨像(382)では、衣は金、肉体は象牙であった。『アテネ像(383)』は巨大で、そのため『ビクトリア像』はアテネ女神の手の平の上に載っているにもかかわらず、等身大より大きかった。同じく巨大だったのはオリンピアのユピテル像(384)であった。こうした大きな像の場合、重要だったのは、芸術家の芸術が現れ出ていて、それが称賛されているということだけではなく、民衆の豊かさが描写されるべきだということであった(それだから、神殿は実に絢爛豪華に彩色されたのである)。したがって、像自体もまた、大理石のこうした単純でつつましい外観を持つだけではすまなかった。象牙はきわめて純粋な素材でありながら、大理石のようなざらつきを持ってはいない。象牙はまた、ディテールが一層際立たなくてはならないような、小型で繊細な細工にも用いられる。こうした小型の細工は末期の二〇〇年間に大量に生産された。――主要な素材としてはさらに青銅があった。古代人たちには、コリント産のものが大変有名である。これはコリントの炎上のさいに生じたものであった。フェイディアスやポリュクレイトス[385]やミュロン[386]その他の偉大な芸術家たちはまた、青銅作品も手がけた。青銅一般に関しては、その暗い色と輝きの点で大理石とは異なっている。したがって、大理石それ自体が表現しているような抽象態と純粋さにはふさわしくない。こういったどちらかというと不透明な素材は、観衆に多くを要求するが、また、多様な彫塑の可能性を身にまとうことも可能である。こうした彫塑の可能性によって、芸術はまた装飾と多様な描写へと向かった。大理石を用いるには、大きさについても制限があるが、青銅の場合には大きさを考慮する必要はない。青銅は鋳造されたり鎚金加工されたりする。とくに後代では広範に用いられた。(ブランデンブルク門上のビクトリア女神像もベルリンの新劇場の上の『アポロン像』も、鎚金という打ち出しの労作である)。加えて、大理石と同じく、青銅は壮大なものを表現するのに相性がよい。――貨幣において古代人は高い完成度に達していた。それも、私たちの道具ほどには完全でない道具を使ってである。この芸術は近代の方が大きく衰退している。――宝石は、ガラス同様、素材としても用いられる。ここにはさらに素晴らしい芸術作品が残されている。宝石は、陽刻された労作としてはカメオ[387]に、陰刻された労作としてはインタリオ[388]に用いられた。古代人の芸術は、ここにおいて最高度の完成を見た。たとえば、ミケランジェロの印章指輪の上には、もちろん虫眼鏡を使って見るのだが、最高の有機的な美しさを示す九人の人物が、きわめて美しく刻まれている。こうした芸術は触覚の芸術と呼ぶことができよう。というのも、石を研磨するさいには、芸術家はまったく見ることはできないのだから、もっぱら触覚に頼らざるをえないからである。

したがって、私たちは、彫刻はかなり高度な厳粛さをもった芸術であると見なすが、しかしそれは生ける形態を持った芸術であり、抽象物ではない。高度な理念に組み込まれた高度な個体が、高度な古代の彫刻作品の明朗さを与えているのである。シラーは「いのちは厳粛で、芸術は明朗だ！」[389]と言っているが、古代彫刻の場合、その厳粛さそのものが明朗なのだ。こうした明朗さにおいて、彫刻という芸術は多様性のなかへと流れ込み、多様性を超えて、この明朗さそれ自体を広げていったのである。高度な芸術は抽象態をもって、すなわち、純然たる表象、芸術の象徴的段階、つまりエジプトのぎこちない形態をもって始まった。だが、芸術は個体へと、精神的なものの真理へと移行した。しかし、この個体は理念のなかに維持されている。それゆえ、明朗なのである。そしてこの明朗さのなかで、芸術は戯れることができ、描写の多様性に携わることができる。この多様性のなかには、キリスト教芸術の描写に見られるような、歪んだもの、風変わりなもの、苦痛に満ちたものは何もない。むしろ、描写の性格は明朗さであり、明朗さであり続けるのである。こうした側面を詳細に検討しなくてはならないが、それは、この側面が高次の彫刻から別の領域への移行を含んでいるからである。これを説明するためには、神話の領域から多くの題材を引用することができよう。神話の領域ではすべては明朗さが支配しており、それゆえに神々の形態が人間の姿に近づいている。描写されて生きている様が主要な関心をなすこの側面に関しては、私はいくつかのことだけを引用しておく。無害な題材についての議論なら、すでに明朗な描写を伴っているからである。

古代の有名な作品には、芸術家ステュパクス[390]の手になる『火を起こすペリクレスの奴隷』を描写した青銅の像があり、高く評価されたポリュクレイトスの『サイコロ遊びをする人々』の像[391]があり、また、ミュロンの『円盤投げをする人』の像[392]がある。『足の刺を抜こうとして座る少年』の像[393]も大変有名である。こうした類の描写は古代においてはきわめてしばしば見られた。これらはある種の情景であって、それは、厳粛な目的を描写しているのでも、感情の深さを描写しているのでも、真の意味での行為を描写しているのでもないが、しかし、だからといって滑稽なものを描写しているのでもない。むしろ、無害で、つかの間に過ぎ去るような情景である。製作者の手で固定されるこうした情景は、自然から直接に聞き知られるのである。——これと近親関係にあるのは、無数といってもよいくらいにたくさんあるファウヌスやサテュロス[394]の描写である。なかでも有名なのは、ミュロンの作とされる『双管の縦笛アウロスを試奏するファウヌス』の像で、これは若いバッカスを両腕の上に乗せたサテュロスである。サテュロスやファウヌスは彫刻のなかでは独自の一群をなしている。ヴィンケルマンは、若いサテュロスとファウヌスは、頭部を除いては、一貫してアポロンを描写しているらしい、と述べている。サテュロスとファウヌスは高い理念を持っているとはいえ、つねに人間の情感を描写してもいる。したがって、一方では、古代人自身がサテュロスやファウヌスを神々しいものに高めたことは称賛されるものの、他方では、古代人の労作や仕事や情感が作り出したこの一群は、それ以上に人間的でもある。そういうわけで、サテュロスは若いファウヌスを無限の喜びを込めて見つめているのだが、この喜びはまた人間的なのである。

さらに彫刻は、動物的なものの描写にまで下っていくが、しかし、エジプトの場合とは異なり、動物的なものは神ではなく、たんなる動物であるはずだ。有名なのは、古代ではミュロンの手になる『牝牛』の像であった。ミュロンは、高度な想像力に満ちた、完璧な自然描写をする芸術家として有名である。彼はポリュクレイトスの同時代人であり、多くの美しい巨大な彫像の完成者であった。彼はまた、卓越した犬の像一体と多くの牡牛の像も完成させている。また、こうした描写をギリシア人は評価したのであった。というのも、自然の生き生きとした把握は彼らにとっては、いかなる装飾や芸術家気取りにもまして価値があったからである。ミュロンの牡牛についてゲーテはつぎのように述べている（『芸術と古代』を参照）。とりわけ、牝牛がきわめて自然であることが称賛されているのだが、しかしこの称賛はいささか好事家じみている。ミュロンは自然であることとそれ自体にだけかかずらっていたのではないはずだ、と。そこでゲーテは問う。たんに自然を模倣しただけの牝牛が何世紀にもわたって魅力を持ちつづけるだろうか、と。しかし、この芸術家は一つの生きたものをこの牝牛の仲間にしてやることができた。それが、一頭の仔牛であった、とゲーテは言う。だから、ミュロンの牝牛は乳を飲ませている牝牛なのであって、私たちにとっては牝牛のこの規定こそがもっとも重要なのである。さらにゲーテは、この牝牛はまるで柱のような自分の脚で堂々と立ち、伸ばした身体は仔牛の守りともねぐらともなっている、と述べる。仔牛は懇願するかのように半ば跪き、牝牛はふり向いて仔牛を見やっている。複製ですらこれほど立派なのだから、オリジナルはきわめて素晴らしかったに違いない(395)。ゲーテはさらにつづけて、芸術家は技術的な方法に驚嘆するであろうが、私たちは着想の素朴さが古代の人々を魅了したと主張する、と言う。哺乳は動物的な作用である。哺乳する牝牛の無意識の硬直した姿勢と、仔牛の貪り飲む活動とは、美しいコントラストをなしている。ゲーテは、動物の造形から神々の形態へと話題を移して、つぎのように言う。授乳している女神を描写することなど不可能だと考える古代の芸術家もいたであろう。ユノやパラスの大理石像に息子を同伴させるなど、不敬であろう。もっとも、ウェヌスは永遠の処女であるしるしにベルトをしているのであるが。さらにゲーテは、位の低い女神やヒロインやニンフ等[396]には母乳にかかわる所作があてがわれているということも、あるいは、ユピテル等の多くの神々は動物によって育てられたか、総じて闇のなかで育てられたかであるということも、指摘している。こうしてゲーテが示しているのは、出産と哺乳と躾とは、全面的にでなければ半ばは動物的な一群に属しており、それゆえ、バッカスの躾をしたケイロン[397]も半人であったのだ、ということである。

ここから、私たちは芸術のもう一つの領域へと移行することになる。古典的芸術では、個体的なもの、厳粛なもの、客観的なものが題材であった。人間はたしかにそういったものではあったが、しかしきわめて抽象的に（なおも神として？）とらえられていた。それゆえ、描写は十分に人間化されてはいなかった、ということができる。しかし、もう一つの契機はこの主観的な個別であり、特殊な状態にあって人間であるということであり、依存した状態であるが、これは、いまやかの客観において受け取られなくてはならない契機であり、それゆえ、最高度に拡張された個体が描写の原理となる。芸術がこうして主観的な個体を含んでいることで、この原理はまた芸術のもう一つの方法の端緒、その魂とならなくてはならない。それが彫刻に続いて考察されるべき絵画である。

客観的な描写から主観一般への移行を、自己完結した静止と静寂から契機の解体への移行を、すなわち、理念的な個体のなかに保たれ、結合されていた契機が解体していくこの移行を、私たちは考察しなくてはならない。この分離、このばらばらな放置は、自分自身のうちへの帰還とも、より高次の一体性とも考えられるべきであるが、描写されるのはこの帰還であり、この一体性である。理念的な芸術作品のもつ高次の厳密な実体は、静止のうちにとどまっているものであり、活動するいのちのなかに現れ出てくることを軽蔑していたのだが、いまやこの実体はこうしたいのちを自らの眼前に持つことになる。それゆえ、実体は限定されたものである。というのも、厳密な実体のなかでは主観という原理そのものが描写されるには至らなかったからである。したがって、ここでは主観の側面が理念全体から締め出され、実体的な個体と対立している。こうした解体が、いまや主観的で精神的な個体のうちで統一されるに至っている。厳格で高度な個体の持ついのちは、冷たい大理石のなかでだけ、このうつろな目をした存在のなかでだけ充溢している。しかし、自らに対してある主観という自己内反省はより高次の原理であり、これが描写されなくてはならない。こうしてやっと人間化が完成する。しかし、この統一はまたある種の分離と結びついている。（第一に）客観的な精神を描写している理念的で実体的な形態は、自分自身の外にも多様なものと特殊なものを有していて、これらに対しては無頓着で、これらを超えている。しかし、（第二に）主観、すなわち自己内反省は原理であるから、事柄は変質してしまう。すなわち、この自己内反省は、感官に対してと同様、その身体に対してもひとつの無頓着なものではあるけれども、しかし、それゆえに特殊態である感官の方もそれ自身に対して自由になり、こうして本来の偶然的なものに変化してしまう。しかし第三に、自己内に反省した魂であるこの主観は、同時に、いまでは解き放たれている素材へ、つまり偶然の感官と関係してもいる。これが自らを描写する主観である。すなわち、こうした偶然の素材のなかにのみ、外的な存在を持つ主観である。主観は感覚的なもののなかに映現する。これが主観の外的な存在をなす。——こうした現象、すなわち、自己内反省が、あたかもたんなる直接的な存在のなかで発現するように、解き放たれた内容のなかで発現する、そういった現象の場合、それに特有な形式は、主観がただの自然な人格であって、この人格のなかに主観の存在がある、というものである。こうした存在の発現が情感である。これは、以前はばらばらになっていた両側面が同一であるという主要なあり方である。したがって、ここでは情感が存在の主要な形式であり、それゆえ描写の主要な目的である。

情感はあれやこれやの内容を持つひとつの形式である。そして、以前は客観的なものと呼ばれていたものを作り出すのは、この内容である。情感は可能な内容ならどんな内容でも持つことができる。高次の、また低次の、あるいは感覚的な、また精神的な内容を持つことができる。しかし、より高次のもの、すなわちこうした形式の普遍的なものが、そのなかに映現してくる特殊な情感は、愛一般である。というのも、愛一般は自分自身の上に安住している個体でもなければ、自分自身に満足している高次の実体的な個体でもなく、あるいはその反対に、自分自身の抱く固有で特殊な関心だけが重要で、いかなるものにも心中を明かそうとはしないような、硬直した人格ですらない。したがって、自分自身に即した反省である主観が普遍態に移行すると、その場合、主観とは、まさにもろもろの主観一般の統一であって、主観が自分自身を作り、主観が自分自身を知り、自分が他の主観と同一であることを主観自身が感受するのである。これが愛である。愛はこうしてさまざまな内容を持つことになる。神への愛、隣人への愛、子どもたちへの愛などである。しかし、たとえば神への愛がここにあるなら、このなかにはひとつの対象であるような神についての知だけが含まれている、というのではない。むしろ、それ自体が自分自身のなかへのひとつの反省であって、つまり情感である。愛に固有な最高の形式は母の愛である。他の形式は、部分的には偶然的である傾向、たとえば、性愛であるとか友愛がそれである。これらの場合には、愛が二人のあいだに現実に存在しているにもかかわらず、それぞれの人間は、自分の固有の目的と意図をまだ自覚的に持っている。神への愛は、こうした主観の二重化を有しておらず、思想が優位に立っている。兄弟愛は、それぞれがそれぞれの固有の規定を持っていて、それぞれが自らの固有の道を進まなくてはならない、といった性質のものである。父の愛はこれに加えてさらに、国家の市民であることとか、夫であることなどといった他の目的をも有している。しかし、母の愛の場合には、夫との関連と子どもとの関連が最高の地上の規定である。この愛はまた、子どもとの一種の動物的な連関、すなわち何らかの無意識的なものにももとづいており、情感はそれを必要としてもいる。こうした情感のうちに、人格の本質的な性格が存している。

したがって、こうした領域では情感が原理であり、加えて、その最高の規定は母の愛という特殊な情感なのである。——また、つぎに注意すべきは、主観はこうした領域から歩み出なければならないということである。主観は、自らに対して存在するものであるならば、情感のもつ直接態を否定しなくてはならず、活動的でなくてはならず、行為しなくてはならない。活動と行為は、したがってここでは本質的により高次の規定なのである。実体的な個体が、特殊で外面的ないのちに対しては無頓着であったとすると、こうした特殊ないのちの情感である主観は、すでに述べたとおり、活動的であって、外に向かって行為するものである。

——

いまや私たちは、こうした原理を描写する感覚的な要素について考察しなくてはならない。その要素とは、可視性である。ここでは、対象はもはや、自らのうちに閉じ込められて、自分自身に安らっているような形態ではないし、物質的な統一態でもない。むしろ、統一態は抽象的な感官へと、精神化された素材へと移行する。したがって、この統一態の要素は、ある種の抽象的で精神化された要素である。音楽の場合、要素はたんなる物質的な消失という抽象態である。しかし、絵画を支配しているのはもはや彫刻された物質ではなく、むしろ物質は平面へと移行してしまっている。したがって、平面はたんなる空間に続いて現れる感覚的な規定である。——第二に、ここでは光はもはや単純な光ではなく、自立した抽象的な形態でもなく、むしろ光は複数の対象にあたることで自分自身を色彩へと分解する。したがって、以上の平面と色彩が絵画の二つの根本規定である。

したがって、上述のように、絵画は特殊態のうちに沈み込んでいる主観とかかわり、その描写の要素は平面と色彩である。絵画の素材はまったく無規定である。なぜなら特殊態こそその活動の場だからである。この活動の場において、経験的なものがその居場所を得るように見える。なぜなら、見え方こそが絵画における主要な事柄だからである。

絵画に関する最初の抽象的な問いは、絵画における抽象的なものについてである。絵画は抽象的な芸術である。というのも、絵画の描写は平面上でなされるからである。もちろん絵画はそれ自体で自立的に色彩を持ってはいる。しかし、物質としての統一態、つまり三つの次元は、身体的なものの基盤の方にこそ含まれている。したがって、この規定のゆえに絵画はまったく抽象的であって、外観であるとされる。絵画が抽象的な芸術であるというこの規定からは、より古いのは彫刻なのか、絵画なのか、という疑問に答えを出すことができよう。疑いの余地なく、彫刻のほうが古い。なぜなら、彫刻は具体的な素材を持っているからであり、描写においては絵画ほど抽象的ではないからである。どうやって絵画が成立したのか、という問いに対する答えとされているのはこうである。一人の少女がその恋する男の寝姿を影絵にしたのだ、と。しかし、これは間違いである。子どもたちを見さえすればいい。子どもたちはけっして輪郭から描き始めたりはしない。いつでも目や耳などを強調するのである。さらに問われるのは、なぜ芸術はその描写において抽象的たらざるをえないのか、という問いである。当座の逃げ口上として、人間の芸術の有限性をもってしては、自然の作物の全体を作り出すことなどできないからだ、と答えることはできよう。しかし、芸術が自然の作物を生み出すはずもない。そうではなくて、精神的な作品を精神から生み出すのであって、これは自然の作物よりも高度な作品である。産出を通して、精神は自らの外観を客観へともたらすのである。自らの内容のこういう客観化をもって、精神は相互外在ないしは対象という契機に歩み入る。そして、精神は自らの内容を区別されたものの場に投げ込む。この区別されたものの場は、精神自身に即して現実的に区別されたもの、そのように秩序づけられたもの、分類されたものでなくてはならない。これと同じことは、自然の産出に関してもいえる。さて、精神は産出するが、それによって精神はまたこうして区別されたものを、つまり諸々の類を産出する。しかし、これらの類は概念によって規定されており、この概念の区別に従って精神は自らを区別されたもの、諸々の類、さまざまな芸術とするのである。これらの芸術は抽象的である。なぜなら、描写は相互外在という要素、区別の要素を持つからである。そして、こうして区別されたものは、いわゆる概念規定である。

第二に指摘できるのは、本来的に、絵画はロマン的芸術に属し、ロマン的芸術に適している、ということである。これに対しては、ロマン的芸術ばかりではなく、古典的芸術も卓越した画家を生み出したではないか、という反論がありうる。それどころか、絵画は多くの民族にあるし、ロマン的芸術の立場になかった民族にも部分的には絵画はある、という反論さえありうる。しかし、絵画の本来的な原理についていて詳細に問うなら、そもそも私たちは哲学においては経験的な仕方で作品に向かったりはしないのだから、ここでもたんに経験的に振る舞おうとしてはならない。むしろ私たちは、絵画の手段とは何か、絵画における描写の仕方とは何か、と問わなくてはならない。そうして、私たちは描写の素材を感覚的な手段と比較し、素材がもっともふさわしい素材であり、その原理が、先の感覚的手段の原理ともっともよく一致した原理であることを説明するのである。それゆえ、私たちは描写における素材と手段の本当の連関を、すなわち、両者の原理の同一態にもとづく一つの連関を見いだすのである。私たちは、絵画の要素が平面への広がりであること、そして、色彩は直観を可能にする手段であることを見た。したがって、それ自体を特殊化する主観の対象、またそれ自体を特殊化する外面の対象は、絵画にとって本来的な対象である。それはいまや広大な領野となっているが、絵画はなお固有の本来的で特殊な素材を持っており、この素材は全面的にロマン的な芸術に属するのである。

第三に、総じて絵画は、純粋に理念的なものの芸術ではありえない。絵画の対象は自分自身にもとづく形態ではなく、情感や性格や行為の特殊態のなかへと出てしまっている形態である。このことは、他面では絵画の依存状態をなしている。依存状態は、高次の理念的な彫刻からはまったく締め出されていた。このことを平面という側面から考察するなら、形態は直接に背景を必要とし、この背景をいくつかの形象で満たすことを必要としている。したがって、人の形に切り取られて彩色された形象が、私たちにとって不都合なものとなる。もちろん肖像画は、色彩を際立たせるために、色彩に明暗のある背景を必要としている。しかしながら、絵画は、もちろん、それ自体で自立した形態をも描写する。そうした形態もたしかに背景を持ってはいるけれども、背景が大きな働きをするわけではなく、むしろそれ自体でそこにある。とはいえ、こうした自立的なものにとっては、たとえばキリストや使徒たちといった形態が、それ自体のなかに何らかの権利を持つのでなくてはならない。――こうした形象はある種の崇拝の対象であるに違いない。これらは、その完全な統一において私たちの関心を引くに違いないが、関心の原因はそれほど大きくはない。それゆえ、たとえば、天使には行為のわずかばかりの単純なあり方しか帰されないにもかかわらず、こうした諸々の行為や性質が私たちの天使に対する関心を呼び覚ますし、なんらかの崇拝の対象となるのである。同様に肖像画もまた、肖像画の持つ人格という点が関心を引くのであるが、肖像画の人物が私たちの見知らぬ人である場合には、人物が芸術を通して浮かび上がり、生き生きと描かれるのでなければ、こうした関心は失われてしまう。ファン・ダイク[398]の肖像画がそのよい例で、肖像はいわば額縁のなかから歩み出てくるように見える。しかし、人物が個々の表情によってのみ私たちの関心を引く場合には、こうした表情を肖像画のなかに描写するのはふさわしくない。すでに述べたように、キリストや使徒たちを肖像画として描写することはできるが、それは彼らが何らかの崇拝の対象をなしているからである。しかし、たとえばキューゲルゲン[399]がしたように、洗礼者ヨハネ[400]や放蕩息子[401]を胸像として描くのはふさわしくない。なぜなら、彼らは彼らの個体の全体がではなく、たんに彼らの生涯の個別のシーンだけが、私たちの関心を引くからである。

したがって、平面は絵画においては偶然的なものであり、無制限なものであり、これらはまた内容によって閉じられ、制限されなければならない。したがって、絵画は平面を通して、そしてそれ以上に色彩を通して歩み出て、特殊態という性格を持つことになるので、絵画は彫刻の持つ高次の理念をその対象とすることはなく、それゆえに、たとえようもなく高貴であったり、下賤極まりなかったりするような、きわめて雑多な対象が、絵画によって取り扱われることになる。こういう状況のゆえに、絵画はより複製に向いているように思われるし、こうして複製され流通している実例は、この点にのみ関心を持たれているように思われる。

いまや、そもそも絵画における芸術の関心とはいったい何か、ということを詳細に問題にしよう。絵画は、題材をいかようにでも理解することができるような、一つの抽象的な芸術と見なすことができる。したがって、自らの芸術によって自分自身を自然と並んで位置づけようとするのは、ほかならぬ人間である。こうした観点からは、絵画に対して大きな異議が唱えられ、偉大な画家たちが通俗的な題材に夢中になって芸術を貶めたと非難された。尊敬され続けているのは、したがって、人間の情感ではなくて、ディレッタントの情感にすぎない、と。こういった観点から何らかの弁明が必要だと思われたのは、とりわけオランダ(402)の芸術である。というのも、オランダの芸術は高級な教会の主題を捨てて絵画というこの散文に移行してしまっていたからである。オランダの芸術は、芸術とその取扱い方のなす円運動の全体を廻り尽くした。オランダの芸術の始まりは、まったく伝統的でまったく手仕事的な教会画にあった。そこから、心のこもったもののまったくの単純態へと進み、さらにより高い高貴な絵画作品となった。そのなかでも卓越しているのはファン・ダイクである。彼はこうした作品を苦心して作り上げ、そのなかに自由な人物像と自然な個体を注ぎ込んだのである。そのさいファン・ダイクは、衣服の装飾や建物や景色の素描などに至るまで、疎かにはしなかった。ここから、芸術は肖像画にも家庭内の情景の描写にも進み、さらにはきわめて多様な題材へ、空想の産物へ、あるいは、生活のなかにきわめて日常的に現れる一瞬一瞬の描写へも進み、最後には静物画、つまり、雑多な食器類や道具、動物や果物などといったものの寄せ集めへと至ったのである。——

こうした芸術の散文への移行を、私たちはさらに経験的な側面から考察しよう。この移行は、宗教改革がオランダへと押し寄せ、スペインの圧政からこの国が解放された時期に起こった。それゆえ、オランダ人およびその画家たちは、一方ではプロテスタントであったし、他方では圧政と戦った市民でもあることがわかる。彼らのなかには、民衆を抑圧した高位の貴族のような者もいないし、スイスの農民のように武力を行使する農夫もいない。彼らはほとんどが市民であり、都市住民であり、敬虔で慎ましい職業人であった。彼らは職業に専念し、彼らの権利と特権は、自ら額に汗して、個人の勇気と勇敢さによって獲得したものであった。したがって、これは、一面では偉大にして単純な習俗と慎ましさとを持った一民衆であり、他面では偉大な勇敢さを持ちながら、最大の満足感と結びついている一民衆である。ほとんどのオランダの絵はこうしたサークルのなかから生み出された。オランダ人が芸術においてもまた、彼らが獲得したこうした状況を享受しようとしたからといって、実際、彼らを非難することは誰にもできない。彼らはこうした題材をけっして恥じなかった。自然の対象に対してもこれに対応する感覚を当てはめるなら、私たちはまたオランダ絵画の題材を享受することになる。

さて、この関心をさらに概念という観点から考察することもできる。すでに述べたが、絵画の規定は特殊態という抽象的な規定であるから、絵画の形式は本来、生きている様という形式である。理念は、それが特殊態の領域に現象しているがゆえに、理念に普遍的に適合するような内容は隠れている。しかし生きている様という形では、理念が魂として姿を現している。絵画における生きている様は、たんなる自然態と同様に表面的に理解されてはならない。というのも、自然態のなかには対象が現実にあるがままに現れているが、そこからは対象が生きている様を持っていることは帰結しないからである。朽ちることのない自由な感覚は、生きている様それ自体を、たとえば、オランダの農民の生きている様と気さくさを享受するだろう。生きている様には心がこもっており、絵画における主要な事柄である。反省が働くと、こうした生きている様はいまや平板なものにされ、これに対する私たちの享受はひねくれたものにされてしまうこともある。こういった反省の第一は小理屈を捏ねる反省が総じてこれであり、第二は、日常の生活のなかで私たちが使っているような反省である。すなわち、一面では、私たちはこうした題材を見るさいには模倣、すなわち芸術を用いた錯覚という観点を持ってくる。この観点は、まったくの外面的な比較以外の何物をも含まず、その関心はただ、何かが他の何かに似ているか、似ていないかを探すだけである。こういった反省は内容、つまり事柄そのものにはまったく関知しない。言い換えると、反省それ自体との一致にも、概念と実在態の一致にもまったく関知しない。この反省がかかわっているのはたんなる外面的な一致であって、したがって、錯覚こそが主要な目的であるように見える。そんなことになれば、デンナー[403]の肖像画などがとりわけ称賛されるべき作品だと思われかねない。それらは、たしかに自然の模倣ではあるが、しかし自然の持つ生き生きとした様を把握してはいない。把握しているのはむしろ自然の貧弱さであって、それらが高い価値を置いているのは、短い毛髪やら額の皺などを模倣して錯覚を起こさせることである。それゆえ、デンナーの作品は動物としての側面を描写してはいるが、人間的本質の持つ生き生きとした様を描写してはいない。しかし、描写されるべきは精神的な生きている様である。そしてこれはこまごました模倣などによって成し遂げられるものではなく、むしろ、往々にして一本一本の描線のなかにだけ成り立つのである。芸術は目的として現れてくるものに依拠するはずであって、この目的の出現は些末な事どもに邪魔されたり、妨げられたりする体のものではない。ここではゼウクシスの描くブドウの房を引き合いに出すことができよう。これを見て鳥も欺かれたというのは、芸術家の本当の名誉ではない。パラシオスは、彼の描いたカーテンによってゼウクシスに優っている。ブドウの房はそれ自体が有機的な産物であって、これを描写するさいには、多様な色彩と光の戯れの織りなす関心があり、それゆえ、画家にとっては有益な試作や習作の画題である。彫刻について論じたさい、私たちはミュロンの『牝牛』に言及し、動物的なものを描写するさいの生きている様に関して、古代人たちはきわめて魅力的であったと指摘しておいた。それゆえ、絵画を評価するさいには、主として、生きている様の観察に依拠しなくてはならない。――私たちの芸術享受を萎えさせかねない第二の反省は、主要な事柄に不可避的に含まれているわけではないものや目的を、使用したり、仕上げたりするさいに、知性が行う反省である。私たちの主観的な規定が生きていくうえでの主要目的である場合には、私たちは対象を外面的な目的に従って取り扱う。たとえば、植物学者はある植物が何本の花糸[404]などを持っているかを見るし、動物学者は蹄や歯などから見る。こうした具合に、総じて人は何らかの実践的な関心から対象とかかわるのである。しかし、芸術はこうした主観的な目的のすべてを断ち切るものであって、したがって、芸術作品を考察するためには、主観的な目的を持ち込む必要はない。芸術は、私たちの前に対象を、欲求や受苦を欠いた、ただ観照すべき表象としてのみもたらすのである。それゆえ、私たちは、対象をそれ自体が独立してあるがままに、私たちの主観など無視して、放任してやらなくてはならない。彫刻はその描写によって、絵画よりは直接にこういった目的を打ち砕く。というのも、絵画はむしろ現在のなかへと歩み出てきているがゆえに、絵画の対象も私たちのより近くにあるが、彫刻の高い理念はというと、これは絵画の対象よりもはるかに高次で、はるかに遠くにあるからだ。したがって、対象をその自由な客観において描写することは、すでに述べたことだが、芸術制作の目的である。これに関して思い起こされるのは、直観とは正反対のことがらをもたらす、ひとつの神話である。それはピュグマリオーン[405]と愛の女神を刻んだ彼の彫刻円柱にまつわる神話である。アウグスト・ヴィルヘルム・フォン・シュレーゲル氏[406]はこの題材を翻案し、きわめて美しい作品を作ったのであるが、それにもかかわらず、この題材は実に散文的なものである。本来、この神話は、彫像にいのちを吹き込むことを神々がピュグマリオーンに許した、という優れた意味をたしかに持っていたのだが、しかし、それはおそらくは彼の芸術を通してのみのことである。しかし、こうした主観的な満足への逆戻りは、主観的な関心は芸術作品からは遠ざけられなくてはならない、という上述の要請とは正反対である。

生きている様へのこうした関心のほかに、さらに、絵画が私たちに関心を抱かせるさいの手段であるもう一つの特殊な側面にも言及しなくてはならない。それは、私たちに無自覚のうちに絵画への関心を引き起こすという側面である。しかし、関心というものは自覚的に抱くのでなくてはならない。これは、絵画作品の特殊な見え方にかかわっている。絵画は対象を私たちの目に見えるように描写しなくてはならないから、絵画は私たちに光の作用する領域を提示しなくてはならない。光の作用というこの領域は手段であって、画家はこの手段を用いて、私たちに対象を正しく明瞭に表象できるようにするのである。光の作用の関連はそれ自体で独立してもきわめて変化しやすいし、色の物質的な関連にも依存しているし、光点、すなわち、光が当たっている点にも依存している。本来的な芸術にもかかわるけれども、同様に画家の主観的な手法にもかかわるのが、この側面でもある。この見え方の魔術が（色彩そのものではなく、影と光であると理解されるべきであろうが）、まさに、私たちに対象を自然なものに見えるようにさせるのであり、これこそが主要な働きをするのである。私たちの考察においては、通常ほとんどこの側面は注目されない。というのも、人物を抽象したものである輪郭という主要な関心事を、私たちは表象のなかに保持していて、見え方というこの側面は、私たちの通常の意識の対象ではないがゆえに、この側面には私たちはほとんど注意を払わないからである。この側面を絵画の音楽と名づけることもできる。それは、目に見える対象の戯れであり、描かれたものの音であり、この音は表象のなかで瞬時に変化していく。画家はこの音を瞬時にしっかりと捕まえて、描写しなくてはならない。いわゆる静物画では、この見え方の魔術はとりわけ重要で、対象自体は何の関心も惹かないものであるがゆえに、見え方の魔術こそが主要な関心事となる。画家が対象と戯れているということは、そのことで画家を非難するには当たらないどころか、むしろ、こうした関心を欠いた対象に主要な関心を認めなくてはならない、ということなのである。

第一節　絵画の題材と実物について

絵画の普遍的で実体的な題材についていては、それがロマン的な領域に含まれているということをすでに述べた。古代人はまた、すでに絵画の素晴らしい題材と作品とを持っていた、ということは認めざるをえないが、絵画の理念的なあり方は、その象徴も含めて、絵画の感覚的な要素には適合していない、ということもまた認めざるをえない。カラッチ[407]やアルバーニ[408]やその他の近代のイタリアの画家も、近代の神話的な人物を扱っており、これらはとくに、偉大な人物などの祭において拝む[409]といった特定の目的のために用いられた。近代においてはまた、ゲーテも柱廊のなかのポリュグノトスの絵画について記述[410]を企てている。古代の絵画芸術に関しては、その実物は言うまでもないが、それについての報告にしてもきわめて貧弱なものだ。プリニウス[411]がほんのわずか語っているだけである。いくつかの絵画がヘルクラネウム[412]から発掘されたが、これらすべてをもってしても、古代の絵画についての知識からは私たちははるかに隔たったままだ。しかし、ヘルクラネウムで発掘された作品には、これらすべてがある種の技術上の手法に則って描かれたことが見てとれる。宮廷顧問官マイヤー氏[413]はヘルクラネウムから発掘された一枚の絵画の複製を作らせたが、描かれていたのは「ナクソス島のアリアドネ」[414]である。もちろん、構図も実によく、素描も彩色もきわめて美しく見えはしたが、しかし、静止した姿勢もその顔の表現も、卓越した絵画作品のそれではない。私たちが絵画に求めているのは、この複製に見られるような静止や感情の深さやひたむきさではない。絵画の絶対的に本質的な描写とは、まさに深く情感のこもった魂の描写であり、魂の内深くに刻み込まれて、魂と一体化しているような特殊態の描写である。特殊態は、諸々の情景や連関において展開されて、描写される。しかし、特殊態も、魂のなかに取り戻され、根を下ろしたならば、一つの普遍的なものである。これこそが、私たちが絵画のなかに描写されているのを見たいと欲し、また見ることのできるひたむきさなのである。加えて、魂のなかへの帰還ということがある。魂は多くの辛苦を味わい尽くし、苦しまねばならない。しかし、こうした別離、分裂のなかにあっても自らを維持し、こうした否定態から帰ってこなくてはならないのである。これらを顧慮すれば、私たちは古代人のなかにある種の手本を、ある種の典型を想起することができる。それは、自らの仕事と所業のゆえに、神々によってオリンポス[415]の山に迎え入れられた男、すなわちヘラクレスである。私が言及しているのは、彼のせいでゼウスの国が滅亡したと伝える古い伝説である。この伝説の意義とは、古代の自立的な個体の国は、ときには自分自身と、ときには外の世界と戦いつづけ、勝利しつづける個体によって滅亡せざるをえない、ということである。こうした勝利した主観は、絵画の題材となるに違いない。勝利した主観は自分自身のこの否定において自らを保持するが、何らかの普遍的なものへと広がってもいく。これが愛である。愛は、同時に喪の悲しみや苦痛によって隠されてもいる。愛がたとえ子どもや女性などへの愛であったとしても、そこには来るべき喪失をまえにした憂慮がある。こうしたあり方をする最高の愛は、宗教的な愛である。したがって、この自己内への帰還は、かかる苦痛においてであるとはいえ、地上を超え利害を超えた神聖な愛である。こうした愛は、すでに述べたとおり、その最初の現実態を母の愛において持つ。母の愛は同時に、謙虚さという特徴をそれ自体に帯びてもいる。というのも、母が愛するのは母に贈られたものであり、したがって偶然であり、贈られたものを保持することもまた偶然であり、すなわち幸福というものだからである。愛を描写するとすれば、有限なものを超えて天上へと向かうまなざしがそこには含まれる。聖母マリアは威厳をもって描写されると同時に、母としても描写されている。こうした愛は熱情を欠いた愛である。それは傾向を持たない、ないしは、ただ魂への傾聴のみがある。これは古代人のアフロディテではない。愛はさらに兄弟・姉妹の愛となる。マリアもまた、婚姻という関連の形で描写されるのではなく、兄弟・姉妹の関連において描写される。したがって、こうした愛が人格を持つかぎり、愛し合う者たちは、相互に無関心でなくてはならないにもかかわらず、そうした無関心のなかにあってなおこの統一を意識していなくてはならない、そういったまったく無差別な統一というものがある。この統一は、愛し合う者たちにとっては第三者として現象する。そして、彼らは彼ら自身を自分たちの統一として第三者のなかに持ちつつ、それでもこの統一はけっして第三者のなかから消滅してしまうことはできない。それゆえ、愛し合う者たちにとっては、有限な関連は、消滅してしまうこともありうるし、また消滅してしまうはずでもあるような欠陥のあるものとして現象せざるをえない。こうした愛は、したがって、彼岸へと昇ること、それも、憧れも欲望もなしに昇ることという、ある種の否定を獲得する。——いまやこうした愛は、内面的なもの、心のこも

(416)

ったもの、近代における実体的なもの、とりわけ絵画芸術における実体的なものをなしている。それは、古代の理念にとって代わる、近代の理念である。すでに述べたことだが、古代のこの静かな偉大さは明朗さのなかにあって、喪の悲しみの表情を持っている。絵画の理念であるここにはまた、明朗さも存在しているが、安らぎであるような明朗さである。これは至福ではなく、至福の情感である。こうした愛は、近代の偉大な巨匠たち、とりわけイタリアの巨匠たちの作品の主要な特徴をなす。彼らの描写のなかに感受されるのは、欲望も憧れも欠いたひたむきさである。そこを支配しているのは大きな苦痛かもしれない。しかし、この主要な特徴は存在し続け、漏れ出さずにはおかないのである。愛はそもそも苦痛のなかにある。その愛が打ち勝ちつつあり、あるいはすでに打ち勝ったことが示されなくてはならない。否定のなかに、分裂のなかに、まさにこの分裂を統一する光の頂点が輝き出さなくてはならない。自立的な至福と愛のこの高次の共鳴が、これらすべての作品のなかにはある。こうした共鳴は、たとえばカタラーニ(417)の声に見られるように、イタリア人の音や声のなかにも見いだされる。それは付随音を伴わない純粋な響きであり、鳥のような声であるが、彼女の声が響くのを聞いた者は、それが彼女であって、人の声であることを聞き知るのである。ドイツ人の声には幾分かの共振があり、この共振音が主観の契機である。あのようなイタリア人の声はまだ声の自己享受である。それは自分自身を高めはするが、地上的なもの、特殊なものの上を漂っているだけであり、自分自身への配慮というこの漂いのゆえに、人はそれがイタリア人の声であることを聞き知るのである。同じことはイタリア人の音節の長短のなかにも、彼らのスタンツェ(418)にも、テルツィーネ(419)にも見られる。二つの韻で押韻するのでは十分ではなく、第三の韻のなかで統一が感じられるのである。

こうした愛のひたむきさは、理念のなかですでに愛として享受されていた。これが、ペトラルカの詩歌では支配的なものとなる。愛は、愛の嘆きと内面化においてすでに満足に達している。愛は、愛されるものの所有に委ねられている。それゆえ、この所有は現実には依存しない。このように、享受がそれ自体のうちに含まれているかぎり、享受は現実態に対して無関心である。これはまさに、ダンテが彼の師であるウェルギリウスとともに煉獄をさ迷ったさいに抱いていたのと同じ、純粋な感覚である。彼はそこで怪物を見る。しかし彼は平然と歩み続ける。これを見て不安や嫌悪に陥ることもない。そんなことは起こるはずもないというように、彼は憤慨も感情も持たずにとどまり続ける。ここで彼の伴侶となっているこの全幅の信頼こそ、愛である。彼が形態のすべてにかかわりを持つがゆえに、彼に差し出されているこれらの印象に抗して、彼は同時にまた彼の全幅の信頼のなかで完結している。ダンテの語る、永劫の罰を負った者たちこそが、こうした至福を有しているのだ、と言ってもいいだろう。永劫の罪を負った者たちはつぎのように言わなければならない。すなわち、永遠の至福とは、彼らが彼らであるということである。だから、彼らは自分たちの苦しみをけっして語らず、ただ彼らの所業と関心のみが彼らに刻み込まれるのだ、と。こうしたおぞましい光景を面前にして、ダンテは、自分自身との統一である和解という至福を描写する。慣れ親しんでおくべきはこうした至福の性質であるが、イタリアの絵画作品も、至福のかかる性質によって評価することができる。これらの巨匠たちもまた精神的な理念というこの感情によって特殊態を超えて高められている。彼らは自らの対象を意のままにすることができる。したがって、巨匠たちは一面では共通の現実態の対象に依拠して、地上にいるが、他方では、彼らが対象に与えるこの性質を通して、彼らにはもう一つの別の春に咲く薔薇の形象が見えている。和解や愛のあのような性質は、偶然でありきたりな対象が萎れていくことを通して、幽霊のように歩みを進める。イタリア人はあらゆるものの上にこの天上の光を振り撒く。そして、自分たちの対象からまったく自由に解き放たれたこのオリジナルな立場から創作し、支配する。こうした単純で精神的な理念を通して、イタリア人はオランダ人やドイツ人に対して、ちょうど古代の彫刻作品が近代のそれに対してとるのと同じ関係に立つことになる。個々の絵画作品を称賛したり詳述したりすることはやめておこう。ここでは私たちの学問は事柄の概念のみを扱うことにとどまらなくてはならないのだから。

しかし、ある種の区別についてはまだ述べておかなくてはならない。人物についての区別を論じ始めると、きわめて多様な特殊態にかかずらうことになりかねない。しかし、こうした特殊態は、ここで論じようとしている根本性質にかかわるようなものではない。この根本性質とは、すなわち、それ自身のうちで満ち足りているような愛、性格のあらゆる特殊態を超えて崇高であるような愛、それゆえに性格が何か無関心なものになってしまう、そのような愛である。彫刻の場合は事情が異なり、描写はまだ最初の個体のうちにある。しかし、絵画においては自由で和解した愛があらゆる問題の焦点であり、それゆえに、実体的なものの場合に重要であった区別は、それほど深くはない。

古代人の場合の主要な規定であった美は、したがって、ここではこうした統一や自由な愛、精神的な理念ほどには確固たる原則ではない。言及しておいてもよい主要な区別は、直接には以下のようなものでしかありえない。すなわち、こうしたひたむきさや愛が、完全に満ち足りたものとして現象しているのか、それとも、その対象にいまだ向き合っているもの、つまり受苦における至福として現象しているのか、のどちらかだということである。

前者、すなわち、神に祝福されたもの、完成された最高のものについていえば、それは、最初はその抽象態のかたちで把握され、神そのものの描写のなかに求められるだろう。父である神は、そもそも絵画の題材ではありえない。芸術の対象としてはゼウスという神が創造されはしたが、そのさい、ゼウスが表象していたのはたんなる力である。しかし、キリスト教においては、神はまた父であり、その息子へと移行するものと考えられる。いうなれば、神は古代においては、パラスがゼウスの頭から生まれたといった具合に描写されるが、こういう擬人化はキリスト教には合致しないということだ。神はまともな男として描写されなくてはならない。しかし、個体というこの契機はすでに神の子であるキリストのなかに描写されている。それゆえ、父である神というこの規定は余計なもの、ふさわしくないものとして現象することになる。したがって、キリストにこうした擬人化を適用するならば、そこにはこれと同じ困難さがたしかに現れてくる。というのも、ギリシア的な個体として描写されるなら、神はギリシアの神として現象するであろうが、人間として描写するなら、神は完全に人間のあいだに紛れ込んでしまうだろうからだ。したがって、神は反映のうちに現象せざるをえない。神は人間の直接的な性格を備えていなくてはならない。神は反映を通して、共同体による崇拝を通して、現象しなくてはならない。共同体の精神を通して、神は、精神の天空へと高められ、人間の性格に対して現象しているとおりに、私たちの前に現象しなくてはならない。(420)この規定に従えば、キリストの頭部の肖像は、たとえば、カラッチの描くキリストの頭部や、ボアスレのコレクションに含まれるヘムリングのそれのように、それがいかに美しかろうとも、肖像のあるべき条件を満たしていないことになる。こうした作品を鑑賞すればするほど、それが一人の人物に光を当てているように見えて、驚愕の念に打たれる。しかし、それにもかかわらず、これらの作品は意図した表現に到達しているようには見えない。それゆえ、もっとも目的にかなっているのは、諸々の特定の情景の中でキリストを描写することである。思いつくかぎりで最初のキリストの描写は、子であるキリストである。これは同時に、ひ弱さというキリストの規定をも表現している。すなわち、子どものうちに人間の存在のひ弱さが見いだされる。同時に見てとれるのは、実体的な側面からすればキリスト像が表現すべきはずのものを、ここでは表現できない、ということである。したがって、たとえば『サン・シストの聖母』(421)に描かれた子であるキリストのなかに、私たちは最高の子どもらしさを見るのであるが、子どもがのちに発する神の光ともいうべきものをも、同時に見ている。同様に、「この人を見よ」(422)も目的にかなっている。ここでは神はまさにその最大の辱めと否定のかたちで描写される。ここで描写されうるのは一つの地上的なものであり、同時に構想は無限に高い素材の上で自由に解き放たれることが可能である。たしかに、ここには恐るべき受苦があり、神が苦悩し、死ぬという恐るべき表象が、キリスト教にのみ可能であるような一つの表象がありはする。しかし、同時にここにはおぞましい歪みを見せる神がある。それはむしろ魂の受苦であり、これが、まさにイタリア人によって、実に素晴らしく独創的に表現されている。苦痛はおもに顔に、それも目や額に現れる。顔の下半分では苦痛はより厳しいものになる。というのも、この部分はより動物的なものだからだ。顔の上半分には、歪められるほどの筋肉がなく、それゆえに、苦痛はここでは求められているもの以上のものに見える。この点からすれば、イタリアの画家たちはまったく独自の色調を発明したのである。それはそもそもまったく人間の顔色ではなく、独特の褐色と黒であり、闇である。これによって、この苦闘の最中にある精神の夜が描写されている。——教師としてのキリストにもまた、威厳のある描写がされる。それは、最後の晩餐や復活のキリストと同様に、キリストの威厳ある精神的な働きのひとつを描写している。

この領域では主要な人格は母である。というのも、母のなかで、愛それ自体が直観へと至っているからである。これは子において起こることではない。受苦し、復活し、あるいは昇天するキリストにおいて起こるのではない。愛は、キリストのうちでは人格化されないのである。しかし、愛は女性的な本性の真にして唯一の規定である。男性的な本性の規定は、自己目的を持つこと、外面的な現実に対する関心を持つこと、そして、これに対抗してへとへとになるまで戦い続けることである。妻としての女性においてはじめて、女性的な本性自身が自分自身に到達し、一つの具体的な本質を持つ。こうした愛の関係は、女性的な本性において、愛と真に合致する現実を持つ。したがって、神の母が近代の絵画作品における主要な形態である。しかし、いかなる境遇にあっても、すなわち、秣桶のかたわらにいても、十字架の傍らにいるときでも、天の元后である聖母マリアとしてであっても、愛は神の母の性格である。もっとも完成された作品は、聖母が天の元后として描写されるものである。古代のヘラのようにではなく、腕に子を抱いて、真っ直ぐ前を見つめ、憧れも喜びもなく描写される。聖母は、彼女がそれであるところのものと直接の連関のなかにあって満足している。聖母は子によってのみ完成されるのである。この連関はさらに広がって、使徒たちにおいて一つの満足したもの、完成されたものとなる。使徒たちにおいては、天使においてと同様に、満足と聖なる安らぎとが描写される。これらのもとでは、満足した愛はさらに子どもらしいものでありうる。しかし、愛はまた、戦いに赴き、あるいは戦いから帰還する満足した魂として現にあることもできる。魂のこうした状況はさまざまに描くことができる。たとえば、ラファエロの絵画では使徒たちは力強い成熟した男たちであるが、ときには洗礼者ヨハネのような若者の姿をしていることもある。コレッジョ[423]は、いわばアモール[424]のような子どもらしい喜びのようすから、彼の傑作『聖ゲオルギウス[425]』に見られるような、力強い男らしさと喜びのようすに至るまで、この状況のたくさんの段階をその絵画に表現している。しかし、こうした満足それ自体が含んでいるのは、満足がただ多彩であったり情緒的であったり、たんに享楽的であるだけでなく、むしろ受苦がそのなかにあり、満足は他の人々に向けられている、ということである。満足は、理念としてはたんに精神的であるにすぎず、それも打ち勝ったというかぎりでのことである。それゆえ、キリストはその受苦のようすが描き出されなくてはならなかったのである。しかし、キリストは自分自身のうちで、神のいのちの全行程を働き抜かなければならない。一面においては、失われるのは最高のものである。そして、克服されなくてはならないのもまた、彼の最大の不運においてこれと対立するものが表現しているものである。しかし、いぜんとしてこの受苦はまた愛における受苦、愛による受苦という性格をもつ。これは「悲しみの聖母[426]」や、受苦する使徒たちや、殉教者たちのかたちで表現される。ここには限界もあるが、しかし、絵画芸術は容易にそれを踏み越えてしまう。皮膚を剝がれたり火焙りにされたりといった身体の受苦は、直観へともたらされはしない。それは、観衆の神経がか弱いがゆえではなく、むしろ、ここで問題とされているのが、身体の事柄ではなく、他者のための受苦、あるいは自らの内面における受苦であるからだ。そして、こうした受苦は悔悟や贖罪のかたちで描写されるのである。したがって、キリストの埋葬や磔刑の場面での私たちの関心は、彼自身に向かっているのではなく、むしろ母や友の受苦こそが主要な点なのである。しかしまた、身体的な受苦が表現される場合には、放蕩息子でさえ見捨てられたわけではないといった、よりよいあり方への期待が同時に描写されなくてはならない。このことは、息子の遺体に寄り添う聖母の苦痛のなかにも表現される。したがって、こうした受苦においては、起こった事柄に対する怒り、告発、運命や状況に対する不機嫌といったものは締め出されている。同様に、毅然とした態度も、抽象的な自我や硬直した存在への逃避も表現されない。こうした受苦のなかに含まれているのは、必然性をわが身に[427]引き受けることではなく、一種の和解なのである。それゆえ、マリアの受苦と古代の母であるニオベーの受苦を、描写の観点から比較するのは興味深い。ニオベーは彼女の理念的な気高さを何一つ失わないし、怒りも示さないし、彼女の完全な美しさも維持している。ここで毀損されなかったのが何かを詳細に考察すれば、彼女の描写こそが、彼女の実在態という現実存在である。というのも、この美しさが、現実に存在する彼女の実在態の全範囲を作り出しているからだ。この美しさは維持され、彼女がそれであるところのものとして存在するこの側面は、曇りなくあり続ける。しかし、実体的なものはここでは破壊されている。主観的なもののこの範囲、つまりこの主観的な個体は、私たちが心と名づけているものである。心は破壊されも突き通されもしない。それゆえ、彼女の苦痛は彼女をただ石にしてしまうことしかできない。これに対してマリアは、彼女の心を突き通した刺を感じる。彼女の心には愛があるのである。愛は、古代人の個体ではなく、自由なもの、具体的なものであり、失われたものを維持する。マリアは愛するものを失うが、愛は維持している。こういう愛は、魂の受苦を通して輝きわたるものであり、また輝きわたらなくてはならないものであって、ニオベーの場合に曇りのなかったものよりも、より一層高次のものである。ここで、ボアスレ氏の所有する、「瀕死のマリア」[428]を描いた一点の絵画に言及しておこう。重たい画題である。マリアは寝台の上に瀕死の状態で横たわっている。彼女の友人たちが、臨終のさいに必要な神聖な儀式に従い、聖具を手に、彼女を取り囲んでいる。さまざまな人物が描かれ、描き込まれたものはきわめて美しい。夢遊病者のようなこの人々は、聖母が美しく女性的で心のこもった姿をしていて、魂はまだ活動しているのに、肢体は硬直にゆだねられているのを見た。この人々は、瀕死のマリアを見舞いに来て、この光景を記憶させられるのである。マリアのなかにあるのは死に際の衰弱や衰えではない。むしろここに見いだされるのは、自由になることであり、魂が自分自身のなかへと帰ることである。

さらに言及しておくべきは、より高次の愛は外から折れ返ったもののように思われるという点である。それは他の有限な対象からではなく、絶対的な対象そのものから、すなわち愛から折れ返っている。これが崇拝である。崇拝とは献身であり、自分自身の放棄であり、同時にまた他者のうちにおいて自分の満足を受け取ることでもある。こうした崇拝は、しかし、願うこととしてではなく、祈ることとして現象する。というのも、願うとは、他者が私に対して何事かを放棄すべきだ、と要求することであって、私の利益、私の我欲は満足させられるべきだとする（愛とは）異質なあり方とのつながりを引き込んでしまうからである。これに対して、祈りはこうした要求を持たない。祈るとは、心を最高のものにまで高めること、愛にまで高めることであり、愛は自分ひとりのためだけのものは何一つ持たない。それゆえまた、このように高まることのなかにはすでに許しがある。聞き届けられていることへの確信が特殊なものにはかかわらないのであれば、いわば、私の最良のものという観点においても、聞き届けられていることへの確信があるに違いない。したがって、この側面からしても、崇拝それ自体は満足であり享受である。したがって、こうした事態は一つの自立した情景である。このような崇拝はしばしば絵画の題材とされてきた。たとえば、ラファエロの『サン・シストの聖母』に描き添えられた教皇シクストゥスと聖バルバラ[429]、使徒や聖人たちなどである。多くの奉納画もこれに含まれる。画面上には、キリストやマリアや聖人などが主要な対象として描かれ、さらに寄進者がその家族とともに跪き、祈っている。こうした作品はとりわけドイツの絵画にしばしば登場する。というのも、ドイツ人は好んで彼らの人格を絵のなかに参加させようとしたからである。こうした祈る人物を美しく表現しているのは、コレッジョの描く「聖フランチェスコ[430]」などの作品である。とりわけ美しい祈る受贈者たちの像はソリー[431]のコレクションのなかにある。教皇シクストゥスの像[432]についてはすでに述べた。ここに見てとれるのは、受贈者は働き詰めで苦悩に満ちた生涯を送ったが、彼の祈りはたんなる一過性の契機などではない、ということである。ドイツの巨匠たちでは、とりわけドイツの女性の肖像画においては、敬虔さというこの特徴がもちろん支配的である。しかし、男性はといえば、たしかにいまでもミサには参列するけれども、普段はほかの目的や関心を抱いているように見受けられる。こうした種類の特別な題材といえば、一般的なのは「三王礼拝[433]」である。とりわけ、ファン・エイク[434]の残した作品はその好例である。ファン・エイクの場合、三人の王は肖像で、王たちは祈る人である以外の何か別のものであるように見える。ドナテルロ[435]では騎士と婦人たちが描かれている。婦人たちはどちらかといえば家や家族の母であるように表されているが、彼女たちは、敬虔さが唯一の規定であるようには見えない。この敬虔さは、そこにはすでに聞き届けられていることへの確信、許しがあるのだと理解されなくてはならない。それは、ダヴィデの「詩編[436]」に見られるような、何らかの魂の不安のなかでの呼びかけではない。しばしば、こうした魂の困窮はキリスト教の教会での祈りの内容となる。真の悔悟が訪れたのかどうかと、魂は疑念を抱く。それは魂の葛藤であり、苦悩に満ちた信心深さである。これらのすべてについて、上述の絵画のなかには何一つ見いだすことができない。首を天に向けさせるのはもはや憧れではない。まなざしが聖者やキリストやマリアなどの上に置かれているなら、もっと高貴で威厳があるだろう。とりわけグイド・レーニでは、天に向かうこのまなざしがある種の手法となった。この見上げる目を彼はマリアにも与えた。「マリアの変容」[437]を描くこの種の絵画はミュンヘンのギャラリー[438]の中心である。マリアの変容、マリアが天へと溶解していくようすは、まるでマリアが漂っているかのように、壮大に表現される。しかし、前述のように、マリアを具体的な真理のかたちで、母の愛のかたちで描写することこそ、より具体的で、より正しく、より芸術的なのである。天へのこうした憧れは近代の感傷と紙一重である。

第二節　特性一般

理念的なもののなかの最高のものは、個体であること、それは、感覚的なもののなかにではなく、自分自身のなかに自分の客観を持っている集中から自由に解き放たれていること、それゆえに、個体を自由に解き放つことを可能にする外化であること、これが明らかにされなくてはならない。したがって、性格は、理念的なもののうちに受け入れられた個体であり続ける必要はない。この観点から、特性は古代と近代で区別されたのであるが、それは正当である。というのも、ゼウスやミネルヴァなどについて、これらが性格であるとはいえないのであって、これらはむしろ高次の彫塑的な理念だからである。アキレウスやアンティゴネの場合でさえ、彼らの性格と名づけうるのは理念的な個体のことなのである。その個体に忠実であり続ける場合に性格と名づけるのであれば、ゼウスは性格を持っている、ということもできるだろう。オデュッセウスやアガメムノンには、もっと多くの性格を見いだすことができる。そこでは特殊なものがより支配的だからである。しかし、それは、狡知であるとか支配権力であるとかの、すでに普遍的になってしまっている性格である。しかし、近代の芸術は性格の多様性すべてを認めている。したがって、ここでは美は主要な原則ではない。美はこの心のこもった性格に対する第二の原則である。概念は自分だけで自分自身のなかに引き籠っていて、自分の主知性のなかに自分の主観を持っている。こうした主知性という実在態は、それゆえ、その存在をより醜悪なもののなかに持つことができる。ちょうど、シレノス(439)の姿をしたソクラテスの形で道徳的なものが示されるのと同様である。しかし、画家がおぞましさ極まりないもののなかにまであえて踏み込まなくてはならないというものではない。それゆえ、画家たちはまた、キリストの十字架を囲む傭兵たちや、地獄の罪人たちや、悪魔に対して、醜悪な擬人化を施さずに先送りしたのである。のちには幻想的なものがこれに取って代わることとなる。この点、ミケランジェロは実に偉大である。彼は人間的なものの尺度をはるかに超えているがゆえに、かえって人間的なものをさらにしっかりと保持している。彼はまた多くの作品を高度に、また高貴に仕上げたが、これらの作品では、かの愛が本質の全体をなしていたばかりではなく、魂の偉大さという特徴、自分自身に依拠する高貴な心情という特徴もまた見いだされる。使徒たちや青年ヨハネでは、こうした特徴が主要な特徴である。また、そのほかの作品でも描かれているのは、現実の、世俗的な存在のなかに生きる人物である。これと同じ水準に属しているのは、ラファエロの描く使徒たちであり、レオナルド・ダ・ヴィンチの『最後の晩餐(440)』に描かれた使徒たちであり、同じくラファエロの『アテナイの学堂(441)』の哲学者たちである。これらの人物はとりわけ髭を蓄えた姿で描きだされており、目と額は高い真剣さを湛えて独立して隆起しており、これが多少の性格の差異を許容している。顔の下部である口と顎は、動物的本性に属すのであるが、これらは髭で覆われている。これらはけっして高い神々の姿ではない。むしろ、高貴さと威厳を持った人間だけが、ここでは活躍の場を手にするのである。近代人が古代人と重なりあうのはまさにこの点である。オランダ人、とくに昔のオランダ人、たとえばファン・エイクやヘムリング等も、この側面からして実に偉大である。

　肖像画もこの点にきわめて近い。肖像絵画を芸術の目的と折り合いが悪いものと考えるのは、まったく間違っている。肖像画は高い芸術的価値を持ちうる。高い個体性を持った人々を表象するなら[442]、私たちは感覚的な直観に至るまで完成された人々を表象したいと思う。最初の画家たちは、ビザンツの絵画が示しているように、職人的な仕事から始めた。しかし彼らは高度で卓越した手本に従っていた。ボアスレのコレクションのなかには、ある種の範型に従って描かれたこうした絵画を、さらにたくさん見ることができるが、これらの絵画には素晴らしい古代のオリジナルがあることがわかる。しかし、すでに述べたことだが、芸術が手仕事に移行してしまっている。そのあとやっと、美しくも熱心な感覚が登場してきた。それは、はじめは抽象的に表現されたにすぎない。輪郭だけがほのめかされたのである。兆し始めた内面的な生きているようすは、そこではまだ完全な表現には到達しなかった。それゆえ、シュレーゲル氏や古ドイツ主義者[443]らがしたように、古ければ古いほど、稚拙に描かれていればいるほど、それだけ高く絵画を評価する、というようなことをしてはならない。後代のイタリア人やオランダ人が、やっと絵画を真理にまで導いた。真理は肖像画のごく近くにある。ラファエロは彼の聖母像のために美しい娘をモデルとして座らせた、とすら言われている。こうして個体を表現するために、いまや個々の特徴のすべてが役立っている。そして、画家は精密な人相学で特徴の寄せ集めを理解しなくてはならない。すでに述べたが、デンナーの描く絵画はきわめて精緻で美しくはあるが、精神に富んだ表現を欠いている。もっとも有名な肖像画家は、ドイツではデューラーであり、イタリアではティツィアーノ[444]である。鋭く際立たせられた自由な特徴の一つひとつを通して、生きている様の特徴が浮かび上がり、絵はいまにも動き出しそうに見える。しかし、固有性という理念は、往々にして、生きたオリジナルのなかよりも描かれた絵のなかに浮かび上がってくる。そして、この観点からしても、絵は正確ではないと考えられるだろう。たとえば、ある気高く高貴な所業の立派な記述が、その所業を自ら目の当たりにした場合以上に生き生きとした像を与えてくれるようなものである。というのも、大きな事件というのは、他の日常的な所業と同様の、ありきたりで日常的なありさまをしていることがしばしばだからである。純粋に感覚的で直接的な形態を前にしては、事件の本質も反省も内実も、現象するに至らないことはしばしばだ。肖像画についても同様である。これとは正反対のことを、ティツィアーノやアルブレヒト・デューラーなどといった偉大な巨匠たちは、実に立派にやってのける。デューラーのこうした絵画を詳細に観察すれば、彼が用いた手段はきわめて少なく、けっして強くはない色をわずかに使うだけであり、こうすることで身体的なもの、肉体的なものはまったく取り除けられてしまっているが、しかし精神的なものは、その意思とともに、世界のなかに現れ出ているのがわかる。

　素描もこれに属する。素描はすでに特性を含んでおり、それを完成させているはずである。色彩は、素描の性格的なものをさらに仕上げていくだけである。しかし、自然がそうするように、欲求という動物的なものへと広げるのではない。ここでもアルブレヒト・デューラーはきわめて偉大であった。彼は銅版画家であったが、木でも銅等でも制作した。鉄の鋳造もしている。絵画においてはとりわけ素描で多くの仕事をした。それは重要な意味のある素描で、これらには彩色を施した仕上げに近いものも含まれる。――ベンヴェヌート・チェルリーニ(445)はある小論でこう言っている。「真の素描とは球体の影にほかならない」。まさに球体とは、自己規定し、自己内で自らを多重化させるがゆえに、影を抱え込んでいる。そして、球体が表現に富んだものと内容に富んだものをなすということが、素描を作り出す。画家の描く素描を、自然の素描、すなわち骸骨と対置してみることができる。骸骨は肖像画の素描をなさないが、肖像画の素描は、精神が作り上げ、自らを刻み込んだ、諸々の特徴である。そのかぎりで、肖像画は精神がそこにいる情景であり、すべての生きている様に伴っていながら平静を維持することのできる情景である、ということができる。近代においては、人びとは肖像画に微笑みを湛えさせるのを好むが、これはしばしば皮肉な笑いともなり、陳腐な選り好みを持ち込むことにもなる。画家は精神の普遍的な情景を肖像画の特徴のなかに表現しなくてはならない。

第三節　情景一般、特定の情感の表現

ここではもちろん目の前にある全体に対するある種の情感を、ある種の情熱を表現することができる。ここでの主要な関心事は、際立たせることである。個別の情景は一時的なものであり、過ぎ去るものであり、表現されている主観は多くのこうした情景を持ちうる。しかし、もう一方には、魂の全体、主観の性格の全体がそのなかにあるような情景というのもある。そして偉大な芸術家が自らを示すのはこの

情景においてである。先にマリアについて述べた事柄もここに含まれる。たとえマリアが人格としては多くの他の情景を持つことが可能であったとしても、マリアにとっての本質的な情景とは、母としての情景である。マリアの性格の本性と魂は、彼女にとってのこの絶対的な情景のなかにある。それゆえ、偉大な巨匠たちもまたマリアをそのように考えたのである。他の情景のなかでマリアを表現した者もいたが、しかし、ここには先の場合のような調和も統一も存在してはいない。コレッジョの描く『マグダラのマリア[446]』が驚嘆すべきものであるのも、このゆえである。悔悛した罪の女であることは、とりわけ姿勢や衣装や髪型に見てとれる。こうしたすべてはまったく無意識的なもので、画家の側から探究された結果ではまったくない。バトーニ[447]の描く『マグダラのマリア』にもなお、これらの表現を見てとれる。こうした悔悛の情景には、また彼女の魂や性格の深さも見てとれるが、深さというのは、こうした悔悛がたんに一時的なものであるのではなく、彼女の性格が高貴であって、罪は根本的に彼女の性格とは疎遠なものであり続けている、ということである。したがって、自己内への帰還と彼女の高貴な性格との調和が描写の美しさを作り出す。他の「マグダラのマリア」の場合にも悔悛はある。しかし、それらの像の場合には、この情景が何か疎遠なものであることを示しており、彼女の性格は他の何かへの愛着や傾向を持っている。キューゲルゲンの最後の絵については、放蕩息子の胸像を取り上げて、すでに言及しておいた。もちろんそこには悔悟に打ちひしがれたようすと苦痛が奇妙に表現されているが、そこに見いだされるのは絶対的な情景ではない。頬に伝う涙を拭い去ってしまえば、その顔から見えてくるのは、むしろ、路上でも見いだせるような、まったくありきたりの性格である。

これが高次の精神的な絵画芸術の主要契機である。風景画や動物画などといった特殊な対象については、普遍的な考察をしているここでは、語ることはできない。手短に示しておけば、高次の精神的な生きている様が画家の目的でなくてはならない。精神的な生きている様についてのこうした共鳴は風景のなかにも見いだされるに違いない。アルカディア[448]では森の神パーン[449]が崇拝された。パーンはすべてであり、目に見えないものであり、驟雨を降らせるものであった。それゆえ、風景画もまた何らかの雰囲気を要求することができるし、そうした雰囲気を惹起する描写を、風景画家はその目標としなくてはならない。

ここではさらに手短に、経験的なものと紙一重であるような側面について述べておく。この紙一重のものとは、構成や絵画的な構図やシーンなどである。画家の独創力や理解力が存分に発揮されるのは、ここである。画家は、きわめて単純なブーケをまるできわめて高尚な題材のように、大政治活劇か戦争か、あるいは係争中の裁判のように、把握することができる。だが、こういった大袈裟な素材は容易に退屈なものになってしまいかねない。というのも、ここには秩序が支配していなくてはならず、それゆえ、そもそも大袈裟な素材はもはや行為たりえず、むしろ儀式であるからだ。ナポレオンはダヴィッド[450]に命じて、自身の経歴などのなかから偉大な題材を選んで描写させた。しかし、他方で絵画がふたたび単純すぎる題材を扱うようになるやいなや、偉大な題材は往々にして絵画とは隔たりすぎたものになりかねない。彫刻はしばしば絵画的になりうる。しかし、同様に絵画はといえば、内面的で秘密の情感を表現しすぎ、シーンや行為に入り込みすぎることによって、しばしば演劇的になる。とはいえ、これが演劇的であるのは、性格がその身体的な現象のなかにある、というようにではなくて、性格が行為のなかで認識されている、というようにである。しかし、絵画は、行為の継起をではなく、行為の一つの契機を描写できるだけである。これが、レッシングが『ラオコーン』のなかで述べている主要な思想で、絵画はただ一つのシーンを描写できるだけだが、文学は継起を描写できるというものである。絵画自体が叙述するようになれば、絵画は対象と事件を私たちの眼前に生起させるに違いない。こうした事情から帰結するのは、描写は事件の全体を把握しなくてはならない、という実に単純で形式的な事柄である。それだから、たとえば、勝利を描写する場合、まだ戦っているいくつかの部分がそこにありうるにしても、勝利はすでに見えているのでなくてはならない。この観点からすれば、画家は詩人よりも不利であるが、しかし別の面からすれば有利でもある。というのも、画家は直接的な直観にしたがって描写するのであるから、彼は特殊な個別態のそれぞれを明瞭に示すことができるが、詩人の叙述の場合は、二度目の叙述のさいにはしばしば最初の叙述は忘れられてしまっているので、多くのことが曖昧になりうるからである。こうした継起は、先行する事柄のいくつかの痕跡を暗示することで、画家にも部分的には観察することができる。それゆえ、たとえば、フランチェスキーニ[451]の描く『マグダラのマリア』では、マリアが投げ捨てるすべての装飾品のなかに継起が見いだされる。また、彼女が両手で持っている鞭によって未来が示されている。とはいえ、それほど精神に富んだ作品ではないけれども。

しかし、個々の絵画における主要な関心事は、情景に辻褄が合っていることである。行為は象徴的であってもよいが、そのことが大いに事の辻褄の邪魔をする。あるいは、行為そのものよりも行為のあり方のほうが普遍的であるのに、辻褄合わせはこの行為のあり方の邪魔をする。たとえば、オランダ人の描いた多くのシーンに見られるようにである。この点、宗教的な対象には、すでに普遍的に辻褄が合っているという利点がある。同様にまた、聖人たちの物語も、この聖人たちに帰依する公衆にとっては辻褄が合っている。それ以外にも、大事件は、それが起こった場所や、それが展示されている場所によって、たとえば市庁舎であるとか議事堂などによって、簡単に察知されうる。だが、絵画館のなかでは事情はまったく異なる。絵画は、それが特定の人物を特定の情景のなかで描写しているかぎり、こうした連関を通して、もちろんかなりの程度まで辻褄が合っているに違いない。絵画は行為を感覚的な仕方で描写するが、その行為の意義と本質は精神的である。この意義が、多様で感覚的な形式で表現される。しかし、可能なかぎり行為の辻褄が合っているようにするためには、画家の感覚はあらゆる事情を利用して、対象の辻褄を合わせなくてはならない。とりわけ衣服もこの事情に含まれている。行為の描写は感覚的であるから、行為が設定される平面には多くのものが偶然にある。さて、画家はこの平面を満たさなくてはならないし、そうすることで行為の辻褄合わせに貢献しなくてはならない。この事情は絵画におけるモティーフと呼ばれる。すなわち、行為のためのモティーフではなくて、辻褄合わせのためのモティーフである。そして画家の精神的な感覚はこれらのモティーフのうちに示される。また、画家たちはここで、寓意的な関係と象徴的な関係を持ち込む機会をうる。それゆえ、たとえば、ファン・エイクの絵『秣桶の中のキリスト』[452]では、秣桶は古い礼拝堂のなかにあり、遠景には美しい建築物が描かれているが、これは古い教会の衰退と新しい教会の成立を表している。こうした事情はすべて、上述のモティーフに属している。

さらに進んだ契機は、これらが目で見て容易に把握でき、感覚豊かな結びつきのもとに現象している、ということである。すなわち、画家が扱えるのはただ平面だけであるから、彼は第三の次元を遠近法で代替しなくてはならない。だが、表面は優勢なものを含んでいなくてはならない。薄肉浮彫は彫刻から絵画への移行である。薄肉浮彫の場合には、主要な対象だけを中央に据える必要がある。絵画も、ときにこれを流用し、『アルドブランディーニの婚礼』(453)に見られるように、平らなものだけを用いた。それゆえ、人物はみな同じ背丈で、一列に並んで立っている。しかし、画家は彼の芸術のあらゆる手段を用いる。これには、人物群を配置する複数の平面も含まれる。こうして配置された人物を影と光とで浮き上がらせる。画家が主要な人物たちを一番前の平面に持ってきて、これを影のなかには据えず、この人物たちのためにはきわめて明るく澄んだ色彩を配する、ということもここに含まれる。さらに必要なのは、画家が人物を重なりあうように並べるのではなく、全員をはっきり見えるようにするということだ。多くの絵画に脚や手が描かれるけれども、最初に検討しなくてはならないのは、これらの手や脚がどの頭部につながっているのか、ということである。したがって、画家は人物を相互に区別して、それらがいくつかのグループをなすようにするのであるが、それぞれのグループがばらばらになりすぎてもいけない。複数のこうしたグループが行為の一部であること、これをはっきりとグループ自体に即して示すことはできるであろうが、しかし、そうであることが感覚的にもまた示されなくてはならない。こうした非難は、ラファエロの有名な『キリストの変容』(454)に対して投げかけられた。すなわち、そこには二つの行為が描かれていて、上方には山上にたゆたう救世主、下方には、狂気の息子を連れてやって来る父母がいて、イエスの弟子たちは狂人を癒すことができずに、上方を指さしているのである。しかし、ここでは最高のつながりが精神的に描かれている。弟子たちには狂人は癒せないけれども、キリストを指し示すことはできる、と暗示することを通して、キリストの威厳は最高度に美化されている。しかし、ここにはまた感覚的なつながりも現前している。というのも、描写されるべきはキリストとの隔たりであり、高挙であり、別離であって、しかもこれが率直に表現されているからである。——もちろん、こうした拡散によって描写される行為というものもある。たとえば、テニールス[455]の作品にあるような、五〇〇人もの人物が登場している歳の市であるとか、さらには、ボアスレのコレクションにあるヘムリングの絵に見られるような、「荒野のマナ」[456]であるとかがそれで、対象が絵画にふさわしくないにもかかわらず、きわめて美しいのである。画面のユダヤ人は高価な衣服を身にまとっているが、それらはエジプト人から盗んできたもので、どれもどこか擦り切れている。彼らは、金細工職人が真珠を拾い集めるような極端な勤勉さで、マナを拾い集めている。——グループ化にはピラミッド形式が採用されている。たとえば「キリスト磔刑図」に見られるように、ピラミッド形式は通常、おのずから、マリアのもとに使徒たちがいるといった形になる。とりわけ、この形はコレッジョの作品に見ることができる。拡散したもの、外面的なもの、空間的なものが、ここでは一点に集まっている。

第四節　色彩と色調について

そもそも画家を画家たらしめる最初のものは色彩である。多くの画家が好んでスケッチにもとづいて制作するし、それゆえにスケッチを高く評価するのであるが、それはスケッチがまさに豊かな精神と天才的なものを告げ知らせるとされているからである。しかし、色彩がはじめて絵画を完成させる。色彩が、平らなカンヴァスの上の絵画を完全に浮かび上がらせるのである。

最初はヴェネツィア人が、そしてとりわけオランダ人が、色彩の巨匠となったのであるが、ここで最初に注目されるのは、この人々の固有性についてである。どちらの民も海の近くに住み、彼らの土地は運河で貫かれている。そこで、彼らはいつも退屈で不明瞭な背景を持っている、と想定することができる。これと実に近い関係にあるのは、戸外に曇ってくすんだ背景を持っている画家を色彩豊かなものが魅了する、ということであり、色彩豊かなものはくすんだ背景にはよく映えるということである。かつてはその方が、人物がより浮き立つということで、劇場装飾を灰色にすることが流行した。いまでは、金や銀や宝石といった高価な素材を使った、より明るく、色とりどりの背景の方が優勢である。ヴェネツィア人やオランダ人と比べれば、他のイタリアの絵画はからっとしている。後者には前者のような瑞々しいもの、くっきりしたものがない。

色調については、もちろん大変難しいことだが、とりわけわかりやすさが重要である。したがって、ここではただ普遍的な観点のみを取り上げておく。色彩については効果の三つのあり方について注意を払わなくてはならない。その第一は明と暗の対立である。これだけを独立に作用させるなら、一色だけで事足りることになる。これが色調の基本をなす。この明暗は人物の立体感に対応しており、これによって人物が浮き上がったり、沈み込んだりする。色彩の巨匠たちはまた、必然的に明暗の対照の巨匠でもある。彼らは明るい白からもっとも暗い黒まで駆使することができ、これによって大きな効果を上げる。しかし、対比をどぎつく表さないためには、闇にグラデーションを施すことでこの対比を伝達しなくてはならない。――この明暗に第二に付け加わるのが、色彩である。まずは固有色について語ろう。これはすなわち、人物の一部分を他の部分より濃く色づけするという彩色である。濃く色づけることによって、人物の一部分は、形態の位置によってその部分に生じていたのとは別の、明暗の関係を獲得する。形態の配置によって、部分には自然にあるのとは別の彩色を施すことができる。それゆえ、たとえば唇は自然にあるよりもさらにくっきりした赤に塗ることができる。——第三に、複数の色はまた、それぞれ独立して対立しあってもいれば、相互に関係しあってもいるということ、すなわち、色の明るさと暗さは隣り合う色によって決まる、ということである。したがって、たとえば、黄色は緑の隣に置かれると、それだけである場合とは異なった明るさと暗さの調子を獲得する。ここから生じてくる効果は、ときにきわめて奇妙なもので、評価に値するものである。たとえば、繻子の画家として有名なテル・ボルフ[457]はこの手法に熟達していた。彼の描く繻子はまったく自然に見えるが、しかしよく見てみると、くすんだ灰色をしているものは一つもない。この作用は、とりわけ複数の色から生まれるもので、画家はこれらを隣り合わせに配置するすべを心得ている。こうした効果にとりわけ熟達していたのはオランダ人であった。——すべての状況を、画家は調和へともたらすことができなくてはならない。たんなる感覚的な直観の場合、色彩が私たちを欺くだけではない。むしろ知性が距離や色彩などの多くのものを代替する。しかし、画家はただ色彩という外観を用いるだけでなく、色彩を調和へともたらさなくてはならない。一枚の絵画のなかのすべてが、個々別々になら正確に描かれている、ということはしばしばありうるが、しかし、調和がとれていないと、幻想は邪魔される。

　巨大な絵画や風景などでは、また別の考慮が必要となる。それゆえ、たとえば画家は距離に応じて色を配さなくてはならない。たんなる幾何学的遠近法はまったく機械的で、大して難しくはないが、空気遠近法は色彩に大きな影響を与える。遠くの対象は色を失っているのでより明るく、明るい灰色へと移行する。同様に、輪郭の鋭さも距離によって変化する。したがって、固有色は空気遠近法との対立に敗北せざるをえない。

もう一つ顧慮すべき点は、照明の度合いである。これはまったく外面的なことがらで、色の持つまったく固有の雰囲気から生じてくる。それゆえ、こうした状況のすべてからして、色調は絵画におけるきわめて難しい対象である。

技術の観点から注意しておくべきは、画家は徹底して原色から始めて、そのあとで、必要となる混色をパレットの上で作り出さなくてはならない、ということである。したがって、モザイク画は、個々の石片がすでに固有の絵具であるがゆえに、大変困難である。この芸術はいまでは高い完成度に達している。あるモザイク工房では、絵具の数は一万五〇〇〇色に達し、それぞれの絵具は明るいものから暗いものまで五〇段階のグラデーションがつけられている。風景画は多くの絵具を必要とするが、たんに人間の行為を描写するだけの絵画は、空気遠近法がそれほど影響を及ぼさないがゆえに、それほどの絵具は必要としない。しかし、これに反して後者の場合はより大きな困難がある。すなわち、人間の肉体の色調は表現するのがもっとも難しいもので、またそれゆえに、さまざまな仕方で把握されるのであるが、ここでは、画家は幾何学的遠近法などのような、特定の規則に従ってこれを扱うことはできない。画家は自分の固有の独創力、すなわち創造的な構想力に頼らざるをえない。色の調子については、画家は誰しも、いわば自分本来のやり方を持っている。世界はこのやり方で彼に現象し、彼の模写の構想力もこのやり方で再現を行うのである。したがって、色調を芸術家の手法とみなしてはならない。むしろそれは色の調子についての固有の見方であって、現に存在している。画家は色の調子をそのように見て、そしてこの調子はまた現に自然のなかに現前している。しかし、色の調子は一つの消えゆく調子として現前していて、それはその一時的な存在のなかで把握されなくてはならない。

色調がこのように消失してしまうのは、とりわけ人間の肉体を描写するさいに重要となる。それは年齢や明るさや背景を問わない。なぜなら、この描写が画家にとってもっとも難しいことだからである。人間の頬の赤は純粋な赤であり、青みがかってはいない。しかし、この赤はかすかなものにすぎず、他の身体の色に溶け出してしまう。他の身体の色はあらゆる色の混合であって、まったく艶がなく見える。ディドロ(458)は言っている。「肉体の感触に到達した画家は、遠くまで到達している。その他のすべては些末なことだ」と。最高の技術は透過である。すなわち、下に塗られた色が上に塗り重ねた色を通して透けて見えるようにすることである。とくに、油絵ではうまくいく。それゆえ、肉色もまた多面的に解釈できる。丸みを付けるために、これにもさらに明と暗が付け加わり、同様に周りの対象からの反映も付け加わる。こうして、はじめはまったく不合理に思われた絵具もしばしば用いられることになる。しっかりした基盤を、それも色の本性のなかに基盤を持つ規定が、こうしたすべての偶然的な色の外観のなかに見いだされる。青と黄で緑ができる。青は暗く、黄は明るい。両方を合わせると、青が黄の陰に完全に隠れる。それゆえ、青みを強くするには、黄をよりくすませなくてはならない。しかし、くすみの強い黄は赤である。それゆえ、赤と青は、原色の調和した対照の基盤をなす。そういう理由で、キリスト教徒の画家、とりわけオランダ人は、マリアの衣装に深い情感のこもった青を配し、ヨセフとキリストには赤を配した。イタリア人の場合は、色はけっして最高の純粋さで用いられたわけではない。彼らはしばしば副次的な色を主要な人物に配した。古代の画家は総じて色の純粋さに依拠していた。こうしたことは近代人のもとではもはや見られない。そこでは、色はすぐに変化してしまう。それゆえ、こうした色の基盤が色の調和を形作る。たとえば、画家がまったく明白な原色を選ぶとすれば、そこにはまた、人物の明白さと、力と内容に満ちた形態の明白さが含まれている。そして、これが調和を増大させるのである。風景はこうした明白な色をつねに許すわけではない。たとえ許されたとしても、それは、ある一色しか使えないような、たとえば石とか草などといった中立的な自然の対象にだけである。これに反して、人物を描写する場合には原色が入り込む余地がある。何らかの精神的な世界を描写するなら、色を抽象態のかたちで、すなわちその純粋さのまま用いることこそがふさわしい。画家がこうした明白な色を選ぶ大胆さを持っているなら、そこにはまた人物の明白さ、内容の豊かさも含まれている。色褪せたもの、愛らしいもの、甘美なもの、とりわけ近代では支配的なこうしたものは、明白な色を用いることによって完全に抑圧される。フランス絵画や、メングス[459]の蒐集した理念的な絵画（すなわち、特性が背後に退き、彫刻の理念が前面に出てくるような絵画）の場合、こういった曖昧な混色を持ち込むことは必須であった。混色はたしかに調和の役には立つが、そういう調和は低次の調和であり、大した価値のない調和である。

色は絵画が現実態へと歩み入るための最後の側面である。こうした色の前進に関してさらにいくつかのことを述べておく。古いキリスト教絵画は、キリストやマリアなどの高次の形態をチョークの下描きの上に一人ひとり描いた。そしてこれらの人物をしばしば金地で縁取った。こうした形態には、壁に描くという条件があったとはいえ、ほとんどまったく生きている様がなく、むしろ建築的である[460]。いのちを吹き込むことが、こうした手仕事的なもの、伝統的なもののなかへと入り込んでくる。それも、最初に入り込んでくるのは顔や手のなかである。とはいえ、そもそものはじめから美しい色は現前していたのである。この純粋で抽象的な色は、こわばった、いのちのこもっていない形態には、そして豪華な金地にはふさわしいものだ。オランダ人はここから始めて、いのちを吹き込むことを導入したが、色の美しさは維持し続けた。彼らは背景の方を変化させ、部屋やカーテンや眺望などに変えた。彼らは豪華な色を用いたが、豪華な背景も用いた。ビロードや真珠や宝石は日常的だった。眺望も壮大で豪華であった。色が個別化されているのに調和の邪魔をしていないような場合には、「よくぞ描いた！」と言われた。オランダ人のほとんどの作品で、こうした情感に襲われる。こうした手法はのちにさまざまな熟練へと分化し、植物画、風景画、肖像画となった。彼らは絵を描くことそのものを、本質的な側面として維持した。そして、対象はますますおろそかにされたのである。ここに私たちは主要な関心事として、外観の魔術を、色の調和を、あるいは、いわば絵画の音楽を見いだす。この魔術は、明と暗だけが用いられる銅版画のなかで、いまや消滅している。

ここが、絵画が音楽へと移行する地点である。絵画の最高の対象は、たしかに自分自身に対して振る舞う魂である。この対極には、自分自身に対して振る舞う外観がある。ここにはしたがって、身体を欠いた、まったく内容のない理念があり、前述のように、これが音楽への移行をなす。絵画は自らを空間から、並列から取り戻すが、外観は本質であり続ける。これが音楽において問題となる。

第二編　音　楽

音楽はそれ自体の外にはいかなる内実も持たない。その本質は消滅していく外観である。それゆえ、共同体の主観はこだまとして現れて来ざるをえない。音楽の要素は音であり、外面的で感覚的な実在であり、それゆえにこの感覚的な手段そのもののなかへと精神的な規定が持ち込まれるのであり、こうしてこの形式は美的なものの形式となり、その明示が芸術となるのである。

まず、私たちはこの要素を抽象的なものとして考察しなくてはならない。それから、規定されたもの、何らかの内容を備えたものとして、そして最後になるが第三に、芸術そのものとして考察しなくてはならない。音楽芸術そのものについては、私は門外漢であるし、また音楽の法則について多くを知る知人もいないので、さして語ることはできない。

さて、基礎的なのは音である。音は、言語の場合とは異なり、何らかの表象を表すようなはっきりと発音された記号ではない。音は音そのものとしてのみ、響きというそのあり方にしたがって考察されるにすぎない。音そのものは質料を欠いた無内容なものである。音は表現ではあるが、しかし出現するや

直ちに消滅する。音は振動であり、表現ではあっても、実体や物質的なものが浸透していくことのできないものであり、むしろ振動を引き起こす運動においてのみ示される。音楽の表現はしたがって客観的ではなく、空間のなかに継起するようないかなる存立をも持たず、他者に対するたんなる抽象的な表現であって、直接的に消滅していきながら、しかしそれがたんに外面的に消滅するにすぎないということが、その消滅のあとに一つの内面的なものとなるような、そうした消滅である。さて、私はこういう内面のなかに表現を聴き取るのであるし、内面を通して表現するのだけれども、この表現がかくも抽象的であるために、この内面もまた、そのようにまったく抽象的な内面である。しかし、内面はこのように抽象的であり続けるわけにはいかないから、さらに規定されて、それは情感となる。この抽象的な内面はその内面の原始的なものの本性を構成する。まさにここに、音楽の原始的な威力が存する。それは芸術以外の他の観点における威力ではない。音楽はさらに、他のあらゆる芸術と同様に、表現されたものの内容を通して威力を持つ。原始的なもののこの威力は、抽象的な内面が自我自身の形式、すなわち自己意識の形式にほかならない、という点に存する。まさにこの形式的なものがここでは音における外面的なものであり、否むしろ、この外面的なものにおいて直接に内面的なものはある。したがって、音に関しては往々にして、外面的なものに直面した自我が保存されないということが起こる。これは美的な彫刻の場合には生じえない。彫刻の場合はつねに直観するという関係が目の前に存し続ける。私が芸術作品のなかに沈潜したいと思ったところで、つねに区別されているという関係が残り続けるのである。これに反して音楽の場合では、「私」というもっとも外面的な頂点が作品のなかに入り込んでいく。そして私にはこの対立は残っていない。それゆえ、私の自我もまた共鳴し、私は拍子を取ったり踊ったりを試み始める。歌う喜びは直接にこの点に結びついている。まさにこの音という抽象的な規則がまた、歌、行進、踊りといった規則的な表現を要求する。したがって、音楽は一面では主観的な気分から発するが、それが客観的で抽象的な外面から発する場合には、私の自我はいっしょに歌い、行進し、踊るといったことを要求されるのである。そのかぎりで、この表現において保存されているのは、抽象的できわめて内面的なものである。したがって、内面的なもののこうしたきわめて形式的な座が、音楽の本来の場所である。他の芸術の場合は、私たちはもっと自由であるが、しかし音楽通はここでもまた自由である。

音楽通の人々のなかにはまさに音楽と時間の連関が成立っている。というのも、この直観としての抽象的内面こそが時間だからである。かくして内面は形式的で主観的な統一であり、正確に言うならば、きわめて否定的な統一、したがって空間と共存の廃棄である。しかし、廃棄はここではまた外面的なものであり、しかも外面的なものそのものである。それゆえここには表現もまたあり、この表現が直ちに多様性を獲得する。しかし、この多様性は外面性の頂点にすぎず、表現されるやたちどころに消滅する。これこそが時間というものであり、音は本質的に時間のなかにある。

音楽の威力を考察し、古代の人々が私たちに語ったところを思い起こすなら、直ちにつぎのことが感じられるだろう。すなわち、この威力の行使にはたんなる音とは何か異なったものが含まれているが、それは音相互の関係であるはずであり、またさらに内容をも含んでおり、これはそれ自体で独立した精神的な内容であって、音のメロディーによって表象される、ということである。——オルフェウス(461)は文明に対する彼の影響力をたんにその音によってのみ行使したのではなくて、メロディーによって行使した。動物はそれだけで満足したが、人間はさらに高いものを、精神的内容を要求した。音楽の形式的なものは何らかの特定の内容へと高められなくてはならない。そしてこの内容が、たんなる要素的なものの対立のなかに、第二のものを生み出すのである。

この第二のもの、すなわち内容によって規定されたものという要素はしたがって、たんに抽象的であるにすぎない外面的なものという要素と対立する。精神的な内容はさまざまに規定される。実体的な形式を持つこの内容はしたがって音にその本質的な規定を与える。音楽はいわば抽象的な音と満たされた精神的な内容とのあいだの結合である。この内容は音相互のあいだの関係である。そしてこの精神的なものが音に対する関係としてのみ現れてくるかぎりで、この精神的なものは音楽の固有の側面である。——ここには二つの側面がある。一方の側面は関係が音そのものに帰着するということであり、他方の側面は内容としての精神的なものが音に帰着するということである。したがってここには、すでに具体的な精神性への連関がある。音楽はいまやこの精神性という内容を表現することができる。言い換えると、自分自身をまったくそれ自身だけで孤立させ、それだけで独立した音であることが可能である。したがって、そのように音楽はそれだけで独立してもあれば他のものに伴ってもある。なかんずく近代においては、音楽はより自立してそれ自体で独立するようになった。しかし、自然な音楽とは歌に伴う音楽である。音楽は、自立的になるにつれて、心に対する威力を失う。音楽はだんだんと、芸術家の完全性と音の扱いの難しさに驚くことのできるような一部の音楽通の享受するものとなっていく。

音楽が伴奏から離れないかぎりで、ここではいわば朗唱がその第一の契機である。しかし主要なのは思想であり、規定するものである。しかしこれが独立して表れると、朗唱と思想の両者のどちらもが遅れを取らないようにするために、両者の均衡を見いださないわけにはいかなくなる。テキストはそれだけでも重要な内容を持つから、音楽の助けをさほど必要とはしない。たとえば、古代ギリシアの合唱歌コロス[462]がそうである。音楽が自立すれば、詩は退かざるをえない。したがって、音楽は自然描写や歴史描写、あるいは総じて客観的な妥当性を許されてはいない。それゆえ、オペラの歌詞がそこそこのしろものであるのは目的にかなっている。だからまた、より以上の普遍的なものに依拠するためには、それはイタリア語がふさわしいのである。シラーの詩にはあまり作曲されないというのも同じ理由からである。しかしまた、テキストが明瞭に歌われるというのも、これに含まれている。私たちの国語のような硬い言語の場合には、これはきわめて難しい。それゆえわが国ではまた、人々が内容とテキストに関心を抱いているのに、この関心が満足させられることはめったにないというきわめて奇妙なコントラストが生じる。内容はたしかに優先されなくてはならないが、思想が勝ってしまっているようであってはならない。芸術は思想の深刻さをもその情熱をも和らげるのである。芸術は情熱を表現しなくてはならないが、しかし、それが芸術を通して現れてくるということによって、情熱は和らげられるのである。このことをきわめてうまく解いて見せたのはボルゴンディオ夫人[463]である。彼女は上手に歌うだけでなく、内容をわが国の歌手たちほど情熱的にならずに表現する。テキストのこうした後退は、とりわけ宗教音楽の場合に生じる。そのテキストは周知のものであり、古い賛歌から成立っている。この地点をいまや諸々の国民のさまざまな趣味が回っている。私たち北方の国民は、音楽が朗唱から発することを、そして朗唱が音楽の基盤であることを要求する。イタリア人はもっとずっと自由で、音楽をそれ自体で独立して享受する。それゆえ、私たちは、モーツァルト[464]やグルック[465]やヘンデル[466]といった、両方を把握している芸術家を評価する。これらの音楽家の場合は、音楽的な表現が感覚の把握同様に立派なのである。しかし、すでに述べたように、イタリア人はもっと自由である。

さらに述べられるべきは内容の形式であり、それが音楽にどれほど詳細に含まれているかである。内容がこの抽象的で主観的な内面性という要素のなかに据えられ、音を用いて適切に表現されるのであるから、内容が情感の形式を持つことが要求される。内容は外的な直観によって、知性の反省から採られることもある。しかし、こうした内容はこの要求と合致しない。音による情感のまったく単純な表現は叫びである。それは情感の音ではあるが、表象の恣意的な記号であることを欠いている。間投詞の場合は、内容は表象の仕方にあるのではなくて、音そのものの変容の仕方で表される。情感においてはまだ主観と客観の区別がない。私は興奮し規定されるが、しかし上述の区別へと進んでいるわけではない。音としてあるこの表現を、私たちはまさにこうした区別のないものと見なしたのである。記述し物語る音楽というのが本来からして失敗である理由は、まさにこれである。というのも、音というのはいつでも、多かれ少なかれ矛盾を表に現してしまうような対象だからである。間投詞はそれゆえ情感の真の形式であり、間投詞をカデンツ[467]にしたものが音楽という真の芸術である。芸術は音楽が間投詞の持続を目的としたところに始まる。

情感の表出を詳細に展開するためには、展開の仕方がつぎの問題となる。展開はまず諸々の個々の音からなる一つの多様性である。これによって個々の音は相互の規定と相違とを獲得する。これは一つの音の他の音に対する関係である。この関係はある種の外面的なものである。なぜなら、それぞれの音はそれだけ独立してある場合は自立的な現実存在であり、これを理解する第三者のうちでの統一だからである。この関係はそれぞれの音においては有機的に生きているような関係ではない。外面性の関係は量的な関係であり、したがって音の関係は本質的に数の関係である。この観点からすれば主観と客観、音楽と建築とは接している。建築は客観を持つけれどもその要素に対しては抽象的であるが、音楽も同様にその要素に対しては抽象的な主観である。両極はしたがって、数の関係、すなわち、悟性関係を堅固な足場として根底に持つような外面性と関係する。こうした外面性から、音楽という芸術は自由な芸術として登場する。したがって、堅固なもの、規定されたものとして音を語るさいには、数を元にしなくてはならない。あるいは、そのために選ばれたC、D、E、F等の音名を用いなくてはならない。

これに関する詳細は、拍子・ハーモニー・メロディーの三つの規定である。リズムは第四の規定であるが普遍的なものである。リズムは運動における特殊であり、したがって拍子のリズム、メロディーのリズム等がある。高次のリズムは上述の三つの総合である。拍子は不等のもとにある抽象的な規則である。ハーモニーは音の相互の関係である。そしてメロディーは音楽の自由で精神的な規定である。

拍子はしたがって時間に関するまったく抽象的で外面的な同等性である。拍子の刻みは外面的で抽象的な統一である同等性という単位を与える。これはまた建築においてもいえる。そこでは柱や窓等が等しくなくてはならない。拍子のこうした単調さのなかに、抽象的な統一である自己意識は悟性的な統一である己を見ている。自己意識の内面がこうした外面のなかに消滅し沈みこんでいるあり方は、拍子によって妨げられる。この妨害は外面的な妨害、同等性による妨害にほかならない。したがって拍子は総じて抽象的な基礎であり中断であるが、これはしかし同等性によって相互に関係しあっている。一つの拍子のなかに閉じ込められた数多性にはふたたびアクセントが与えられ、区別へと解体されなければならない。そしてこの区別は聴き取れるものでなくてはならない。この区別された数多性が四分の四、四分の三、八分の六等といった拍子のより詳細な規定をなす。リズムの側面では、拍子が作り出す同等な時間からさらに区別される。リズムはメロディーからもハーモニーからも区別される。

〔つぎの段落は手稿二二七ページの左側に貼り付けられた紙片に書かれている〕

線で示したところまでは私が自分で筆記したノートである。ここからは欠けた部分をミッデンドルフのノートに従って書き写す。これ以下に重大な間違いがあるとは思えないが、ここまでのところについてだけ私は内容の正確さを保証できる。私には不明である点の多くは、省略のためである。兄弟よ。良い筆記者であるという私の名誉のために、以上のことを言い添えておく。

さらば！　君のアッシェベルクより。

第二に考察されるべき契機はハーモニー、すなわち私たちが色の調和として見てきたのと同じものである。ハーモニーといえるのは、偶然の寄せ集めではない音相互の内的な関係であって、これは数の関係に還元できるものである。ハーモニーは相互の数の関係に存する。この基礎は、自然哲学のなかでのみ数というかたちで完全に規定される。普遍的な根本規定は三和音である。これはある種の差別をそれ自身のなかに含む一つの統一であるが、この差別が統一のなかで保存されて(468)いる。これ以外の音は多かれ少なかれこの根本関係からは隔たっている。この関係の展開を通奏低音技法という。この技法は、基音からどれくらい隔たっているか、どのようにして基音へ戻りうるか、あるいは原調に戻りうるかを、さらにはまた不協和音はどのようにして導入され解決されなくてはならないかを教える。その立ち入った詳細は特定の技法それ自体に属することである。ハーモニーに伴って生じることがらに、異なった調と呼ばれるものがある。調は基音によって異なった性格を持つかに見える。(469) 主要な違いは長音程と短音程である。長音程と短音程は三度の音の違いによって決定される。規定された違いはまた別の基礎をも持つ。基音としてある音を取り上げ、そのオクターブを規定する（弦が同一の張力と同一の太さの場合、長さを半分にするか、一対二の比にすると、オクターブになる）。こうして音階が得られる。(470) これらの音からまた一つの音を基音に選び、この新しい基音に対する三度と五度を求めれば、この展開のなかに和声的なものがあることになる。(471) 音階のなかのどの音を基音にすることもでき、どの音もはじめの音階のなかに、その和声的な展開を持つことになる。こうして生じる繰り返しは、それが何であるべきか詳細に決定されるべきではあろうが、それだけでは十分でない。あるいは、ある音から出発して、この音をもとに調律を続け、純粋な半音にまで進んでいくと、こうして調律された特定の音がこれと純粋に協和する調律を見いだせない、ということが起こる。(472) これが、和声の純粋さという観点からして異なった性格を作り出す根拠である。ここに一つの一致を持ち込み、音の純粋さについては、その音が他の音と合うだけのものを獲得しようと試みることになる。これを音律という。音律が特定の調に特定の性格を与える。したがって、調の性格を作っているのは基音ではなく関係の相違である。こうした相違は古代より近代のほうが少ない。私たちは、古代人が調の相違に大きな重要性を認めていたことを知っている。イオニア調(473)は喜ばしき調だと彼らはいう。ドーリア調は荘重で敬虔である。フリギア調は悲しく、リュディア調は厳格で無愛想である。古代人の場合、この区別の普遍的なものは、CからCまでのたった八つの主要音しか彼らが持っていなかったということに存する。鍵盤上の黒鍵というのはない。ここから結論できるのは、異なった状況が異なった表現を与えざるをえない、ということである。EとFのあいだは半音であり、(474)HとCのあいだもそうである。他の音を基音にすると、進行は別の配置になる。フリギア調はEを基音とするがイオニア調ではCである。これが決定的な結果をもたらす区別の主要な根拠である。

メロディー——これは音楽のなかを自由に流れる魂である。実際的な関心が解放されるのはメロディーを聴取する自由な持続によってである。この側面がこの芸術のより高次の段階をなす。これについてはっきりしたことを言えるのは通人だけである。音楽の本性は、情感のきわめて無規定な表現であるという性質にある。音楽の本性は諸々の音のなかをさ迷うことにあるから、したがって普遍的なものははっきりとはつかみえないのであって、またつかむべきものでもない。さ迷っているのは情感だけではなく、情感にかたちを変えた魂の外観でもある。自らを抽象の頂点に据えて自己否定するのは魂である。けっして情感ではなく、魂の外観こそがこうしてかたちを変えるのである。この根拠をこれ以外に示すとすれば、音楽それ自体はこれについて何も語ることができないという点であろう。音楽という芸術を除いてはいかなる芸術も手仕事のようには遂行されない。というのも、そもそも技術がここでは大きな仕事をなすからである。

ハーモニーのリズムとメロディーのリズムの違い(475)

和声的なものは、芸術家が自己を表現するために用いる手段であり、絵画にとって素描や光や影が手段であるのと同様である。もっとも、和声的なものはメロディーの手段であるが、しかし一つの重層的な関係であり、選択の余地があり、この選択によって音楽が展開される。軽い音楽はきわめて単純な関係に沿って展開し、重い情熱的な音楽は音楽の関係のなかにより深く入り込んで、不協和音という和声にまで展開する。こうした関係において素人が音楽家から区別される。素人は内容のみを探求する。通人にとっては芸術とは本質的なものの関係である。素人は朗唱やメロディーに興味を示すが、通人は関係そのものにも興味を示す。通人はいかなる表象をも表現していない器楽曲を好む。器楽曲とは抽象的な情感へ、あっちへ行ったりこっちへ来たりのあの運動そのものへと差し向けられている。表現されているのは内容ではなく普遍的な協和と不協和の反射である。そこにあるのは個体でもなければ形態でもない。音楽はこうした抽象的な運動にとどまるものであるから、音楽的関心というのは何かまったく没精神的なものである。したがって、音楽的天才というのはまったくの無教養である。偉大な作曲家たちは一般に内実を欠いた人たちである。——こうした関係の扱いが主要な関心事であるが、人々はそれを知らない。そこでそうした関心はないことになる。それゆえ、あらゆる表象のこうした遂行に自由な空間が与えられることになる。たとえば、ピアニストがしばしば自分の指の運動に興味を示し、バイオリニストが音楽よりも弓の使い方に興味を示すように。

両者の相違の基本的な性格の一つは言語であり、一つの言語の詩の韻律である。私たちのリズムはイアンボス（弱強格詩脚）[476]とトロカイオス（強弱格詩脚）[477]からなる。切迫するイアンボスは、一面では目立った単純なものであるが、他面では人間が持てるもののうちでも本来的に悪しきものである。ギリシア人やイタリア人やフランス人はこれを持たない。ラテン語のテキストを元にしている教会音楽では韻律のリズムはこのなか（ディーエス・イーラエ[478]のなか）にある。私たちの言語と比べれば南方の言語の美しい響きは思い起こすべくもない。イタリアの作曲家はすでに彼の単純な韻律によってイアンボスの野蛮から解放されている。彼らはメロディーを自由にする。ここに、イタリア音楽とドイツ音楽の相違の主要な根拠があるように思われる。イアンボスによってそれは私たちの音楽に近づき、単純で鈍重で単調になり、ハーディーガーディ(479)のような、切々と物欲しげな泣き節となる（民謡）。近代では作曲家たちはあらゆる突出を妨げるイアンボスを放棄している。拍子のイアンボスはまたたとえばヘンデルの『メサイア』(480)のなかに見られる。この性格はまた、私たちがヘンデルの音楽を親しく感じる理由のひとつでもある。もちろん、きわめて多様なハーモニーや荘厳さやメロディーがあるので、ヘンデルの音楽のイアンボスはたやすくこの性格と私たちとを調停するのである。

メロディーとハーモニーの結合は音楽における重要な側面である。メロディーの自由な運動はハーモニーのなかに閉じ込められている。ここに偉大な作曲家たちの主要な秘密が潜んでいる。この関係は自由と必然の闘争を提示する。ハーモニーは必然性を含み、自由はその揺れに任されている。自由は一面ではこの関係に結びつけられているが、他面では自由に現象しなくてはならない。にもかかわらず、この関係を毀損しもしないのである。こうした区別は、メロディーが優位に立つものであることが、すなわち、メロディーがあらゆる点でハーモニーに依存しているにもかかわらず自分自身のもとにとどまるものであることが示されなくてはならない、という規定にまで達する。自分自身を聴かせ、また自らを聴く、精神の自由のあり様というものがここにある。音楽は私たちを高めて理念へといたらせるが、この理念は、音楽が特殊の上をさ迷うことと、規定されてあることとを同時に感覚的にこの要素のなかで私たちに提示する、という点にもとづく。彫刻や絵画といったこれまでの芸術の場合、私たちは、精神的なものが外面的に直観される形態を持っていることを見てきた。音楽においては、精神的なものの地平は主観そのものである。他の芸術においては、魂は外面的なものの直観を通して自由になる。実体的な内容は魂それ自身と同一である。音楽の場合、規定された情感として主観に属しているのは特殊態である。音楽は情熱を呼び覚まして、喜びや苦しみを表現する。これが特殊態を形作り、ハーモニーの関係は表現を規定する。しかし、同時に魂は、この特殊態から魂が自分自身を取り戻している、宗教という境地へと高まってもいる。（快や苦といった）特殊を越えて高まるというこの側面が音楽一般における歌を形作る。音楽は私たちをこうした情感のなかに引き込むだけでなく、情感を越えて魂を立たせ、魂に自己を享受させる。すなわち、魂が快のなかでバッカスの陶酔に流されるのではなくて、空を飛ぶ鳥のように、喜びがまた魂の自己内存在であるということ、これが偉大な音楽の性格である。これこそが、私たちがイタリアの偉大な作品のなかに見いだしているもの、すなわち人間の歓喜や受苦のなかに入り込んでいきながら、同時に融和された情感の純粋な直観でもある、ということである。私たちはしばしば、メロディーや歌だけを問題にするといってイタリアの音楽を非難する。しかし、より高いものは両者の一致なのである。

この領域から私たちは他の領域へと移行する。音楽は感覚的なものとしての表現の最後の芸術である。しかし芸術の感覚的な要素は、それ自体は直接に消滅してしまうような音である。一方の極は有機化さ

れていない形態における物質的なものであったが、他方の極は音である。ここから私たちは語りの芸術へと移行する。

第三編　語りの芸術

語りの芸術は統一された芸術である。建築はその悪しき要素のゆえにそこに住む神を必要とし、この神は共同体を必要とした。共同体の頂点である主観を私たちは音のなかに見た。しかし音は空虚な主観であって、音の関係とその関係の運動によっては完全に遂行されはしなかった。語りとしての音は、音楽的な要素に欠けているものを満たすのである。語りの芸術はこの両極を持ち、造形芸術における形態を（劇詩において）完全な規定のうちに持つとともに、音楽については自分自身を聞き届けるということを持っている。音はこうして、語りの芸術において内容を得る。

詩は古代より人間の最初の教師であった。様式は客観的な内容と同様に、表象が到達する最高の理念である。詩は時間的に見ると散文よりも古い。というのも、詩が存在しているということには、思想が自分自身を自分自身に対して提示しているということが含まれているからである。すなわち、抽象的なものが感覚的なものそれ自体から引き剝がされているということが、表象が引き剝がされて、直接的なものの存在に対抗して構成されているということが、含まれているからである。

詩とは何か。これには、あれやこれやが詩であるか否かという問題が絡んでくる。百も千もの文章を結びつけることができても、それが詩であるか否かは問題である。一定の基準を設けるために普通に行われるのは、個々の詩のすべてを一つの抽象的な形式のなかに持ち込み、個別を包摂するというやり方である。しかし、これは認識の仕方ではない。ここで問題にしているのは、詩の本性をそれだけで独立に考察することである。創られたものは完全性を持ってもいれば不完全性を持ってもいる。なぜなら、詩はことばのなかにその領域を持っているからである。表象がもたらす形成物は、無限の多様性を持ちうるもので、何らかの特定の概念のもとに集約しろ、などと要求するわけにはいかない。

要素は意味を持っているかぎりでの音である。意味とは表象である。そのかぎりで、音は記号である。語りの芸術の要素はことばである。表象は本質的なものであり、音はたんにそれに伴うものでしかない。したがって、本来的な要素とは表象であり、精神的なものに満たされたこの主観的な内面である。音は下位の表現である。素材は表象である。とはいえ、音は外化と伝達に属しているし、また、語りの芸術の要素へと取り込まれなくてはならない。――表象はそもそも何のための素材だろうか。一般的な答えは、精神の関心のため、というものである。これは一方では、それ自身に即して、またそれ自身に対しても真理のための、ということであり、他方では、理性であれ情感であれ、総じて精神が関心を持っているもののための、ということでもある。しかし、精神の関心とはそもそも表象であって、それは私たちが精神を意識していることによってである。表象は素材でありかつ内実であり、手段でありかつ目的である。ここには区別があり、かつ区別がない。しかしそればかりではない。――精神的な内容も、表象を表すための素材そのものも、形式化されなくてはならないのである。

以上から帰結するのは、語りの芸術は、その素材に関してもその呈示に関しても、計り知れない領野を持っているということである。したがって、精神的なものも自然的なものも、あらゆるものが引き込まれうる。あらゆるものが精神に対して利害があるし、あらゆるものが描写されうるのである。したがって、素材は、つねに制約を受けている他の芸術の場合以上に無限に豊かである。語りの芸術は要素の点で利点を持っている（表象は現実存在の普遍的なあり方である）。しかし、詩は徹頭徹尾規定されたものへと前進していけるわけではない。詩が持っているのは、直観という要素ではなくて、むしろ表象という要素であり、表象はその本性からしてすでに普遍的なのである。絵画における「青い」という表象は、いかなる無限の変容を許すだろうか。ことばにおいては、それはどれほど貧弱だろうか。表象は英知に属しているがゆえに、一つの普遍的なものである。語りの芸術は、素材の広大な領域を意のままに用いることができる。しかし、外面的な描写という点では、感覚的な要素のなかで仕事をする芸術と比べ、語りの芸術は劣っている。

語りもまた芸術である。いま規定されなくてはならないのはこのことである。すべての語りが芸術であるわけではない。語りが芸術となるためには何がその内容とならなくてはならないか。内容の点からいうと、私たちは芸術一般の理念に依拠することになる。要素によっては何も明らかにはならない。語りは普遍的な芸術である。理念が自分自身を芸術のなかで表現するということ、これが芸術の理念である。

美的芸術には含まれないような語りが何であるかを切り分けるためにも、芸術の理念をその規定に従って検討しなくてはならないが、まずはまったく形式的な規定が、つまり内容との関係における規定が問題である。こうすれば、部分的には美的芸術とも見なされている語りが何であるかが、形式的な規定を通して析出されよう。

語りの内容は形式的には理念に相応していなくてはならない。内容は区別された表象のなかで統一を保っていなくてはならず、目的それ自体でなくてはならず、一つの自立的な内容として存在しなくてはならない。したがって、内容は、一種の実体的なもの、有機体的なものという形式を持つ。それは、部分を有してはいるがそれ自体で独立して存在している全体でもあり、あるいはもっと簡単にいうなら、各部分の展開が統一のなかに含まれている個体的な統一、すなわち概念と実在である。

この規定に従えば、これまで語りの芸術に数えられてきた作品群が排除されるに至る。歴史芸術と雄弁術の両者は自由な芸術には含まれない。歴史はもちろん私たちの関心を引く内容を持っており、歴史の展開は諸々の関連のなかで把握され、形作られなくてはならない。歴史家はこのことを自ら把握していなくてはならないし、ここから正しい像を生み出さなくてはならない。それゆえ、私たちは正当にも、ヘロドトスの芸術について語るのである。しかし、これは自由な芸術には属さない。というのも、全体といっても悟性の全体であって、抽象物であり、主観的で真にして個体的な統一ではないからである。記述するときに歴史を散文化してしまうようなやり方がなされているが、こうした記述の方法が問題なのではない。問題はむしろ内容である。真の歴史はある特定の時点を扱う。歴史を詩的に扱っただけでは詩にはならない。事柄それ自体が詩的なものでなくてはならない。英雄時代はそもそも歴史ではない。自由な個体の時代の方こそが歴史なのである。キリスト教のロマン主義的な時代こそが、詩の根拠をなす自由な主観という原理である。歴史そのものに属するのは、祖国とか国家といった共同の目的であり、共同存在である。共同存在は、それ自体で独立しており、またそうあり続けるのであって、個人の意思のなかには存立しない。ここには英雄の居場所はない。行為の目的であるものは、自立的にそこにある。そこでは市民たちは互いに同一なのである。これに反して英雄時代では、目的は個人に属しており、英雄の徳が、彼をして他の者たちの上に立たせている。偉大なローマ市民やアテナイ市民などは、共同存在が主要な目的であるかぎりで、行為において偉大であった。そのように、普遍的なものはそれ自体で独立してある何ものかであり続けるのであって、個人のなかに閉じ込められているようなものではない。それゆえ、あの解放戦争(481)はまったく詩的な素材ではない。根底にあるのは熱狂であって、目的はそれ自体で独立してあり続けるもの、客観的に現前しているものである。（人倫態というのは客観的なものと主観的なものの両者の同一態であるのに、）目的がそのように客観的に設定されてしまっていて、主観からは区別されてしまっているのだから、諸々の個人が偉大だとしても、それは彼らがすでに、それ自身でもまたそれ自身に対しても存在しているものにかなうように振る舞うかぎりでのことである。

　現実の世界に関していえば、すべては一つの全体の分肢として相互の連関のなかに成立している。分肢としては、すべては依存的であり、一つの目的へと向かっているが、この目的は完遂できない。この側面に関しては、有機体の本性を想起しなくてはならない。魂は一つのものであり、偶然にすぎないものはすべてこれに対抗して存在する。ただこうした多様性のみが、たとえそれが主観のなかに基礎づけられるものであったとしても、一つの自立的なものとして現象している。特殊な合目的性はあるがままに存在してはいても、合目的性の印が魂に刻印されているはずはない。内面に据えられることで、目的は魂を自由に解き放ったに違いないのである。すべての分肢の一つひとつは、自分自身のうちに生きている一つの統一態である。詩的な合目的性は内側に隠されているのでなくてはならない。そして分肢はあの統一態を自由でかつ自立的に含んでいるのでなくてはならない。表象の要素は異なったものの同時的共存を含んでいて、悟性はこの統一に固執する。表象の領域ではすべてはばらばらに現象するが、これはそう見えるだけで、内面的な統一は部分の自由と結びついていなくてはならない。実例はホメロスの詩である。そこには饒舌が現前していて、これがすべての個別的なもののもとにとどまっている。それゆえ、あらゆるものが、それ自体にとって小さくとも自立的な絵画を形作っている。たとえばホメロスの使う形容詞はある種の持続を含んでいる。それは、個別的なものの上を抽象的にかすめすぎていくのではない、したがってまた、個別的なものに有機的ないのちを与えるような、ある種の喜びである。それだから、ホメロスは寄せ集めの作品だ、と言われるのである。彼の詩作があたかも万人の成したものであるかのように見えるというのは、ホメロスに与えられる大いなる名誉である（〔フリードリヒ・アウグスト・〕ヴォルフ[482]についても同じことがいえる）。これは客観性のひとつの証明である。さらに、どこでも中断できるという事情もまた、各部分のそれぞれが自分自身のうちで生きたものであることを証明している。有機的な必然性は部分の自由のもとに隠れている。通俗的な現実態においては、個別的なものは依存するものとして現れ、目的にかなったものと規定されるが、芸術作品のなかでは、区別されたものはひとつの自立的なものとして現象する。

　第二の芸術は雄弁術である。これもまた自由な美的芸術からは区別されている。とはいえ、歴史よりは美的芸術の近くにあるように思われる。対象の取り扱い方は演説者の自由に任されている。しかし、語りが主観の自由な産物であるとはいっても、もちろん普遍的な規則という法則にもとづかなくてはならないし、語られる出来事を普遍的な原則のもとに包摂しなくてはならない。ところで、これはまったくもって悟性の事柄である。普遍的な出来事と具体的な出来事では、何が詩の本性と対立しているのか、どこで全体と特殊が分かちがたい結びつきをなしているのか、という点で違いがあるように思われる。

演説者はまた、心の関心を惹かなくてはならない。その点では、演説者は詩人と近いように思われる。彼は、普遍的な心にも主観的な心にも関心を持たせなくてはならないし、主観的な関心を引き入れて、それによって、裁判官たちに、彼らが洞察したようにではなく、欲したように判決を下させなくてはならない。演説者は主観的な決断にかかわっているのである。演説者の目的は、ただ心を揺さぶること、同情や正義の感情や私たちの所有物への憂慮を、私たちの心中に生き生きと掻き立てることだけである。そのように、この意図のなかにこの運動が存している。しかし、この意図は自己目的ではない。むしろ手段である。したがって、ここでも運動の目的と手段が区別されている。これが、自由な芸術に含まれるかに思われるものを、自由な芸術から排除するための、より深い観点である。詩の目的とは何かという問いは、この帰結として可能になる。詩の目的の下に道徳的な目的を据えようという試みがなされてきた。しかし、こうした観点からすれば、寓話がもっとも卓越した詩の形式であると見なされることになる。こうした表象のなかにはまた、ある種の普遍的なものであるような学説がある。すなわち、普遍的なものはそれだけで独立して意識されるにいたるはずで、特殊態は普遍態のなかに描写されるはずだ、という学説である。たしかに文学は何らかの実体的なものを根底に持っているはずだが、とはいえ、道徳的と呼ばれているもの以外のさらに多くのものが存在している。

詩的な統一態に含まれているのは、内容であり、表現であり、韻律化である。

内容は、自己目的と理解され、またそう表象されるような堅実なもの、自己内でできあがっているもの、自己内で自立的であると表象されるものでなくてはならない。かくして、それは包括的な、ないしは単純な内容であることになるだろうし、それ自体においてひとまとまりのものとして描写されなくてはならない。堅実なものである一つの内容が、表象のかたちで、それ以上の展開もなく語られるなら、これは詩ではあっても散文としての詩である。というのも、詩とは展開されてはじめて詩だからであり、展開のなかに生きている様の諸関係が登場してくるからである。この関係のなかで、部分的な表象は、全体との統一のなかで自立的なものと見なされ、表現されるのである。こうした堅実な内容とは、たとえば「神は〈光あれ〉と言われた。そして光が生まれた！」というものだ。これは高次の詩であり、かつ散文である。「汝自身を知れ！」という、デルフォイのアポロン神殿に掲げられた碑銘もまた同様である。『カルミネ・アウレオ』[483]に記されたピタゴラスの説教も、その実体的な堅実さという点では、詩的な内容として理解することができる。寓話は散文的であるが、なぜかといえば、寓話では普遍的な命題とその解説が交互に現れて、これが一つの実例のなかを支配しているからである。したがって、問題は展開なのである。特殊な表象はつぎのような意味を持たなくてはならない。すなわち、普遍的なものはきわめて密度の高いものであって、それだから、この部分は普遍的なものの魂を持つのだが、しかしまた、部分は自立的に現象するのだ、と。

表現一般とは、こうした内容が意識にとっての表象として、そしてもっと詳しく言えば語において、どのように規定されているか、ということである。語は伝達のためのものである。内的な表象を持つことが可能であるためには、客観性が必要不可欠である。客観性が、こうした内容を語のなかに把握することを伴っているのであり、このことが同時に、私の表象が他の人々に伝達されるための媒介なのである。記号としての語によって、発話はあとからなされる。語はまず意味を持っていて、それからその語が表象を、つまり、こうした内容が名まえのかたちで私にとって客観的となるそのあり方を、表現するのである。語が表象にふさわしいなら、表現も正しい。散文の原則は、表現の正しさである。したがって、表現はまだそれ自体で独立して作り上げられたわけではなくて、表象とは別の内容を持たない。しかし、非本来的な表現というのもまた存在する。すなわち、私が与えようとしている表象だけでなく、それ以外の表象も含んでしまっているような表現である。これが修辞的な表現の性格である。詩的な表現には、こういった修辞的なものが含まれる。——だが、なぜそうなのか。修辞的な表現の関心はつぎのようなものだ。すなわち、私が誇張法を用いる場合、私が表現しようとする事柄は連関によってはじめて明らかになり、そのさいには、残余のものは余計なものとなる、というものである。では、何のためにそのようなことをするのか。なぜ私は、種を表現し、類を表現しないのか。「青い」は種に含まれるが、同時に色という類にも含まれる。したがって、類だけが表現されるべき場所で私が種の表現を用いるなら、私は私の表象を直観的なものとすることになる。種の表現を用いることで、私は感覚的な表象を与えてしまうのである。しかし、ここにはもっと高度な関心もある。すなわち、修辞的表現を用いることで、私はある種の威力を行使する。表現は私にとっては一面からのものでしかなく、全体ではないのである。この力のなかに、詩の性格が示されている。自分自身に関心を持つある種の富がここには現前しているのだが、それは富が感覚的な表象を駆使しているからである。富は堅実な素材の持つ威力であり、表象の表現に対して詩人が持つ威力である。修辞的な表現を用いて、詩人はさらに表象へと至る。それは詩人の威力であり、自らを目に見えるようにする素材の威力である。とりわけ、詩のなかで使われている教養高い修辞的表現というものがある。これはしかし、詩に必然的であるというわけではまったくない。散文において私たちは、完全に教養形成された表現をわが物としている。それは、思想の力を私たちに直観させる方法であり、素材と表象の多様性のなかで私たちを通用させる仕方である。ジャン・パウルの場合、それは自分自身を通用させる主観的な心情の力であり、遠くに離れて横たわる対象を引き込む力である。本来、思想にはまったく属していない対象が思想の円環に対して示す一側面をこの力は発見し、これに対して威力を行使する。これは近代的なものという以上の何かである。ホメロスの場合、表現はもっと単純であって、正しく適切である。美辞麗句の塊でもなければ、修辞的なものでもない。通常、美辞麗句は、内容を飾りたてるためにあらゆる表象を投入するという、貧弱な精神がものする文体のもつ個性である。ホメロスの場合は、表現はまったく適切である。それゆえ、彼の文体はまったく散文的といってもよいほどだ。しかし、まさにそれゆえに、彼の足取りは軽やかである。美辞麗句の塊はいつでも韻律にどこか乱れがあるのだが、それは選別されなくてはならないものがまだ残っているからだ。事柄に属しているのではない別物が感じられてしまうのである。本来的に教養形成された表現と呼びうるものは、ホラティウスやウェルギリウスのもとで、たとえば「コーマエ・アルボールム」(484)のもとでやっと始まる。表現に対して威力が行使されているが、これはとりわけ主観によって行使されている。それゆえ、長くフランス人のあいだで、こうした教養形成されたものはそうした威力のあるものとして愛好されてきた。というのも、表現はきわめて高度に精神《エスプリ》に富んだものだからである(精神に富んでいるとは、対立するものを飼い慣らし、まとめあげるもののことである)。こうした教養形成された表現がさらに発展していくと、耽溺へと移行する。

したがって、(a) 真に古典的な表現と (b) 教養形成された表現がある。ここに (c) ロマン的表現が登場する。それは事柄に対しては真剣であるのだが、きわめて情動的で、その結果、解説に終始して、表現するもののなかを探し回るのである（気分に浸っているときには事柄それ自体には真剣ではなく、むしろ主観的なものしかない）。心情はいい気になって、主観が把握したばかりの多様なものをすべて、情感の犠牲にしてしまいかねない。南方の詩にはとりわけしばしば、こうしたことが見られる。韻律化。記号としての記号は外的で感覚的な質料であり、そうしたものとしては音である。これが第三の考察で、韻律を形作る。外化は感覚的なものであるという側面を持つ。それぞれの側面はそれだけで独立して自由であるはずだから、この側面もまたそれだけで独立して作り上げられなくてはならない。このことは有機体の本性に由来する。散文が詩的な表現を持つなら、そこには中途半端な何かが存在する。韻律化とは、詩の最初の外面的な香りである。私たちにとっては、散文的な意識の地平を越えて私たちを高める香りであり、詩人にとっては、この側面にとどまるという必然性を課す香りである。散文詩、すなわち韻文化されていない詩もまた、自然なものが機械にまで高められたあの機械論の時代に作られたものであった。そこでは、素材の説明を妨げていた足場が、余計で邪魔な足場と見なされ、これがすげなく退けられたのである。たとえば『ゲッツ・フォン・ベルリヒンゲン』の時代である。レッシングやシラーの書き残したものもこうしたものだったと考えられる。——しかし、これらの作品の主人公はすべて、こうした自然から立ち戻ってきている。というのも、詩的であるような何かというのは、それにふさわしい感覚的な外面においてもまた描写されるべきものだからである。絵画においては、主要な関心事は素描であって、色はたんなる仕上げである、とはよく言われたことだが、同様に韻律化もまたある種の束縛と見なされた。詩人に要求されていることはきわめて多く、こうした感覚的な馬鹿騒ぎのせいで、詩人は、説明の過程でたくさんの思想を断念しなくてはならないほどだ、というのである。

しかし、これに反して、詩においてはあらゆる側面が有機的に形成されることが不可欠だとも言われる。そうなると、説明というのがこしらえ上げられた何かであって、直接的な何かではないから、韻律というのは、詩人にその思想をあちらこちらへと投げることを要求するものだ、ということになる。同様に韻それ自体はすでに思想を与えている。詩人は韻を探求することによって、彼の表象を修正することを余儀なくされる。したがって、一方で詩人が強制されているとすれば、他方で彼は、自分の表象を多様な仕方で用いるための手引きを持っていることになる。芸術の勝利とは、びくびくしていては何も始まらない、ということだ。このことは、思想が自由に闊歩しているシラーやゲーテの作品に明らかだ。詩人は表象の領域にあって、完全に緩んだ場のなかにいる。彼は、このまったくの緩さを固定するために、何らかの枠組みや輪郭を必要とする。彫刻や絵画においても、芸術家が何らかの輪郭を必要としているのは見てきた。人間の身体の形態であるとか、山や川は、主要な形式のなかに現前している。こうしたものを、芸術を制約するものと見てはならない。同様に、詩人にとっても、韻律は漠然として普遍的な素描である。詩人が自分自身を韻律に合わせたのなら、彼はすでに自分の詩にとっての普遍的な輪郭線を持っている。それぞれの韻律はそれ固有の調子を持っていて、この側面から考察するならば、韻律は詩作を容易にするものである。とはいえ、ときには、詩人が自分の表象の何かを犠牲に供さなくてはならないこともありうる。しかしこのことはどの文筆家も理解していなくてはならない。とりわけ初心者は、まさにまとまった全体を手に入れるために、このことを理解しなくてはならない。こうした輪郭によって、詩人は自分の主観的な説明から自由になる。この効果は聴く者のなかにも生じる。自由な芸術は何らかの真面目な内容を持たなければならないが、しかしまた、それから自由でなくてはならない。

こうしたことは、感覚的な側面が付け加わっていることによって生じるのである。

韻律化の二つのシステム

（一）律の韻律化、（二）韻の韻律化。第一の韻律化は、律動的な動き、長短から見た音相互の関係に該当し、第二の韻律化は、綴りの響き、綴りの同と不同の関係に該当する。音の高さ低さはここでは問題にならない。これは朗読に属しているからである。両者は結びついている。すなわち、進行は律動的でも押韻的でもありうる。しかし、韻が先行すれば、律動的な韻律化は後退することになる。押韻された詩行では律動的なものは実に単純である。フランス人とイタリア人はさらに自由な律動を持っている。ヘクサメター（六単位音律詩句）[485]やペンタメター（五単位音律詩句）[486]での押韻には、いささか過剰なものがある。

韻律化のひとつの基盤は感覚的な要素への再帰である（他のひとつは意味、すなわちパラレリスムス・メンブロールム[487]、要素の類似である）。韻律化の区別に関して主要な事柄は、ことばの本性から考察を始めることである。律動的な運動だけが形作られていた古代のことばは、近代のことばとは別の性格を持っている。古代のことばにおける韻律論に関しては、私たちが知るところでは、聞き分けられているのが綴りの自然の長短だ、ということである。この綴りの長短という両者は私たちのことばにもあるが、私たちの耳はこれについてほとんど注意を払わない。開音はそれ自体が長いなど、それ以外は短い。――これ以外の韻律論上の原理は、位置の原理である[488]。一つの母音からつぎの母音へと移るさいに、そのあいだに複数の同じ子音があれば、母音は長い。なぜなら、あいだに挟まれた多くの子音が必然的に長い持続を生み出すからである。この経過時間は必然的に最初の母音に影響せざるをえない。同じことは、たとえば私たちが「この剣に」(diesem Schwerdte)[489]と発音する場合などにも感受される。主要な意味とアクセントは分離している。古代の場合はとくにそうである。[490]私たちのことばではこれとは反対で、意味とアクセントは一体であり続ける。こうした私たちのようなことばでは、律動的なものはほとんど自由がない。アクセントは意味と結びついていて、まさにそれゆえに感覚的な側面のなかを自由に歩き回る、というわけにはいかない。感覚的な側面は意味によって支配されている。感覚的な側面をそれだけで通用させようとするなら、つり合いのためのもっと大きな錘を意味に付加しなくてはならなくなる。これが響きの強さである。したがって、これは時間とも母音の音色とも関係がない。あの意味の堅実さのゆえに、韻のような、物質的な一撃が対置されなくてはならない。これが、韻の本当の意味である。——韻の本性についてさらに考察しなくてはならないのは、すなわち、たんなる感覚的な要素のなかにある技巧であり、一個同一のことの繰り返しのなかで区別されたものが調和している、ないしは一体になっている、ということである。この感覚的なものの回帰は、自己意識にとっては想起を含んでいる。この想起は本来的で内面的な語りの契機である。素材のなかに沈み込んでしまっている精神は、この感覚的なものを通じて自らを統一し、自分自身のなかに回帰してくる。このことは、内面からの精神の解放に属している。ホメロスにおける付加語形容詞の重層化に見られるように、韻は本来、ロマン主義的芸術の形式である。ラテン語のなかに韻が入ってきたのは、キリスト教によってであった。アンブロジウス[491]とアウグスティヌス[492]は、キリスト教という内面の宗教における讃美歌のメロディーを通して、そこに到達したのであった。

文学の領域における表象の本性についての注意。感覚的な直観でもなく、純粋な思想でもなく、反省規定でもなく、それどころか理性的なもの（思弁的なもの）でもなく、中心にあるのは表象である。直接的に個別的なものが普遍的なものへと連れ戻され、その反対に、表象の形式はまた、無関心な並列存在となる。悟性は一貫性を要求するが、表象のなかでは規定はばらばらに併存している。思想の統一は空虚さのなかに隠れているし、また隠れていなくてはならない。この空虚さは、この統一を介して内面において一つの魂によって支配されている。部分において描写される内容が可能であるのはこのためである。その結果、それぞれの個別の部分が自立的に現象してくる。こうした領域において詩はその形態を展開する。形態は精神的ないのちである。表象の領域は、他の芸術では不可能な事柄を、深く、また完全に展開して描写する可能性を与える。この精神的なものは表象の本性からすると、一方ではますます思想の領域へと駆り立てられもするが、他方では感官という外面へと駆り立てられもする。表象の本性とは、きわめて深いものも締め出されてはいないかわりに、きわめて外面的なものもまた締め出されていない、ということにある。首尾一貫した形式ではないまでも、直接的な主張という形式で現象してくるのは、思弁的な思想だけであるに違いない。また他方、自然現象も、（植物学や動物学としての）直接的な意味に従うだけの(493)無意味なものとして描出されるのではなく、作品と連関させて描出されなくてはならない。パルメニデスやそのほかの人々は文学の形式で哲学的に考えたので、彼らは境界を踏み越えてしまっている。それと同様に近代の多くの詩人も、別の側面を踏み越えて、自然描写を行った。しかし、詩においては、自然描写は人間の心情へのかかわりという点での利害関心しか持っていない。

したがって、これは、情感という形態であり、心情に対する心情の反作用であり、描写されるべき外面的な世界に対する心情の反作用である。それは大きいにせよ小さいにせよ、何らかの内容は持ちうるが、しかし、つねに自分だけで自立的にあるのでなくてはならない。純粋な文学作品は、こうしたことを一つの完全な世界にまで発展させ、作り上げる。世界は、自らの実体的なあり方でも明示されるが、同様に、外面的な現実存在という観点からも明示される。表象と語り（表象の感覚的なあり方というよりも）は、詩の領域であるから、詩の現実存在はただ朗読する主観のなかにのみ現前する。他の芸術の場合には物質的な拠り所がある。しかし、ここでは、音楽におけると同様に、朗読する主観が拠り所であり、詩的な形象の担い手であり、しかも本質的には朗読する歌い手である。したがって、それは声である。韻律化は、感覚的な領域を形成するという側面をも持っている。このほかにも、主観によって表現されなくてはならないアクセントという問題がある。アクセントと息継ぎが語りに身振りを生み出す。身振りは語りに一つの感覚的なものを、直観できるものを与える。したがって、精神的な世界が詩の素材であり、対象である。――詩のさまざまなあり方はそれぞれの根拠をただ理念のさまざまな形式のなかにだけ持つことができる。

詩の三大形式

（一）精神的な世界はその客観的なあり方で描写されなくてはならない。事柄は主要な関心事であり、すなわち事柄は一つの表象の形式で存在する。

（二）主観性という形式。内容は主観性という形式に従って、個別化された直観および感受として、私のもとにもたらされる。主観性、それは自己内に向かって行き、内容を語り出す。——（三）客観的なものは主観的なもののなかへと高められ、人倫的な性格という原則において正当化される。それゆえ、そこにあるのは、一面では客観的なものであるが、他面では、自分のなかから自分自身を語り出している行為である。裸の内面は、一面では自分自身を語り出さなくてはならないが、他面では行為を通して現象しなくてはならない。ここには精神が存在しているが、それは、意識として、感受として、意思として登場する精神である。しかし、同様にまた、精神は人格的に、個体化されて登場してもいる。

それゆえ、三つの形式が存在する。叙事詩と叙情詩と（二者の統一である）劇詩である。

第一章　叙事詩

叙事詩は彫刻のあり方をしている。つまり、事柄を描写することを対象としている。存在は消え去り、主観は道具であり、形態は私たちの前を通り過ぎていく。それ自体は真の正当性を持っている意思や性格から生じ、私たちの前を過ぎ去っていくのは、所業である。あるいは、偶然的で恣意的で冒険的なあり方をした性格とか事件とかいったものがありうる。絵画と音楽が彫刻に対しているのを私たちは見た。それは叙情的な芸術の領域である。ここには、事柄のみならず、心情の内実も情感もある。そしてここに歌い手が登場するのである。その頂点は劇詩であり、時代という点からしてもそうである。劇詩においては、語りはその統一態となる。叙事詩では、語りはもっとも抽象的であり、主観は道具である。叙情詩では特殊な主観が登場し、彼の内容と情感にアクセントを付ける。まさにそれゆえに、語りはこれを朗読しなくてはならない。演劇芸術には人間が登場し、人間が内容に随伴する。それゆえ、内容は叙事詩の場合と同じく客観的であるが、思想の客観性という点では同時に行為的である。主観は内容を客観的に演じ、また行為するから、それは多くの者たちのひとつの行いとして登場する。歌い手は叙事詩を朗読するが、しかし吟遊詩人として朗読するのであって、いわば、手回しオルガンに伴奏された旋律のようなものである。それゆえ、叙事詩は機械的な長短の音節たらざるをえない。これに反してメロディーや頌歌を歌うさいには、歌手は自ら朗読する。朗読、表現、身振りといった主観的なものは、本質的なものである。長短の音節の進行はここではより多様である。というのも、内容は情感の変化したものであり、つかの間の素材だからである。たしかに、一面においては、歌い手の主観性が登場して、歌い手はなるほど彼の情感や直観や素材に対する彼の関係を朗読するけれども、しかし、他面においては、それは偶然でありきたりの特殊態ではなく、むしろ、いのちにおけるもっと高次のものである。したがって、歌い手はたんなる直接的なもの以上の何かを表象している。歌い手それ自身が一つの芸術作品にまで高められているのである。したがって、ここには、主観的なものの登場と同時に、たんに直接的なものではないもっと別のものの描写が存在する。演劇芸術において一つの完全化が生じるのには、歌唱を供している者の完全な身振りが付け加わっている、ということも与っている。歌い手の魂のこもった表現は演劇的描写を完全にする。劇詩においては完全な人間そのものが登場している。叙事詩の場合には必要な道具にすぎなかったものが、最後には、統合の働きをする部分であることを（この直接的な人格であることを）示すのである。外的な関係について言うなら、人格は自分自身とは別の何かを描写しなくてはならない。喜劇の場合は、主観的な自己意識が主人である。自己意識の絶対的な否定のなかで、あらゆる内容は没落する。自己意識の主観以外のなにものも、自らを描写しない。悲劇の場合には、対立のなかで自らを正当化しなくてはならない、もう一つの実体的な素材がある。喜劇の場合には、神をも人間をも無視する、自己意識の最高の頂点がそれである。これをもって芸術は閉じられる。芸術の最後にして肯定的な段階は悲劇である。しかし、芸術はさらに自己否定にまで進む。それゆえ、芸術一般の最後の段階は喜劇であると見なされる。

叙事詩の主要契機

肝心なのは、主観が消滅することである。真の叙事詩に歌い手はけっして登場しない。歌い手は完全に犠牲に供されている。歌い手は自分から語るのではない。彼が確信させようとしていることは現前しない。ただ事柄だけが問題なのだ。歌い手が存在していることは私たちも重々承知している。しかし、この最初で直接的な芸術作品では、歌い手は、ある種の彫塑的なものである自分の作品を前にして尻込みしてしまうような、たんなる主唱者である。別の面からいうと、彼はただの道具として現象している。彼は物質的なものであり、叙情詩的なものや劇詩におけるような担い手ではまだない。すでにギリシアの格言(494)詩はこうした叙事詩的な性格を持っていた。ヘロドトスには、「三百万の人間を相手に、ペロポネソスから集められた四千の者たちがこの地で戦った」とある。これは、語られうる最大級の内容ではあるが、韻律化という形式はただ付け加えられたにすぎない。格言詩は自立的なものではまったくない。むしろそれとは異なった何かを指し示している。

本来の叙事詩的なものとは、内容からすれば、精神のそれ自体で客観的な形態であり、活発に行為する精神である。素材についてはすでに述べた。行為は、完全には、以下のような性質のものでなくてはならない。すなわち、私たちは実体的で人倫的な基盤を認識しているし、諸々の特殊な衝動や性格も認識しているが、それと同様に、それに従って行為が行われる諸々の目的や関心についての一定の意識、あるいは、そのもとで行為が行われる諸々の状況についての意識も、私たちは持っている、という性質のものでなくてはならない。叙事詩的行為はそれ自体のうちで統一態でなくてはならない。人間の精神の意識である宗教も、個人の性格や目的も、家族の関係も、欲求も手段も、すべてが一つの関連しあったものであるように現象しなくてはならない。客観的精神の個々の側面を際立たせることはできるが、これらの側面はまた、ゲーテの高貴な詩である『ヘルマンとドロテーア』のような、一つの自己内完結した統一態でなくてはならない。家事をめぐる関係から家族が駆り立てられることによって、祖国防衛の呼びかけによって、市民生活の円環は拡張されている。したがって、『イーリアス』のように、大きな事にも些細な事にも注意が払われている、一つの統一的な世界が存在しなくてはならない。そのように世界が完全であるなら、精神や思想や情感のさまざまなあり方も、叙情詩的なものや演劇的なものの素材もまた、この世界のなかに登場している。叙情詩や劇詩の契機もまた生じているが、それがまったく叙事詩的に扱われている。――叙事詩はその性格に忠実であり続けなくてはならない。すべては静止した、あるいは静止に向かってたゆたっているあり方で描写されていなくてはならない。人物はたしかに客観化されているが、それは情感が全体の発展と完成とに属しているかぎりでのこと、感受される事柄が全体との関連を有しているかぎりでのことである。しかし、そうなると、主観がその発話において自分自身を他者に対して通用するものとするという、劇詩の場合には顧慮すべき主要な問題であることが、ここでは問題にならなくなってしまう。ホメロスはこうしたすべての場合に、無尽蔵の比較対象を与えてくれる。頌歌や劇詩の性格を持つものであっても、叙事詩であることを放棄してはいない。パトロクロスの死を悼むアキレウスの嘆きは完全な悲歌であるし、ヘクトルとアンドロマケの別れ[495]も、アキレウスとアガメムノンのあいだのシーンも、劇詩の性格を持っている。しかし、にもかかわらず、これらは叙事詩の境界を越えはしないのである。叙事詩的なものは関係の客観的なものであるから、個人には、こうした実体的なものに従うこと以外には、生じたことやそうあらなければならないことを嘆く以外には、何も残されていない。ここから帰結するのは、ここを統治しているのが運命であり、「あるがままに！」、ということである。これが、主観のたどり着く平安のすべてである。叙情詩には、固有の関心を聞き届ける情感が、劇詩には人倫的な正当性が、叙事詩には存在がある。本質的で人倫的な目的は叙事詩を支配しえない。運命に対して個人はまったく自由でありつづける。だから、「あるがままに！」なのだ。それがどういう結果になるかといえば、個人がこれに涙するということである。しかしこれは、自らを通用するようにするためにつり合い錘を載せられた情感ではなく、むしろ形態の塑造的なものにとどまっている。——叙事詩の行為を詳細に考察するならば、行為が多様であることが見てとれる。最高のものは、世界史であり、世界史の地平であり、人間という種であるように思われる。世界史こそ、精神の絶対的な叙事詩である。しかし、芸術にとっては、この素材は大きすぎる。この素材は、一方では哲学の手に帰し、他方では歴史の手に帰す。歴史における最後の行為は、概念のなかでのみ把握されうる理念である。芸術は特定の形態の個人を必要とする。しかし、いかなる装飾もこの一なる理念の前では色褪せてしまう。最高の理念は思考の形式でのみ登場することができる。芸術のそれ以外の器は真理によって破壊されてしまう。(インド風の描写がこれにはかなっている、と考えることができるとしても、その確証はない)。――しかし、叙事詩が芸術によっていまや個体化されるべきであるなら、一定の世界形態が描写されなくてはならない。偉大な民族はすべて、叙事詩を持っていた。そこではこれら民族の外的な生活も内的な生活もすべて描写されている。叙事的な詩を陳列するとは、国民の諸々の個体的な精神をして、精神のまなざしの前を通り過ぎてゆかせることを意味する。仕上げが包括的であるなら、叙事詩とは本質を有する民族の自然史である。それらの寄せ集めが世界史を形成する。そういうわけなので、ギリシア精神を簡単に学ぼうとするならホメロスを措いてほかにはない。

　叙事詩に関しては、古代の叙事詩と近代の叙事詩を区別しなくてはならない。オリジナルか、それとも模作の叙事詩かということが、ここでの主要な事柄である。後者は散逸した叙事詩の改作である。――ホメロスは明らかにトロイ戦争よりもあとのもので、その点は『オシアン』も同様である。芸術の段階は意識のさらなる自己形成の展開である。ここでは、生《いのち》は意識の客観となっている。生《いのち》はなお現前していなくてはならない。芸術家は生《いのち》を記述しながら、なおもこの生《いのち》のなかに片脚を置き、もう一方の脚でそこから出てこなくてはならない。もしそうではないなら、その場合、私たちは古代の世界の情景を見て、また、内容それ自体とはまったく異なった近代世界の反省形式を見ることになる。その結果、古代の信仰は迷信の一様態となってしまう。ウェルギリウスを考察するだけで十分わかるだろう。現前しているのは一つの素材である。詩人はこれを彼の目的のために必要とし、またこれを利用する。しかし、詩人が自分自身を生き生きと直観するのはこの素材のなかにではない。あらゆる古代の伝説は冷たい知性の枠組みのなかでは背後に隠れてしまう。ウェルギリウスの神々は一種の冷たい機械装置であり、詩人にとってこれはまったく外面的である。これに反してホメロスでは、心情が神の形態で描写されるものと連関しているのが見いだされる。ホメロスにあるのは、純粋な首尾一貫性のなさであり、それが表象に完全にふさわしいのである。ホメロスでは、黄泉の国は完全に霧のなかに置かれているが、ウェルギリウスでは完全に悟性的に描写される。同様に、ディドー(496)に至ってはまったく近代人である。同様に、たとえばリウィウス(497)では、ある老王が、まるでリウィウスの同時代人の法務官のように語る。メネニウス・アグリッパの寓話はこの語りとは著しいコントラストをなしている。したがって、こうした葛藤があらゆる模作された叙事詩に見られる。同じことは『メシアーデ』(498)についても言うことができる。一方では、それはキリストの物語であるが、他方では、クロプシュトックの教条である。それは内面的に理性的なものではまったくない。それはまた心でもない。むしろ、私たちには理解できない冷たい物語として表象されている。他方ではまた、〔クリスティアン・〕ヴォルフの概念であり、芸術のあの時代についての表象である。ここには卓越したものが多数あり、純粋な心情も、高貴な想像力もある。しかしまたこうした想像力を通して、多くの空虚なものを、総じて一つの拵え物を、私たちはこのなかに見る。それゆえ、それは私たちの関心には反している。根源的に生《いのち》を自らのうちに持つものだけが、存続するのである。東洋人たちのもとでは文学は根源的であり続けているが、それは直観の実体的なものが性格の主要な特徴をなしているからである。これがさらに叙事詩をも作り出している。私たちの国民は、制限された見解の頑迷さから解放されていて、私たちには疎遠な直観や表象に対しても強い感受性を持ち、またこれを享受しさえする、といった偉大さを、より多く持っている。

本来の叙事詩のほとんどはその書名しか伝わっていない。

（一）インドの叙事詩。インドの叙事詩は私たちにインド的世界観を提示している。これを通してインドの民衆について学び知ることができる。一面では、このなかでは最高のもの、もっとも抽象的なものが語り出されていて、これは、もっとも限定されたものをふたたび超え出てしまっているが、反面、より高次の人倫的な命令に関しては支離滅裂である。空想は壮大で、愛らしさがある。内容の形態に関する表象は空想的で、最下級のものから空想上の普遍的なものに至るまで、つねにあちらこちらへと放り出されていて、みさかいがない。

（二）フェルドゥスィーの『王の書』[499]。これはペルシアの通史を書いた詩人である（ゲレス[500]の抄本を参照のこと）。扱われているのが人名なのか、それとも全民族なのか世代なのか、ここでも私たちは知らない。非常に美しい像に描かれているが、しかし、個体は扱われていない。偶然性が緩い形式で配置されている。

（三）アンタラス（フォン・ハンマー氏がエジプトからのこれについての若干のメモを伝えている。一部はウィーンに現存）。これは有名な詩で、七人の詩人の長大な詩からなり、『ムアッラカート』[501]と呼ばれる。（アンタラスは詩人の名である）。時代はムハンマド以前にさかのぼる。アラビア騎士道の精華が表象されていたが、ムハンマドはこれを宗教上の理由から廃棄させた。この詩には空想的なものはまったく含まれておらず、現実のなかで展開する。なるほど、（随所に）素晴らしい点は存在するが、しかしこの詩は、ヨーロッパの騎士道とはきわめて僅かな近親性しか持たずに独自の発展を遂げた、アラビア的な性格が表現された詩である。

(四)ホメロスの叙事詩。彼の手になる二つの詩は、完全で、完成されていて、必然的な全体である。両者はそれ自体のうちで人倫的に完全であり、全体は一つの好ましく流れ去るものである。そのため、すべての人間にとって、何か感じ取れるものがあるはずである。奇異なものは和らげられているので、私たちにとっては実に享受しやすいのである。たえず人はそれを歌うことができるというこの事情のなかにこそ、最大の称賛が含まれている。全体の描写は彫刻の段階にある。それは、抽象的な普遍と特殊な個体とのあいだを漂うものであり、自由な形態である。

(五)『オシアン』。スコットランドの西方が舞台である。ここにはすでに西洋の調子が兆している。叙情的なものが支配的であり、もはや存在しない栄光の日々の想起がある。古代は構成されるのである。千年も、千五百年も、二千年ものあいだ、栄光の日々は民衆の口承のなかで生きてきた。あとになってマクファーソンがこれを採録した。イングランド人のジョンソン(502)は、野蛮にも、マクファーソンが自分でこの作品を書いたのだと信じている。詩は苦痛の情感から発しているので、その支配的な調子は叙事詩的である。英雄たちも、彼らの所業も、彼らの不幸も、描写されている。ホメロスに見られるように、それは富ではなく、みすぼらしい本性であり、表象の展開は単純であるが、しかし、魅力的である。(マクファーソンによって一七六一年から一七六四年にかけて蒐集され、翻訳された)。

十五年まえ、ヴァリス[503]で古いキンブリ族[504]のことばで書かれた歌が発見された。これらは実在のバード[505]たちによる歌で、一部はキリスト教以前にさかのぼり、一部はキリスト教以後に書かれたものである。これが示しているのは、バードたちの仲間は古代から近代まで途絶えることなく綿々と維持されてきた、ということである。詩人たちの名が書き留められるようになるのは後世のことである。歌のなかで、ユリウス・カエサル[506]について、またカエサルのブリタニア遠征[507]について、さらに、西方に進軍してきたその他のすべての遠征軍について、言及されている。――さらに、アメリカでもこれと一致する言語が発見された。これらのことばはそれ固有の秩序を持っている。類似の内容について三つの事件が並置されている。ここから帰結するのは、東方（ロシア）からブリタニアへ住民がやってきたことである。北方の『エッダ[508]』、あるいは『ニーベルンゲン』も知られている。しかし、講師[509]はこれらをまったく好まなかった。

中世については、漠然たる一連の寓話に関していくつかのことを述べておく。主要な詩は『ティトゥレル[510]』で、これは一種の寓意的で神話的な絵画である。ドイツ語で書かれてはいるが、プロヴァンス語の表現が混入しており、そのため不明解である。――解体に瀕している空想的な騎士道は、アリオストやセルバンテスのなかにもっとも美しく表れている。セルバンテスは、きわめて美しいロマン的な生活を、同時にそれに対するイロニーを込めて描写した。真の騎士道の華は『シッド』のなかに描写されている。ドイツ騎士道は、詩人たちの熱狂を誘うには、粗野にすぎた。愛すべき卓越さを示しているのは、ヘルダー[511]によるシッドの描写である。その自然さによって、描写は大きな貢献をしている。それは真珠を連ねた糸であって、それぞれのシーンはそれだけで独立していながら、すべてのシーンはつながりあって一本の糸を形成している。それは、一個の実に美しい冠であり、近代では、これを古典古代の冠と並べても遜色ないほどである。――さらに主要なものとして考察すべきは、偉大なキリスト教叙事詩であるダンテの『神曲』である。この作品では、人間の性格と運命と歴史とが、個別的な情景の連続のなかに描写されているが、同時にまたこれらは、価値のあるものと価値のないものとして、キリスト教によって裁かれている。ただたんに歴史的なものであるのではなく、これらは断固として、永遠に据えられ、裁かれ、固定されている。それが最高にキリスト教的な形式における叙事詩なのである。――タッソやその他の作品を模作した叙事詩をさらに引用する余裕は、私たちにはない。真の叙事詩においては客観性の形式が描写されなくてはならないし、内容それ自体は精神の客観でなくてはならない。展開されなくてはならないのは、それ自体のうちで完結した行為であり、そこには、世界の必然性が展開され、含まれていなくてはならない。したがって、行為は同時に一つの全体である。形式と内容が客観的でなくてはならないという、この第二の契機が叙事詩には含まれている。しかし、客観性の形式はまた、別の対象とも関係しうる。たとえば、『ヘルマンとドロテーア』やフォスの『ルイーゼ』がそれである。

牧歌も詩の一種であるが、より高次の利害関心がまだ現前していないような、すなわち、食ったり飲んだりが主要な事柄であるような、人生のある特定の状況がその内容として描写される詩である。こういう人間が携わっているのは必要に奉仕することである。そのついでに、彼らも人間的な情感や信心深さや愛や歌や音楽を持つ。これが牧歌的世界である。フォスの牧歌的世界は相当大きな円環をなしている。ギリシア人も牧歌を作ったし、バッカスやサテュロスやニンフや酔っ払いなどのいる、そういった世界を持っていた。これは人間的な喜びへと昇華されてはいるが、動物的な本性のものであった。それでも、先の尊大な牧歌的性格よりはましである。（奇妙なことだが、フランス人からは最高の詩人の一人と見なされているゲスナー(512)であるが、彼の心情は、その支離滅裂さとは正反対に、純粋であったという）。

〔二五二ページの下三分の一の左余白に〕

教訓詩というものも存在する。ドゥリル(513)は自然に関する詩を作ったが、これは自然学の教科書でしかない。理論家たちは、こうした詩を作れと言われると困惑する。彼らは詩の概念を充足できないので、自分自身を自ら締め出してしまうのである。

第二章　叙情詩

叙情的な詩は、何らかの客観的な状況の展開ではなく、主観の展開を、情感を描写しなくてはならない。それはまた、現前する世俗的な富への拡散でもない。叙情的な詩は、一つの行為を通してこうした客観態へ進んでいくのではない。心情が自分自身のうちへと反省し、自分の情感を超えてあふれ出るのである。したがって、対象は一つの完全に個別化された対象であって、この対象を把握するのは主観の偶然性に委ねられている。把握は、無限に、広範囲に、紡ぎだされ続けることができる。

叙事詩は、現実態の形態という外面的な素材を持っていて、これを私たちの直観へともたらす。叙情詩は、対象に閉じ込められた漠然たる情感を持っており、これを解放して表象の眼前にもたらすのである。この切迫した情感を、叙情詩は恣意として描写してはならない。むしろ、きっかけとなるあらゆる特殊態は普遍的に妥当する何ものかでなくてはならないし、この何ものかが叙情詩のなかで照らし出されなくてはならない。人間の心情の何らかの高次で普遍的な関心は、それ自体を知らしめなくてはならない。叙情的な詩はまた、情感からの解放でなくてはならない。精神は情感から解放されるのである。受苦の盲目的な威力は無意識のうちに存している。それゆえ、精神の全体はこうした情感のなかに組み伏されて、これと同一である。さて、それが快楽であれ苦痛であれ、情感が自らを把握し、記述し、自分自身を表象するにいたると、感受性は気持ちが軽くなり、それによって、感受性に対象が持ち込まれる。ゲーテはこれを自家薬籠中のものとしている。しがらみに巻き込まれたり、内面の不安や不快を感じたりすると、彼はそこから詩を生み出すのである。彼は、「私は詩を作りたい」などと思ってはいない。そうではなくて、情感の嵐を対象化することによって、そこから自分自身を解放するのである。彼の長編小説のすべてはこうして生まれた。彼は惚れ込み、絶望し、自らのたくさんの情事を総合した。ここに「詩と真実[514]」がある。情感は真実であるが、詩的な境界づけの目的にそって、彼は状況を書き換えた。きっかけというのは、行為において客観的に自己展開したりはしない。そうではなくて、きっかけに即して情感が表現されるのである。したがって、叙情的なものの内容は、主観の情感の本性に従うなら、まったく無制限な広がりを持ちうる。

韻律の性格は一般に、ヘクサメターがもっとも優れたものとされる[515]叙事詩におけるよりも多様である。ペンタメターはこれから移行したものである。ヘクサメターの中間休止はペンタメターでも守られている。これが、本来の韻と関係してくるもののはじめである。中間休止はギリシア人のあいだでは必ずしも義務的ではなかった。ペンタメターをヘクサメターに追加することで、悲歌の韻律が成立する。ギリシアの悲歌[516]はイオニアのものでもある。のちの叙情詩はきわめて普遍的なものとなった。ピンダロスはテーバイの人であった[517]。のちの叙情詩の韻律は、多様なリズムの交替によって、叙事詩の韻律から区別される。著名な叙情詩人のほとんどすべては、それぞれ独自の韻律を持っていた。たとえば、サッフォー[518]がそうであり、他の者もそうであった。これは、一面では韻律が未完成ということでもあるが、他面では、その全体で一つの時代をなしている、ともいえる。これが重要な点である。拍節は完全に隠れている。叙事的な詩は一定の拍節を持っている。フォスは、劇詩にも一定の拍節があると主張する。しかし、それはありえない。こうした高度なリズムの多様性は、それを許さない。職匠歌人[519]たちは四つ折り本四巻からなる詩歌集を持っていた。それ以外にも、一二〇行もの引用からなる大量の韻を集めた詩歌集がある。これは悪趣味な駄文で、内容も実にお粗末な代物であり、いわば宮廷歌人の無駄話である。二十年前までニュルンベルクには職匠歌人がいたが、彼らの調子たるや手回しオルガンさながらで、悪趣味であった。

声を合わせるとその調子は無限の相違を持ちうる。最高存在をたたえる単純な歓声である賛歌（『アポロン賛歌』）、またヘブライの「詩編」[520]は、声を合わせるということの素晴らしい手本である。これらは、一連の単純な歓喜の爆発である。いかにも単純に見えるのだが、これを模作しようとすると、虚しさに落ち込むことになる。クロプシュトックの作品は多くの美しさに支配されているが、それでも虚しさもまた多い。内容に到達しているというより、むしろしばしば作りこまれすぎているのは明白である。ホラティウスは、一人の神を賛美するために、いつも多くの準備をするが、しかし内容には到達しない。

——頌歌は叙事詩に近い。ピンダロスはギリシアの競技会における勝者をたたえるという特定の内容を持っている。彼は勝者や人倫的なもの、神々しいものの心情深くに入り込み、あるいはその他の英雄たちの所行へと入り込んでいく。イアソン[521]の冒険やその他を彼は叙情的に記述する。対象に向かっていって、心情の恣意によって担われるのは、主観的な心情である。クロプシュトックの頌歌はもっとも純粋な心情の刻印であり、リズムの芸術に満ちているが、しかし、その空想はある種の作り物である。それは北方の空想の温め直しである。「詩編」の調子を持つ叙情詩の傑作を、彼は『メシアーデ』の第二十一書で書いているが、その内容の大部分は、預言書から取られたものである。——本来のドイツの叙情的な詩は歌である。それ以外のすべての形式は、歌からその色彩を獲得している。近代の叙事詩の調子はつねに、その根底に歌謡形式を持つ。叙事的なものそれ自体は近代的なものとはまったく異なったものである。同様に、本来的なロマン主義的劇詩の場合も、歌の形式はこれを貫いている。後世の劇詩は、ギリシアの劇詩に倣って作られている。ゲーテの場合、私たちは彼の歌をきわめて卓越したものと考えるが、それは基本の調子が私たちの情緒と合致しているからである。宗教詩もまた、感謝や願いや憧れや望みなどといった、歌の性格を持っている。押韻については、昔から知られていた。私たちは韻をアラビア人と共有している。韻はローマのことばを通して、キリスト教を通して形成された。主観的でキリスト教的な心情がもたらされるや、韻はラテン語のアクセントで供されるようになる。心情は、叙情詩においてはむしろ自分自身のなかへと入り込んでいく。歌うことは本質的なことである。情感は、ますます自分自身のなかに入り込んでいくが、ひとつの完成された提示を持つようにもなりうる。前者の場合、情感を客観化するのは外面化を中断することだけである。後者の例は、導入が機知に富み、感覚豊かでもある南方の国民たちにも、したがって、アラビアやペルシアやイタリアやスペインの歌、とりわけ東洋にも見られる。イタリア人のもとではまた、情感とのさまざまな関係のなかに現れてくる喜びも見いだされる。詩行の構造はきわめて広範に及ぶ芸術性と愛らしさを備えている。要求されているのは、情感を叩き出すだけではなく、また受け入れることであり、こうして受け入れることで安心を手にすることである。

第三章　劇　詩

演劇は語りの芸術のなかで最高の段階と考えられなくてはならない。というのも、演劇という芸術は絶対的な内容が表現される領域であるからだ。この領域は語りであり、もっとも威厳のある領域である。他のすべての感覚的なものは、あれやこれやの観点から見れば欠陥のあるものである。語りの芸術は劇詩において頂点に達する。ここでの客観的なものはたんなる行為ではなくて、同時に自分自身を描写する心情である。自らの行為において心情の意識は自らを通用するものとする。神的で人倫的な行為を内容としているのは、このより高次の客観性である。それは、同時に行為へと発展していく内面的なものである。

古代の劇詩と近代の劇詩の違いは、古典的なものとロマン的なものの相違にもとづく。古代では、全体は一つの実体的な威力にもとづいている。ロマン的なものの場合、むしろ、全体を動かしているのは主観的な傾向や性格である。古代では、人倫的なものは法と家族の対立としてある。人倫的なものについての意識が対象であり、したがってまた民衆であり、国事である。一方、近代では受苦が主要な契機である。これを支配しているのは、名誉や宗教などといったより高次の利害関心である。（名誉や宗教については）ここではまさに実体的な側面へと方向転換がなされるが、しかし、肝心なのは宗教的な目的それ自体ではなくて、むしろ、個人の救済である。名誉や義務などについてもやはり、問題なのは名誉や義務それ自体ではなく、主観が自分自身について、他者が他者自身について抱く表象である。

韻律。ギリシアの場合、それはトリメター（三詩脚[522]）である。これはヘクサメター（六韻律）の静寂と叙情詩の片言とのあいだにある。これによってイアンボス（弱強格）の単調さが引き立てられる。全体がイアンボスの韻律である場合、二詩脚[523]が三つ重なる[524]ことになる。ギリシアのトリメターは同じ数のスポンデウス（強強格[525]）を持つ。ゲーテとシラーは彼らの悲劇のなかで、純粋なイアンボスを用いはしなかった。表現のために、彼らはスポンデウスを交えている。これによって、彼らはより高次の美を導入したのであった。アナパイストス（弱弱強格[526]）は、ギリシアではめったに用いられない。名まえの場合だけである。ゲーテ、シラー、レッシングは自然態を表現しようと散文の演劇を作ったが、三人ともここから戻ってきた。日常の生活よりも高次の何かが問題なのだと認識させるためには、感覚的な印象が現前していなくてはならない。韻律は全体の響きのなかによりどころとなる一定の同型性をもたらす。その結果、受苦はこれによってすでに緩和されているように見えるが、叙情的にはなっていない。またありきたりのことがらが全面に出てくることもない。ソフォクレスでは、別のありきたりのことがらが語られはするが、つねに威厳のある調子で語られる。――ロマン的なものは、これからは外れている。スペインやイタリアやイングランドの人々のあいだでは、さまざまな韻律が現れている。これによって性格の偶然性が浮かび上がり、これが韻律と相応するのである。
全面的に押韻された劇詩は私たちの耳にはもはや存在しない。フランスのアレクサンドラン(527)は称賛されなくてはならないが、それは厳格なイアンボスの韻律を持つからではなく、たんに音節数が数えられているからである。クロプシュトックはアレクサンドランを非難しているが、リズムの多様さという点で、画一的なイアンボスよりは優れている。

時と場所と行為の一致(528)について。——これは、フランス人たちが劇詩について語ることのできる主要な事柄である。しかし、アリストテレス(529)は場所の一致についてしか述べていない。フランスにおいては、この規則は権力をもって強制される。ギリシアでは時の一致については何一つ知られていない。場所の一致は自明のことである。時の一致についてはまったく考慮されなかった。時が直接には想起されないということが、劇詩の偉大さである。表象にとっては、場所をあちらからこちらに移すのはまったく困難ではない。しかし、感覚的な直観にあまりに多くのことを要求することは許されない。もちろん、一幕は一つの場所で進行する。それがどんな場所かはいずれにしても問われるではあろうが。ギリシア悲劇ではすべてが語り出されている。場所に関しても、ことは同様である。シェイクスピアの劇詩では、長時間が経過する。表象にとっては、これは容易いが、直観にとっては、たとえば、一つの同じ作品のなかで子どもを大人にまで成長させるということになると、たいそうなことになる。——行為の一致はきわめて重要である。しかし、この一致において、多くの行為を把握することはできる。副次的な登場人物が特殊な利害を持つことは可能だし、まさにここから、主要な関心事や全体が生じてくることもありうる。喜劇においては、これはとくに問題になる。しかし、一つの行為はいったいどこで終わるのだろうか。というのも、どの行為にもその続きがあって、その行為自体の終わりを指摘するのは困難だからだ。終わりには新たな端緒が含まれていて、ギリシア劇に見られるとおり、新たな始まりは二部作、三部作の発端となる。[530]このことは、目的と個人が同一でない場合に起こりがちである。たとえば、一国の命運と個人の命運が緊密に結びついていないなら、個人の命運が尽きたからといって、それで国家の命運も尽きることにはならない。本当の終わりがあるのは、人倫の目的が当該の個人と直接に結びついている場合である。ギリシア悲劇にはそれがある。たとえば『ロミオとジュリエット』のような近代の悲劇の関心は、愛にある。家と家との争いはもう一つの大きな関心であるが、それはこの作品のなかでは不明瞭なままで、最後になって浮かび上がってくる。『ハムレット』の場合は、デンマークの支配者の家系に同様のことが起こる。ここでは関心はハムレットに置かれているが、彼自身については、この最初の利害関心はただちに放棄されてしまっている。そうではなくて、個人を破滅させるような利害関心が現前していたのなら、たとえ個人が最後を迎えたとしても、私たちにとってはこの作品はけっして終わりはしなかったであろう。

幕の数。通常は五幕か三幕である。ギリシアでは幕の数は不定である。[531]いわばそれが自然なのであるが、四幕とか六幕の作品は私たちには不適切に思われる。一つの情景と一つの対象が現前している。第一幕には一グループが登場し、第二幕には別のグループが登場する。第三幕では一方の側が攻撃を受け、その結果、この側は窮地に陥る。第四幕では他の側が攻撃され、今度はこちら側が窮地に陥る。第五幕には両方の側の均衡がある。ないしは、両方のグループが同時に没落する。しかし、素材は必ずしも均等に分配されているわけではない。

第一節　悲劇と喜劇

悲劇は人倫的な実体とその経緯を対象とする。したがって、人倫の平安と一致を妨害した個人が没落することによって、実体的な統一がふたたび確立される。人倫的なものがここでは基盤である。喜劇では、大方の趨勢は、実体的なものの没落であり、個人の主観的な利害関心による実体的なものの解体である。実体的なものが自己内で解体したのが、主観的なものである。ここにあるのは矛盾の描写であり、実体的なものの直接の解体のなかに現れる、主観的なものの笑うべき姿である。目的と手段は、そのなかに含まれている矛盾が直ちにあらわになってしまう、という性質をしている。喜劇では個体が保持されており、個体の存立を含んでおり、これが主要な問題である。主観のなかで実体的なものの解体が描写されている。

悲劇は人倫的な尊厳を示す劇詩である。

（a）行為それ自体。行為は叙事詩におけるのとは別の性格を持っている。叙事的なものはむしろ歴史的な性格を有する。端緒になるのが個体であり、個体が自らを媒介する手段が、個体の手法である。これが、個体の直接的な意思である。だから、アガメムノンの忠告の最中にアキレウスは激情を発するのであり、これが『イーリアス』の端緒をなすのである。この激情に触れて、アガメムノンは開戦を決定する。——演劇の端緒はすでに人倫的な必然性を含んでいる。劇詩は叙事詩を前提とする。演劇の端緒は行為を必然的なものとする状況である。これは内面的な客観性であり、主観的な客観性である。これは人倫的に正当なものである。それゆえ、主要な関心の点からして演劇的でもあり経験的でもあるような、経験的な詩というものがありうる。個人の人倫的な正当性が端緒である。こうした真に実践的な個体が存在するのは、こうした個体が人倫的な威力を代表するものとされることによってでしかない。これが、実践的な個体である。こうした性格は悪しき性格ではない。したがって、暴君というのは、たとえそれが子どもたちへの愛などの良い個性を持っていたとしても、悲劇においてはいかがわしい性格である。彼の不当な振る舞いを許し、場合によっては彼を偉大な英雄にしようと考えるのなら、劇は内面的に破綻する。悲劇における優れた個体は、これとは反対に、彼の行為という同じ側面からして人倫的に正当でなくてはならない。

（b）あらゆる行為は何らかの対立を、何らかの葛藤を要求する。要求を解釈すれば、それぞれの側は、どちらか片方だけがではなく、ともに人倫的に正当であるはずである。冷たかろうと残忍だろうと、いずれにせよこれはきわめて散文的なありさまである。シェイクスピアもゲーテも、残忍なものを十分に遠ざけてはいない。両者の人倫的な正当化のなかには、古代の悲劇がある。人倫的なものとは、そもそも、人倫的な関係の統一態である。静止した状況のなかにあっては、それは、至福のいのちを享受しているだけの至福の神々からなるサークルである。しかし、概念からすれば、この至福は葛藤へと移行する。そのようになってはじめて、人倫的なものはこの両方の威力に対して真面目になり、両方の威力は個体においてより高い真理を獲得する。個体において、両方の威力は個体のパトスとして現象する。こうした形態は彫刻作品の持つ実体的な意味を全面的に獲得している。それは一つの個体であり、抽象的な性格ではあるが、これが個体の規定を作り出している。こうした形態は、神のように完成され、個体に内在する人倫的な潜勢力となる。形態はまた同時に、神のものに属していた無関心から切り離される。現実態という地平に立ってはじめて、人倫的な個体のすべてを貫き通していた特殊で人倫的な質が、その真の現実存在となる。この対立を通してはじめて、神々はオリンポスの山上の平安と至福の外に出てくる。この状況は差し当たって空想に属している。神々は現実へと歩み入り、そうして神々は特殊なものとなる。

こうした分裂の場合、所業を欠いた調和が基礎にあり続けるのは必然で、この分裂からふたたび統一が取り戻されるのも必然である。これに対する意識は、これらの形態自体に対立して登場しなくてはならない。一面では、所業を欠いた領域であり続ける意識が、そして、かの分裂に対する畏怖が起こっているのであるが、他面では同時に、これに対抗する英雄の登場が、より高次のものとして把握されなくてはならない。

したがって、ここには二つの意識の対立がある。その一方は、神の所業のなかに登場している形態であり、分裂していない意識であり、すなわち、所業を欠いた意識である。他方は、特殊化を通して神を現実態に変える意識である。この対立の全体が、古代の悲劇におけるコロスと行為する英雄の対置である。近代の演劇にコロスを再度導入する必要は誰もが感じていたが、コロスの真の本性は誰も認識していなかった。なるほど、英雄がその受苦にとらわれ続けているのに対して、コロスには正当にも静かな観察が割り振られはした。しかし、コロスはたんなる反省として舞台に立っているわけではない。むしろ本質的に、コロスは分裂が育つための地盤であり、行為の経過のなかに登場してくる力と個体が育つための地盤である。同時にこれは全体がそこへと帰っていく実体的な意味でもある。以前は、コロスは古代の残滓であると見なされていた。なるほど、コロスは歴史的なものではある。しかし、本来の根拠は理性的なものでもある。近代では演劇的な描写は神秘的なものを扱い、のちには道徳を扱ったが、これはすなわち、かの本来の意味ではなんら行為ではなく、神についての分割されていない意識からの立ち現われでもない。コロスは、自然の神像を取り囲む建築と比べることができる。こうした葛藤は、その大きな意味では、所業を欠いているという人倫的な統一を、葛藤の対になる像として必要とする。コロスは叙情的な表現を行うが、その内容は道徳的である。とりわけ、古代と近代の内容の違いが現れるのは、行為の概念においてである。古代においては、行為の根底には人倫的威力の毀損がある。毀損それ自体は一方の人倫的威力から発するのでなくてはならない。アガメムノンは自分の娘を犠牲に捧げるが、これが母の愛を毀損する。人倫的なものに対する毀損が先行しているのでなくてはならない。それゆえ、毀損する者は、彼の側からすれば、同時に人倫的なパトスを持っている。近代の悲劇では、毀損は、名誉や愛や人格的な利害関心や主観の恣意といった特殊な受苦にもとづいている。

こうした高次の正当化は古代の劇詩の本質的な基礎である。内容をなしているのは刑事事件などではない。――ここに登場しているのは悲劇における雄弁術であり、これが自らの正当化の真実を語り出すのである。これは心を揺さぶることを意図した雄弁術とはいささか異なるものである。シラーはこうした真実のパトスに富んでいる(?)。ゲーテの場合にはそれ以上に受苦のパトスといったものが存在すいる。『エグモント』[532]では、より高次の基盤が散文的にのみ扱われているが、これはる（?・）。『ゲッツ・フォン・ベルリヒンゲン』でも同様である。古代の悲劇では個人の意識としてのコロスが自らを語り出している。個人はその正当化をここに持っている。

（c）結論は、双方の側の正当化が主張されるのであり、主張の一面性が捨て去られるのであり、妨げられることのない純粋な調和が打ち立てられる、ということである。しかも、こうしたことはむしろ無意識のうちに生じる。アンティゴネは最後にこう語る。「永遠なるもの（ゼウス）以外には何も存在しない」と。――両方に一面性がある。両方の側面のそれぞれが二人の個人のパトスであることによって、両方の人倫的側面の存在が入り込んでいる。こうした結末へと導く展開は、二人の個人において、その両方のパトスのそれぞれが他方の威力の暴力の下に置かれるように始められるというのが、もっとも真実に近い。両者が統一態をなすのである。『アンティゴネ』では、家族と国家が対立する。展開は、それぞれが直接に他方とつながりあっていながら、それぞれがそれ自体で他のものと対立する何かを備えてもいるように始まる。人倫的なものの所業を欠いた統一がふたたび登場する。それは理性的な正義であり、この正義を直観することが、すなわち、悲劇を概念把握することである。この直観において、心情は満足するのである。

道徳的な結末が求められることもある。善は報いられるべし、悪は罰されるべし、というわけである。もう一つの別の見方は、運命を悲劇における世の終わりととらえたものである。運命ということばは盲目の必然性と解され、これが古代の悲劇の本質と考えられた。もちろん、理性的なものが意識的なものとして語り出されたわけではない。（端緒と展開は理性的であるし、それによって心情にとっては真に人倫的な必然性が描写されるのである)。「受苦するがゆえに、私たちは、私たちが誤りを犯したことを認めましょう」とアンティゴネは言う。そうして抽象的な尊崇の念の上に立ち止り続けるのである。『アンティゴネ』は卓越した芸術作品である。この結末は、人倫的な理性の真の和解を含んでいる。

これとは異なった倫理的な和解もある。それは個別的な特殊態から出発する。個別的な特殊態はしかるべくこの目的に到達する。和解が何らかの個別的な目的であるなら、それは困難さや空無さ、有限なものといった情感とともに現象するに違いない。そうなると、目的の達成は何か外面的なことである。――オデュッセウスはイタケー[533]にたどり着くが、同行の者たちすべてを失ったあとではじめてたどり着く。彼らは自らの増長の罪のつけをネメシス[534]に払わされたのである。ネメシスは、幸と不幸の均衡をもたらす、ある種の抽象的な(外面的な)正義であり、そのさいに、本質的で人倫的な規定のようなものを自らのうちに持ち合わせているわけではない。打ち立てられるのはたんなる外面的な均衡にすぎない。これに反して、倫理的で悲劇的な結末は、すでに述べたように、人倫的な実体が対立のなかから現れてくることである。――解体のもう一つのあり方は、一人の神によって(理念的な形態をとって対置される人倫的な威力によって)個別的な意思が打ち破られるというものである。ここには、没落していく個人の全体は存在しない。あるのは、捨て去られなくてはならない頑固な性格である。――『ピロクテテス[535]』はソフォクレスの初期作品に含まれている。

悲劇の結末はたんなる不幸な結末であってはならない。そうではなく、両側面の一面性が消滅するのでなくてはならない。『エウメニデス[536]』ではアポロンとエウメニデスたちが対立する。後者は尊崇の念という復讐の女神たちであり、前者は家長の威力である。双方はアテナイのアレオパゴス[537]の前に登場するが、冒頭はデルフォイであった（したがって、場所の一致はない）。最後は、両方の威力が高い栄誉を約束されて終わる。アテナイ人たち（アレオパゴスの評議員たち）は判決を下す。彼らはパトスとして（主観性にある精神として）現象する。ギリシア人の場合、和解は心情に対してただそれ自体で現象するにすぎない。一方、私たちはといえば、個人に対して、自分自身のなかで満足することを認めている。『オイディプス王』のなかに実例が見られる。オイディプスは自らの所業のゆえに没落する。まさにそれが彼の所業であるがゆえに、彼は己が目の光を自ら奪うのである。最後は死において彼は美化される。個人のうちで和解が現象するとはこのことである。（ミュルナーの登場人物フーゴーと比べれば、オイディプスがいかに多様な現れ方をしていることか！）これは近代の宗教的な和解の概念とも近い。

近代の要請からすれば、和解は同時にまた個人のなかにまで入ってくるべきである。宗教的な和解がそれである。魂は永遠なものにまで高められ、起こったことは起こらなかったこととされる。そこでは精神は自らの心それ自体を自らの墓とすることができるし、それだから永遠なものの絶対的な直観の場に自らを据えることができる。この位置に身を置けば、自らの所業に対する告発に抗して精神は生き延びることができる。こうした和解の結末が真であるためには、ある種の深い心情が私たちの直観の前に現れてくることが必要である。

さらに、宗教的な本性を持っているわけではない近代的な和解についても見ておこう。それはたんなる不幸であり、たんなる喪の悲しみであり、悲哀である。その根底にあるのは、有限なものの没落である。こうしたまったく抽象的なものだけが和解を含んでいる。『ハムレット』に見られるのは、こうした有限なものの没落である。近代においては、個人が自らを犠牲にするのは、性格や状況といった特殊態に対してである。個人の意思はそれ自体が偶然である。そのかぎりで、自分がかかわりあった事柄に応じて、個人に事が起こる。第三の和解は形式的な和解であり、少なくとも内的な和解でしかない。それは性格の強さである。これは、目的や意図のなかに保存されているのだけれども、性格が自らを断念するよりも先に没落し、没落しながら自分自身になおも忠実であろうとする、そういう強さである。こうした形式的な忠実さというのが、ここで見聞しておこうとするものである。アウグスト・ヴィルヘルム・シュレーゲルが彼の『演劇芸術』(538)のなかで悲劇に関して把握していたのも、この側面である。シラーはカントの哲学から、性格と状況との戦いという原理を取り出した。ここでは性格は人倫的であることもないこともありうる。部分的には、これが近代の悲劇のなかで散見できる唯一のものである。

第二節　喜　劇

古代の高みにあった悲劇は、人倫的な必然性が妥当することであり、その対極には、登場し、現象する主観がある。いわば、所業を欠いたあり方をしているのがコロスであり、それは悲劇の利害関心をなしているこの分裂には至らない主観である。これに対して、行為へ向かってスタートを切りながら、自ら破滅する主観があり、これは自らの元にとどまっている主観ということになる。――悲劇から喜劇への移行にさいしては、どっちつかずの両者の中間のものに出会うことになる。一般にはシャウシュピール劇(539)と呼ばれるのがそれで、悲劇と喜劇の混合である。近代の悲劇はしばしばそうした劇詩であって、ここでは主観的な性格が対象となり、状況の偶然性や、特殊な利害関心および受苦から物語が始まる。こういった特殊な受苦はそれだけでは高い人倫的な利害関心を持たない。そうした利害関心は悲劇的にも喜劇的にも受け取ることができる。たとえば、愛からは悲劇も作れれば喜劇も作れる。こうした近代の悲劇はすべて、パロディーにも向いている。全体は利害関心のなかで運動していて、利害関心は偶然なのだから、結末もまた偶然である。不幸な結末はしばしば、幸運な結末よりも動機づけがむずかしい。『ハムレット』では不幸な結末は純然たる偶然態であるように見える。レアティーズと剣を交換するのも偶然である。美しいメランコリックな魂を持ったハムレットに不幸が、条件つきの必然性が襲いかかる。彼は、荒々しい風に手折られる弱い薔薇である。同様のことは『ロミオとジュリエット』でも見られる。ことがそうなってしまうのは、それが条件つきの必然性だからだ。幸運な結末に終わることも同じようにできる。これが、近代の劇詩の自然な根拠である。

近代の劇詩に入り込んできた状況として、とくに道徳的な志操がある。道徳的な志操というのは、一面では人倫的なものと近親関係にあるものではあるが、志操といっても抽象的で内面的なものにすぎず、行為の内容は多かれ少なかれどうでもいいのである。もっとも重要なのは、志操がどこに置かれているかである。事柄そのものに置かれていることはきわめてまれである。この道徳的な志操とともに、主観的なものと客観的なものとの決裂が生じる。しかし、真のあり方は両者が同一であるということである。こうした詩劇は、空虚にしか見えない志操のほかには、本来のパトスを持ってはいない。なぜなら、行為の利害関心には、かくもわずかな価値しかないからである。主要な事柄が志操の一要因として作用しているのであるから、すべてはぐらつきかねない。ここには本来、いかなる形態も現前していない。内面的な志操は変化しうる。形態化に必要な現実態に含まれている堅固さを、志操は持ち合わせていないのである。近代の劇詩の主要な利害関心は感動的であることである。たしかに、変容させることで、過去にあった事柄を起こらなかったことにするというのは、精神の高い本性である。しかし、主観が何事かを欲しながら、同時に自分とは矛盾することに入り込んでいくならば、何事かを欲しながら、同時にそれを断念するならば、これは喜劇的なものにも転じてしまうのである。とくに、感動的であることのなかには喜劇的なことが潜んでいる。たとえば、コッツェブー(540)の作品の主人公のような人間が回心したように描写されるなら、彼は、善良になったということが意味しているとはとうてい思えないような、偽善的な人物として現れることになる。描写の気高い深みに属しているあの変容が本当のものに見えることによって、ああいう人物でもかような変容が可能なのだということを、まさにたったいま見てしまったのである。

この転換には、芸術それ自体の否定を語ってしまうものがある。芸術は、他の諸々の領域において描写される諸々の形態化を、外面性との統一のなかに現象してくるような内面性を、私たちに与えるはずのものである。しかし、ここに描写されたのは空虚な形態である。形態化と内面性の概念とが分離してしまっており、そのことが語られてしまっている。これが芸術の本来の機能停止であり、劇詩の本性である。

喜劇にはさまざまな形式がある。これは近代においても古代においても同じである。分離は、利害関心が主観によってどのように解体されるかの違いに関係している。喜劇の最高の形態について、すなわちアリストファネスの喜劇について考察しよう。

ここでは主観が描写されているのだが、この主観というのは、客観的な形態の行為が自らを解体した結果であった。滅ぼされるものは客観的なものではない。そうではなくて、行いだけが、行いの成就だけが客観的なものである。こうした直観の根底にあるのは、心情の無限の確かさが基盤をなしており、心情は本気の意図でもってもともと慰められている、ということである。神は無頓着に戯れる主観のうちにあり、それは自分を犠牲に供することによって、完全に確実に自らのもとにとどまり続ける。喜劇的なものとは、現象する描写であるから、喜劇的なものはむしろ、本気でそこから出ていくこともできなければ、またそれを欲しもしないような、低いレベルで戯れることになる。形態は、形態がそれであるもののなかに、それであることを知るもののなかにあり、形態がそれであるところのものであり続ける。諸々の形態が相互にかかわりを持ち合おうとするのが、運動である。しかし同時に、形態は、形態がそこまでは成長していないことも示している。したがって、形態の意図からは何も生じてこないことが、同様に示唆されている。このことは人倫的なものとはまったく対置されない。これは、最高の志を無に帰する自然の低劣さでしかない。客観的なものそのものではなく、むしろ客観へと歩み出ていくことでしかない。こうした領域へとギリシアの神々自らが落ちていくのである。そのさい、人間的なものは形式にすぎない。形式は神々の形態に従って対立させられるのである。こうした形式の荘重さは、形態が進んでいこうと欲している先ではあるが、空虚な拡張として描写される。

アリストファネスは精神豊かな卓越した人間であり、市民である。引き合いに出されるのは、アテナイの民衆や政治家や神々やエウリピデスの愚かさであり、彼らの感傷などである。基本の調子は、主観の自分自身についての不死身の確信である。しかし主観は、自分が企てている事柄が直接に不可能であることを自ら示してもいる。アリストファネスを読んだことがなければ、主観的な確信についての正しい直観を持つことはできない。これが、笑うべきオリンポス山の至福というもののすべてである。アリストファネスは、同じくソクラテスをはじめから詩に歌い、呪いは口から唸り声を上げるか、それとも直腸からかという研究をソクラテスはしている、と詠んだ。同様にアリストファネスは、民衆や、バッカスや、あるいはクレオン[541]をこき下ろしたが、とくにエウリピデスと女性については散々に罵倒した。彼は、誰にもわかるように、しかし何も起こらないように、人物を扱った。しかし、何も没落はしていない。たとえ何かが没落したとしても、それはそもそも空無なものである。神に対して反抗することで没落するのはただ形態だけである。すなわち、自己確信する自立性という屈託のなさである。——この確信する主観性は、別のやり方ではあるが、ソクラテスその人にも認めることができる。自己意識の自己内へのこうした帰還は、世界が自己意識にとっての意識となるための契機である。この主観的な原理は、アリストファネスの場合もまた、心情の無頓着さという形式においてある。アリストファネスの場合には、この原理のなかに、芸術とは対立する、知的で内面的な世界観の実例を見る。それゆえ、感性的な直観は神の真の現実存在ではない。内面的なものという先の原理のなかでは、神が内面的なものにおいてそのものとして描写されなくてはならないという要求が、私たちに突きつけられている。

アリストファネスのこうした喜劇を通して、彫塑的な形態化は終わりを告げ、芸術という様態が神の最高のあり方ではない、ということが明らかとなる。宗教のなかには、神についての精神的な知があった。

こうして、私たちは芸術の領域を巡り終え、さらに宗教に進むことになる。芸術が神の必然的な描写であるように、それはまた、過ぎ去らなくてはならない一段階でもある。

終わり。

訳注

（1）アリストテレス（Ἀριστοτέλης, BC 348–322）は、古代ギリシアの哲学者。『詩学』（Περὶ Ποιητικῆς）は韻文の創作法について書かれた書物で、ミメーシス（模倣）概念を中心に悲劇について論じるが、喜劇を扱った後半部分は散逸したものと考えられてきた。

（2）クィントゥス・ホラティウス・フラックス（Quintus Horatius Flaccus, BC 65–8）は、古代ローマ帝国初期の詩人。ウェルギリウスと並び称されるラテン文学黄金期を代表する。『詩論』（『詩について』）（*Ars poetica*）は書簡体の詩で、ここで述べられる「詩は絵のように」という主張は後世の絵画論にも影響を与えた。

（3）ゼウクシス（Ζεῦξις）は、南イタリアのヘラクレイアに生まれてアテナイで活躍した紀元前五世紀末から四世紀初頭の画家。パラシオス（Παρράσιος）は、紀元前四世紀のギリシアの画家。ゼウクシスとパラシオスにまつわるこの逸話は、大プリニウス『博物誌』第三十五巻三十六（中野定雄ほか訳、雄山閣、一九八六年、第三巻、一四二一頁）にある。

（4）アリストテレスの『詩学』で展開されるカタルシスの理論である。

（5）イマヌエル・カント（Immanuel Kant, 1724–1804）は、ドイツの哲学者。

（6）ヨハン・クリストフ・フリードリヒ・フォン・シラー（Johann Christoph Friedrich von Schiller, 1759–1805）は、ドイツの詩人、劇作家。

（7）ヨハン・ヴォルフガング・フォン・ゲーテ（Johann Wolfgang von Goethe, 1749–1832）は、ドイツの詩人、劇作家、小説家、自然科学者。法律家でもあり、政治家でもあった。

（8） ヨハン・ヨアヒム・ヴィンケルマン（Johann Joachim Winckelmann, 1717–1768）は、古代美術史家。『ギリシア芸術模倣論』『古代美術史』を著した。

（9） フリードリヒ・シュレーゲル（Friedrich Schlegel, 1772–1829）は、シュレーゲル兄弟の弟。アウグスト・ヴィルヘルム・フォン・シュレーゲル（August Wilhelm von Schlegel, 1767–1845）は兄。以下でシュレーゲルとのみ呼ばれているのは弟の方である。

（10） フリードリヒ・ヴィルヘルム・ヨーゼフ・フォン・シェリング（Friedrich Wilhelm Joseph von Schelling, 1775–1854）は、ドイツの哲学者。

（11） ここでいうオランダにはベルギーも含まれる。一六四八年のヴェストファーレン条約で、ネーデルラントの北部がオランダとして独立し、南部がハプスブルク領にとどまった。後者が現在のベルギーである。スペイン継承戦争を経て、ベルギー地域はオーストリア領ネーデルラントとなるが、フランス革命の混乱期を経て、一八一五年のウィーン議定書で再度オランダに併合される。ヘーゲルがネーデルラントを旅行した一八二二年と一八二七年には、ベルギーはオランダ領であった。ベルギーがオランダから独立するのは一八三〇年である。

（12） ヘロドトス（Ἡρόδοτος, BC 485–420）は、古代ギリシアの歴史家で、『歴史』（*Ἱστορίαι*）全九巻を著した。

（13） ホメロス（Ὅμηρος）は、紀元前八世紀末の吟遊詩人で、『イーリアス』（*Ἰλιάς*）、『オデュッセイアー』（*Ὀδύσσεια*）の著者とされている。

（14） ヘシオドス（Ἡσίοδος）は、紀元前七〇〇年頃に活動した古代ギリシアの叙事詩人で、『神統記』（*Θεογονία*）、『仕事と日々』（*Ἔργα καὶ Ἡμέραι*）を著した。

（15） オリエントは、ヨーロッパ（西洋・オクシデント）に対立する概念で、東洋ないしはアジアを指すが、中東のイスラム圏を含める考え方と、これを排除する考え方がある。ヘーゲルのオリエント理解は、歴史的な概念でもある。オリエントは東洋であり、古典古代であるギリシア・ローマに先行する。したがって、中国・インド・中東を含むが、地域的には中東ではあっても、ユダヤは含まれない。同様に、イスラムもオリエントには属さない。

(16) ロマン的とは、語源的にはローマ的の意味であるが、ヘーゲルにおいては、古代ローマ帝国以後のキリスト教世界を指す。これに「近代的」とただし書きをしたのは、ヘーゲルにおいては、キリスト教世界はすべて近代であって、中世という概念がないためである。

(17) シッド (Cid) は、レコンキスタで活躍したカスティリア王国の貴族ロドリーゴ・ディアス (Rodrigo Díaz, 1043–1099) の通称である。ここでは、彼の活躍を扱った十三世紀のスペインの叙事詩『わがシッドの歌』(*Cantar de mio Cid*) を指す。

(18) エウクレイデス (Εὐκλείδης) は、紀元前三世紀のギリシアの数学者、天文学者。彼の著作『原論』(*Στοιχεῖα*) は幾何学の教科書として二十世紀初頭まで使われ続けた書物であるが、幾何学のみを扱っているわけではない。

(19) カント『判断力批判』からの不正確な引用であり、該当するのはつぎの箇所である。「趣味判断を規定する満足はあらゆる関心にかかわらない」(『カント全集』第八巻、岩波書店、一九九九年、五六頁)。

(20) カント『判断力批判』からの引用である。「美しいものは、概念をもたず普遍的満足の客観として表象されるものである」(『カント全集』第八巻、六六頁)。

(21) カント『判断力批判』の以下の箇所を参照。「もしも自分の趣味の良さを幾分自負するあるひとが、〈この対象(私たちが眼前に見る建築物、あるひとが身に着けている衣服、私たちが聴いている音楽、批評を受けるために提出された詩)は私にとって美しい〉と言って、自分の正しさを弁明しようと考えたとすれば(快適の場合とはまったく逆に)、笑うべきことである」(『カント全集』第八巻、六八頁)。

(22) 直接の引用ではないが、カントは「美の分析論」の第二契機でそう考えている。

(23) カント『判断力批判』からの不正確な引用であり、該当するのはつぎの箇所である。「美は、ある対象の合目的性がある目的の表象をもたず対象について知覚されるかぎり、この対象の合目的性の形式である」(『カント全集』第八巻、一〇〇頁)。

(24) 直接の引用ではないが、カント『判断力批判』の以下の箇所を参照。「目的とは何であるかを、目的の超越論的規定に従って（快の感情のような経験的なものを前提せずに）説明しようとすれば、目的とは、ある概念がその対象の原因（その対象の可能性の実在的根拠）とみられるかぎり、そうした概念の対象である」（『カント全集』第八巻、七八頁）。

(25) カント『判断力批判』からの引用である。「美しいのは、概念をもたず必然的な満足の対象として認識されるものである」（『カント全集』第八巻、一〇六頁）。

(26) アラベスク（arabesque）とは「アラビア風」の意味。イスラム美術の一様式で、幾何学文様や動植物の形をもとにする文様を反復して作られる。文様の選択・配列の方法は、人物を描くことを禁じるイスラム教スンニ派の思想にもとづく。

(27) 聖母マリア。『新約聖書』によれば、処女懐胎してイエスを産んだとされる。

(28) 『聖書』には、旧約の『創世記』に登場するヤコブの子のヨセフと、新約のマリアの夫でイエスの父のヨセフと、イエスに賛同しイエスの亡骸を引き取ったアリマタヤのヨセフと、『使徒行伝』第一章二三節に登場するヨセフの、都合四人のヨセフが登場するが、ここではマリアの夫でイエスの父のヨセフを指す。

(29) ラファエロ・サンティ（Raffaello Santi, 1483-1520）は、イタリアの画家、彫刻家。

(30) これはシラーの『理想と人生』（*Das Ideal und das Leben*）のことである。この詩は当初は『影の国』（*Das Reich der Schatten*, 1795）と題されていたが、のちに『形式の国』（*Das Reich der Formen*）へ、さらに『理想と人生』へと修正された。この詩の六十四行目に「静謐なる影の国という美を通して」（Durch der Schönheit stille Schattenlande）とある。

(31) 「童話」と訳したのは Kindermährchen、「メルヘン」と訳したのは Mährchen である。いずれも「重要な情報」という意味を含んでいる。ヘーゲルは童話については「子どものためのメルヘン」（Kindermährchen）と表現して、これを「メルヘン」（Märchen）から区別している。

（32）ヘラクレス（Ἡρακλῆς）は、ギリシア神話に登場する英雄。
（33）シェイクスピア（William Shakespeare, 1564–1616）は、イギリスの劇作家、詩人。
（34）シラーの『群盗』（*Die Räuber*）のこと。カール・モール（Carl Moor）は主人公の名まえ。
（35）シラーの三部からなる戯曲『ヴァレンシュタイン』（*Wallenstein*, 1799）を指す。アルブレヒト・ヴェンツェル・オイゼービウス・フォン・ヴァレンシュタイン（Albrecht Wenzel Eusebius von Wallenstein, 1583–1634）を主人公とする戯曲。実在のヴァレンシュタインは、三十年戦争でカトリック側について活躍した傭兵隊長で、ボヘミアの弱小貴族でありながら、軍事で神聖ローマ帝国皇帝フェルディナント二世に仕え、帝国大元帥・バルト海提督・フリートラント公爵にまで出世したが、のち、皇帝の命令で暗殺された。
（36）イフィゲネイアを主人公とする作品には、エウリピデスの『アウリスのイフィゲネイア』（*Ἰφιγένεια ἐν Αὐλίδι*）および『タウリスのイフィゲネイア』（*Ἰφιγένεια ἐν Ταύροις*）と、ゲーテの『タウリスのイフィゲーニエ』（*Iphigenie auf Tauris*）などが考えられる。本書ではソフォクレスの『イフィゲネイア』と書かれているが、ソフォクレスにはイフィゲネイアを扱った作品はない。
（37）オレステス（Ὀρέστης）は、アイスキュロスの『オレステイア』（*Ὀρέστεια*）三部作の主人公。
（38）テュエステス（Θυέστης）は、アガメムノンをめぐる悲劇の発端となったギリシア神話上の人物。タンタロスの子ペロプスとヒッポダメイアの子で、自分の娘のペロピアとのあいだに、アガメムノンを暗殺することになるアイギストスを儲けている。悲劇は、テュエステスがミュケナイの王位をめぐって兄のアトレウスと争い、アトレウスからおぞましい復讐を受けたことに始まる。
（39）タンタロス（Τάνταλος）は、ギリシア神話に登場するリュディアの王。人間の身でありながら不死の命を持ち、神々の宴席にも列していたが、神々の激怒を買ったタンタロスは、タルタロス（奈落）に送られて、沼の上に枝を広げた木につるされた。不死の身のタンタロスは、飲みたくても飲めず、食べたくても食べられない状態を永遠に耐えなくてはならないこととなった。

(40) アポロン（Ἀπόλλων）は、ギリシア神話に登場するオリンポス十二神の一人。芸術の神、予言の神、疾病の神、疾病を払う神、光明の神、遠矢の神でもある。

(41) レダ（Λήδα）は、ギリシア神話に登場する女性。レダを愛したゼウスは白鳥の姿に化けて彼女を誘惑し、密通の結果レダは卵を産む。この卵から、トロイア戦争の原因となる美女ヘレネーが生まれ、カストールとポリュデウケースの兄弟が生まれる。注(121)も参照。

(42)『千夜一夜物語』は、通称『アラビアン・ナイト』。王の蛮行を止めさせるために、大臣の娘シェヘラザードが自ら王の妃となり、毎夜興味深い物語を語って聞かせ、王の関心を引き続けて殺戮を止めさせた。八世紀ごろに中世ペルシア語からアラビア語に訳されたものが原型で、これに後世多くの説話が付け加えられた。

(43) エウリピデス（Εὐριπίδης, BC 480–406）は、ギリシア三大悲劇詩人の一人。現存する作品は、『ヒッポリュトス』（*Ἱππόλυτος*）、『アウリスのイフィゲネイア』（*Ἰφιγένεια ἐν Αὐλίδι*）、『タウリスのイフィゲネイア』（*Ἰφιγένεια ἐν Ταύροις*）等を含む悲劇十八編とサテュロス劇一編。

(44)『罪』（*Die Schuld*）は、アドルフ・ミュルナー（Adolf Müllner, 1774–1829）による四幕の哀悼劇で、フーゴーは劇の主人公。

(45)『ハムレット』（*Hamlet*）は、シェイクスピアによる五幕の悲劇。シェイクスピア作品中もっとも長大。

(46)『イーリアス』冒頭はアキレウスの怒りから始まる。「怒りを歌え、女神よ、ペーレウスの子アキレウスの、／おぞましいその怒りこそ 数限りない苦しみを アカイア人らにかつは与え、／また多勢の 勇士らが雄々しい魂を 冥王が府へと／送り越しつ、その骸をば 犬どもや あらゆる鷙鳥のたぐいの／餌食としたもの、この間にもゼウスの神慮は 遂げられていった、／まったく最初に争いはじめて 武夫らの君アガメムノンと／勇ましいアキレウスとが仲たがいしてこのかた」（呉茂一訳『イーリアス』岩波文庫、上巻、冒頭）。

(47) アポロンの怒りを鎮めるために、アポロン神官の娘クリュセイスを返還せよとのアキレウスの発議に従ったアガメムノンは、戦利品を再配分せよと要求する。しかし、これにアキレウスは反対する。二人の確執の末に、アガメムノンはアキレウスの戦利品であった美女ブリセイスをクリュセイスの代償として手に入れる(『イーリアス』第一書)。

(48) シャクンタラー姫は、インドの叙事詩『マハーバーラタ』に登場する女性。作品『シャクンタラー姫』は、グプタ朝期(三二〇〜五五〇年)の詩人カーリダーサによる、『マハーバーラタ』の挿話をもとに書かれた七幕の戯曲で、サンスクリット文学の代表作である。インド学者であるウィリアム・ジョーンズ(Sir William Jones, 1746–1794)の英訳でヨーロッパに紹介されると、大反響を呼んだ。一七九一年にはフォルスター(Johann Georg Adam Forster, 1754–1794)が英訳からドイツ語版を出版し、ゲーテがこれを読んで絶賛した。

(49) カーリダーサの『シャクンタラー姫』では、ドフシャンタ王は狩りの途中でシャクンタラー姫と出会い恋に落ちる。生まれた子を王子にすることを約束して、姫と別れ、王宮に帰る。ドフシャンタ王が妻子と別れるとは、このことを指している。

(50) 『マハーバーラタ』中の挿話。絶世の美女ダマヤンティー姫は婿選びの式でナラ王を夫に選ぶ。ナラ王は姫がかねて恋い焦がれていた貴公子であった。しかし、嫉妬に狂う悪魔カリ王は姫にとりつき、姫を賭博の狂気に引きずり込む。

(51) ヘーゲルの歴史観では、古代ローマ以後のキリスト教世界はすべて「近代」(neuere Zeit)なので、中世という概念が欠落している。私たちが理解する「近代」ではない。

(52) 『ロミオとジュリエット』(*Romeo and Juliet*)は、シェイクスピアの一五九五年頃の作品。

(53) ここで述べられているのはハルトマン・フォン・アウエ(Hartmann von Aue, 1165–1210)の『哀れなハインリヒ』(*Der arme Heinrich*)であろう。

(54) エロス(Ἔρως)は、ギリシア神話における愛・性愛をつかさどる女神。

(55) ソフォクレス(Σοφοκλῆς, BC 496–406)は、古代ギリシアの三大悲劇詩人の一人。多数の悲劇を創作したとされるが、現存する作品は、『アンティゴネ』(*Ἀντιγόνη*)、『オイディプス王』(*Οἰδίπους τύραννος*)、『ピロクテテス』

(Φιλοκτήτης)、『コロノスのオイディプス』(Οἰδίπους ἐπὶ Κολωνῷ) 等を含むわずかに七作品のみ。

(56) エウメニデス (Εὐμενίδες) は、「恵みの女神たち」の意味で、復讐の女神たちエリニュス (Ἐρινύς) の名を呼ぶのを憚って言い換えられたもの。

(57) パラス (Παλλάς) は、アテネ女神 (Ἀθηνᾶ) の別名。

(58) プリアモス (Πρίαμος) とヘクトル (Ἕκτωρ) は、トロイアの王とその王子。トロイアの王ラオメドンの子がプリアモスであり、プリアモスとヘカベーのあいだに生まれた王子がヘクトル。トロイア戦争の結果、プリアモス王はトロイア最後の王となった。

(59) ヘルメス (Ἑρμῆς) は、オリンポス十二神の一人で、ゼウスの使者であり商人や旅人の守護神。

(60) ピロクテテス (Φιλοκτήτης) は、ソフォクレスの同名の悲劇の登場人物。トロイア戦争への参加をめぐるピロクテテスの逡巡を描く。『ギリシア悲劇全集』第四巻『ソポクレースⅡ』(片山英男訳、岩波書店、一九九〇年) を参照。

(61) バルバロイ (βάρβαροι) は、バルバロス (βάρβαρος) の複数形。古代のギリシア人は自分たち以外の民族をこのように呼んだ。

(62) ゲーテの戯曲『タウリスのイフィゲーニエ』からの引用であり、該当するのはつぎの箇所である。「あのギリシア人のアトロイスでさえも聞こうとしなかった真理の声、人道の声を、野蛮で荒くれたスキティア人のこのわしが聞くとでも思っているのか」(『ゲーテ全集』第五巻、潮出版社、二〇〇三年、六一～六二頁)。

(63) ゲーテ『タウリスのイフィゲーニエ』からの引用であり、該当するのはつぎの箇所である。「どんな空の下に生まれようとも、命の泉がその胸を、清らかにただひたすら、流れるほどの者ならば、その声を聞かないはずはありません」(『ゲーテ全集』第五巻、六二頁)。

(64) フリア (Furien) は、ローマ神話の女神たちで、ギリシア神話のエリニュスに相当する。

(65) ステュクス (Στύξ) は、ギリシア神話における地下を流れる大河、およびそれを神格化した女神。

(66) 十三世紀初頭に成立した中世ドイツ語による英雄叙事詩『ニーベルンゲンの歌』(*Das Nibelungenlied*) の主人公。北欧神話に類型を持つ前半部分と、ジークフリートの妻クリエムヒルトによる復讐を扱う後半部分とからなる。

(67) シェイクスピアの作品『マクベス』(*Macbeth*) のこと。一六〇六年頃の成立と考えれる。主人公のマクベスは十一世紀のスコットランド王。

(68) バンコー (Banquo) は、一〇四三年にマクベスによって暗殺されたスコットランドのスチュアート朝の始祖とされる人物。シェイクスピアの『マクベス』は、友人でもあり主君でもあったバンコーを暗殺してスコットランド王となったマクベスが、「バンコーの子孫が王となるであろう」という魔女たちの予言によって錯乱していく様を描く。

(69) ギリシア神話で神々が住むとされた山。

(70) 以下の人物は『イーリアス』の登場人物。

(71) オデュッセウスは『イーリアス』および『オデュッセイアー』の登場人物で、トロイア戦争におけるギリシア側の英雄。

(72) 『ニーベルンゲンの歌』は十三世紀の成立と考えられ、もとになっている物語はさらにさかのぼる。ヘーゲルのいう「近代」であるが、いわゆる「近代」ではない。

(73) ジークフリートは『ニーベルンゲンの歌』の主人公。

(74) ロレンツォは、シェイクスピアの『ロミオとジュリエット』の登場人物。フランチェスコ会修道士で、ロミオとジュリエットの秘密の結婚を執り行う。薬剤師は、ジュリエットを仮死状態にする毒を調合する。

(75) シモエイス (Σιμόεις) は、ギリシア神話の川の神。オケアノスとテテュスの子。トロアス地方を流れるスカマンドロス川の支流であるシモエイス川の河神。

(76) スカマンドロス (Σκάμανδρος) もスカマンドロス川の神で、同じくオケアノスとテテュスの子。

(77) スコットランドの詩人マクファーソン (James Macpherson, 1736–1796) が蒐集し一七六〇年に英訳発表した、古代スコットランドの盲目の詩人オシアンによるゲール語（ケルト語）の英雄叙事詩。
(78) オリンピア（Ὀλυμπία）は、ギリシアのペロポネソス半島西部の古代都市。この地のゼウス神殿でゼウス神にさざげられた競技会が古代オリンピックである。
(79) ユピテル（Jupiter）はローマ神話の神で、ギリシア神話のゼウスと同一視されるが、ここは古代ギリシアの話であるから、本来ならば「ゼウス」と書かれる。
(80) 地名の「アテネ」をここでは「アテナイ」と表記しておく。アテナイのアクロポリスに立つパルテノン神殿はアテネ女神を祭る神殿である。
(81) エフェソス（Ἔφεσος）は、トルコ西部（小アジア）にあった古代ギリシアの植民都市。エフェソスにはアルテミス（Ἄρτεμις）神を祭る神殿があった。
(82) ディアナ（Diana）神は、ローマ神話の月の女神。前注のアルテミス神はギリシア神話の月の女神。
(83) ヘパイストス（Ἥφαιστος）は、ギリシア神話の火山の神。
(84) フォス（Johann Heinrich Voß, 1751–1826）は、ドイツの詩人、翻訳家。言及されているのは『ルイーゼ』（*Luise. Ein ländliches Gedicht in drei Idyllen*, 1795）。
(85) ゲーテの恋愛叙事詩『ヘルマンとドロテーア』（*Hermann und Dorothea*, 1797）。
(86) プラトン（Πλάτων, BC 427–347）は、古代ギリシアの哲学者。
(87) アリストファネス（Ἀριστοφάνης, BC 446–385）は、古代ギリシアの喜劇作者。
(88) 『ラーマーヤナ』は『マハーバーラタ』と並ぶ古代インドの叙事詩。サンスクリット語で書かれ、三世紀頃の成立と考えられる。誘拐された妻シーターを奪還するべくラーマ王子がラークシャサの王ラーヴァナと戦う。
(89) 原文は GANGA。ヒンズー教でガンジス川を神格化した女神。サンスクリットを音写するとガンガーとなる。中国語で表記すると「恒河」（ゴウガ）。
(90) ヒマラヤを源流としインド東部を流れる大河。

（91）ゲーテの詩『マホメットの歌』（*Mahomets-Gesang*, 1773）。

（92）クロプシュトック（Friedrich Gottlieb Klopstock, 1724–1803）は、ドイツの詩人。代表作は『メシアス』（*Der Messias*, 1748–1773）。

（93）『群盗』（*Die Räuber*, 1781）は、シュトルム・ウント・ドラング期のシラーの戯曲。

（94）『ゲッツ・フォン・ベルリヒンゲン』（*Götz von Berlichingen*, 1773）は、シュトルム・ウント・ドラング期のゲーテの戯曲。実在の人物、ゲッツ・フォン・ベルリヒンゲン（Götz von Berlichingen, 1480–1562）をモデルとする。戦闘で亡くした右手に鋼鉄の義手をはめて戦ったことから「鉄腕ゲッツ」と称された。

（95）ゲーテの詩『羊飼いの嘆きの歌』（*Schäfers Klagelied*, 1803）を指す。羊飼いの少年が異国へ旅立った少女を思って歌う。

（96）Lied は、音楽用語としては「歌曲」だが、文学作品にもある。ここで挙げられているのはそれらの例。

（97）「トゥーレの王」（*König in Thule*）は、『ファウスト』第一部でマルガレーテが歌う詩。

（98）『魔王』（*Erlkönig*, 1782）は、歌芝居『漁師の娘』（*Die Fischerin*）に含まれるゲーテの詩。

（99）ベルニーニ（Gian Lorenzo Bernini, 1598–1680）は、イタリア・バロックを代表する彫刻家、建築家。

（100）ジャン・パウル（Jean Paul, 1763–1825）は、ドイツの小説家。本名、ヨハン・パウル・フリードリヒ・リヒター（Johann Paul Friedrich Richter）。『陽気なヴッツ先生』（*Leben des vergnügten Schulmeisterlein Maria Wutz in Auenthal*, 1793）、『ジーベンケース』（*Siebenkäs*, 1796）、『巨人』（*Titan*, 1802）『彗星』（*Der Komet*, 1820–1822）などを著す。

（101）マルティン・ルター（Martin Luther, 1483–1546）は、ドイツの宗教改革者。

（102）カール・アドルフ・フォン・バセドウ（Carl Adolph von Basedow, 1799–1854）は、ドイツの医師。

（103）ヨアヒム・ハインリヒ・カンペ（Joachim Heinrich Campe, 1746–1818）は、ドイツの啓蒙主義作家、言語学者、聖職者。

(104) 『親和力』(*Die Wahlverwandtschaften*, 1809) は、ゲーテの長編小説。
(105) コウノトリ目コウノトリ科に属する鳥類。トキコウ属。
(106) ササン朝ペルシア滅亡後にインドのグジャラート地方に移住したゾロアスター教徒。
(107) メディアは現在のイラン高原北西部の地名。紀元前七一五年頃から五五〇年頃までこの地に栄えた王国をメディア王国と呼ぶ。
(108) ゾロアスターはゾロアスター教の創始者であるが、活動した時期は紀元前十八世紀から紀元前六世紀あたりまでと諸説ある。
(109) ゾロアスター教の善神アフラ・マズダのこと。アーリマンはゾロアスター教の悪神。
(110) オシリスの座る玉座を神格化した女神。王権を具現化した神と見なされる。
(111) 神の顕現とされる聖牛。
(112) 冥界と豊穣を司る神。
(113) クロイツァー (Georg Friedrich Creuzer, 1771-1858) は、ドイツの古代学者。ここでいわれる『象徴学』とは、『古代民族、とくにギリシア人の象徴と神話』のこと。この時点で刊行されていた第二版の第一巻(一八一九年)と第二巻(一八二〇年)を指している。第二版自体も一八二一年に残りの二巻が刊行されて、四巻本となる。
(114) ブラフマンはヒンドゥー教における宇宙の根本原理。アートマン(真我)は意識の根底にある「人間の自己」。ここで言及されているのは、アートマンはブラフマンと根本的に同一(梵我一如)であると説くウパニシャドの哲学である。
(115) キュプロス王キニュラスとその娘ミュラとのあいだの不義の子で、美青年の羊飼い。フェニキア起源の豊穣神だったが、ギリシアでは私的崇拝の対象となり、アドニス祭でアドニスの園という箱に植物の種を入れて彼に見立て、夭折を悼み、復活を祝った。
(116) キュベレ (Κυβέλη) は、アナトリア(トルコ半島・小アジア)のフリュギアで崇拝された大地母神で、その信仰は古代ギリシアにも古代ローマにも広がった。

(117) 底本にある「アティス」(Atys) は、ローマ神話に登場する伝説上の王。「アティスの祭典」の「アティス」(Attis) は、フリギア起源の死と再生を司る神の一人で、キュベレ信仰と並んで古代世界に広まった。

(118) フリュギア (Φρυγία) は、古代小アジア北西部の地域。

(119) ケレス (Ceres) は、ローマ神話における豊穣の女神。ギリシア神話のデメーテル (Δημήτηρ) と同一視される。

(120) プロセルピナ (Proserpina) は、ローマ神話の春の女神で、ユピテルとケレスの娘。ギリシア神話のペルセフォネ (Περσεφόνη) と同一視される。

(121) カストールとポリュデウケースは、ギリシア神話に登場する双子の兄弟で、馬術の名手。死後、ゼウスによって天上に引き上げられ、双子座となった。ポルクスはポリュデウケースのラテン語形。注(41)も参照。

(122) アーリマンは善悪二元論に立つゾロアスター教の悪神。善神はアフラ・マズダ。

(123) ヒエログリフは表音的要素を持つ文字だが、ヘーゲルは象形文字と考えていた。

(124) ここでいうカンビュセス (Καμβύσης) は、カンビュセス二世を指す。アケメネス朝ペルシア第二代の王 (在位・紀元前五二九年~五二二年)。

(125) ヘロドトス『歴史』第三巻、第二十九節。

(126) ハデスはゼウスの兄で冥界の支配者。

(127)「人間の霊魂は不滅で、肉体が亡びると次々に生まれてくる他の動物の体内に入って宿る、という説を最初に唱えたのもエジプト人である」(ヘロドトス『歴史』第二巻、第一二三節)。

(128) ヘロドトス『歴史』第二巻、第七十八節。

(129) ソロモンは『旧約聖書』「列王記」に記される古代イスラエル王国第三代の王。ダビデの子。

(130) スフィンクスは人間の頭とライオンの身体を持つ神聖な存在。エジプト神話にもメソポタミア神話にもギリシア神話にも登場する。

(131) エジプトのルクソールのナイル川西岸にある二体のアメンホテプ三世像。

(132) デルフォイ（Δελφοι）は古代ギリシアの都市。パルナソス山の麓にあり、アポロンを祀る神殿が存在した。この神殿で下される神託がデルフォイの神託として知られていた。

(133) ローマ神話の最高神。ギリシア神話のゼウスに相当する。

(134) ユノ（Juno）は、結婚と出産を司るローマ神話の女神。ユピテルの姉にして妻。ギリシア神話のヘラ（Ἥρα）と同一視される。

(135) イソップは古代ギリシアの寓話作家。ギリシア語ではΑἴσωπος（BC 619–564）。

(136) モーセ（Mose）は、『旧約聖書』「出エジプト記」に記されるユダヤ民族の指導者。

(137) 「出エジプト記」第三章、第二節〜第四節。

(138) メネニウス・アグリッパ（Menenius Agrippa）は、紀元前五〇三年、ローマ共和制初期の執政官。リウィウス『ローマ建国史』第二巻にある、貴族の横暴に怒って立てこもった平民たちに向かって、執政官アグリッパが語った逸話。

(139) レッシング（Gotthold Ephraim Lessing, 1729–1781）は、ドイツ啓蒙主義を代表する詩人、劇作家、批評家。『賢者ナータン』（*Nathan der Weise*, 1779）『ラオコーン』（*Laokoon*, 1766）等を著す。

(140) スカラベ（scarab）はコガネムシ科タマオシコガネ属に属するいくつもの種の甲虫の総称。丸い糞を転がす習性が太陽神ケプリに似ていたから、エジプトにおいては太陽神と同一視され、再生や復活を象徴する聖なる虫として崇拝された。

(141) ゴットリープ・コンラート・プェッフェル（Gottlieb Konrad Pfeffel, 1736–1809）は、エルザス生まれの作家、軍事学者、教育者。『韻文および散文による試論』（*Poetische und Prosaische Versuch*）に収められている寓話を指す。

(142) ゲーテの叙事詩『ライネケ狐』（一七九四年）を指す。十二世紀のフランスで成立しヨーロッパ全土に広まった『狐物語』と呼ばれる一連のラテン語の物語をもとにしており、悪狐ルナールのずる賢い行動を風刺的に描く。

(143) ルキウス・タルクィニウス・スペルブス（Lucius Tarquinius Superbus）は、王政ローマの第七代にして最後の王（在位前五三五〜前五〇九年）。「傲慢王」（Tarquinius Superbus）という名で知られる。王家はルキウス・ユニウス・ブルトゥスによって追放され、ローマは共和制に移行する。

(144) ローマの東二十キロのところにあった古代都市。逸話および共和制ローマの成立については、ティトゥス・リウィウス『ローマ建国史』、マキアヴェリ『ローマ史論』、シェイクスピア『ルークリース凌辱』を参照。

(145) レッシングの『賢者ナータン』で語られる三つの指輪の寓話を指す。

(146) ジョヴァンニ・ボッカチオ（Giovanni Boccaccio, 1313–1375）は、フィレンツェの詩人。『賢者ナータン』で語られる三つの指輪の寓話は、ボッカチオの『デカメロン』（*Decameron*）第一日第三話の物語がもとになっている。

(147) ゲーテ『神と踊り子』（*Der Gott und die Bajadere*, 1797）。

(148) ウェルギリウス（Publius Vergilius Maro, BC 70–AD 19）は、古代ローマの詩人。『イーリアス』に登場する英雄アエネーアース（Aeneas）の遍歴を描く叙事詩『アエネーイス』（*Aeneis*）が代表作。

(149) ダンテ・アリギエーリ（Dante Alighieri, 1265–1321）は、フィレンツェの詩人。『神曲』（*La Divina Commedia*）はトスカナ方言で書かれ、のちの近代イタリア語のもととなる。

(150) トゥキディデス（Θουκυδίδης, BC 460–395）は、古代ギリシアの歴史家。『ペロポネソス戦争の歴史』（*Ιστορία του Πελοποννησιακού Πολέμου*）を著す。

(151) デモステネス（Δημοσθένης, BC 384–322）は、古代ギリシアの政治家、弁論家。アテナイの指導者として、隆興しつつあるマケドニアに対抗しギリシア諸ポリスの自立を訴えたが叶わず、自殺した。マケドニアのフィリッポス二世を非難・攻撃した一連の演説『フィリッピカ』（*Φιλιππικά*）が有名。

(152) フェルドゥスィー（Abū 'l-Qāsim Firdausī, 940/41–1020）は、サーマン朝ペルシアの詩人。注（499）も参照。

(153) 十七世紀スペイン・バロック演劇の代表的劇作家ペドロ・カルデロン・デ・ラ・バルカ（Pedro Calderón de la Barca, 1600–1681）による神秘劇。

(154) エウセビオの恋人。実はエウセビオと双子の兄妹であった。

(155)『十字架への献身』の主人公。十字架のもとで生まれ牧人に育てられた。恋人のフリアの兄と父から両家の身分違いを理由に結婚を反対され、決闘で彼女の兄を殺めたことが引き金となって、波乱の人生を送る。

(156) シラー『期待と充実』(*Erwartung und Erfüllung*, 1796-1797)。「幾千本もの帆を挙げて、青年は、大海原に船出する。救われた小舟にもたれ静々と、老人は、港を目指す」(In den Ozean schifft mit tausend Masten der Jüngling, / Still, auf gerettetem Boot treibt in den Hafen der Greis)。

(157)『クセニエン』(*Xenien*) は、一七九六年にゲーテとシラーが共同で出版した詩集のタイトル。二行の風刺的な短詩を集めたもので、古代ギリシアで贈物に付けた献詩(クセーニオン)に倣っている。

(158) アステール (ἀστήρ) は、ギリシア語で「星」の意。人名にも使われる。ディオゲネス・ラエルティオスの『ギリシア哲学者列伝』第三巻第二十九節に、アリスティッポスが伝える話として、プラトン作のこのエピグラムがある(加来彰俊訳『ギリシア哲学者列伝』(上)、岩波文庫、二七一頁)。

(159)『旧約聖書』の「雅歌」第四章は全十六節からなり、愛する女性の美しさを直喩と隠喩を織り交ぜながら歌っている。

(160) フィンガル (Fingal) は『オシアン』の登場人物。『オシアン』にはフィンガル王の事績をうたう歌が六編含まれている。

(161) クロムラはアルスターの丘陵を指し、アルスターはアイルランド北東部を指す地方名である。

(162) ポリュペーモス (Πολύφημος) は、ギリシア神話に登場する一つ眼の巨人。『オデュッセイアー』ではオデュッセウスが航海の途中で遭遇するキュクロプスを指すが、ここではオウィディウスの『変身物語』に登場するポリュペーモスを指す。

(163)『変身物語』の挿話。ガラテーア (Γαλάτεια) は海のニンフ。シチリア島の川のニンフの息子のアーキス (Ἄκις) と恋に落ち、これに嫉妬したポリュペーモスはアーキスを殺してしまう。

(164) ゲーテ『ファウスト』の第一部（一八〇八年）を指す。第二部の刊行は死後（一八三二年）。

(165) 『ファウスト』第一部冒頭の「夜」と「市門の前」に登場するファウスト博士の同僚の学者。復活祭の前の晩に研究室で呻吟するファウストのもとを訪ねて問答を交わし、翌日の復活祭の市にファウストと繰り出す。

(166) 実在のヘンリー四世（Henry IV, 1367–1413）は、リチャード二世を武力で倒してイングランド王（在位一三九九～一四一三年）となった人物。シェイクスピアの『ヘンリー四世』第一部は、ヘンリー四世が王位を奪い取ろうとしたノーサンバランド伯を冷遇したことから内乱に発展する様を描く。王の息子ハル王子はノーサンバランド伯の息子パーシーを殺害し、反乱を鎮圧する。第二部は、パーシーの死が告げられるところから始まる。ヘーゲルが言及している息子の死とはこのことを指す。

(167) 『ヘンリー四世』の登場人物。実在する人物としては初代ノーサンバランド伯ヘンリー・パーシー。「プリアモスになぞらえ云々」に関しては本書六五頁、七〇頁、および注（58）を参照。

(168) 『ヘンリー四世』の登場人物で、初代ノーサンバランド伯の息子。ホットスパーと呼ばれた中世イングランドの騎士。

(169) アブラハムは、ユダヤ教・キリスト教・イスラム教を信仰する経典の民の共通の始祖とされる人物。

(170) イアソンに率いられてアルゴー船で航海するギリシア神話の英雄たち。テッサリアの王子イアソンは、父王イオルコスの王位を簒奪したペリアースに王位を返すよう求めるが、コルキスの地にあるという黄金の羊の毛皮を持ってくるよう要求される。そこで船大工のアルゴスに命じて巨大な船を作らせ、勇敢な乗組員を募って金羊皮を求める航海に出発する。

(171) 黒海とエーゲ海をつなぐトルコ半島とバルカン半島のあいだに位置する海峡。エーゲ海に近い側の海峡が、ダーダネルス海峡とも呼ばれる。ヘレスポントスとは「ヘラス」（ギリシア）の橋の意。

(172) 『旧約聖書』中の一つの書。不当な試練がテーマで、自らが巻き込まれた試練の意味を理解しようとする登場人物ヨブの名にちなんで名づけられた。

(173)『ヨブ記』第四十章、第十五節〜第三十二節。
(174)ユダヤの人名。ここでは特定のイサクではなく、ユダヤ人の男性という意味である。
(175)カリフのこと。預言者ムハンマドの後継者の意で、イスラム国家最高権威者の称号。本来は「ムハンマドの代理人」の意味。「古いアラブの生が消える」とは、イスラム教によってイスラム以前のアラビア文化が消えてしまったことを意味する。
(176)ハンマー（Joseph Freiherr von Hammer-Purgstall, 1774–1856）は、オーストリアの外交官で東洋学者。『千夜一夜物語』の翻訳を手がけるなど、オーストリアのオリエント学に先鞭をつけた。
(177)アンタラ・イブン・シャッダード（Antarah ibn Shaddad, 525–608）を指す。アンタル（Antar）の名で知られるイスラム教化以前のアラビアの騎士で詩人。詩作でも、波乱に満ちた生涯でも知られる。主要な作品は『ムアッラカート』に含まれている。
(178)『旧約聖書』中の一つでモーセ五書の第二書。イスラエルの民の救出と信仰共同体としての民族の確立が主題となっている。
(179)『レビ記』第十七章ほか。主がモーセに「いかなる生き物の血も、けっして食べてはならない。すべての生き物の命は、その血だからである」といったこと。
(180)ホメロスの『イーリアス』には、生贄の祭壇に大蛇が現れたとき、これはゼウスが送ったものとする場面がある。また、ギリシア軍が集結したとき、祭壇の下から現れた大蛇が樹の上にある雀の巣から八羽の雛と母鳥を食らったあと石になって地に落ちたので、予言者はトロイア戦争が九年間続いて、十年目に勝利すると予言する。
(181)強靭な皮をもったライオン。ヘラクレスによって絞め殺された。
(182)九つの頭をもつ怪物。ヘラクレスによって退治された。
(183)フリュギアはトルコ半島の中西部。ヘラクレスは太陽の熱気に怒って太陽神ヘリオスに矢を射かけたため、ヘリオスはかえってその剛気を嘉して黄金の盃を与えたという話がある。

(184) 注(140)を参照。

(185) プブリウス・オウィディウス・ナソ(Publius Ovidius Naso, BC 43–AD 17)は、古代ローマの詩人。アウグストゥス帝の同時代人。代表作は『恋愛術』(*Ars amatoria*)、『変身物語』(*Metamorphoses*)など。

(186) ローマ神話のユピテルもギリシア神話のゼウスも同様の変身を遂げる。ユピテルは女性と思いを遂げるためにさまざまな動物に変身する。

(187) イオ(Ἰώ)はアルゴスの河神イナコスの娘。ユピテルは彼女を愛したが、妻ユノの嫉妬を恐れて、彼女を牝牛の姿に隠した。

(188) リュカオン(Λυκάων)は、ギリシア神話の人物。同名の人物が複数知られ、アルカディアの王、プリアモスの息子などがいる。このうち、狼に変身させられたのは、アルカディアの王のリュカオン。

(189) リュカオンは多くの女性とのあいだに五十人の子どもを得るが、ゼウスを供犠するために人間の子どもを殺したので、怒ったゼウスに狼に変えられてしまう。

(190) オシリスと習合された葬祭の神ケンティ・アメンティウ(Khenti-Amentiu)は狼の姿で表される。

(191) 古代ギリシアの都市国家アルゴスの紋章は狼であった。

(192) 伝説によれば、ローマはロムルスとレムスの双子の兄弟によって紀元前七五三年に建国された。王位を奪った王弟アムリウスによってテヴェレ川に捨てられた双子は、狼に育てられ、のちには羊飼いの夫婦に育てられて成人し、復讐を果たす。しかし、兄が王位に就くと争いが起こり、弟を殺してしまう。兄は弟を手厚く葬ったのち四十年間統治した。

(193) オウィディウス『変身物語』第一巻。

(194) 巨人族。ウラノスがクロノスに男根を切断されたとき、流れ出た血が大地に滴って生まれた。

(195) オウィディウス『変身物語』第一巻。

(196) プロクネー(Πρόκνη)はトラキア王テレウスの妻。妹のピロメラ(Φιλομήλα)に夫テレウスが暴行を加えて舌を切ったことを知り、怒りに狂って息子を殺し、その後ツバメへと変身した。

(197) ピロメラもプロクネーの息子を手にかけたのちナイチンゲールへと変身した。

(198) ペラ王ピエロスの娘たちは歌自慢の姉妹であり、ミューズに歌で競うことをもちかけたが、ミューズに負かされ、おしゃべりなカササギに変えられた。

(199) ミューズはギリシア神話の女神たち。ギリシア名はムーサイ(Μοῦσαι)。一般に詩神とされるが、実際は学芸全般を司った。

(200) 古代エジプトの天空神であるホルスは、ハイタカの頭を持つ。エジプト神話で天空と太陽を司る最高神ホルスは、隼の頭をしている。

(201) ウェヌス(Venus)は、ローマ神話における菜園の女神。ギリシア神話での愛と美の神であるアフロディテ(Ἀφροδίτη)と同一視される。鳩はアフロディテの象徴であり、他にも白鳥や燕や雀の象徴ともされる。

(202) ミネルヴァ(Minerva)は、ローマ神話で知恵・技芸・戦争を司る女神で、知恵の象徴であるフクロウの姿で描かれる。ギリシア神話のアテネ女神と同一視される。

(203) サテュロス(Σάτυρος)は、ギリシア神話における半人半獣の自然の精霊。ローマ神話でのローマの森の精霊であるファウヌスと同一視された。

(204) ディオニュソス的な生き物であり、獣的な性格を持つとされた。

(205) シレノス(Σιληνός)は半獣神。サテュロスとともにディオニュオスの従者。容姿は禿頭、平たい鼻、短い角、馬の耳と脚と尾を持つ。

(206) ゼウス(Ζεύς)は、ギリシア神話の最高神で、天界を支配して人間社会の法と秩序を守る。ティタン属の神であった父親・クロノスを倒すことで神々の頂点に立った。

(207) ウラノス(Οὐρανός)は、ギリシア神話における世界最初の支配者。神々の祖で、ゼウスの祖父にあたる。ローマ神話ではウラヌス(Uranus)となる。

(208) クロノス（Κρόνος）は、天空の神ウラノスと大地の女神ガイアの末子。父の王位を奪ったが、のちに子であるゼウスに征服された。

(209) ムネモシュネー（Μνημοσύνη）は、ギリシア神話の記憶の女神。ゼウスとのあいだに生まれたのが九人姉妹のミューズたち。

(210) ティタン（Τιτάν）は、オリュンポスの神々よりまえに世界を支配していた、巨人たち一族の呼び名。ゼウスの父クロノスが属する古い神々の一族。

(211) ヘリオス（Ἥλιος）は、ギリシア神話の太陽神。

(212) セレネ（Σελήνη）は、ギリシア神話の月の女神。

(213) コリュバンテス（Κορύβαντες）は、フリュギアの女神キュベレの祭司。音楽と乱舞をもって密儀を行った。植物の精であり、キュベレ女神の密儀で狂乱のうちに乱舞する踊り子たちを指す。

(214) ギリシア神話における想像上の民族で、アフリカないしアジアに生きていたとされた。小さな身体が特徴である。中世においては古代の伝承がまじめに受け取られ、実際にいると信じられた。近代初期に想像上の民族だと認識されるようになった。

(215) ソフォクレス（Σοφοκλῆς）の『アンティゴネ』（Ἀντιγόνη）。オイディプス王ののち、テーバイではアンティゴネの兄たちが王位を巡って争いを始め、攻め寄せたポリュネイケスと王位にあったエテオクレスが刺し違え、オイディプスの母であり妻であったイオカステの兄弟のクレオンが王位に就いた。クレオンは国家に対する反逆者であるポリュネイケスの埋葬を禁止するが、アンティゴネはこの禁令を意図的に犯す。アンティゴネは神々が女性に課した埋葬という「神々の掟」を主張し、国法という「人間の掟」の厳正さを主張するクレオンと対峙する。

(216) ディケー（Δίκη）は、ギリシア神話に登場する正義を司る女神。

(217) クレオンは、オイディプスとその息子たち亡きあと、テーバイの王となる。オイディプスの息子ポリュネイケスの死体を葬ろうとしたアンティゴネを墓に閉じ込めて自殺させた。

(218) テミス（Θέμις）は、ギリシア神話の法・掟の女神。
(219) ブリアレオス（Βριάρεως）は、ウラノスとガイアから生まれた百手巨人の一人。
(220) タルタロス（Τάρταρος）は、ギリシア神話で大地の深奥にあるとされる冥界。カオスに次いで、地であるガイアとともに生じた。奈落の神、または奈落そのもので、ハデスよりさらに下にあるとされた。
(221) トラキアはエーゲ海北東岸の地方。紀元前六世紀から黒海沿岸にギリシア人が植民市を建設し、紀元前一世紀にはローマの属州となった。
(222) パウサニアス（Παυσανίας, 115–180）は、二世紀のギリシアの旅行家で地理学者。『ギリシア案内記』（Ἑλλάδος περιήγησις）を著す。当時のギリシアの地誌や歴史、神話伝承、モニュメントなどについて知る手がかりとされる。
(223) プロメーテウス（Προμηθεύς）は、ギリシア神話に登場する男神で、ティタン族の神。ゼウスの反対を押し切り、天界の火を盗んで人類に与えた。
(224) ギリシア神話の海神。ギリシア語ではオケアノス（Ὠκεανός）、ローマ神話ではオケアヌス（Oceanus）。
(225) ネプチューン（Neptune）は、ローマ神話の神・ネプトゥーヌスの英語読み。ギリシア神話のポセイドンに相当する。
(226) フェイディアス（Φειδίας, BC 500/490–430/420）は、古代ギリシアの彫刻家。パルテノン神殿のアテナ・パルテノス像を作った。
(227) ヘロドトス『歴史』第二巻、第五十二節。ペラスゴイ人は古代ギリシアの先住民族で、ギリシア語を話す民族に追われたという。ホメロスではトロイアの同盟者とされる。
(228) メランプス（Μελάμπους）は、ギリシア神話の有名な占い師で予言者。「黒い足」の意。
(229) ポセイドン（Ποσειδῶν）は、ギリシア神話の海と地震の神。
(230) ヘロドトス『歴史』第二巻、第五十三節。
(231) ギリシア神話の文芸を司る女神たち。これを九柱にまとめたのはヘシオドス。ヘシオドスの『神統記』では、ゼウスとムネモシュネーの娘で九柱とされる。ピエリア王ピエロスの娘・ピエリデスと同一視される。

(232) アレース（Ἄρης）は、ギリシア神話に登場する戦を司る神。

(233) プルタルコス（Πλούταρχος, 46/48–127）は、帝政ローマのギリシア人著述家。『対比列伝』（英雄伝）（*Βίοι Παράλληλοι*）などがある。

(234) エウヘメロス（Εὐήμερος, BC 340–260）は、紀元前三〇〇年頃に『神論』を著した古代ギリシアの哲学者。王や英雄などの偉人が死後に祭り上げられたものが神であり、こうした学説を彼の名にちなんでエウヘメリズム（Euhemerismus）と呼ぶ。

(235) シラー『ギリシアの神々』（*Die Götter Griechenlandes*）。初稿は一八〇〇年、改稿は一八〇四年。

(236) 『コリントの花嫁』（*Die Braut von Korinth*, 1797）は、ゲーテのバラード。

(237) 『古代と近代の神々の戦い』（*La Guerre des Dieux anciens et modernes*, 1799）は、フランスの詩人エヴァリスト・ド・フォルジュ・ド・パルニー（Évariste de Forges de Parny, 1753–1814）の作品。

(238) 『ルツィンデ』は、フリードリヒ・シュレーゲルの小説で初期の代表作。主人公ユリウスの芸術を成熟させた女性ルツィンデは、シュレーゲルの妻ドロテーアがモデルとなっている。ドロテーア・シュレーゲル（Dorothea Friederike Schlegel, 1763–1839）は、ドイツロマン主義時代を代表するユダヤ系の女性作家。父はモーゼス・メンデルスゾーン。

(239) 原文は十二の歌となっているが、十一の誤りか。『古代と近代の神々の戦い』は、十の詩とエピローグからなる。

(240) パルナッソス山（Παρνασσός）は、中央ギリシャ・コリンティアコス湾の北、デルポイの上にそびえる山。ギリシア神話では、アポローンとコリキアンのニンフたちを祭る山で、ムーサたちが住む。詩や文芸や学問の発祥の地とされる。

(241) コルネリウス・タキトゥス（Cornelius Tacitus, 55–120）は、帝政期ローマの政治家、歴史家。サルスティウス、リウィウスと並び称される古代ローマを代表する歴史家で、『ゲルマーニア』（*Germania*, 98）が有名。

(242) ガイウス・サルスティウス・クリスプス（Gaius Sallustius Crispus, BC 86–35）は、ローマの政治家、歴史家。財務官、護民官を歴任し、『歴史』、『カティリナ戦記』（*Bellum Catilinae*）、『ユグルタ戦記』（*Bellum Iugurthinum*）を著す。元老院に拠るローマ貴族を批判し、共和政ローマの政治の腐敗を嘆いている。

(243) ルキウス・アンナエウス・セネカ（Lucius Annaeus Seneca, BC 1–AD 65）は、帝政ローマ初期の政治家、哲学者、詩人。父親のマルクス・アンナエウス・セネカ（Marcus Annaeus Sneca）と区別して小セネカと呼ばれる。皇帝ネロの家庭教師でもあり、治世初期にはブレーンでもあった。ストア派哲学者で、多くの悲劇や著作を著した。

(244) ルキアノス（Lucianos, 120/125–180）は、ギリシャ語で執筆したシリア人の風刺作家。

(245) 『アラルコス』（*Alarkos*, 1802）は、フリードリヒ・シュレーゲルの小説。

(246) 娘と記されているが、ハイモンはクレオンの息子である。

(247) ペネロペ（Πηνελόπη）は、ギリシア神話に登場する女性で、オデュッセウスの妻。オデュッセウスとのあいだに息子テーレマコスとプトリポルテースをもうけた。

(248) エウリピデスの悲劇『ヒッポリュトス』。義理の息子のヒッポリュトスに恋をした継母パイドラーをめぐる物語。『パエドラ』はエウリピデスの『ヒッポリュトス』にもとづく小セネカの作品。

(249) フランチェスコ・ペトラルカ（Francesco Petrarca, 1304–1374）は、イタリアの詩人、人文主義者。抒情詩集（カンツォニエーレ）を著した。なお、ペトラルカはラテン語読み、本名はペトラッコ（Francesco Petracco）。

(250) テセウス（Θησεύς）は、ギリシア神話に登場するアテナイの王。ソフォクレスの『コロノスのオイディプス』では憐み深い知者とされる。ペイリトオス（Πειρίθοος）はテセウスの盟友。

(251) ピュラデス（Πυλάδης）はオレステスの友人。

(252) シェイクスピアの『リチャード三世』の主人公。正式なタイトルは『リチャード三世の悲劇』（*The Tragedy of King Richard the Third*）。トマス・モア（Thomas More）の『リチャード三世史』（*The History of King Richard III*）が下敷きになっている。実在のリチャード三世（King Richard III, 1452–1485）は、ヨーク朝最後のイングランド王で、悪逆非道の王とされるが、これにはリチャード三世を後継のチューダー朝の敵役として描いたシェイクスピアの作品が大きく影響している。

(253)『ヘンリー六世』(第一部〜第三部)に登場するヘンリー六世の妻マーガレット・オブ・アンジュー(Margaret of Anjou, 1429–1582)を指す。フランス語名はマルグリット・ダンジュー(Marguerite d'Anjou)。

(254)サー・ジョン・フォルスタッフ(Sir John Falstaff)は、シェイクスピアが創造した架空の人物。『ヘンリー四世』第一部・第二部に登場し、続編の『ヘンリー五世』ではその死が登場人物の口から語られる。

(255)シェイクスピア『テンペスト』(*The Tempest*)。テンペストとは「嵐」の意。初演は一六一一年頃で、シェイクスピア最後の作品。

(256)『テンペスト』の登場人物。弟アントーニオによって追放された前ミラノ公プロスペローの娘。

(257)シラーの詩『テクラ——精霊の声』(*Thekla. Eine Geisterstimme*)。

(258)ゲーテの教養小説『ヴィルヘルム・マイスターの修業時代』(*Wilhelm Meisters Lehrjahre*, 1795–96)を指す。『ヴィルヘルム・マイスターの遍歴時代』(*Wilhelm Meisters Wanderjahre*, 1821–29)はその続編。

(259)ルートヴィヒ・ティーク(Ludwig Tieck, 1773–1853)は、ドイツのロマン主義を代表する作家、詩人、編集者。ヘーゲルの友人でもあり、ヘーゲルはたびたびドレスデンのティークを訪ねていた。

(260)レアティーズは『ハムレット』の登場人物。デンマーク王が急死したため、妃は跡を継いだ王の弟クローディアスと再婚する。父の死と母の再婚で憂いに沈む王子ハムレットに、先王の亡霊が現れてクローディアスに毒殺されたと告げる。ハムレットが宰相ポローニアスをクローディアスと間違えて殺してしまうことから、ポローニアスの息子レアティーズによる復讐が始まる。

(261)ギャーリック(David Garrick, 1717–1779)は、イギリスの劇作家、演出家。当代きってのシェイクスピア役者。

(262)シェイクスピアの『リア王』(*King Lear*)は、四大悲劇の一つ。長女と次女に国を譲ったのち二人に追い出されたリア王が、末娘の力を借りて二人と戦うも敗れるという物語。

(263) ヒッペル（Theodor Gottlieb von Hippel, 1741–1796）は、プロイセンの政治家、作家。ケーニヒスベルクの市長を務め、カントとも親交を結ぶ。女性の権利拡大を唱えた。

(264)『祖先たちの履歴書』（*Lebensläufe nach Aufsteigender Linie*, 1778–1781）第三巻第一分冊（一七八一年）の二八二頁以下の「物語」（Die Geschichte）というタイトルの章の記述。

(265) この前後で取り上げられているのはすべてシェイクスピア作品の登場人物である。「フランス悲劇」は筆記者の錯誤ではないか。

(266) ムーア人（Mauren）は、北西アフリカのイスラム教徒の呼称。おもにベルベル人を指す。

(267) アリオスト（Ludovico Ariosto, 1474–1553）は、イタリアの詩人。代表作は『狂えるオルランド』。

(268) セルバンテス（Miguel de Cervantes Saavedra, 1547–1616）は、スペインの詩人。代表作は『ドン・キホーテ』（*Don Quijote*）。

(269) イエスが馬小屋で生まれたという伝承から、秣桶は主イエス・キリストの生誕を象徴する。

(270) ファン・エイク（Hubert van Eyck, 1385/90–1426; Jan van Eyck, 1395–1441）は、初期フランドル派を代表する兄弟画家。

(271) ヤン・ファン・スコーレル（Jan van Scorel, 1495–1562）は、イタリア・ルネサンスをオランダに紹介した画家。

(272) ヘムリング（Hans Hemling, 1430頃–1494）は、ブリュージュで活躍したオランダ派のドイツ人画家。現在では「メムリンク（Memling）」と呼ぶほうが一般的。

(273) ゲーテ『芸術と古代』（*Über Kunst und Altertum*, 1816–1832）。六巻からなる古代芸術論。

(274) 現在ではフランドル楽派と呼ばれることが多い。十五世紀から十六世紀にかけておもにフランドルで活動したルネサンス音楽の楽派。ハインリヒ・イザーク（Heinrich Isaac）、ヨハネス・オケゲム（Johannes Ockeghem）、ジョスカン・デ・プレ（Josquin des Prés）、オルランド・ディ・ラッソ（Orlando di Lasso）らが代表的な作曲家。

(275) 正しくは『ヨリック氏のフランス・イタリア感傷旅行』（*A Sentimental Journey through France and Italy*, by Mr.

Yorick, 1768）と『紳士トリストラム・シャンディ氏の生涯と意見』（*The Life and Opinions of Tristram Shandy, Gentleman*, 1759–1767）。イギリスの小説家ローレンス・スターン（Laurence Sterne, 1713–1768）の代表作。

(276) タッソ（Torquato Tasso, 1544–1595）は、イタリアの詩人。叙事詩『解放されたエルサレム』（*La Gerusalemme liberata*, 1575）で名声を博すも、その内容を異端ととられることを気に病むあまり精神に異常をきたし、収監と流浪を繰り返した。

(277) 注（16）を参照。

(278) ヘロドトス『歴史』第二巻、第七十九節（松平千秋訳、岩波文庫、上巻、二〇九～二一〇頁）。

(279) 注（17）を参照。

(280) アイギナ（Αἴγινα）島はギリシア南東部のサロニコス湾に浮かぶ島。アファイア（Ἀφαία）女神にささげられたドーリア式神殿がある。本書一九六頁の「アイギナ島の作品群」は、同神殿のペディメントを飾る彫刻群。

(281) カノーヴァ（Antonio Canova, 1757–1822）は、イタリアの新古典主義の彫刻家。

(282) アテネの街を流れる川の名。

(283) 「上品さ」（Anmuth）も「優雅さ」（Grazie）も「カリス」（Charis）も同じ意味。同じことをドイツ語・ラテン語・ギリシア語で言っている。

(284) バチカンのピオ・クレメンティーノ美術館に収蔵されているアポロン像で、ローマ帝政期に古代ギリシアの彫刻作品をコピーしたもの。

(285) 十二世紀後半のフランスに起こった、先頭アーチや飛び梁、天井のリブ・ヴォールトなどを特徴とする建築様式。ルネサンス以降、粗野な様式と考えられるようになった。

(286) ミケランジェロ（Michelangelo di Lodovico Buonarroti Simoni, 1475–1564）は、イタリア・ルネサンス期の芸術家。

(287) アイスキュロス（Αἰσχύλος, BC 525–456）は、古代ギリシアの三大悲劇詩人の一人。

(288) カスパー・ダヴィッド・フリードリヒ（Caspar David Friedrich, 1774–1840）は、ドイツ・ロマン派の画家。

(289) 『創世記』第十一章、第一節～第九節。
(290) 『創世記』第十一章、第二節を参照。
(291) ヘロドトス『歴史』第一巻、第一八一節（岩波文庫、上巻、一三五～一三六頁）。岩波文庫では「ベロス」、バビロニアの最高神ベルまたはバルのギリシア語形とする。
(292) 古代ギリシアの距離の単位で、一スタディオンは約一八〇メートル。
(293) ヘルメスなどの神々の頭部をかたどった四角柱像。
(294) パゴダ（pagoda）は「仏塔」を意味する英語であるが、ストゥーパ（stupa）がインド風の仏塔を指すのに対して、パゴダは極東の仏塔を指す。ここでは、たんに仏塔の意味であろう。
(295) インドの仏塔は、頂上に天蓋を持つ半円形の土饅頭であり、細くはない。
(296) オベリスク（obelisk）とは、エジプトで神殿などに建てられたモニュメント。断面が正方形で先に行くほど細くなる柱状をなし、頂上は金銀で装飾されたピラミッド状の四角錐となる。太陽神のシンボル。
(297) 神の顕現とされる聖牛。
(298) 太陽・月・火星・水星・木星・金星・土星。
(299) ヘロドトス『歴史』第二巻、第一〇二節～第一一一節（岩波文庫、上巻、二二一～二二八頁）を参照。ヘロドトスはセソストリス（Sesostris）を王の名としているが、これは中王国時代の第十二王朝のファラオ（センウセルト二世と三世）、あるいは、新王国時代の第十九王朝のファラオ（ラムセス二世）ではないか。これらのファラオは運河の建設に積極的であった。
(300) ヘロドトス『歴史』第二巻、第一〇八節（岩波文庫、上巻、二二五頁）。
(301) インドのゴア州南部にサルセッテ（Salcete）という地域がある。ただし、ボンベイからは四〇〇キロ以上も南にあり、島でもない。一方、ボンベイ自体がもともと七つの島からなっていた。
(302) カールステン・ニーブール（Carsten Niebuhr, 1733–1815）は、ドイツの数学者、探検家。アラビア探検隊に加わるも、隊員は次々に死亡し、唯一の生き残りとなる。帰還したのち、『アラビアの記録』(*Beschreibung von Arabien*, 1772)、『アラビアおよびその周辺地域への旅行記』(*Reisebeschreibung von Arabien und anderen umliegenden Ländern*, 1774, 1778) を著す。これらの書物で、楔形文字とヒエログリフの正確な模写を提示し、表音文字の要素を含むことを指摘した。

(303) 「ローマのカタコンベ」とは、通常、サン・セバスティアノ・フォーリ・レ・ムーラ聖堂の地下埋葬施設を指すが、ここでは、地下構造物をひとまとめに「カタコンベ」と考えている。ローマのフォロ・ロマーノの地下には排水設備があり、露天であった設備に、のちにヴォールトが架けられ地下化された。

(304) 古代ローマで発展した、太陽神ミトラス (Mithras) を崇拝する宗教。古代インド・イランに共通するミスラ神崇拝から発したとされるが、ローマ時代のミトラ教はローマ以前とは大きく性格を異にする。ミトラ教の礼拝施設は多くは地下にあった。

(305) ヘロドトス『歴史』第二巻、第一二三節 (岩波文庫、上巻、二四〇頁)。

(306) ダレイオス一世 (Dareios I, BC 558-486) を指す。アケメネス朝ペルシア第三代王。インドとスキタイに遠征して大帝国を築き、ギリシアへ進攻しようとするが、戦争中に亡くなる。

(307) スキタイ (Σκύθαι) は、紀元前八世紀から三世紀にかけて現在のウクライナを中心に活動していたイラン系の遊牧民族。逸話はヘロドトスの『歴史』第四巻、一二七節 (岩波文庫、中巻、七三～七四頁) にある。

(308) 注(26)を参照。

(309) エフェソスのアルテミス神殿。世界の七不思議のひとつとされたが、紀元前三五六年に焼失した。発掘されたのは一八六九年。上部が開いていたかは定かでない。

(310) オリンピアにあるゼウス神殿。アテナイのユピテル－オリュムピウスの神域にあるゼウス神殿ではない。

(311) ウィトルーウィウスは、柱の配置によって神殿の平面形式を七つに分類する。最大規模の露天式は、中央の祭室が露天で、アテネのユピテル－オリュムピウスの神域に八柱式で露天式の神殿があったとする。ウィトルーウィウ

ス『建築書』（森田慶一訳注、東海大学出版部、二〇一四年）第三書、第二章を参照。

(312) 古典建築では柱列は石材でできているが、梁の一部や合掌や小屋組みは木材で作られていた。

(313) 古代建築の様式は、円柱の直径を単位として、各部の寸法をこれとの比でもって算出する。神殿の横幅をもとに柱高を算出する方式はない。

(314) エンタシスのこと。

(315) トスカナ式建築様式は通常、ギリシアの建築様式には数えられない。「トゥスキア」とは、エトルリア人居住地の意味で現在のトスカナ地方を指す。トスカナ式よりもドーリア式の方が古い様式であると思われる。

(316) ドーリア式は古典様式のうちもっとも古く単純な様式。柱頭に装飾をもたず、柱基も持たない。代表例はアテネのパルテノン神殿。

(317) イオニア式はドーリア式、コリント式と並ぶ古典様式の三オーダーの一つ。柱は柱基の上に立ち、柱頭には渦巻き形の飾りを持つ。代表例はエフェソスのアルテミス神殿、アテネのエレクテイオン。

(318) コリント式は三オーダーのうちでもっとも華麗なもので、アカンサスの葉をモティーフとする装飾的な柱頭を持つ。代表例はローマのパンテオン。

(319) エンタブラチュア（entablature）は古典様式の柱の上に乗る水平材を指す。下から、アーキトレーヴ（architrave）、フリーズ（frieze）、コーニス（cornice）に分かれる。アーキトレーヴは柱をつなぐ梁の部分。フリーズはその上に乗る横材。破風に相当する三角形の部分をペディメント（pediment）と呼び、コーニスはペディメント直下の突出部を指す。

(320) 「横梁」（Querbalken）と言っているのはフリーズのことで、ドーリア式の場合、フリーズにはトリグリフ（triglyph）とメトーペ（metope）が交互に並ぶ。

(321) 正面の柱が四本の神殿は最小規模のもので、側面に柱列はない。側面にまで柱列を持つ最小規模の神殿は正面の柱が六本のものである。

(322) 正面が柱四本で、前室に二列に並び、側面が柱六本、中央の壁に囲まれた部分が一間×三間で、神殿の背面にも一列の柱列が並ぶとすると、ここに記された数値にはなる。

(323) これは露天式を指しているが、二重周翼式も上部は開放しないが柱列は二重である。

(324) 各建築様式の比率を示す数値は、ウィリアム・チェンバーズ『公共建築論』(一七五九年)に含まれる図版が示しているものと近い。

(325) 柱に彫り込まれた縦の溝のこと。

(326) 柱と柱のあいだは建築様式の種類とかかわりなく、密柱式で柱の直径の一・五倍、集柱式で二倍、隔柱式で三倍、疎柱式ではそれ以上となる。正規のものは正柱式で、中央間が三倍、それ以外のあいだは二・二五倍となる。

(327) 原書には Metapen とあるが、これは Metopen のことか。

(328) ウィトルーウィウスは、ドーリア式を男性の太さに、イオニア式を女性の細さに、コリント式を娘のさらに細い様に見立てる説を紹介する。のちに擬人化して表された。

(329) 古典様式にみられる吹き抜けの柱列を指す。

(330) イスラム建築に見られる上部の直径より基部の幅が狭い、馬蹄形のアーチを指す。

(331) ヘーゲルは、中国に侵入して清朝を開いた満州族のことを満州タタール人と呼んでいる。

(332) 河北省熱河にあった承徳避暑山荘を指す。清朝皇帝の夏の離宮であった。

(333) マカートニー卿(Lord George Macartney, 1737–1806)は、ジョージ三世の命で一七九二年に中国に派遣され、乾隆帝に拝謁した。マカートニー『中国訪問使節日記』(平凡社、一九七五年)を参照。

(334) サンスーシー宮殿(Schloss Sanssouci)は、プロイセン王フリードリヒ二世によってベルリン近郊のポツダムに建設された。クノーベルスドルフの設計になるロココ様式の建築で、庭園には六段に連なるテラスが設けられた。

(335) ペリクレス(Περικλῆς, BC 495–429)は、古代ギリシアの政治家。アテナイの最盛期を築いた。

(336) ソクラテス(Σωκράτης, BC 469–399)は、アテナイの哲学者。

(337) 紀元前八世紀から紀元前一世紀にイタリア半島中部にあった都市国家群。ローマの拡大に伴って徐々にローマ化されていった。

(338) 『新約聖書』の「ルカによる福音書」と「使徒行伝」の著者とされる聖人。画家の守護聖人である。

(339) プラトン『法律』(Νόμοι) 第二巻。

(340) ギリシア彫刻のように、四肢が独立して、股間等が刳り抜かれているのではなく、くっついて浮彫状に表現されていることを指す。

(341) 眼窩の上辺を形作っている骨のこと。解剖学的には前頭骨の一部である。

(342) フィレンツェ・ウフィツィ美術館所蔵のウェヌス像。右手で乳房を、左手で鼠径部を隠す「恥じらいのウェヌス」の典型。これに類するウェヌス像には、ローマ・カピトリーノ美術館所蔵の「カピトリーノのウェヌス」がある。

(343) カンパー (Petrus Camper, 1722–1789) は、オランダの医学者、博物学者で、『さまざまな地域やさまざまな年齢の人間における顔面角の自然な区別について』(*Über den natürlichen Unterschied der Gesichtszüge in Menschen verschiedener Gegenden und verschiedenen Alters*, Berlin, 1792) を著す。

(344) カンパーの学説は、額の頂点と上顎の門歯とを結ぶ線と、耳孔と鼻の下とを結ぶ線の作る角度が、人間と類人猿とでは異なるというもの。

(345) バッカス (Bacchus) は、ローマ神話の酒の神。ギリシア神話のディオニュソス (Διόνυσος) に対応する。

(346) カンダウレス (Κανδαύλης) は、リュディア王国ヘラクレス朝最後の王。妻の美しさを自慢するため、友人ギュゲスに妻の裸体を覗き見させた。怒った妻は、ギュゲスに自殺をするか、カンダウレスを殺して王位と自分をわがものとするかを迫った。ヘロドトス『歴史』第一巻、第八節〜第十三節。

(347) オシリスの座る玉座を神格化した女神。王権を具現化した神と見なされる。

(348) ローマ神話における戦争と農耕の神。

(349) ワシントン (George Washington, 1732–1799) は、アメリカ合衆国初代大統領。

(350) ヒュギエイア（Ὑγίεια）は、ギリシア神話に登場する女神で、医神アスクレピオス（Ἀσκληπιός）の娘。健康と衛生を司る。

(351) アスクレピオス（Ἀσκληπιός）は、ギリシア神話に登場する医神で、ヒュギエイアの父。蛇を連れた姿で表されるのは父も娘も同様。

(352) パラス（Παλλάς）は、アテネ女神（Ἀθηνᾶ）の別名。

(353) プルートー（Pluto）は、ローマ神話の冥界の神。ギリシア神話のハデス（Ἅιδης）に相当する。

(354) グラーツィエは、ローマ神話に登場する三人の女神。ギリシア神話のカリスに相当し、美と優雅を司る。絵画作品としては、ラファエロやルーカス・クラナッハの描く『美の三女神』が有名。ボッティチェリの『プリマヴェーラ』にも描かれている。彫刻としてはカノーヴァの作品が名高い。ホーラ（Ὥρα）は、ギリシア神話の時を司る女神。

(355) ペルセウス（Περσεύς）は、ギリシア神話に登場する半神で英雄。メデューサを退治するなどの冒険を繰り返し、ミュケナイ王家の始祖となった。

(356) アロイス・ヒルト（Aloys Hirt, 1759–1839）は、美術史家、考古学者。ベルリン大学の考古学教室の初代教授で、ヘーゲルの同僚。デューラーの作品と考えられていた『ドレスデンの祭壇画』（Gal.-Nr. 799）が、ヤン・ファン・エイクの作品であることを明らかにした。

(357) アリアドネ（Ἀριάδνη）は、ギリシア神話に登場する女性で、クレタのミノス王の娘。注（414）も参照。

(358) イアルダノスの娘。

(359) オイカリアの王エウリュトスの娘。

(360) ローマのクィリナーレ宮殿前のカストールとポリュデウケースの像。二人をディオスクーリと呼ぶ。「モンテ・カヴァッロの巨像」は像の通称。注（41）と（121）を参照。

(361) プラクシテレース（Πραξιτέλης）は、紀元前四世紀のアッティカの彫刻家。はじめて女性の裸体像を作ったとされる。
(362) アテナイのアクロポリスに建つドーリア式神殿。
(363) バチカンのピオ・クレメンティーノ美術館にある群像。
(364) レッシング『ラオコーン――絵画と文学の限界について』(*Laokoon oder über die Grenzen der Mahlerey und Poesie*, 1766)。
(365) ヨハン・フリードリヒ・マタイ (Johann Friedrich Mattäi, 1777–1845) は、マイセンで生まれ、ドレスデンで活躍し、ウィーンで没した画家。一八一〇年にドレスデンの美術アカデミーの歴史画教授に就任。
(366) アレクサンドロス (Ἀλέξανδρος, BC 356–323) は、マケドニアの王。アレクサンドロス大王と尊称される。
(367) 紀元前一四六年、ギリシアはローマの支配下に降った。ムンミウスはコリントス市を略奪のうえ、完全に破壊した。
(368) 僭主ペイシストラトスの息子を暗殺することで、クレイステネスの改革のきっかけになったアテナイの美少年。
(369) 愛人ハルモディアスとともにペイシストラトスの息子を暗殺した男。
(370) 古代オリンピックを指す。オリンピアのゼウス神殿に捧げられた四年に一度の大祭をオリンピア祭と呼び、そこで行われた競技会がオリンピア競技。
(371) 周囲を彫り込んで像を浮き上がらせたものを陽刻といい、像を彫り込んだものを陰刻という。陰刻宝石は陰刻を施した宝石。
(372) 狩りの手柄をめぐる争いから母の兄弟を殺したメレアグロス (Μελέαγρος) は、怒った母に殺害される。
(373) シケリアのディオドロス (Διόδωρος) は、紀元前一世紀のギリシアの歴史家で、『歴史叢書』を著す。
(374) エーリス (Ἠλεία) は、ペロポネソスの北西部に位置する地域。オリンピアのゼウス神殿はこの地にあった。
(375) ベルリンを囲む関税壁に設けられた門の一つで、フリードリヒ・ヴィルヘルム二世 (Friedrich Wilhelm II.) の命で一七九一年に建築された。
(376) 勝利の女神。

(377) 新劇場とは、一八二一年に開館することになるシンケルが設計した劇場で、現在のコンツェルト・ハウス・ベルリンを指す。
(378) グリフィンは、ギリシア以来のヨーロッパの多くの伝承に登場する、上半身は鷲の翼を持ち、下半身はライオンという伝説上の怪獣。天上の神々の車を牽く動物とされるが、後世では傲慢の象徴ともキリストの象徴ともされる。
(379) デューラー（Albrecht Dürer, 1471-1528）は、ルネサンス期ドイツの画家、版画家。『小受難』『大受難』などの木版画でも多数の作品を残した。
(380) カラーラ（Carrara）は、イタリア・トスカーナ州の大理石産地。
(381) ダンネッカー（Johann Heinrich von Dannecker, 1758-1841）の作品。ダンネッカーは一七九三年と一八〇五年の二度、シラーの胸像を制作している。
(382) 失われてしまったパルテノン神殿のアテネ像を指す。注(226)参照。
(383) 同前。
(384) ユピテル像とあるが、これはオリンピアにあったゼウス神殿の主神であるゼウス像。
(385) ポリュクレイトス（Πολύκλειτος）は、紀元前五世紀から四世紀のギリシアの彫刻家。
(386) ミュロン（Μύρων, BC 480-445）は、古代ギリシアの彫刻家。
(387) 瑪瑙や大理石や貝殻に浮き彫り（陽刻）を施した装飾品。
(388) カメオとは逆に、沈め彫り（陰刻）を施した装飾品。
(389) シラーの戯曲『ヴァレンシュタイン』（一七九九年）から。三十年戦争の英雄ヴァレンシュタインを主人公に、運命劇としてのギリシア悲劇と性格劇としてのシェイクスピア劇を融合した歴史悲劇。
(390) 底本ではStypaxとなっているが、スコパス（Σκόπας, BC 395-350）と思われる。「火を起こすペリクレスの奴隷」は、大英博物館蔵のスコパスのレプリカ群のうちの一体。
(391) 「サイコロ遊びをする人々」（Ἀστραγαλίζοντες）の像は、ポリュクレイトスの作とされる古代ギリシア彫刻。

(392) 「円盤投げをする人」の像はミュロンの作品。
(393) 「足の刺を抜こうとして座る少年」はヘレニズム期に多数の作品が作られた題材で、大理石像としてはフィレンツェのウフィツィ美術館に、ブロンズ像としてはローマのカピトリーノ美術館に収蔵されている。ルネサンス期に多くの複製が作られている。
(394) サテュロスはギリシア神話における半人半獣の自然の精霊。ローマ神話での森の精霊ファウヌスと同一視された。
(395) ヘーゲルが挙げているギリシア彫刻は、ほとんどがローマ時代の複製であり、ヘーゲルの時代であっても、現存していたものは皆無に近かった。
(396) ニンフ（Νύμφη）は、山川草木に宿る精霊で、若い女性の姿で表される。神的な存在で長命ではあるが、不死ではない。
(397) ケイロン（Χείρων）は、ギリシア神話の半人半馬の怪物。ケンタウロス族の一人。
(398) ファン・ダイク（Anthony van Dyck, 1599–1641）は、フランドル出身のバロック期の画家。イングランド王チャールズ一世の宮廷画家となり、イギリス絵画に多大な影響を与えた。
(399) キューゲルゲン（Franz Gerhard von Kügelgen, 1772–1820）は、肖像画、歴史画で知られるドイツの画家。一八二〇年の復活祭のころ、盗賊に襲われて落命した。本書二五八頁を参照。
(400) 洗礼者ヨハネは『新約聖書』に登場する予言者で、イエスの先駆として現れ、イエスに洗礼を施した。イエスの弟子である使徒ヨハネとは別人。
(401) 『新約聖書』の「ルカによる福音書」第十五章で語られるたとえ話。
(402) ここでいう「オランダ」にはベルギーも含まれる。注（11）を参照。
(403) デンナー（Barthasar Denner, 1685–1794）は、ドイツの画家で、小型肖像画の画家。
(404) 雄蕊の糸状の部分。先端に葯がある。
(405) ピュグマリオーン（Πυγμαλίων）は、ギリシア神話に登場するキュプロスの王。自ら彫刻した理想の女性ガラテ

ア の像に恋してしまう。
(406) アウグスト・ヴィルヘルム・フォン・シュレーゲル (August Wilhelm von Schlegel) の『ピュグマリオーン』(*Pygmalion*) と題する詩で、シラー編『文芸年鑑』(一七九七年) に収録されている。
(407) カラッチ (Annibale Carracci, 1560–1609) は、ボローニャ派の画家。
(408) アルバーニ (Albani, Francesco, 1578–1660) は、ボローニャ派の画家。
(409) ポリュグノトス (Πολύγνωτος) は、紀元前五世紀のギリシアの画家。
(410) ゲーテの『デルポイの公会堂に描かれたポリュグノトスの絵画』を指す。
(411) プリニウス (Gaius Plinius Secundus, 22/23–79) は、ローマ帝国の海外領土総監を務めた政治家、軍人。博覧強記の博物学者として著名で『博物誌』を残す。
(412) 七九年のヴェスヴィオス火山の噴火でポンペイ等とともに滅亡した街。
(413) ヨハン・ハインリヒ・マイヤー (Johann Heinrich Meyer, 1760–1832) は、スイス生まれの画家で芸術批評家。ヴァイマール絵画学校の指導にあたった。
(414) アリアドネは、ミノス王の迷宮の物語に登場するミノス王の娘。アリアドネの手引きでミノタウロスを退治したテセウスは、アリアドネをアテナイに連れ帰ることを約束する。しかし、テセウスは約束を反故にして、アリアドネをナクソス島に置き去りにしてしまう。
(415) ギリシア神話で神々が住むとされた山。
(416) アフロディテ (Ἀφροδίτη) は、愛と美と性を司るギリシア神話の女神。
(417) カタラーニ (Angelica Catalani, 1780–1849) は、ソプラノ歌手。一七九五年にヴェネツィアでデビュー、一八〇六年からロンドンで活躍し、一八一五年以降、一八二六年に引退するまでヨーロッパ各地で公演する。
(418) スタンツェ (Stanze) は、abababcc で押韻するイヤンブス五詩脚八行の詩節。
(419) テルツィーネ (Terzine) は、aba, bcb, cdc……と押韻するイタリアの三行詩節。ダンテの『神曲』を代表例とする。

(420) ボアスレ（Sulpiz Boisserée, 1783–1854; Melchior Boisserée, 1786–1851）は、ドイツの美術品蒐集家。蒐集した美術品の大半は、バイエルン王ルードヴィヒ一世に売却され、ミュンヘンのアルテ・ピナコテークの収蔵品となっている。ヘーゲルは一八一六年にハイデルベルクでボアスレのコレクションを見ている。

(421) ラファエロ（Raffaello Santi, 1483–1520）の最晩年の祭壇画で、ザクセン選帝侯アウグスト三世が購入し、ドレスデンのコレクションとなる。幼子イエスを抱いた聖母が右下に聖バルバラ、左下に聖シクストゥスを従えている。最下部に二人の天使を配する。

(422) 荊冠をかぶせられ、侮辱されるイエスを描いた像を「この人を見よ」（Ecce Homo）と呼ぶ。ここで言及されているのは、バロック期イタリアの画家、グイド・レーニ（Guido Reni, 1575–1642）の『荊冠のキリスト』である。

(423) コレッジョ（Antonio Allegri da Correggio, 1489–1534）は、コレッジョで生まれ、パルマで活躍し、コレッジョで没した、ルネサンス期イタリアの画家。

(424) アモール（Amor）は、ローマ神話の愛の神で、クピード（Cupido）とも呼ばれる。ギリシア神話のエロース（Ἔρως）と同一視される。ローマでは翼をもった幼児のイメージだが、ギリシアでは有翼の青年である。

(425) ドレスデンのコレクションに含まれるコレッジョの『聖ゲオルギウスの聖母』を指す。

(426) ヤーコポーネ・ダ・トーディ（Jacopone da Todi）による十三世紀の聖歌およびそれにもとづく作品を指す。曲名は冒頭の歌詞「悲しみの聖母は立ちぬ」にもとづく。

(427) ニオベー（Νιόβη）は、ギリシア神話上の女性。ゼウスの血を引く男児七人女児七人の母であることを誇ったため、女神レトの怒りを買い、子どもを皆殺しにされた。嘆きの涙は止まらず、とうとう自らゼウスに願って石に変えてもらった。

(428) クレーフェの三連祭壇画『マリアの死』の中央パネルを指す。

(429) 東方正教会で聖人とされる三世紀の女性。建築家や石工などの守護聖人。キリスト教を信仰したかどで迫害された。

(430) コレッジョの『聖フランチェスコの聖母』(*Die Madonna des heiligen Franziskusu*, 1514–1515) を指す。

(431) ソリー (Edward Solly, 1776–1844) は、ベルリン在住のイギリス人商人で、イタリア絵画や初期フランドル絵画の収集家。

(432) 『サン・シストの聖母』に描かれた教皇シクストゥス二世の像。

(433) 聖なる三人の王、東方の三博士。

(434) ここで言及されているのは、ロヒール・ファン・デル・ウェイデン (Rogier van der Weyden, 1399/1400–1464) の『コロンバの祭壇画』中央パネル。

(435) ドナテルロ (Donatello, 1386–1466) は、ルネサンス初期のフィレンツェの彫刻家。

(436) 『旧約聖書』「詩編」を指す。

(437) 一般には「マリア被昇天」と呼ばれる。聖母マリアが死後、肉と霊とをともに天国に召されたとするカトリックの信仰にもとづく。

(438) 「ミュンヘンのギャラリー」は、アルテ・ピナコテークの前身であるバイエルン絵画館を指す。バイエルン公ヴィルヘルム四世のコレクションに始まり、歴代君主のコレクションを加え、近隣諸国のコレクションを併合して発展した。

(439) 半獣神。サテュロスとともにディオニュオスの従者。容姿は禿頭、平たい鼻、短い角、馬の耳と脚と尾を持つ。

(440) レオナルド・ダ・ヴィンチ (Leonardo da Vinci, 1452–1519) の『最後の晩餐』は、ミラノのサンタ・マリア・デッレ・グラツィエ教会の食堂にある。

(441) 『アテナイの学堂』(*Scuola di Atene*, 1509–1510) は、ラファエロ・サンティ (Raffaello Santi, 1483–1520) による、ローマのバチカン宮殿内の壁画。

(442) 東ローマ帝国、および東方正教会の広まった地域を指す。コンスタンティノープルの古名ビュザンティオン

(Βυζάντιον) に由来する。ボアスレは金色の地に極彩色で描かれた十三世紀から十六世紀のドイツの祭壇画にビザンツ絵画の影響を見、これを「新ギリシア様式」と呼んだ。

(443) 原語は Altdeutschthümler。十三世紀から十六世紀にかけての古いドイツ絵画を古いがゆえに賞賛するF・シュレーゲルらを指す。

(444) ティツィアーノ (Tiziano Vecellio, 1488/90–1576) は、盛期ルネサンスの画家で、ヴェネツィア派の重要画家。

(445) ベンヴェヌート・チェルリーニ (Benvenuto Cellini, 1500–1571) は、フィレンツェの画家、金細工師。

(446) マグダラのマリアはイエスの死と復活を目撃した証人であるが、ここでは罪の女としてのマグダラのマリアの伝承にもとづいている。

(447) バトーニ (Pompeo Girolamo Batoni, 1708–1787) は、イタリアの画家。

(448) アルカディア (Ἀρκαδία) は、実在の地名としてはペロポネソス半島中部の一地域を指すが、神話のなかでは理想郷を意味する。

(449) パーン (Πάν) は、ギリシア神話に登場する羊飼いと羊の群れとを監視する神。獣のような足と尻、山羊の角を持つ。ローマ神話のファウヌスと同一視される。

(450) ダヴィッド (Jacques-Louis David, 1748–1825) は、フランス新古典主義の画家で、ローマ賞を受賞する。ジャコバン派党員としてフランス革命に加わり、ロベスピエールに協力。ロベスピエールの失脚後は、ナポレオンの首席画家となる。王政復古に伴いブリュッセルに亡命し、その地で没する。

(451) マルカントニオ・フランチェスキーニ (Marcantonio Franceschini, 1648–1729) は、イタリアのバロック画家。

(452) ロヒール・ファン・デル・ウェイデンの『コロンバの祭壇画』中央パネルを指す。

(453) 一六〇五年頃にローマのサンタ・マリア・マッジョーレ教会近くのかつての庭園から発見されたフレスコ画。

(454) バチカンのサン・ピエトロ大聖堂の祭壇画。

(455) テニールス (David Teniers, 1610–1690) は、フランドルの画家。父も子も画家で、ダーフィト・テニールス。

言及されているのは『カロによる、フィレンツェの聖マリア・デル・インプルーネタ教会前の歳の市』（*Der Jahrmarkt vor der Kirche S. Maria dell' Impruneta bei Florenz (nach Callot)*）。

（456）ディルク・ボウツの『聖餐の秘跡の祭壇画』左パネル下段の作品を指す。

（457）オランダの画家ヘラルド・テル・ボルフ（Gerard ter Borch, 1617–1681）を指す。衣服の襞の表現に定評があった。

（458）ディドロ（Denis Diderot, 1713–1784）は、フランス啓蒙主義の哲学者で『百科全書』を編集する。パリ在住のドイツ人文筆家グリム（Friedrich Melchior Grimm, 1723–1807）の『文芸通信』にサロンの批評を連載し、『絵画論』に結実する。

（459）メングス（Anton Raphael Mengs, 1728–1779）は、新古典主義の先駆者とされるドイツの画家で、スペイン王カルロス三世の宮廷画家。ただし、彼が蒐集したのは古代彫刻の石膏による複製であって、絵画ではない。

（460）ボアスレや古ドイツ主義者はこれを「新ギリシア様式（neugriechischer Styl）」と呼び、賞賛した。

（461）オルフェウス（Ὀρφεύς）は、ムーサイの一人であるカリオペとアポロンとのあいだに生まれた竪琴の名手。妻を失ったのち、女性を遠ざけたオルフェウスは、トラキアの娘たちから妬まれ、バッカス祭の際に八つ裂きにされてしまう。のちにアポロンによって竪琴は天に上げられ、竪琴座となった。

（462）コロス（χορός）は、古代ギリシア劇において、オルケストラで歌って踊ることで、登場人物のことばにできない思いや劇の背景、筋書きなどを語る役割を担った集団。

（463）ボルゴンディオ夫人（Gentile Borgondio, 1780–1830）は、イタリア出身のアルト歌手。ロッシーニのオペラで当たり役を取り、引退するまでウィーンで活躍。

（464）モーツァルト（Wolfgang Amadeus Mozart, 1756–1791）は、オーストリアの作曲家。

（465）グルック（Christoph Willibald von Gluck, 1714–1787）は、オーストリアやフランスで活躍したオペラ作曲家。

（466）ヘンデル（Georg Friedrich Händel, 1685–1759）は、イギリスで活躍したドイツの作曲家。

(467) 終止形のこと。機能和声では、音階の主音の上にできる三和音をトニック(＝T)、四度の音の上にできる三和音をサブドミナント(＝S)、五度の音の上にできる三和音をドミナント(＝D)と呼び、Tに始まってSまたはDを経由してTに戻る和声進行を「終止形」と呼ぶ。進行には、T→D→T、T→S→T、T→S→D→Tの三種があり、あらゆる楽曲はこれを複雑化・精緻化したバリエーションと考えられる。

(468) 通奏低音に関するヘーゲルの記述は、ディドロ『ラモーの甥』のゲーテ訳で主人公ラモーが語る、彼の叔父で実在の作曲家大ラモー(Jean-Philippe Rameau, 1683-1764)の和声法に関する語りにもとづいていると思われる。

(469) これは中全音律やピタゴラス律等の不均等音律に調律した場合のことで、平均律ではこうはならない。

(470) 任意の音を採り、そのオクターブ上の音を決めることで、音階が得られるという意味。

(471) 音階中の各音を根音とし、その上に音階中の三度の音と五度の音を加えると、三つの音からなる和音、三和音が得られるという意味。

(472) オクターブは振動数の比で一対二である。完全五度は一対一・五である。ピアノの鍵盤上で中央のCから始めて完全五度ずつ上の音を探す。これを十二回繰り返せば、Cに戻ってくる。しかし、一・五の十二乗は二の整数乗にはならない。これを一致させるために五度の音程比を若干ずらして、すべての音程を不協和音程にしたのが平均律で、各半音の間の振動数の比はすべて二の十二乗根になっている。

(473) 音楽の領域で、一定の様式にもとづく旋律を構成している音を分類したうえで、音階の形に整理したものを旋法という。旋法とは、音階を形づくる一定の音の組織で、音列を、主音の位置や音程関係の相違などによって細かく分類し、イオニア調、ドーリア調、フリギア調、リュディア調など、さまざまな旋法が発展した。ヘーゲルは「古代の」と言っているが、実際には中世の教会旋法について述べている。同じ調名を使用していても、古代ギリシアの旋法と中世の教会旋法とは別である。現在の長調と短調は、それぞれこのイオニア旋法とエオリア旋法とから発展したものである。また、教会旋法では、HとBの音は同じ音とみなされていた。旋律の動きに応じて半音上がったり下がったりした音として扱われた。

(474) ここではドイツ音名を使用する。ドイツ音名のHは英語音名ではB、ドイツ音名のBは英語音名ではB♭。
(475) この個所では、ハーモニーを論じたのち、詩の律に関連させてメロディーとリズムの関係を述べている。
(476) イアンボスは強弱アクセントを持つ近代ヨーロッパ語では弱強格、古代では短長格の詩脚。
(477) トロカイオスは近代語では強弱格、古代語では長短格の詩脚。
(478) ディーエス・イーラエ（Dies Irae）は、カトリックのミサ典礼文中の詩句で、「怒りの日」の意。
(479) ずんぐりしたバイオリンのような形状の弦楽器で、張られた弦の下には松脂を塗った木製のホイールがあり、これをハンドルで回すと弦がこすられて発音する。旋律は鍵盤を押すことで奏でられる。通常は複数のドローン弦が張られており、演奏中はバグパイプのように持続音が奏でられる。
(480) ヘンデル（Georg Friedrich Händel, 1685–1759）のオラトリオ『メサイア』（Messiah）。テキストは英語で、欽定訳『聖書』と『英国国教会祈禱書』（一六六二年）からとられている。
(481) ナポレオン戦争（一八一三〜一八一五年）を指す。
(482) フリードリヒ・アウグスト・ヴォルフ（Friedrich August Wolf, 1759–1824）。近代的なホメロス学に先鞭をつけた文献学者。主著『ホメロスへの序論』（*Prolegomena ad Homerum*）。
(483) 底本には『カルミネ・アウレオ』（Carmine Aureo）とあるが、正しくはラテン語でCarmen Aureum。作者不明のピタゴラス学派に由来する古代ギリシア語の詩である。ギリシア語では *χρυσᾶ ἔπη*。タイトルを直訳すれば『黄金の詩句』となる。七十一行のヘクサメター詩句からなる、ピタゴラス学派の道徳についての教説である。ピタゴラス（Πυθαγόρας ὁ Σάμιος, BC 582–496）は、サモス島生まれの哲学者で数学者。
(484) コーマエ・アルボールム（Comae Arborum）はホラティウスの詩の一節（Horatius, Carmen Saeculare, vi. 7. 2.）。「樹木の葉」の意。
(485) ホメロスが採用して叙事詩の基本となったのはダクテュロス六単位音律詩句。強弱弱の三音節を一単位とする。強弱弱 強弱弱 強弱弱 強弱弱 強弱弱 強弱を基本とし、弱の音節が一部省略されたり、一行中に区切りが入ったりするバリエーションがある。
(486) ダクテュロス五単位音律詩句を指す。強弱弱 強弱弱 強—強弱弱 強弱弱 強の構造を持ち、六単位音律詩句と組み合わせた二行で用いられる。単独では用いられない。この詩句は本来六単位音律であるが、強弱弱 強弱弱 強強 弱弱強 弱弱強と誤認されたために五単位音律詩句とされるに至った。
(487) パラレリスムス・メンブロールム（parallelismus membrorum）は、ユダヤ＝キリスト教における讃美歌（詩編 psalm）に特有の形式で、前後する二行（まれには三行）の詩句を対になるように構成することを指す。
(488) ギリシア語・ラテン語では、母音の長短が語のアクセントを決定するうえで重要な意味を持つ。その場合の長短には、母音が本来的に長い（短い）場合と、短母音であっても二重子音の前に位置する母音を「位置によって長い」とみなす場合とがある。
(489) 「剣に」（Schwerdte）は第一音節にアクセントがあり、つぎの母音とのあいだに子音字が三文字あるため、第一音節は長音となる。
(490) ギリシア語・ラテン語のアクセントは単語の末尾三音節のどこかに置かれ、アクセントは単語の語尾変化に伴って一定の規則でこの三音節内を移動する。近代語では単語に固有のアクセントがあり、語尾変化をしてもこの位置は動かない。古代語の詩の場合、詩の律は語のアクセントではなく、音節の長短で決まる。
(491) アンブロジウス（Ambrosius, 340–394）は、四世紀のミラノの司教で、守護聖人。
(492) アウグスティヌス（Aurelius Augustinus, 354–430）は、ラテン教父の一人。
(493) パルメニデス（Παρμενίδης）は、紀元前五世紀のギリシアの哲学者。
(494) ペロポネソス半島はギリシア本土の南端とコリントス地峡でつながっている大きな半島。
(495) ヘクトル（Ἕκτωρ）はトロイアの王で、アンドロマケ（Ἀνδρομάχη）はその妻。トロイアの戦では勇猛果敢に戦ってギリシア勢を防ぐが、アキレウスに敗れて死ぬ。二人の別れは『イーリアス』第六書三九〇行以下（『イーリアス』岩波文庫、上巻、二三八頁以下）に、ヘクトルの死は第二十二歌（『イーリアス』岩波文庫、下巻、二三五頁～二六五頁）に描かれる。

（496）ウェルギリウスの『アエネーイス』に登場する、カルタゴの建設伝承の主人公。

（497）リウィウス（Titus Livius, BC 59–AD 17）は、共和制末期・帝政初期のローマの歴史家。『ローマ建国史』を著す。

（498）クロプシュトック『メシアス』を指す。

（499）フェルドゥスィー（Abū 'l-Qāsim Firdausī, 940/941–1020）は、サーマン朝ペルシアの詩人。シャー・ナーマ『王の書』（*Šāh nāmah*）は、サーマン朝の王に献呈するつもりで書きはじめた、古代ペルシアの神話と伝承と歴史の集大成だったが、完成した一〇一〇年にはサーマン朝は滅亡していたため、ガズナ朝のマフムードに献呈された。

（500）ゲレス（Joseph Görres, 1776–1848）は、ギムナジウムの教師、カトリックの評論家。

（501）『ムアッラカート』は、アラビアの七人の大詩人の長大作品を集めた詞華集。

（502）ジョンソン（Samuel Johnson, 1709–1784）は、イギリスの批評家、詩人。

（503）ツェルマットなどの観光地を擁するスイス南西の州。ドイツ語地域とフランス語地域にまたがり、フランス語読みでは「ヴァレー」と表記される。

（504）キンブリ族（Cimbli）はケルト人ともゲルマン人ともされる古代の北欧の部族。紀元前二世紀にローマを脅かした。ユトランド半島を故地とする。

（505）古代ケルトの騎士歌人。この叙述はキンブリ族をケルト系の部族とする説に従っている。

（506）ユリウス・カエサル（Gaius Julius Caesar, BC 100–44）は、古代ローマの将軍、政治家。

（507）紀元前五五年と五四年。カエサルの『ガリア戦記』第四巻、第五巻を参照。

（508）『エッダ』は北欧神話を伝える伝承の一つ。

（509）ここでは、講義をしているヘーゲルを指す。

（510）ヴォルフラム・フォン・エッシェンバッハ（Wolfram von Eschenbach, 1160/80–1220）の詩断片。『パルツィファル』（*Parzival*）の登場人物を主人公とする恋愛詩。中世フランス語で書かれたクレティアン・ド・トロワ（Chrétien de Troyes）の『ペルスヴァル』（*Perceval*）を参照している。

(511) ヘルダー（Johann Gottfried von Herder, 1744–1803）は、ドイツの詩人、哲学者。ここで言及されているのは、ヘルダーの著作『シッド』（*Der Cid, Nachdichtung des spanischen Epos*, 1805）である。

(512) ゲスナー（Salomon Gessner, 1730–1788）は、スイスの牧歌詩人、画家。

(513) ドゥリル（Claude Delisle, 1644–1720; Guillaume Delisle, 1675–1726; Joseph-Nicolas Delisle, 1688–1768）は、十七世紀から十八世紀にかけて活躍したフランスの天文学者、地理学者の家系。

(514) ゲーテの自伝『わが生涯より――詩と真実』のこと。

(515) 一行の詩句のなかで挿入することが義務づけられている意味上の区切り。ダクテュロス・ヘクサメターでは頻繁に用いられた。

(516) ピンダロス（Πινδαρος, BC 522/518–422/438）は、古代ギリシアの詩人。オリンピア祭の祝勝歌で有名。

(517) テーバイ（Θήβαι）はギリシア中部、アッティカの北西にあたるボイオティアにあった古代の都市国家。オイディプスをめぐる悲劇の舞台。

(518) サッフォー（Σαπφώ）は、紀元前六一〇年から五八〇年に活躍した古代ギリシアの女性詩人。

(519) 十五世紀から十六世紀にニュルンベルクを中心とする南ドイツでは、ギルドの親方たちが歌の技を競い合う文化があった。その親方たちを指す。著名なのはハンス・フォルツ、ハンス・ザックスなど。

(520)『旧約聖書』の「詩編」を指す。

(521) 金羊皮伝説の主人公。

(522) トリメター（Trimeter）は、単位となる詩脚を三つ重ねる詩行。

(523) Dopodie という。単位音節が二つ重なる。イアンボスの場合、弱強＋弱強の二詩脚。

(524) ディポディーが三つということ。

(525) 古代では長長格の詩脚。

(526) アナパイストスは弱弱強格の詩脚。

(527) イアンボス六詩脚詩句で、三詩脚ずつの前半と後半のあいだに中間休止を持つ。

(528) 三一致の法則のこと。フランスの劇作家ニコラ・ボワロー＝デプレオー（Nicolas Boileau-Despréaux, 1636–1711）が『詩法』（*L'art poétique*, 1674）のなかで展開した「時の単一」「場の単一」「筋の単一」を要求する劇作上の規則。劇中では一日のうちに、一つの場所で、一つの筋書きだけが完結しなくてはならない。これはアリストテレスの『詩学』を誤解したものだが、フランス演劇では大原則とされた。

(529) アリストテレス『詩学』第八巻一四五一a。

(530) ギリシア悲劇は三作で一組であった。三作そろって現存するのは、アイスキュロス『オレスティア』三部作のみ。

(531) ギリシア劇には「幕」の概念はない。十八世紀のギリシア劇の翻訳には、幕と場で再構成したものが多数ある。

(532) 『エグモント』（*Egmont*, 1787）は、ゲーテが執筆した戯曲。フランドルの軍人であり政治家であったラモラール・ファン・エフモント伯（Lamoraal van Egmont, 1522–1568）の事績に取材した作品。エフモント伯はスペインによるネーデルラント属州支配に憤り、スペイン王に改善を求めたが容れられず、逆に逮捕拘束されて斬首された。

(533) イタケー（Ἰθάκη）は、イオニア海に浮かぶギリシア領の島で、『イーリアス』と『オデュッセイアー』に登場する英雄オデュッセウスの故郷とされる。

(534) ギリシア神話に登場する復讐（義憤）の女神。

(535) ピロクテテス（Φιλοκτήτης）は、ソフォクレスの同名の悲劇の登場人物。トロイア戦争への参加をめぐるピロクテテスの逡巡を描く。『ギリシア悲劇全集』第四巻『ソポクレースⅡ』（片山英男訳、岩波書店、一九九〇年）を参照。

(536) 『オレスティア』三部作の末尾にあたる作品。

(537) アレオパゴス（Ἄρειος Πάγος）は、古代アテナイの政治機構で、ローマの元老院のような役割を持っていた。アクロポリス北西の丘に貴族の会議場が置かれたことによる。

（538）正確には『演劇芸術および文学についての講義』（*Über dramatische Kunst und Litteratur. Vorlesungen*, 1809-1811）。

（539）厳粛な内容を持ちながらハッピーエンドで終わる演劇ジャンル。

（540）コッツェブー（August Friedrich Ferdinand von Kotzebue, 1761-1819）は、劇作家。ブルシェンシャフトの団員でヘーゲルの弟子でもあったザントに暗殺される。

（541）紀元前五世紀後半のアテナイのデマゴーグ。アリストファネスは『騎士』のなかでクレオンを徹底的に笑い飛ばした。アンティゴネ悲劇に登場するテーバイの王クレオンとは別の実在した人物。

訳者あとがき

最後に、本書を編集したヘルムート・シュナイダーの解説に従って、ヘーゲル『美学講義』の成立事情とその意義を確認しておきたい。

まず、ヘーゲル『美学講義』（一八二〇／二一年）の筆記録は、エムデン大教会の図書室に所蔵されていたザックス・ファン・テルボルクの遺品から見つかったものである。筆記録は四つ折り判の大きさで、装丁は茶色の厚紙と背表紙により糸綴じされているので、所有者がその当時の装丁を施していたことがわかる。筆記録の第一部は黄褐色の用紙で、第二部は青みがかった用紙をしており、用紙の寸法は幅十八センチ、縦二七・二センチである。一ページ目は表紙、二ページ目はその裏で白紙、三ページから一一四ページまでがアッシェベルクの書いた筆記録である。ページ付けは三ページ目からなされている。一一四ページにテルボルクによる挿入があり、用紙の表裏ともに同じページ番号が振られている。一一五ページから一二一ページの中程まではアッシェベルクの書いた筆記録である。一二一ページから一三一ページまではテルボルクによる二つめの挿入であり、一三二ページは白紙で、一三三ページから二七一ページはアッシェベルクの書いた筆記録となっている。

つぎに、筆記録の成立過程とその特徴を見ておこう。ヘーゲルは生涯にわたって美学と取り組んできたが、最初の『美学講義』は一八一八年夏学期のハイデルベルク大学だった。この講義については、筆記録が発見されていないため、詳しいことはわからない。ヘーゲルが講義のために作っていた自筆草稿も失われている。それでも、ハイデルベルク大学での講義とベルリン大学での講義の本質的な違いは、授業用の教科書『エンチクロペディー』の美学にかかわる箇所から明らかになる。ホトーが報告しているように、ヘーゲルはベルリン大学での最初の講義のために、ハイデルベルク時代の講義草稿から離れて、ベルリン大学での講義用として、いわゆるベルリン・ノートなるものを仕上げていた。しかしベルリン大学への招聘後、最初に美学の講義をするとき、ヘーゲルはこれをもはや不十分だと思い、一八二〇年十月にはすでに、講義ノートの全面的な書き直しを始めていた。この作業から、それ以後ずっとヘーゲルの美学講義すべての土台となるノートができあがったのである。『芸術哲学としての美学』という題目で告知されたこの講義は、週に五回、五時から六時まで、それも一八二〇年十月二十四日から一八二一年三月二十四日まで行われた。ヘーゲルは五十名の聴講者を前に講義をしたのだが、そのなかには著名な聴講者もいて、学期の最後にはハインリヒ・ハイネも姿を見せたという。

ここに編集された筆記録は、これまでに知られている唯一のもので、四つ折り判の紙で二七一ページにも及んでいる。修正や挿入、略語が比較的少ないことから、編者のシュナイダーが指摘しているように、口述筆記でなくて自宅に持ち帰って入念に推敲したものと考えられる。筆記録の見た目ははっきりしていて、とびらのページには筆記者ヴィルヘルム・フォン・アッシェベルクの名まえがあり、「W・

ザックス・ファン・テルボルクのために」と補足されている。補足の意味は、二二六ページと二二七ページのあいだに挟まれた小さな紙片から説明できる。アッシェベルクはそこで、自分が報酬を得て他の学生のために講義を口述筆記していたことと、自分が熟練した筆記者であることを明らかにしている。しかし、講義への出席を当初の予定よりも早く打ち切った理由を伝えていないところからすると、筆記録を作成することは純粋に実務的な仕事だったことも見てとれる。

アッシェベルクは、自分が卓越した筆記者であると自認する一方で、他の筆記録には批判的であった。今日では、彼の判断は正しかったと認められる。それに比べると、一部を筆写しただけのミッデンドルフの筆記録はたしかに見劣りするけれども、それでもまだよいほうだといえる。なお、用紙一一四（表）の追加と、口述を直接筆記したと思われる一二一ページから一三一ページまでの十ページは、筆記の依頼人であるテルボルクの手によるものである。

筆記録に関与した三人の学生については、ある程度は明らかになっている。中心的な筆記者であるヴィルヘルム・フォン・アッシェベルクは、ヴェストファーレンのリューディンクスハウゼン区域に在所をもつ由緒ある貴族、アッシェベルク家の出身である。家系は多岐にわたり、ヴェストファーレン以外にバイエルン、クールランド、東プロイセン、スウェーデンの系列もある。ヴィルヘルムはクールラント出身で、一八一九／二〇年冬学期からベルリン大学で法学を学んでいた。ヴィルヘルム・ザックス・ファン・テルボルクは、一七九七年にエムデンに生まれ、一八五二年に同地で亡くなっている。学歴ははっきりしていて、一八一六／一七年冬学期に彼は医学生としてゲッティンゲン大学に学生登録しているが、それ以前にもすでにベルリン大学の学生だったことが確認できる。

一八一八年夏学期にゲッティンゲンからふたたびベルリンに赴き、一八二四／二五年冬学期から一八二七年復活祭まで再度ゲッティンゲンからベルリンに行き、ベルリン大学で法学を勉強していた。ゲッティンゲンでは学生組合「フリージア」に、ベルリンでは「ヴェストファリア」に所属していて、一八一七年にはドイツの学生組合の集会であるヴァルトブルク祭にも参加していた。そののちエムデンにふたたび居を定め、この地で法律家として仕事をして、一八五〇年以降はエムデン市の参事会員となった。ミッデンドルフは、下の名まえが一度も出てこないので、特定することはできない。バルト海沿岸地方には、多岐にわたる家系で、貴族に連なるミッデンドルフ家もあるのだが、一八一八／一九年冬学期にベルリン大学で神学を学んだエストニア出身のヴィルヘルム・ミッデンドルフもいる。

さて、編者のシュナイダーに従って、『美学講義』の構想と基本的な特徴を見ていくと、全体は一般部門と特殊部門の二部門からなる区分を基本としている。この区分は、最初の三回の講義（一八二〇／二一年、一八二三年、一八二六年）では維持されていたが、最後の講義（一八二八／二九年）では三部門の形式となる。だが、二部門でも三部門でも内容は同じままである。序論につづく一般部門は美の理念をまずは一般的に論じて、それから象徴的・古典的・ロマン的な芸術形式という特殊形態を論じていく。一八二〇／二一年の講義では、理想の歴史的形態をともなう部門が（一般部門の）特殊部門とされている。建築、彫刻、絵画、音楽、詩という芸術種類の詳論は（本来の）特殊部門に含まれる。

ハイデルベルク大学での美学と比較すると、区分に関する重要な変化が現れている。それは、ペルシア、インド、エジプトといった前古典的芸術形式が、発展の最下位段階である象徴的芸術形式にまとめられていることである。ヘーゲルはベルリン大学での最初の数年間に象徴概念を考え直したことで、それが可能になったのであろう。象徴とは、ハイデルベルク時代にはまだ人間のことであり、古典的芸術形式における理念の理想的表出としての、人間の形態のことだった。しかしのちのベルリン時代には、象徴とは理念を自然において不完全な仕方でしか表すことのできないものとなり、したがって象徴的芸術形式は芸術以前のものとして古典的芸術形式に先行することになる。

そしてまた、この筆記録によって、芸術と宗教の内容的な分離が現れただけではなく、芸術と宗教が講義のかたちで分けられたことも特徴的な現象である。芸術と宗教はハイデルベルク時代の『エンチクロペディー』（一八一七年）ではまだ「芸術宗教」として結合されていたが、ヘーゲルは一八二〇／二一年冬学期に『美学講義』につづいてすぐ、一八二一年夏学期にベルリンで最初の『宗教哲学講義』を行っている。ヘーゲルは『美学講義』の終わりのところで、芸術の終焉を説きながら、二つの講義の順序を結びつけることでこの展開に注意を向けたのである。

今後、シュナイダー編集の『美学講義』でも、ヘービング編集の『芸術哲学講義』でも、講義録につづいて注釈が施されることになっている。注釈では、文献学的な編集報告、書き方の習慣やことば遣いの特徴の分析、引用や専門知識の裏づけ、ならびにホトー版との比較研究が収められるはずだ。また、講義の時点でのヘーゲル美学思想が発展史的観点から、そして思考動機および内容による体系的観点から探求されるものと思われる。

翻訳にあたっては、第一部「一般部門」の第一編「芸術の一般部門」を小川真人が担当し、第二編「芸術の特殊部門」を瀧本有香が担当した。第二部「特殊部門」は、第一編「造形芸術」、第二編「音楽」、第三編「語りの芸術」のすべてを石川伊織が担当した。その後、全体を寄川条路がゆるやかに整えた。原典の歴史的な表記を尊重しつつも、筆記略号は解きほぐして、あきらかな書き間違いは直して翻訳している。本書の出版にあたっては、ランク社より翻訳出版の許可をいただいた。ご厚意に感謝したい。最後になったが、今回もまた、法政大学出版局の郷間雅俊氏に編集を担当していただいた。厚くお礼申し上げる。

二〇一七年　春

寄川 条路

監訳者

寄川条路（よりかわ・じょうじ）　一九六一年、福岡県生まれ。ボーフム大学大学院修了、文学博士。現在、明治学院大学教授。単著に『新版　体系への道』（創土社、二〇一〇年）、『ヘーゲル哲学入門』（ナカニシヤ出版、二〇〇九年）、『ヘーゲル『精神現象学』を読む』（世界思想社、二〇〇四年）、共著に『ヘーゲル講義録入門』（法政大学出版局、二〇一六年）、共訳にオットー・ペゲラー編『ヘーゲル講義録研究』（法政大学出版局、二〇一五年）、『初期ヘーゲル哲学の軌跡——断片・講義・書評』（ナカニシヤ出版、二〇〇六年）など。

訳　者（五十音順）

石川伊織（いしかわ・いおり）　一九五六年、東京都生まれ。法政大学大学院修了、文学修士。現在、新潟県立大学名誉教授。単著に『倫理の危機？——「個人」を超えた価値の再構築へ』（廣済堂出版、二〇〇二年）、共著に『ヘーゲルを学ぶ人のために』（世界思想社、二〇〇一年）、『ヘーゲル哲学への新視角』（創文社、一九九九年）、『近世ドイツ哲学論考——カントとヘーゲル』（法政大学出版局、一九九三年）など。

小川真人（おがわ・まさと）　一九六五年、東京都生まれ。東京藝術大学大学院修了、美術博士。現在、東京工芸大学教授。単著に『ヘーゲルの悲劇思想』（勁草書房、二〇〇一年）、共訳にオットー・ペゲラー編『ヘーゲル講義録研究』（法政大学出版局、二〇一五年）、マルティン・ゼール『自然美学』（法政大学出版局、二〇一三年）、G・ベーメ『感覚学としての美学』（勁草書房、二〇〇五年）など。

瀧本有香（たきもと・ゆか）　一九八八年、福井県生まれ。早稲田大学大学院修了、文学修士。現在、日本学術振興会特別研究員。共著に『ヘーゲル講義録入門』（法政大学出版局、二〇一六年）、論文に「シェリングとヘーゲル——その芸術観と芸術の地位」（『哲学世界』第三十七号、二〇一四年）、「ヘーゲル美学における有機体の美しさ」（『哲学世界』別冊第五号、二〇一三年）、共訳にオットー・ペゲラー編『ヘーゲル講義録研究』（法政大学出版局、二〇一五年）など。

叢書・ウニベルシタスより
（表示価格は税別です）

1142 名誉の起源　他三篇
B. マンデヴィル／壽里竜訳　4800円

1143 エクリチュールと差異〈改訳版〉
J. デリダ／谷口博史訳　5400円

1144 幸福の追求　ハリウッドの再婚喜劇
S. カヴェル／石原陽一郎訳　4300円

1145 創られたサン＝キュロット　革命期パリへの眼差し
H. ブルスティン／田中正人訳　3600円

1146 メタファー学のパラダイム
H. ブルーメンベルク／村井則夫訳　3800円

1147 カントと人権
R. モサイェビ編／石田京子・舟場保之監訳　6000円

1148 狂気・言語・文学
M. フーコー／阿部崇・福田美雪訳　3800円

1149 カウンターセックス宣言
P. B. プレシアド／藤本一勇訳　2800円

1150 人種契約
Ch. W. ミルズ／杉村昌昭・松田正貴訳　2700円

1151 政治的身体とその〈残りもの〉
J. ロゴザンスキー／松葉祥一編訳，本間義啓訳　3800円

1152 基本権　生存・豊かさ・合衆国の外交政策
H. シュー／馬渕浩二訳　4200円

1153 自由の権利　民主的人倫の要綱
A. ホネット／水上・大河内・宮本・日暮訳　7200円

1154 ラーラ　愛と死の狭間に
M. J. デ・ラーラ／安倍三﨑訳　2700円

1155 知識・無知・ミステリー
E. モラン／杉村昌昭訳　3000円

叢書・ウニベルシタスより

(表示価格は税別です)

1127 プルーストとシーニュ〈新訳〉
G. ドゥルーズ／宇野邦一訳 3000円

1128 ミクロ政治学
F. ガタリ，S. ロルニク／杉村昌昭・村澤真保呂訳 5400円

1129 ドレフュス事件 真実と伝説
A. パジェス／吉田典子・高橋愛訳 3400円

1131 哲学の 25 年 体系的な再構成
E. フェルスター／三重野・佐々木・池松・岡崎・岩田訳 5600円

1132 社会主義の理念 現代化の試み
A. ホネット／日暮雅夫・三崎和志訳 3200円

1133 抹消された快楽 クリトリスと思考
C. マラブー／西山雄二・横田祐美子訳 2400円

1134 述語づけと発生 シェリング『諸世界時代』の形而上学
W. ホグレーベ／浅沼光樹・加藤紫苑訳 3200円

1135 資本はすべての人間を嫌悪する
M. ラッツァラート／杉村昌昭訳 3200円

1136 病い、内なる破局
C. マラン／鈴木智之訳 2800円

1137 パスカルと聖アウグスティヌス 上・下
Ph. セリエ／道躰滋穂子訳 13500円

1138 生き方としての哲学
P. アド／小黒和子訳 3000円

1139 イメージは殺すことができるか
M.-J. モンザン／澤田直・黒木秀房訳 2200円

1140 民主主義が科学を必要とする理由
H. コリンズ，R. エヴァンズ／鈴木俊洋訳 2800円

1141 アンファンタン 七つの顔を持つ預言者
J.-P. アレム／小杉隆芳訳 3300円

叢書・ウニベルシタスより

（表示価格は税別です）

1098 オーストリア文学の社会史　かつての大国の文化
W. クリークレーダー／斎藤成夫訳　7000円

1099 ベニカルロの夜会　スペインの戦争についての対話
M. アサーニャ／深澤安博訳　3800円

1100 ラカン　反哲学3 セミネール 1994–1995
A. バディウ／V. ピノー校訂／原和之訳　3600円

1101 フューチャビリティー　不能の時代と可能性の地平
F. ベラルディ（ビフォ）／杉村昌昭訳　3600円

1102 アメリカのニーチェ　ある偶像をめぐる物語
J. ラトナー゠ローゼンハーゲン／岸正樹訳　5800円

1103 セザンヌ゠ゾラ往復書簡　1858–1887
H. ミトラン校訂・解説・注／吉田典子・高橋愛訳　5400円

1104 新しい思考
F. ローゼンツヴァイク／村岡晋一・田中直美編訳　4800円

1106 告発と誘惑　ジャン゠ジャック・ルソー論
J. スタロバンスキー／浜名優美・井上櫻子訳　4200円

1107 殺人区画　大量虐殺の精神性
A. デ・スワーン／大平章訳　4800円

1108 国家に抗するデモクラシー
M. アバンスール／松葉類・山下雄大訳　3400円

1109 イシスのヴェール　自然概念の歴史をめぐるエッセー
P. アド／小黒和子訳　5000円

1110 生の肯定　ニーチェによるニヒリズムの克服
B. レジンスター／岡村俊史・竹内綱史・新名隆志訳　5400円

1111 世界の終わりの後で　黙示録的理性批判
M. フッセル／西山・伊藤・伊藤・横田訳　4500円

1112 中世ヨーロッパの文化
H. クラインシュミット／藤原保明訳　7800円

叢書・ウニベルシタスより

（表示価格は税別です）

1084 性そのもの　ヒトゲノムの中の男性と女性の探求
S. S. リチャードソン／渡部麻衣子訳　4600円

1085 メシア的時間　歴史の時間と生きられた時間
G. ベンスーサン／渡名喜庸哲・藤岡俊博訳　3700円

1086 胎児の条件　生むことと中絶の社会学
L. ボルタンスキー／小田切祐詞訳　6000円

1087 神　第一版・第二版　スピノザをめぐる対話
J. G. ヘルダー／吉田達訳　4400円

1088 アドルノ音楽論集 幻想曲風に
Th. W. アドルノ／岡田暁生・藤井俊之訳　4000円

1089 資本の亡霊
J. フォーグル／羽田功訳　3400円

1090 社会的なものを組み直す　アクターネットワーク理論入門
B. ラトゥール／伊藤嘉高訳　5400円

1091 チチスベオ　イタリアにおける私的モラルと国家のアイデンティティ
R. ビッツォッキ／宮坂真紀訳　4800円

1092 スポーツの文化史　古代オリンピックから21世紀まで
W. ベーリンガー／髙木葉子訳　6200円

1093 理性の病理　批判理論の歴史と現在
A. ホネット／出口・宮本・日暮・片上・長澤訳　3800円

1094 ハイデガー＝レーヴィット往復書簡　1919–1973
A. デンカー編／後藤嘉也・小松恵一訳　4000円

1095 神性と経験　ディンカ人の宗教
G. リーンハート／出口顯監訳／坂井信三・佐々木重洋訳　7300円

1096 遺産の概念
J.-P. バブロン，A. シャステル／中津海裕子・湯浅茉衣訳　2800円

1097 ヨーロッパ憲法論
J. ハーバーマス／三島憲一・速水淑子訳　2800円

著　者

G. W. F. ヘーゲル（Georg Wilhelm Friedrich Hegel）

1770年，南ドイツのシュトゥットガルトで生まれ，テュービンゲンの神学校で哲学と神学を学んだのち，イエナ大学講師，ハイデルベルク大学教授，ベルリン大学教授となる。発表した本は6点，翻訳『カル親書』（1798年），小著『差異論文』（1801年），主著『精神現象学』（1807年），大著『論理学』（1812–16年），教科書『エンチクロペディー』（1817年，1827年，1830年），教科書『法哲学綱要』（1821年）である。1831年にコレラで急死。その後，全18巻のベルリン版『ヘーゲル全集』（1832–45年）が出版される。前半は著作集で，後半は歴史・芸術・宗教・哲学の講義録である。大学での講義を通して「学問の体系」を構築し，ドイツ観念論の頂点に立って西洋の哲学を完成した。

《叢書・ウニベルシタス　1057》
美学講義

2017年 4月 25日　初版第 1 刷発行
2024年 7月 22日　　　第 3 刷発行

G. W. F. ヘーゲル
寄川条路 監訳
石川伊織・小川真人・瀧本有香 訳
発行所　一般財団法人　法政大学出版局
〒102-0071 東京都千代田区富士見 2-17-1
電話 03(5214)5540 振替 00160-6-95814
組版: HUP　印刷: 平文社　製本: 誠製本

Printed in Japan

ISBN978-4-588-01057-6

人名索引

ア 行

アーリマン　98–99
アイアス　70
アイスキュロス　173
アウグスティヌス　297
アガメムノン　57, 60, 65, 70, 76, 151, 254, 304, 319–20, 322
アキレウス　60, 65, 67–68, 70, 76, 117, 151, 253, 304, 319
アスクレピオス　211
アステール　117
アッシェベルク　277
アティス　98
アテネ　75, 221
アドニス　98
アブラハム　122, 125
アフラ・マズダ（オルミズド）　95, 99
アフロディテ　242
アポロン　58, 103, 132–33, 138, 172, 204, 206, 212, 215, 218, 220, 222, 224, 291, 313, 324
アモール　249
アラルコス　153
アリアドネ　213, 241
アリオスト　160, 309
アリストギトン　216
アリストテレス　2, 10, 139, 317
アリストファネス　82, 328–30
アルテミス　66–67
アルバーニ　240
アレクサンドロス　215–16
アレス　138
アンタラス　307
アンタル　125
アンティゴネ　133, 154, 253, 323–24
アンドロマケ　304
アンブロジウス　297
イアソン　314
イエス　262
イオ　130
イオレー　213
イサク　125
イシス　96, 139, 206
イフィゲーニエ　57, 66
イフィゲネイア　57, 66–67
イリソス　171
ヴァレンシュタイン　56
ヴィンケルマン　7, 197, 199–202, 204–06, 211, 215–18, 220, 224
ウェヌス　131, 138, 200, 204, 206, 212, 226
ウェルギリウス　112, 214, 244, 293, 305–06
ヴォルフ　289, 306
ウラノス　133
エウクレイデス　31, 78
エウセビオ　115
エウヘメロス　139
エウメニデス　65, 133, 324
エウリピデス　58, 154, 329–30
エリニュス　65, 133

エロス　65
オイディプス　65, 102–03, 131, 325
オウィディウス　118, 129–30
オシアン　74, 98, 117–18, 305, 308
オシリス　96, 99, 130, 139
オデュッセウス　70, 254, 324
オムファレー　213
オルフェウス　272
オルミズド　95, 99
オレステス　57, 66–67, 155

カ 行

カエサル　309
カストール　98, 214
カタラーニ　243
カノーヴァ　171
カラッチ　240, 246
ガラテーア　118
カルデロン　115
カンダウレス　206
カント　5–6, 35–37, 326
カンパー　202
カンビュセス　100
カンペ　90
ギャーリック　158
キューゲルゲン　234, 258
キュベレ　98, 134
キリスト　23, 51, 68, 98, 109, 140, 195, 198, 233–34, 246–49, 252–54, 261–63, 267–68, 306
クリュタイムメストラ　57
グルック　274
グレーテ　158
クレオパトラ　159
クレオン　133, 154, 330
クロイツァー　96, 136
クロノス　133
クロプシュトック　83, 306, 313–14, 317
ケイロン　226
ゲーテ　6–7, 66–67, 77, 83, 85–90, 108, 110, 114–15, 118–19, 141, 147, 157, 161, 163, 214, 225–26, 240, 295, 303, 312, 314, 316, 320, 322
ゲスナー　311
ゲッツ　90
ケレス　98, 131
ゲレス　307
コッツェブー　328
コレッジョ　249, 252, 258, 263

サ 行

サタン　133
ザックス　80
サッフォー　313
サテュロス　131, 224, 310
サルスティウス　143
ジークフリート　68, 70
シェイクスピア　56, 61, 71–72, 89, 115, 118–19, 156–59, 164, 317, 320
シェリング　7
シクストゥス　251–52
シッド　153, 155, 309
ジャン・パウル　89, 116, 162, 293
シュミット　93
ジュリエット　71, 117, 153, 157
シュレーゲル（A. von）　7, 82, 238, 326
シュレーゲル（F. von）　7, 86–87, 141, 153, 157, 255
ジョンソン　308
シラー　6–7, 49, 56, 85–86, 114, 116, 119, 141, 157, 221, 223, 274, 294–95, 316, 322, 326
シレノス　131, 254
スコーレル　161

ステュパクス　224
ゼウクシス　3, 237
ゼウス　132, 138, 206, 211, 241, 246, 253, 323
セソストリス　179
セネカ　143
セルバンテス　160, 309
セレネ　133
ソクラテス　194, 254, 330
ソフォクレス　65–66, 89, 114, 133, 173, 316, 324
ソリー　252
ゾロアスター　94–95
ソロモン　101–17

タ 行

ダヴィッド　259
ダヴィデ　252
ダ・ヴィンチ　254
タキトゥス　143
タッソ　164, 310
タルクィニウス・スペルブス　109
タルタロス　134
ダンテ　112–13, 150, 155, 164, 244, 310
チェルリーニ　257
ディアナ　75, 183, 212
ティーク　157
ディオドロス　217
ディオメデス　70
ティタン　133–34
ティツィアーノ　256
ディドロ　267
テクラ　157
テセウス　155, 212
テニールス　263
デモステネス　114
デューラー　220, 256
テュエステス　57
テルボルク　141, 151
テル・ボルフ　265
デンナー　237, 256
トアース　66–67
トゥキディデス　114
ドゥリル　311
ドナテルロ　252
ドフシャンタ王　60
ドン・キホーテ　160

ナ 行

ナータン　110
ナポレオン　259
ニーブール　180
ニオベー　250
ニンフ　226, 310
ネストル　70
ネプチューン　135, 211–12
ネメシス　324

ハ 行

パーン　259
ハイモン　154
パウサニアス　134
パエドラ　154
バセドウ　90
バッカス　204, 206, 210, 212–13, 224, 226, 282, 310, 330
ハデス　100, 180
パトロクロス　70, 76, 304
ハムレット　60, 69, 157, 158, 161, 318, 325, 327
パラシオス　3, 237
パラス　65, 132, 136, 211–12, 226, 246
ハリファ　125
パルニー　141
バルバラ　251

パルメニデス　298
ハルモディアス　216
バンコー　68
ハンマー　125, 307
ピエリデン　130–31
ピエロス　130
ビクトリア　219, 221–22
ピタゴラス　291
ヒッペル　158
ヒュギエイア　211
ピュグマリオーン　238
ピュラデス　155
ヒルト　213
ピロクテテス　66, 324
ピロメラ　130
ピンダロス　313–14
ファウヌス　131, 206, 224
ファン・エイク　161, 252, 255, 261
ファン・ダイク　234–35
フーゴー　59, 325
フェイディアス　136, 171, 214–15, 221–22
プェッフェル　108
フェルドゥスィー　114, 307
フォス　77, 310, 313
フォルスタッフ　156, 159
プラクシテレース　214
プラトン　82, 114, 117, 198
ブラフマン　97, 120, 135
フランチェスキーニ　260
フリア　67, 115
プリアモス　65, 70, 119
ブリアレオス　134
ブリセイス　60, 70
フリードリヒ　173
プリニウス　240
プルートー　211–12
プルタルコス　139
プロクネー　130
プロセルピナ　98
プロメテウス　135
ヘクトル　65, 70, 76, 304
ヘシオドス　17, 18, 82, 134, 136
ペトラルカ　155, 244
ペネロペ　154
ヘパイストス　76, 135
ベヒモス　124
ヘムリング　161, 246, 255, 263
ヘラクレス　53, 66, 129, 213, 241
ヘリオス　133, 135
ペリクレス　194, 224
ペルセウス　212
ヘルダー　309
ベルニーニ　89
ヘルメス　65, 138
ヘロドトス　17, 100–01, 136, 168, 176–77, 179, 181, 206, 287, 302
ヘンデル　274, 281
ボアスレ　246, 250, 255, 263
ホーラ　212
ポセイドン　66, 136
ホメロス　17–18, 57–58, 60, 64–65, 68–70, 73–74, 76–77, 82, 89, 112, 114, 129, 134–37, 140, 148, 154, 171, 219, 289, 293, 297, 304–06, 308
ホラティウス　2, 4, 57, 143, 172, 293, 313
ポリュグノトス　240
ポリュクレイトス　222, 224–25
ポリュデウケース　214
ポリュペーモス　118
ポルクス　98
ボルゴンディオ　274

マ 行

マーガレット　156

マカートニー　190
マクファーソン　308
マクベス　17, 119, 156–57, 159
マタイ　214
マホメット　116
マリア　45, 68, 195, 242, 248, 250–53, 258, 260, 263, 267–68
マルス　206, 212
ミケランジェロ　173, 222, 254
ミッデンドルフ　277
ミネルヴァ　131, 133, 204, 206, 210, 253
ミューズ　130
ミュラー　93
ミュルナー　59, 90, 325
ミュロン　222, 224–25, 237
ミランダ　157
ムーサ　138
ムネモシュネー　133
ムハンマド　307
ムンミウス　215
メネニウス・アグリッパ　107, 306
メランプス　136
メレアグロス　216
メングス　268
モーセ　106, 123, 126, 129
モーツァルト　274
モール　118

ヤ 行

ユノ　104, 130–31, 204, 206, 212, 226
ユピテル　75, 93–94, 104, 129–31, 136, 183, 204, 210–11, 221, 226
ヨセフ　45, 267
ヨハネ（使徒）　254
ヨハネ（洗礼者）　234, 248

ラ 行

ラオコーン　214
ラファエロ　45, 198, 204, 248, 251, 254–55, 262
ラプラス　93
リウィウス　306
リチャード三世　156
リュカオン　130
ルカ　198
ルキアノス　143
ルター　90
レアティーズ　158, 327
レヴィアタン　124
レーニ　253
レダ　58
レッシング　107–08, 110, 119, 214, 260, 294, 316
レムス　130
ロミオ　71, 153
ロムルス　130
ロレンツォ　71

ワ 行

ワグナー　118
ワシントン　208

作品名索引

あ 行

アイギナ島の作品群　171, 196
足の刺を抜こうとして座る少年の像
224
アテナイの学堂　254
アテネ像　221
アポロン賛歌　313
アラルコス　153
アリストギトン像　216
アルドブランディーニの婚礼　262
アレクサンドロス像　215
アンティゴネ　133, 154, 323–24
イーリアス　58, 65, 117, 151, 303, 320
イソップ物語　105–08, 110
イフィゲーニエ　66
イフィゲネイア　66
ヴァレンシュタイン　56
ヴィルヘルム・マイスター　157
馬を調教する二人の男の像　213
エウメニデス　324
エグモント　323
エッダ　309
演劇芸術　326
円盤投げをする人　224
オイディプス王　325
王の書　307
オシアン　74, 98, 118, 305, 308
オベリスク　177–78, 182
オリンピアの競技で戦った多くの選手たちの像　216

か 行

カール・モール　56
影の国　49
カストールとポリュデウケースの像
214
悲しみの聖母　249
神と踊り子　110
カルミネ・アウレオ　291
カンダウレス王の妻の物語　206
期待と充実　116
キリスト磔刑図　263
キリストの変容　262
キリストの埋葬　249
ギリシアの神々　141
群盗　86
芸術と古代　161, 225
ゲッツ・フォン・ベルリヒンゲン
86–87, 90, 294, 323
原論　31
皇帝の夏の離宮　190
古代と近代の神々の戦い　141
この人を見よ　247
コリントの花嫁　141
サイコロ遊びをする人々　224
キューゲルゲンの最後の絵　258

さ 行

最後の晩餐　254
三王礼拝　252
サン・シストの聖母　247, 251

サンスーシー宮の大テラス　191
詩学　2
シッド　31, 84, 171, 309
詩編　122–23, 125, 252, 314
シャクンタラー姫　60
出エジプト記　126
象徴学　96
シラーの胸像　221
詩論　2
神曲　310
新劇場の上の竜の戦車　220
親和力　91
十字架への献身　115
スフィンクス　102, 178
聖ゲオルギウス　249
聖書　80
聖母マリア　242, 248
千夜一夜物語　58, 125
洗礼者ヨハネ　234, 248
双管の縦笛アウロスを試奏するファウヌス　224
祖先たちの履歴書　158
ソロモンの頌歌　117

た 行

タウリスのイフィゲーニエ　57, 66
ダヴィデの詩編　252
罪　59, 90
ティトゥレル　309
テクラ　157
テンペスト　157
ディアナ神殿　183
トゥーレの王　88
ドン・キホーテ　160

な 行

ナータン　110
ナクソス島のアリアドネ　241
ナラ王　60
ニーベルンゲン　117, 309
ニーベルンゲンの歌　70, 74

は 行

ハムレット　60, 68–69, 161, 318, 325, 327
ハルモディアス像　216
バベルの塔　176
パエドラ　154
パルテノン神殿　214
羊飼いの嘆きの歌　88
火を起こすペリクレスの奴隷　224
瀕死のマリア　250
ビクトリア像　221
ピュグマリオーンと愛の女神　238
ピラミッド　177–78, 182
ピロクテテス　66, 324
ファウスト　118
フィンガル　118
不平家　108
ブランデンブルク門上のビクトリア女神像　219, 222
ヘブライの雅歌　313
ヘルマン・フォン・デア・アウ　61
ヘルマンとドロテーア　77, 303, 310
変身物語　129–30
ヘンリー四世　119
ベルの寺院　176–78
ベルリンの新劇場の上のアポロン像　222
ベルヴェデーレのアポロン像　172, 214, 218
放蕩息子　234, 258
法律　198

ま 行

魔王　88

マクベス　68, 119
秣桶の中のキリスト　261
マグダラのマリア　258, 260
マハーバーラタ　60
マホメットの歌　83, 115
マリアの変容　253
ミケランジェロの印章指輪　222
ムアッラカート　307
牝牛　225, 237
メサイア　281
メシアーデ　306, 314
メディチのウェヌス　200
メムノン　102–03, 177–78
メレアグロスの埋葬　216

や 行

ユピテル神殿　183
ユピテル像　136, 221
ヨブ記　124, 126

ら 行

ラーマーヤナ　83, 97
ライネケ狐　109
ラオコーン　214, 260
リア王　158
理想　49
ルイーゼ　77, 310
ルツィンデ　141
ローマのカタコンベ　180
ロミオとジュリエット　61, 117, 318, 327